管理学原理

（第三版）

Principles of Management

王建民　主编

图书在版编目(CIP)数据

管理学原理/王建民主编. —3 版. —北京：北京大学出版社，2015.8
ISBN 978-7-301-24197-4

Ⅰ. ①管… Ⅱ. ①王… Ⅲ. ①管理学—高等职业教育—教材 Ⅳ. ①C93

中国版本图书馆 CIP 数据核字(2014)第 086364 号

书 名	管理学原理(第三版)
著作责任者	王建民 主编
责任编辑	马 霄
标准书号	ISBN 978-7-301-24197-4
出版发行	北京大学出版社
地 址	北京市海淀区成府路 205 号 100871
网 址	http://www.pup.cn
电子邮箱	编辑部 em@pup.cn 总编室 zpup@pup.cn
新浪微博	@北京大学出版社 @北京大学出版社经管图书
电 话	邮购部 62752015 发行部 62750672 编辑部 62752926
印 刷 者	天津和萱印刷有限公司
经 销 者	新华书店
	787 毫米×1092 毫米 16 开本 19.75 印张 444 千字
	2007 年 11 月第 1 版 2011 年 10 月第 2 版
	2015 年 8 月第 3 版 2023 年 12 月第 11 次印刷
定 价	36.00 元

未经许可，不得以任何方式复制或抄袭本书之部分或全部内容。
版权所有，侵权必究
举报电话：010-62752024 电子信箱：fd@pup.cn
图书如有印装质量问题，请与出版部联系，电话：010-62756370

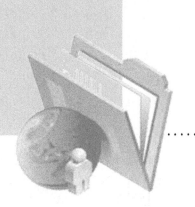

作者简介

　　王建民,男,1963年7月生,管理学博士,教授,北京市第三届高等院校百名教学名师,北京市职业院校专业带头人,高级企业文化师,现任北京劳动保障职业学院工商管理系主任。长期从事企业管理教学及咨询培训工作,先后为国内外数千家企业中高层管理人员培训,被多家院校、企业聘为客座教授或高级管理顾问。出版了《管理沟通实务》("十一五""十二五"职业教育国家规划教材)、《企业管理创新理论与实务》(北京市精品教材)、《管理沟通理论与实务》(北京市精品教材)、《管理经济学》、《生产运作管理》、《孙子兵法与商政谋略》等10余部教材和著作,主持完成5项国家级和市级科研课题,发表学术论文40余篇。

第三版前言

《管理学原理》第一版、第二版出版后,受到了广大读者和同行的肯定和好评,已经连续多次印刷,发行数万册,并被评为"十二五"职业教育国家规划教材。作为多年从事高职教学教改的教师我们感到十分欣慰和鼓舞,在此谨向关心和支持本教材的读者和同行表示衷心的感谢。

管理是一种实践,管理来源于实践。党的二十大报告提出实践没有止境,理论创新也没有止境。《管理学原理》始终坚持将西方管理理论与中国管理实践相结合,同中华优秀传统文化相结合,始终坚持弘扬社会主义核心价值观,坚持用中国式现代化创造性转化、创新性发展中国先进管理理念、管理方法,在管理实践和创新过程中传播中华优秀管理思想、创新中国管理理论,为实现中国式现代化提供理论和方法支撑。

根据广大教师、学生和企业界人士反馈的宝贵意见,在本次改版中,编者运用了项目设计、任务驱动的课改方法,重新设计了教材的写作思路和体例,增加了情境任务设计、能力训练、思考练习、案例分析和延伸阅读等互动性环节和内容,通过完成学习任务和工作任务,让学生掌握最基本、最常用、最有效的管理方法和工具。其具体特点如下:一是注重技能训练。通过学习任务和工作任务设计,让学生在学中练、练中学,在完成任务中掌握管理的基本方法和技能。二是内容精练实用。在内容选择上摒弃复杂和抽象,讲求简洁和实用,让学生学得会、用得上。三是以学生为主体。通过不同形式的个人任务和小组任务设计,让学生从被动接受知识转变为完成具体任务,成为教学的主体。

为了培养学生掌握最基本、最常用、最有效的管理方法和工具,本教材共设计了九章内容,分别是:管理与管理者、管理的发展历程、管理原理与方法、计划管理、组织管理、管理决策、领导与激励、管理控制,管理的社会责任与道德。本教材可作为高等职业教育经济管理类专业学生的教材,也可作为企业管理人员的培训教材或教学参考书。

本书在编写过程中，吸收和借鉴了国内外许多管理学论著和资料，在此谨向各位作者表示衷心感谢。全书由王建民主编，参加修订工作的有屈冠银、刘艳、王红红。其中，第一章、第二章、第五章、第六章、第七章、第八章由王建民修订，第三章由刘艳修订，第四章由王红红修订，第九章由屈冠银修订。张蔚、吴志成、韩泽民、冯学东、闫丛立等为教材修订做了大量资料搜集工作，全书最后由王建民编纂定稿。本书得到了中国人民大学商学院汪星明教授、李宝山教授的大力帮助与支持，北京大学出版社编辑叶楠为本书的出版和修订付出了许多辛劳与努力，在此一并表示衷心感谢！

由于作者水平有限，书中难免存在错误或遗漏之处，恳请广大读者批评指正。

王建民

2015 年 8 月

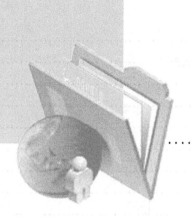

目 录

第一章　管理与管理者 ………………………………………………… 1
　　情境任务设计 ……………………………………………………… 3
　　　　◆ 情境案例 …………………………………………………… 3
　　　　◆ 任务描述 …………………………………………………… 5
　　必备知识技能 ……………………………………………………… 5
　　　　◆ 对管理的全面理解 ………………………………………… 5
　　　　◆ 管理者的职责与技能 ……………………………………… 15
　　能力训练 …………………………………………………………… 23
　　　　◆ 能力测评 …………………………………………………… 23
　　　　◆ 思考练习 …………………………………………………… 27
　　　　◆ 案例分析 …………………………………………………… 27
　　延伸阅读 …………………………………………………………… 28
　　　　◆ 从业务员到管理者的要素 ………………………………… 28
　　　　◆ 一个基层管理者的感受与体会 …………………………… 29
　　　　◆ 如何成为一个优秀的管理者 ……………………………… 30

第二章　管理的发展历程 ……………………………………………… 33
　　情境任务设计 ……………………………………………………… 35
　　　　◆ 情境案例 …………………………………………………… 35
　　　　◆ 任务描述 …………………………………………………… 35
　　必备知识技能 ……………………………………………………… 35
　　　　◆ 科学管理的诞生 …………………………………………… 35
　　　　◆ 行为科学的创立 …………………………………………… 44

- ◆ 管理科学的兴起 50
- ◆ 现代管理理论"丛林" 54

能力训练 59
- ◆ 能力测评 59
- ◆ 思考练习 63
- ◆ 工作任务 63
- ◆ 案例分析 64

延伸阅读 66
- ◆ 霍桑试验 66
- ◆ 现代管理学之父——彼得·德鲁克 69

第三章 管理原理与方法 71

情境任务设计 73
- ◆ 情境案例 73
- ◆ 任务描述 74

必备知识技能 74
- ◆ 管理的基本原理 74
- ◆ 管理的基本方法 80

能力训练 85
- ◆ 能力测评 85
- ◆ 思考练习 87
- ◆ 案例分析 88

延伸阅读 92
- ◆ 管理中有趣的原理 92
- ◆ 案例情景 97

第四章 计划管理 101

情境任务设计 103
- ◆ 情境案例 103
- ◆ 任务描述 104

必备知识技能 104
- ◆ 计划概述 104
- ◆ 预测 112
- ◆ 计划实施方法 116
- ◆ 目标管理 122

能力训练 130
- ◆ 能力测评 130
- ◆ 思考练习 134

- ◆ 工作任务 ·· 134
- ◆ 案例分析 ·· 134
- 延伸阅读 ·· 136
  - ◆ 创业企划书模板 ·· 136
  - ◆ 某机床厂的目标管理 ··· 139

第五章 组织管理 ·· 141
- 情境任务设计 ·· 143
  - ◆ 情境案例 ·· 143
  - ◆ 任务描述 ·· 144
- 必备知识技能 ·· 144
  - ◆ 组织设计 ·· 144
  - ◆ 非正式组织 ··· 156
  - ◆ 组织创新的主要形式 ··· 160
- 能力训练 ·· 170
  - ◆ 能力测评 ·· 170
  - ◆ 思考练习 ·· 173
  - ◆ 工作任务 ·· 173
  - ◆ 案例分析 ·· 174
- 延伸阅读 ·· 175
  - ◆ 斯隆创立事业部制 ·· 175
  - ◆ 某公司的考勤制度 ·· 176

第六章 管理决策 ·· 179
- 情境任务设计 ·· 181
  - ◆ 情境案例 ·· 181
  - ◆ 任务描述 ·· 182
- 必备知识技能 ·· 182
  - ◆ 决策的构成要素 ·· 182
  - ◆ 决策的类型与准则 ·· 184
  - ◆ 决策的基本程序 ·· 188
  - ◆ 决策的基本方法 ·· 194
- 能力训练 ·· 202
  - ◆ 能力测评 ·· 202
  - ◆ 思考练习 ·· 205
  - ◆ 案例分析 ·· 206
- 延伸阅读 ·· 208
  - ◆ 决策的思维方法 ·· 208

◆ 北内集团的管理决策 ……………………………………………… 210

第七章　领导与激励 …………………………………………………… 215

情境任务设计 ……………………………………………………… 217
　　◆ 情境案例 …………………………………………………………… 217
　　◆ 任务描述 …………………………………………………………… 218

必备知识技能 …………………………………………………… 218
　　◆ 领导者的素质及能力 ……………………………………………… 218
　　◆ 领导方式与领导艺术 ……………………………………………… 223
　　◆ 激励与激励理论 …………………………………………………… 225
　　◆ 激励方法与激励艺术 ……………………………………………… 229

能力训练 …………………………………………………………… 235
　　◆ 能力测评 …………………………………………………………… 235
　　◆ 思考练习 …………………………………………………………… 238
　　◆ 案例分析 …………………………………………………………… 238

延伸阅读 …………………………………………………………… 239
　　◆ 六种领导风格，你属于哪一类？ ………………………………… 239
　　◆ 负激励在企业管理中的运用 ……………………………………… 242

第八章　管理控制 ……………………………………………………… 245

情境任务设计 ……………………………………………………… 247
　　◆ 情境案例 …………………………………………………………… 247
　　◆ 任务描述 …………………………………………………………… 247

必备知识技能 …………………………………………………… 248
　　◆ 控制与管理控制 …………………………………………………… 248
　　◆ 管理控制的过程 …………………………………………………… 256
　　◆ 管理控制的方法 …………………………………………………… 264

能力训练 …………………………………………………………… 269
　　◆ 能力测评 …………………………………………………………… 269
　　◆ 思考练习 …………………………………………………………… 272
　　◆ 案例分析 …………………………………………………………… 272

延伸阅读 …………………………………………………………… 273
　　◆ 企业管理控制的关键环节 ………………………………………… 273
　　◆ 三九集团的财务危机 ……………………………………………… 277

第九章　管理的社会责任与道德 …………………………………… 279

情境任务设计 ……………………………………………………… 281
　　◆ 情境案例 …………………………………………………………… 281
　　◆ 任务描述 …………………………………………………………… 282

必备知识技能 …………………………………………………………… 282
　◆ 什么是社会责任 ………………………………………………… 282
　◆ 以价值观为基础的管理 ………………………………………… 283
　◆ 管理者对谁负责 ………………………………………………… 286
　◆ 管理利益相关者策略 …………………………………………… 287
　◆ 管理道德观 ……………………………………………………… 288
　◆ 影响管理道德的因素 …………………………………………… 289
　◆ 如何改善道德行为 ……………………………………………… 291

能力训练 ………………………………………………………………… 295
　◆ 能力测评 ………………………………………………………… 295
　◆ 思考练习 ………………………………………………………… 299
　◆ 案例分析 ………………………………………………………… 299

延伸阅读 ………………………………………………………………… 300
　◆ 我的第三个儿子 ………………………………………………… 300
　◆ 中国首善陈光标 ………………………………………………… 301

主要参考文献 ……………………………………………………………… 303

第一章

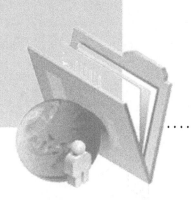

管理与管理者

情境任务设计
- 情境案例
- 任务描述

必备知识技能
- 对管理的全面理解
- 管理者的职责与技能

能力训练
- 能力测评
- 思考练习
- 案例分析

延伸阅读
- 从业务员到管理者的要素
- 一个基层管理者的感受与体会
- 如何成为一个优秀的管理者

情境任务设计

◆ 情境案例

如何从业务员晋升到管理者

绝大多数管理者都是从业务员成长起来的,有的是从销售员晋升到销售经理,有的是从技术员晋升到技术经理,还有的是从生产工人晋升到班组长或车间主任。这种成长模式也与很多公司的发展轨迹相一致。公司刚创业时,经理和业务员全都把精力放在业务上,随着公司规模的不断扩大,大量新业务员不断加入,造成经理短缺。大浪淘沙,那些公司开创时期的优秀业务员自然就成为公司的中基层管理者。

把业绩优异的业务员提拔为中基层管理者,体现了公司"谁干得出色谁就会得到晋升"的宗旨,业务员要想得到晋升,必须努力把自己的业绩提上去。企业把优秀的业务员提拔为管理者,既是对优秀业务员的一种激励,也是对其他业务员的一种鞭策。问题在于,一个优秀的业务员能否成为一个合格的管理者?

案例1:章明是一家知名电脑公司的电话业务员,半年来每个月的业绩都是公司第一名,最近被提拔为新成立的电话销售五部经理。五部的12名人员都是刚加入公司的员工,非常年轻,对产品不熟悉,也缺乏销售技能,拿起电话就感到恐惧。章明把这12名新员工的表现和自己刚开始工作时的表现相比,觉得这些人大部分眼高手低、不愿吃苦,于是他采取高压措施,制定了严格的规章制度和处罚措施。例如,所有人员必须提前20分钟打卡上班,迟到5分钟者罚款20元;每人每天不能被部门经理看见不在打电话5次以上,多一次罚款1元;每人每天必须新增2个意向客户,少一个罚款10元;上班时间不得打私人电话,否则按5元一次罚款;等等。

三周过去了,团队业绩并没有明显提升,反而人人自危,气氛沉闷。章明没有办法,于是把绝大部分时间和精力放在自己的直接销售上。一个月下来,尽管他的个人业绩排在公司前三位,但12名员工的业绩却远远不及公司的平均水平,团队的整体业绩也排在其他部门之后。

优秀业务员和经理是不同的角色,工作重点也不同。优秀业务员被提拔为经理后,工作重点应该从做业务转移到管理团队上。但问题是,优秀业务员的思想意识往往还保持在原先的水平,工作重点也停留在自己做业务的层面上。他们还没有明白管理的真正内涵,只是一成不变地执行公司的规定,出现简单甚至粗暴式管理,总觉得下属做业务不如自己，经常指责下属，而不知道自己的职责之一是悉心培养下属、鼓励下属，使下属成为优秀业务员。由于没有清晰的角色认知，这些刚提拔上来的经理实际上只是"高级业务员"，所做的工作并没有改变，也没有发挥出经理应有的作用。

案例2：周建云是一家大型电子商务公司销售三部的优秀业务员，由于销售三部的经理离开公司，公司在考察了三部所有业务员的业绩后，将周建云提升为经理。三部一直是公司业绩最突出的部门，部门里几名业务员的业绩也很不错，特别是龚飞和路军。周建云上任后，很担心龚飞和路军因业绩突出而取代自己，于是在日常工作中对他们采取了加重个人任务、给他们穿小鞋、小毛病扩大化等打压排挤的措施，同时为了巩固自己的地位，在员工中捏造事实中伤龚飞和路军。龚飞和路军知道这些情况后，也在团队中拉帮结派，导致三部形成三个小帮派，分崩离析，部门业绩迅速下滑。

有些公司将业绩作为提拔经理的唯一标准，这往往使被提拔的人产生错觉，将重点放在个人业绩而不是管理上。为了防止下属的业绩超过自己，威胁自己的位子，就不真正扶持、培养下属，甚至打压、排挤业绩优异的下属，导致团队内部不团结，团队成员没有工作积极性。

案例3：肖子虎是一家保险公司新成立的电话销售十二部的经理，此前，他是另一个部门的优秀业务员。肖子虎深知肩上重任，所以对公司上层领导的一切指示，他都会一字不漏地传达给下属，要求他们一定要按公司领导的指示去做。他还把团队划分成两个小组，安排两个能力稍强的人任组长。公司安排给肖子虎的很多事情，他都会安排这两个组长去执行，却很少询问这两个组长有没有解决不了的问题、需不需要帮忙等。当领导询问肖子虎团队建设情况时，他满脸委屈地说，我把工作都安排下去了，但这些人就是完成不了。而至于为什么完成不了，肖子虎也说不出原因。

很多新经理缺乏系统的管理方法，只知道把公司的指令简单地传达给下属，而不知道该如何帮助他们完成任务，更不知道如何使他们变得更优秀。稍好些的经理会帮助下属解决问题，但解决完之后也不会及时告诉下属问题出在哪里、该怎么解决、下一次应该怎么做。当团队出现问题时，这些经理只是不假思索地把情况反映到公司高层，自己却拿不出对策。

这三个案例所反映的问题，在新经理身上普遍存在。究其原因，还是角色认知和角色转换的问题。从优秀业务员到经理，是角色的转变，在这个转变过程中会出现很多难以适应的情况：从执行者变成了监督者，是公司基层的管理者，公司思想政策的传达者，业务员和公司之间联系的桥梁，还是团队业绩的承担者。

从优秀业务员提升到经理，大都具有这样的素质：自信、勤奋、自觉性高、愿意接受挑战、勇于开拓等。但这些素质与经理应具有的素质是有区别的。业务员的成功在于以个人的执着、耐力和努力去工作，取得好业绩；经理的成功则基于他管理团队的智慧、能力和水平。要成功实现角色的转换，应该迅速提高自己作为经理应该具备的素质和能力。

问题思考：
为什么一个优秀的业务员未必能成为一个合格的管理者？

◆ 任务描述

1. 请你以企业为例,说明业务员与班组长之间的区别和联系。
2. 请你以学校班级为例,说明学生与学习委员之间的区别和联系。
3. 请你设计出一个合格的中基层管理者应该具备的素质和能力。

必备知识技能

◆ 对管理的全面理解

管理是伴随着组织的出现而产生的,是实现组织目标的重要手段,是协作劳动的必然产物。只要是需要通过集体努力去实现个人无法达到的目标,管理就成为必要。因此,小至企业,大至国家,任何组织都需要管理,它是协调个人努力必不可少的因素。正如马克思指出的:"一切规模较大的直接社会劳动或共同劳动,都或多或少地需要指挥,以协调个人的活动,并执行生产总体的活动所产生的各种一般职能。"一个单独的小提琴手是自己指挥自己,一个乐队就需要一个指挥。指挥之于乐队,就像经理人员之于企业,他们的存在是确保组织各项活动实现预定目标的条件。

一、什么是管理

管理是一个古老的概念,人们对其并不陌生。但人们对管理的基本内涵和本质属性的探讨却一直是一个永恒的话题。无论是泰罗的科学管理、梅奥的行为科学,还是现代管理的各种理论,无不涉及管理的内涵及本质属性。但是,要真正把握管理的基本内涵和本质属性,还必须弄清楚什么是管理、管理什么、谁来管理、怎样管理以及管理要达到什么目的等这些最基本、最重要的问题。只有这样,才能准确地把握管理的精神实质,从而为有效地提升管理水平提供理论和思想基础。

至于什么是管理,中外学者长期以来从不同角度提出了许多看法,这些看法都从某个侧面反映了管理的内涵,也都有其可取之处和借鉴价值。综合这些看法,可以将管理这一概念的内涵和外延定义为:管理,就是在特定的环境下,对组织所拥有的资源进行有效的计划、组织、领导和控制,以便达到既定的组织目标的过程。这个定义包含以下四层含义:

第一,管理的主要目的是实现组织目标。管理是为实现组织目标服务的,是一种有意识、有目的的实践活动。虽然管理是任何组织都不可缺少的,但却不是独立存在的,只有与组织的具体活动相结合,管理才能发挥其应有的作用。但管理本身不是目的,只是实现组织目标的一种手段,因此在管理过程中,不能为了管理而管理,必须思考管理的目标和目的,没有目的的管理就是盲目的管理。企业的目标是多种多样的,既有提高组织资源利用效率和利用效果的目标、承担社会责任的目标、开拓市场的目标,又有最大限度地获取经济利益的目标、促进职工发展的目标,等等。但不管什么样的组织,都要重视效率和效果,可以说效率和效果是衡量管理水平的重要标志。

第二,管理是在一定的环境中进行的。任何一个组织都存在于一定的内外部环境之中,并受到环境的约束。脱离环境的管理是不存在的,环境为组织的发展带来了机遇和挑战。管理的主要任务就在于通过对组织内外部资源的有效整合,充分利用内外部环境的各种有利因素,使组织能够主动地适应外部环境的变化,并根据内外部环境的变化而不断创新。

第三,管理的对象是组织可支配的资源。资源是一个组织运行的基础,也是开展管理工作的前提。管理正是通过综合运用组织所能支配的各种资源,包括人、财、物、科技、信息、知识、时间、形象、关系等物化资源与非物化资源,来实现组织目标的。管理的成效如何,集中体现在能否以最少的资源投入取得最大的产出上。产出一定、投入最少,或者投入不变、产出最多,甚至是投入最少、产出最多,这些都意味着组织具有较高的资源使用效率。然而,仅仅关心效率是不够的,管理者还必须使组织的活动实现正确的目标,这就是追求活动的效果(效能)。效率和效果是两个不同的概念。效率涉及的只是活动的方式,只有高低之分而无好坏之别。效果则涉及活动的目标和结果,不仅有高低之分,而且可以在好坏两个方向上表现出明显的差别。高效率只是正确地做事,好效果则是做正确的事。但效率和效果又是相互联系的,如某人工作效率较低,却有可能达到较好的效果,某企业生产效率很高,但可能效益效果很差。因此,管理不仅要追求效率,更要追求效果,只有"正确地做正确的事",才能使管理具有最大的有效性,从而实现效率与效果的有机结合。

第四,管理通过各种职能体现出来。管理职能是管理者开展管理工作的手段和方法,也是管理工作区别于一般作业活动的重要标志。管理活动不是抽象空洞的,必须具体落实到计划、组织、领导和控制等一系列管理职能上,离开具体的管理职能,管理只能是一个空洞的概念。

构成管理概念的四个方面之间相互联系、相互影响。其中,环境是管理活动存在的"土壤",资源是管理活动直接作用的对象,职能是管理活动的主要表现形式,目标是管理活动要达到的结果。其相互关系可以用图1-1表示。①

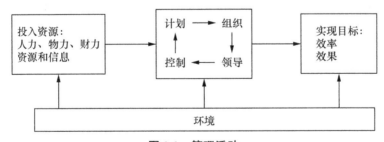

图1-1 管理活动

由此不难看出,管理普遍适用于任何类型的组织。因为任何组织都有特定的组织目标,都有其特定的资源调配和利用问题,因此,也就有管理问题。

---

① 戴淑芬:《管理学教程》,北京大学出版社2004年版,第5页。

> **问题思考：营利性组织需要管理，非营利性组织需要管理吗？**
>
> 营利性组织需要管理，这类组织十分重视投入与产出的比较，十分强调对资源的利用效果。但是，人们往往认为只有大企业才需要管理，因为大企业拥有更多的资源，职工人数更多，更需要有周密的计划和高效率的沟通与协调。事实上，小企业同样需要管理。每年都有大量的小企业破产倒闭，其原因并不仅仅是小企业拥有的资源少，更重要的是管理方面的问题。从非营利性组织来看，不仅政府、军队、公安部门等组织，以及教育机构、医疗机构、邮电和交通等大众服务单位需要管理，而且各种基金会、联合会、俱乐部，以及政治党派、学术团体和宗教组织等也都需要管理。管理活动遍布人类社会的方方面面，无处不在。当然，不同类型的组织，由于其作业活动的目标和内容存在一些差异，因而管理的具体内容和方法也不尽相同。但从基本管理职能以及管理原理和方法来看，各种不同类型的组织具有相似性和共通性。

> **小资料：一些学者对管理的经典定义**
>
> 管理就是计划、组织、指挥、协调和控制。
> ——法国管理学家亨利·法约尔
>
> 管理是指一种以绩效责任为基础的专业职能。
> ——美国管理学家彼得·德鲁克
>
> 管理就是决策。
> ——美国管理学家赫伯特·西蒙
>
> 管理就是设计和保持一种良好环境，使人在群体里高效率地完成既定目标的过程。
> ——美国管理学家哈罗·孔茨
>
> 管理就是通过其他人来完成工作。
> ——美国管理学家R.M.霍德盖茨

二、管理的本质属性

（一）管理的自然属性和社会属性

1. 管理的自然属性

管理的自然属性是指管理具有与生产力、社会化大生产相联系的属性。这种属性表明，管理是由于有许多人进行协作劳动而产生的，是由生产社会化引起的，是有效地组织共同劳动所必需的，因此管理活动的主要任务就在于处理人与自然的关系，合理组织生产力。管理的自然属性只受社会化程度、生产力水平和人的一般属性的制约，而不以社会制度、生产关系性质和人的阶级属性为转移。也就是说，管理的自然属性在任何社会制度下都是一样的，管理是进行社会化生产所必需的，这是管理的共性。例如在企业管理中,有关合理组织生产力的一些形式和方法,所有社会化大生产都可以应用。与社会制度和意识形态无关。

2. 管理的社会属性

管理的社会属性,是指管理具有与生产关系、社会制度相联系的属性。这种属性表明,管理都是在一定的生产关系条件下进行的,必然要受到一定生产关系、政治制度和意识形态的影响与制约。这就要求管理活动不仅要组织和发展生产力,而且还要调整生产关系、处理人与人的关系。管理的社会属性是由生产关系、社会制度所决定的。不同的社会制度、不同的历史阶段、不同的社会文化,都会使管理呈现出一定的差别,从而使管理具有特殊性和个性。也就是说,管理必然体现着生产资料所有者指挥劳动、监督劳动的意志,谁占有生产资料,谁就掌握管理权,并按照自己的利益和意志进行管理。

3. 学习管理二重性的意义

认识管理的自然属性和社会属性,对于我们正确认识管理的地位和作用,全面把握管理的性质和要求都具有十分重要的现实意义。

首先,它有助于我们全面理解管理的任务和作用。管理体现的是生产力和生产关系的辩证统一关系,把管理仅仅看成是生产力或生产关系,都不利于管理理论和管理实践的发展。这就要求管理者在管理过程中,既要担负合理组织生产力的职责,又要承担改善生产关系的责任;既要促进生产力,又要努力改善生产关系,即管理要做到"见物又要见人",单纯强调对人的管理或单纯强调对物的管理都是片面的。

其次,它有助于全面认识对管理人员的素质要求。由于管理既要合理组织生产力又要努力改善生产关系,这就要求管理人员必须具有合理的知识结构和能力结构,不仅要具备组织生产力的技术知识和能力,而且还要具备处理人际关系及各种社会关系的知识和能力,即管理者要成为"复合型"人才。仅仅拥有组织生产力的知识,或仅仅拥有协调人际关系的知识都不能成为合格的管理者。也就是说,一个优秀的技术人员不一定是一个称职的管理者,要实现由"技术专家"向"管理专家"的转变,还必须加强管理知识的学习和人际关系协调能力的培养及训练。

最后,它有助于我们正确地对待国外的管理经验。管理既有组织生产力的共性内容,也有协调生产关系的个性特征。这就要求我们必须客观地对待西方的管理方法和经验,既不能盲目排外,也不能完全照搬。对于西方国家在组织生产力方面积累起来的管理理论、技术和方法,我们应该积极地吸收和借鉴,因为这是人类社会的共同财富,它没有国家的差别;但对于西方国家在协调生产关系方面积累的管理方法和经验,由于它与特定的社会制度和发展阶段相联系,我们就不能简单地照抄照搬,必须根据我国的国情去其糟粕,取其精华。只有这样,才能实现共性与个性的统一,既充分利用人类社会的共同成果,又能保持并形成自己的管理特色。

(二) 管理的科学性与艺术性

1. 管理的科学性

科学是反映客观规律的系统化的知识体系。这种知识体系是人们对客观事物的本质特征、必然联系及其运动规律的正确揭示和描述,它建立在科学实践和严密逻辑论证的基础上。管理的科学性是指,管理是一门科学,是由一系列概念、原理、原则和方法构成的科学体系,有内在的规律可供遵循。也就是说,管理发展到今天,已经形成了比较系统的理论体系,揭示了一系列具有普遍应用价值的规律,总结出了许多管理原则。这些规律和原则是由大量的学者和实务工作者在总结了长期的管理工作的客观规律的基础上形成的,是理论与实践高度结合的产物,不会因地域、文化乃至社会制度的差异而不同,也不以人们的主观意志为转移。这就要求在管理过程中,必须遵循管理的规律,运用科学的管理理论和方法来指导实践,只有这样,才能使管理活动更为有效。正如著名管理学家孔茨所说的:"医生如果不掌握科学,几乎跟巫医一样。高级管理人员如果不具备管理科学知识也只能是碰运气、凭直觉,或者照老经验办事。"这样的管理,是很容易失败的。

2. 管理的艺术性

管理的艺术性是指,灵活运用管理知识和技能的技巧和诀窍。管理对象的复杂性和管理环境的多变性,决定了管理活动不可能采用固定不变的模式,必须在管理实践中发挥积极性、主动性和创造性,要根据环境的变化随机应变。对管理理论和方法采取教条式的理解和应用,是无法搞好管理的。最有效的管理就是因地制宜的管理。所以,管理的艺术性强调管理活动除了要掌握一定的理论和方法外,还要有灵活运用这些知识和技能的技巧和诀窍。

3. 科学性与艺术性之间的关系

管理首先是科学的,其次才是艺术的。管理的科学性与艺术性是管理活动不可分割的两个方面,管理的科学性是艺术性的基础,管理的艺术性是科学性的升华。在管理过程中,不能只注重管理的科学性而忽视其艺术性,也不能只注重管理的艺术性而忽视其科学性,应该实现科学性和艺术性的有机统一。离开管理的科学性,艺术性就会变成简单的感觉和经验,很难实现有效管理;离开管理的艺术性,科学性就会变成僵化的教条,也难以发挥作用。所以说,管理的专业训练虽然不可能培养出"成品"的管理人员,但要成为合格的管理者又必须接受管理的专业训练。只有那些既注重管理理论,又注重管理实践的人,才能成为一个合格的管理者。

没有系统化的知识体系形不成科学,没有实践性则没有艺术。管理既具有内在的规律,又具有实践方面的技巧和诀窍,所以管理既是一门科学又是一门艺术,是科学与艺术的有机结合体。

(三) 管理的资本属性

对管理属性的理解,最具有代表性的是将其作为一种资源或生产力要素,如美国著名管理学家彼得·德鲁克就指出:"有效的管理可能是发达国家的主要资源,也是发展中国家的主要资源。"事实上,管理不仅是一种资源,而且是一种具有资本属性的特殊资源,或者从广义上说,管理本身就是一种资本。

1. 管理能否成为资本

资本有狭义和广义之分,狭义的资本主要是指物质形态的生产要素,广义的资本则包含了一切能够产生价值的有形和无形资源。而管理作为一种广义上的资本同样具有资本的特性和功能。

首先,管理本身具有价值。管理的价值主要来源于企业和员工对管理活动的投入,这种投入既包括有形的物质资源，如组织设计和运转费用、沟通协调费用、教育培训费用、管理方法和手段的实施费用等，也包括无形的知识和文化要素，如规章制度、文化氛围、人际关系、思想观念、创新精神、知识、时间等。这些投入共同形成了管理的价值，其价值的高低不仅反映在企业的管理基础和管理水平上，而且反映在企业的效率和效益上。

其次，管理能够创造价值。管理作为一种具有能动性的资本形态，能够使生产要素在从投入到产出的转换过程中产生价值加速和放大效应，这种价值加速和放大效应主要是通过管理所特有的资源整合功能来实现的，离开管理资本对其他生产要素的有机整合，设备、技术和人才将难以发挥其应有的作用。所以说，先进的技术不能弥补落后的管理，而先进的管理可以弥补落后的技术。但在实现价值增值的过程中，管理资本与物质资本所不同的是，后者依靠的是物质能量转化，而前者依靠的则是知本和智本的整合和运动。管理资本虽然不像生产、销售、研发、投资那样直接形成价值增殖环节，但它却是决定各种经营要素组合效率和水平的核心环节，因而也是最关键的价值生产环节。

最后，管理资本存在着损耗。管理资本像物质资本一样，也存在有形损耗和无形损耗。有形损耗主要表现为人力资本即生命的衰老，而无形损耗主要表现为管理理论、管理组织和管理方式方法的不断更替。在管理资本的损耗中，起主导作用的是无形损耗，也就是说，管理文化、管理组织和管理方式方法等管理资本要素虽然不会随着使用时间的延长而减少，但却会随着环境的变化而增减，并且随着科学技术的进步，这种增减呈现出不断加速的趋势。

2. 管理资本的构成

管理资本不是一种独立存在的资本形式，而是一种根植于管理系统之中，由企业投资于各种正式和非正式的关系所形成的资本形式。所以，管理资本也可以看成是一种关系资本。也正是这种关系资本决定了企业的效率和效益。

管理活动都是由人在一定的组织和文化环境中进行的，其有效性主要取决于人、组织和文化的相互配合与协调，因此人力资本、组织资本、文化资本无疑是构成管理资本的重要组成部分。

（1）人力资本。人力资本是指企业为了提高人的知识和技能而在人的健康、教育和培训方面进行投资所形成的资本形式。人的知识和技能不是与生俱来的，而是通过后天的教育和训练形成的，是消耗稀缺资源进行投资的结果。人力资本的核心是人的知识和技能，获得这种知识和技能既需要有形的货币投入，如教育、培训费用等，也需要无形的非货币投入，如健康的心理、宽松的文化氛围、闲暇及娱乐时间等。人力资本是管理资本的核心，它不仅影响着各项活动的最终效果，同时也对其他资本积累的数量与质量产生重要影响。在各种资本形态中人力资本居于主导和支配地位。

（2）组织资本。组织资本是指企业通过对组织设计与变革进行投资所形成的资本形式。其核心是组织的责权结构也即组织结构，它是企业为实现特定目标而进行分工协作，在职务范围、责任、权力等方面所形成的结构体系，主要包括职能结构、层次结构、部门结构和责权结构。组织资本不仅影响物质资本和人力资本的结合方式，而且也对企业的知识存量与知识流量产生重要影响，因为组织不仅决定了企业内部生产要素的配置状况,而且也是企业建立各种沟通网络的基础。

(3) 文化资本。文化资本是指企业持续投资于培育企业文化而形成的一种资本形式。具体地说,文化资本包括那些用于规章制度和道德规范的建立、企业精神的培育和良好形象的塑造、价值观念和管理风格的形成、组织气氛和凝聚力的维护等方面的投资。文化资本的形成既是货币投资的结果,如各种培训、教育和文化活动等,又是非货币投资的结果,如日常观念的形成、领导者风格、精力和关注程度等。文化资本不仅直接影响着人力资本发挥作用的难易程度、气氛和凝聚力水平,而且影响着组织资本的运行效率。

3. 管理资本的特性

管理资本作为一种关系资本,既具有资本的属性,又与一般资本有着明显的区别。归纳起来,管理资本主要有如下特性:

第一,管理资本的收益递增性。对于一般实物资本来说,普遍存在着投资的边际收益递减规律。但对于管理资本来说,则存在着投资的边际收益递增现象,即随着管理资本投入的持续增加,收益不会减少,反而会不断增加。之所以如此,是因为管理资本的本质是一种基于知识的资本,它主要是由知识、智力、信息、文化、结构等无形资产构成的,其中知识和智力是构成管理资本的主体,由于知识和智力能够在使用过程中通过共享增长实现产出的溢出效应,即投入的知识和智力不仅不会被消耗,而且还能够通过扩散效应得到累加和放大,这样管理资本就自然克服了物质资本投入增长的局限性,呈现出收益递增的特征。

第二,管理资本的专用性。它主要表现为管理资本的参与者,没有任何一方对管理资本拥有绝对的所有权与控制权,任何管理资本投资都最终归属于组织本身。这与物质资本和人力资本投资有较大的区别。管理资本的专用性,一方面表现为它具有不可转让性,即不能进入市场交易,即使在企业被购买的情况下,管理资本也难以测算;另一方面,管理资本投资的回报必须依赖于企业的总体绩效,很难划分出哪一项是管理资本投资的收益。因此,从长期发展来看,管理资本投资回报率的高低只能是企业集体成就和个人成就的折中反映。管理资本的专用性还说明,管理资本的投资存在退出壁垒,即企业一旦投入则无法将其收回,这样对企业来说管理资本就构成了一种特有的抵押,这种抵押能够被企业独自占有,因此它往往是形成企业核心能力的主要要素。

第三,管理资本要素间的相互依赖性。人力资本、组织资本和文化资本是紧密联系、互为因果、不可分割的,它们之间的作用是一种非线性的相互作用。因而,对管理资本的投资必须是一种连锁性的投资,即投资于人力资本必须连带地投资于组织资本与文化资本,投资于组织资本也必须同时投资于人力和文化资本,而投资于文化资本又要连带地投资于人力和组织资本。否则,将会由于投资瓶颈的存在而对管理资本的整体增值能力产生不利影响和制约,进而使对管理资本的单方面投资失去意义。管理资本投资的这种连锁性特点就集中反映了管理资本要素的相互依赖性。

第四,管理资本的难度量性。管理资本相对于货币资本或实物资本而言,具有很强的不可测量性,主要表现为计量困难、价值化困难和市场交易困难。计量困难是指,管理资本是无形资本,它是知识、技巧、能力的综合,主要存在于管理系统中,人们只能粗略地判断管理水平的状况,但是却无法准确计量管理资本的大小。现在比较流行的做法是,对管理水平进行纵向或横向的对比分析,这样虽然能够在某种程度上反映管理资本的状况,但这种比较本身并不是准确的计量,只是比较相对大小,仅能反映相对量。价值化困难是指,管理资本难以折算成货币资本。如果管理资本不能折算成现实的经济价值,那么就无法正确估计管理资本对企业产出的真实贡献。市场交易是指,由于管理资本的经济价值难以计量,管理资本就难以在市场中进行交易,这样就会导致管理资本投资中的"搭便车"行为,即一家企业投资、多家企业共享投资成果,由此就会影响企业投资管理资本的积极性。王选教授曾说:"中国的企业与国外相比技术差距不小,但更大和更致命的差距在管理方面。"[①]这也正说明中国企业在管理资本方面的投入不足。

（四）管理的职业属性

伴随着组织规模的扩大和分工协作的发展,管理逐渐从作业活动中独立出来,变成了一个专门的职业。凡是以管理作为职业的人都可以被称为"职业经理人"或"职业管理者"。理解管理的职业属性,就是要求人们既要把管理当成一个职业,具备管理的知识和技能,同时又要了解管理工作与作业工作的联系和区别。

1. 管理工作与作业工作的区别

一个组织的活动从活动性质上可以分为两大类:一类是作业活动,在企业中主要指生产经营活动;另一类是管理活动,如计划、组织、领导、控制等。这两类活动的主要区别在于:一是工作对象不同。在作业工作中,工作对象是物;而在管理工作中,工作对象是人。二是工作中要处理的关系不同。在作业工作中,要处理的主要是人与物的关系,是人力资源与物力资源之间的匹配关系;在管理工作中,要处理的主要是人与人之间的关系。三是目的不同。完成作业工作是组织的最终目的,而完成管理工作是保证作业工作顺利完成的一个手段。四是完成工作所需的技能不同。完成作业工作所需的主要是专业技能,一般来说,作业人员的专业技能越高,就越称职;而完成管理工作所需要的技能除了专业技能之外,更重要的还有人际技能和组织技能,人际技能越高,管理人员的管理工作才会越有效。

要注意的是,管理工作与作业工作之间的界线不是绝对的。因为有许多工作,从不同的角度可以将其归为不同的活动。如一个企业的会计核算人员,从企业的整个活动来看,他所从事的工作显然属于管理工作,因为他是为企业的生产经营这一作业工作服务的。但是在企业的财务会计部门,这种活动显然又属于作业活动,因为在企业这个大系统中,财务会计部门最主要的工作就是做好财务管理和会计核算工作。因此,管理工作与作业工作之间的区分是相对的。

2. 管理工作服务于作业工作

管理活动是从作业活动中分离出来的一种独立职能。为作业活动服务是管理工作的本质属性。管理活动与作业活动对于一个组织来说都是必不可少的。但是,管理工作必须为作业工作服务。在一个组织中,管理工作是独立进行、有别于作业工作又为作业工作提供服务的活动,但是管理人员与作业人员并不一定是截然分开的。有一些管理者可以同时是作业人员,他们在承担管理任务的同时也可能完成一定的作业任务。如医院

[①] 王选:《中国企业最缺少的是现代化的管理》,载《光明日报》1999年2月3日。

院长可能有时也做些外科手术,学校校长可能有时也搞教学工作,企业销售经理也可能参与业务谈判和签订销售合同,等等。在某些时候,管理者参与作业工作并非坏事,这样往往有利于促进领导者与下属人员之间的沟通和理解。但是,如果一位管理者把自己的绝大部分时间和精力都用于从事作业工作而不是管理工作,那么,他要么忘记了自己的管理者身份,要么还不了解管理工作与作业工作的区别,这样,他也就不可能成为一个称职的管理者。因此,对于管理者而言,最重要的是要做好管理工作,而不是作业工作。无论是时间还是精力的安排上都要注意不能本末倒置。

管理人员的工作,从本质上说,是通过他人并使他人和自己一起实现组织的目标。在通常情况下,管理人员并不亲自从事具体工作,而是委托他人去干,自己花大量的时间和精力进行计划安排、组织领导和检查控制其他人的工作。管理人员之所以在身份和地位上不同于其他人,就是因为其"分内"工作性质与作业工作有着很大差异,而且,管理人员还要对这些人的工作好坏负最终责任。正是在促成他人努力工作并对他人工作负责这一点上,管理人员与作业人员构成了组织中相对独立的两大部分成员。

三、管理的基本职能

管理的职能就是管理活动所具有的功能和行为。一项管理职能就表示一类管理活动,而管理的基本职能就是管理工作包括的几类基本活动内容。在管理学发展史上,一些学者对管理的基本职能做出了不同的描述。法国管理学家亨利·法约尔在20世纪初提出,管理活动主要包括五种职能:计划、组织、指挥、协调和控制。美国管理学家孔茨在20世纪50年代提出,管理包括计划、组织、人员配备、领导、控制五项职能。除此以外,还有七项职能等观点。本书认为,管理主要包括计划、组织、决策、领导、控制五项职能。

(一)计划

计划是对未来活动要达到的目的和结果所进行的预先安排或筹划。人们从事一项活动之前,首先要制订计划,这是进行管理的前提。计划工作主要包括以下内容:

1. 研究活动条件

组织的业务活动是利用一定条件在一定环境中进行的。活动条件研究包括内部能力研究和外部环境研究。内部能力研究主要是分析组织内部在客观上对各种资源的拥有状况和主观上对这些资源的利用能力;外部环境研究主要是分析组织活动的环境特征及其变化趋势,了解环境是如何从过去演变到现在,以找出环境的变化规律,并据以预测环境在未来可能呈现的状态。

2. 制定业务决策

活动条件研究为业务决策提供了依据。所谓业务决策,是在活动条件研究的基础上,根据这种研究所揭示的环境变化中可能提供的机会或造成的威胁,以及组织在资源拥有和利用上的优势和劣势,确定组织在未来某个时期内的活动方向和目标。

3. 编制行动计划

确定了未来的活动方向和目标以后,还要详细分析为了实现这个目标,需要采取哪些具体的行动,这些行动对组织的各个部门和环节在未来各个时期的工作提出了哪些具体的要求。因此,编制行动计划的工作实质上是将决策目标在时间上和空间上分解到组织的各个部门和环节，对每个单位、每个成员的工作提出具体要求。

（二）组织

要把计划付诸行动，就必须要有组织工作。组织工作决定组织要完成的任务是什么、谁去完成这些任务、这些任务怎么分类组合、谁向谁报告、各种决策应在哪一级上制定，等等。组织工作的具体程序和内容如下：

1. 设计组织

包括设计组织的机构和结构。机构设计是在分解目标活动的基础上，分析为了实现组织目标需要设置哪些岗位和职务，然后根据一定的标准将这些岗位和职务加以组合，形成不同的部门；结构设计是根据组织业务活动及其环境的特点，规定不同部门在活动过程中的相互关系。

2. 人员配备

根据各岗位所从事的活动要求以及组织员工的素质和技能特征，将适当的人员安置在组织机构的适当岗位上，使适当的工作由适当的人承担。

3. 组织变革

根据业务活动及其环境特点的变化，研究与实施组织结构、结构的调整与变革，变革的内容包括组织结构形式变革、组织文化变革及组织流程变革。

（三）决策

管理就是决策，决策贯穿于管理过程的始终。因为无论计划、组织、领导还是控制，其工作过程说到底都是由决策的制定和决策的执行两大部分所组成的。决策渗透到管理的所有职能中，所以管理者在某种程度上也被称为决策者。

决策就是选择，是在许多可行方案中选择最优的方案。为了保证决策的科学性，决策活动必须按照自身的规律有序地进行，通常把管理决策过程分为七个步骤，无论是简单的决策，还是复杂的决策，以下七个步骤都是适用的。

第一，确定目标。作为一个决策者，在做出任何决策之前都必须有明确的目标，只有当他知道想要达到什么目标时，决策才有意义。无目的的决策就是盲目决策。因此，明确目标既是决策的前提，也是选择决策方案的重要依据。但目标的确定应尽可能做到明确具体、科学先进而又切实可行，只有这样的目标，才有利于做出真正最优的决策。

第二，明确问题。之所以要进行决策，是因为在生产经营中存在问题，决策就是为了解决问题。只有善于发现问题，才有助于问题的解决。所以，在决策中必须明确要解决的问题到底是什么。

第三，找出导致问题产生的原因。明确问题之后，就要寻找产生问题的原因，即有哪些因素促使问题的产生。不仅要找出影响问题的因素，还要估计这些因素影响问题的程度，也就是经济学中所说的建立经济模型的过程。利用经济模型，有可能在处理一个复杂的决策问题时，舍弃次要因素，找出影响事物发展的关键变量以及变量之间的因果联系，从而使决策方法简单化、科学化和定量化。

第四，提出可选择的方案。找到了产生问题的原因，就要提出解决问题的可行方案。需要注意的是，在提出可行方案的过程中，一定要解放思想、集思广益，防止可行方案的遗漏。

第五，收集数据。为了对方案进行评估，首先要收集与方案有关的各种数据。数据的质量和数量直接影响方案评价的效果。这就要求企业必须重视对数据资源的管理。

第六，方案评价和选优。在对各种可行方案进行评价时，应牢牢记住企业的目标。最优的方案应当是最有利于实现企业目标的方案。在评价过程中，既要有定量分析，又要考虑那些不能用数量表示的因素对决策的影响。

第七，实施和监控。最优方案选出之后，在实施过程中，要对方案实施的情况进行监控，以便了解方案实施的结果是否符合预定的目标。在评价、选择方案时的疏忽，或者实施方案过程中企业的环境发生变化，都可能使方案实施的结果偏离原来的目标，这就需要对选出的方案随时进行调整。

（四）领导

每个组织都是由人力资源和其他资源有机结合而成的，人是组织活动中唯一具有能动性的因素。为了有效地实现业务活动的目标，不仅要设计合理的组织，把每个成员安排在适当的岗位上，还要努力促使每个成员以高昂的士气、饱满的热情投身到组织活动中去。这便是领导工作的任务。所谓领导，是指利用组织赋予的权力和自身的能力去指挥和影响下属为实现组织目标而努力工作的管理活动过程。管理的领导工作就是管理者利用职权和威信产生影响，指导和激励其下属人员去实现目标的过程。领导是管理的重要职能，属于执行性职能。为了使领导工作卓有成效，管理者必须了解个人和组织行为的动态特征，激励员工并进行有效的沟通。在当今的经营环境中，有效的领导者还必须是富有想象力的——能够预见未来，使他人也具有这种想象力，同时授权员工去把想象变为现实。只有通过卓有成效的领导，组织的目标才有可能实现。

领导工作主要包括激励下属的积极性，指导和指挥他们的活动，选择最有效的沟通渠道，解决组织成员之间的冲突等。

（五）控制

控制就是按照既定的目标和标准，发现偏差并分析原因，采取有效措施来保证目标实现的过程。为了保证组织目标的实现和既定计划的顺利实施，管理必须监控组织的绩效，必须将实际的表现与预先设定的目标进行比较。一旦出现任何显著的偏差，管理的任务就是使组织回到正确的轨道上来。控制的内容包括行动偏离目标和标准时对组织活动的纠正，以及对目标和标准的修改及重新制定，后者是指当组织内外环境发生变化时，原来制定的目标和标准已不再适用。

控制工作过程包括衡量组织成员的工作绩效、发现偏差、采取矫正措施三个步骤，控制不仅是对以前组织活动情况的检查和总结，而且可能要求在某时点以后对组织业务活动进行局部甚至全局的调整。因此，控制在整个管理活动中起着承上启下的连接作用。

◆ 管理者的职责与技能

一、管理者及其职责

管理是一个动态的过程，管理者在这个过程中肩负着独特的任务和职能，他不但要制定组织的目标、筹划工作的开展，还要控制管理过程的运行，激发组织成员的潜能，实现管理工作的目标。可以说,管理者是组织的心脏,其工作绩效的好坏直接关系到组织的兴衰成败。所以,美国管理大师德鲁克曾这样说:"如果一个企业运转不动了,我们当然是要去找一个新的总经理,而不是另雇一批工人。"

所谓管理者,是指在一个持续运营的企业中执行各项基本管理功能的人员。衡量一个人是否是管理者,不是看其是否担任一定的职务,而是看其是否履行管理的职能。作为一个真正的管理者,他必须直接参与解决问题和做出决策;必须有人贯彻他的决策和意图并及时汇报贯彻执行的情况;必须执行计划、组织、指挥和控制等各项管理职能。另外,管理者作为社会活动的特殊角色,他在内涵与特征上与其他角色有许多区别。例如,管理者不同于科学技术工作者,后者的主要职责是发现与发明,而作为一个管理者固然应当懂科学、懂技术,但他首要的职责是履行管理职能。再如,管理者不同于劳动模范和先进工作者,后两者主要是懂得自己如何做人,而管理者不但要懂得自己如何做人,还要懂得如何通过别人把工作做好。

一个现代管理者的职责必须符合现代社会发展的客观要求,具体有以下几个方面:

1. 管理者是目标的提出者

一个地区、一个部门、一个单位,管理能否取得成效和成效的大小,关键是能否制定出本系统、本组织发展的总目标。科学的、切合实际的总目标,对组织的发展具有战略意义,决定着管理活动的方向,体现管理者和大多数成员的意志以及社会发展的要求。因此,管理者要能够为组织制定一个切实可行、足以激发组织成员奋发向上的发展目标。

2. 管理者是计划者

制订计划是管理者的首要任务,也是管理者指引组织发展、调动成员力量的重要手段。一个管理者必须高度重视计划,并善于制订计划。亨利·法约尔说:"缺乏计划或一个不好的计划是领导人员无能的标志。"管理者制订计划,要认真调查研究,广泛征求群众的意见特别是专家的意见和建议;要从实际出发,实事求是,量力而行;要有严格的科学态度,采取科学的方法,力求符合客观事物的发展规律,从而保证计划的科学性。

3. 管理者是组织者

组织是保证管理活动顺利进行必不可少的条件,因而是管理者的重要职责。组织,就是把管理活动的各个要素、各个环节和各个方面,从劳动的分工和协作上,从时间和空间的相互联结上,从上下左右的相互关系上,做到较好的结合。因此,作为一个组织者,根本的职责是保持组织的统一、精干、高效。首先要根据实际需要设置组织机构,明确职责和分工,配备工作人员。其次是通过对外界环境和内部条件的分析与预测,及时调整组织结构,以使组织不断地适应客观条件的变化。

4. 管理者是指挥者

管理者在管理过程中要不断地发布命令、下达指示、制定措施,以此来统一组织及其成员的意志和行为,所以,管理者又是一个指挥者。指挥者的任务就是要在严密组织的基础上,按照预定的计划,对所属组织和人员指明目标和计划,合理地分配任务或布置工作,并督促和检查执行情况,及时指导和处理管理中出现的问题。管理者只有从系统的整体出发,综观全局,对管理过程实行统一指挥,才能达到组织的目标,实现有效的管理。

5. 管理者是协调者

管理要有成效,各要素、各功能之间必须保持高度的协调性。这种协调的实现,需要管理者在管理活动中不断进行统筹和调节,所以,管理者又是一个协调者。作为一个协调者,他的任务就是围绕组织目标,进行统一安排和调度,使其相互配合、紧密衔接,既不产生重复,又不出现脱节,更不相互矛盾。协调包括纵向和横向协调,内部与外部协调,也包括对人、财、物的协调及各部门、各环节的协调等。

6. 管理者是人员的选拔配备者

管理者要想使自己确定的目标、方向和决策得到正确的贯彻执行,就必须恰当地选拔和配备人员。管理者只有知人善任,并恰当地进行人员配备,才能从根本上提高管理效率,达到管理目的。因此,管理者特别是高层管理者,必须亲自对下属各部门、各岗位的领导干部进行选拔任用。

二、管理者的分类

一个组织中从事管理工作的人可能有很多,根据管理层次和管理范围的不同,可将管理者分为多种类型。

(一) 管理者的层次分类

管理者是组织的核心和灵魂,他们对组织的生存和发展起着至关重要的作用。由于管理者在组织中的责任和权限不同,他们所担负的具体工作内容也不同。不过有一点是相同的:管理者都是一定组织的领导者,他们负责调动并促进别人做好工作,而不是事必躬亲地代替别人工作。根据管理者在组织中所处层次的不同,通常把管理者分为高层管理者、中层管理者和基层管理者。同时,整个组织层次还包括一线作业人员。

1. 高层管理者

高层管理者处于组织的最高层,和对组织负有全面的责任,主要决定与组织发展有关的大政方针,负责组织与外界的交往和联系。在很多情况下,组织的成败往往取决于高层管理者的一个判断、一个决策或一项安排,因此高层管理者很少从事具体的事务性工作,而把主要精力和时间放在组织全局性或战略性问题以及组织环境问题的考虑上。他们最关心的应该是重大问题决策的正确性和良好的组织环境的创造。

2. 中层管理者

中层管理者的主要职责是承上启下,正确地理解高层管理者的指示精神,创造性地结合本部门的实际情况,贯彻高层管理者所制定的大政方针,指挥基层管理者的活动,他们通常是根据上级的指示,把任务具体分配给各个基层单位,并了解基层管理者的要求,帮助其解决困难,检查并协调他们的工作,通过基层管理者的努力去带动第一线的操作者完成各项任务。他们注重的应该是日常管理事务,做得最多的工作就是计划、组织、领导、控制。

3. 基层管理者

基层管理者的主要职责是直接指挥和监督现场作业人员,保证他们完成上级下达的各项计划和指令。他们几乎每天都要和下属打交道,组织下属开展工作,协调下属的行动,解决下属的困难,反映下属的要求。基层管理者是组织中最下层的管理者,他们主要关心的是具体任务的完成。①

4. 作业人员

作业人员是指组织中直接从事具体实施和操作工作的人。例如，汽车装配线上安装防护板的装配工人，麦当劳快餐店中烹制汉堡包的厨师，企业销售现场的推销员，政府机动车管理办公室中负责办理驾驶执照更换业务的办事员，医院中为病人看病的医生，等等。这些人处于组织的最底层(称为作业层)，不具有监督他人工作的职责。

作为管理者，不论他在组织中的哪一层级上承担管理职责，其工作的性质和内容应该基本上是一样的，都包括计划、组织、领导和控制几个方面。不同层次管理者工作上的差别，不是职能本身不同，而是各项管理职能履行的程度和重点不同。基层管理者花在计划、组织和控制职能上的时间要比高层管理者多些，而高层管理者花在领导职能上的时间要比基层管理者多些。即便是就同一管理职能来说，不同层级管理者所从事的具体管理工作的内涵也并不完全相同。例如，就计划工作而言，高层管理者关心的是组织整体的长期战略规划，中层管理者偏重的是中期、内部的管理性计划，基层管理者则更侧重于短期的业务和作业计划。

高层管理者与中低层管理者的工作有重要的区别。日本松下电器公司的创始人松下幸之助说过一段名言："当你仅有100人时，你必须站在第一线，即使你叫喊甚至打他们，他们也听你的。但如果发展到1 000人，你就不可能留在第一线，而是身居其中。当企业增至10 000名职工时，你就必须退到后面，并对职工们表示敬意和谢意。"这说明，一个企业的规模扩大后，管理的复杂性随之增大，管理方面的职能分工相应深化，逐渐分化为制定大政方针的战略管理者和负责具体事务的日常管理者。

(二) 管理者的领域分类

按照管理者所从事的管理工作的领域宽度及专业性质不同，可将管理者划分为综合管理者和专业管理者两大类。

1. 综合管理者

综合管理者是指负责管理整个组织或组织中某个事业部全部活动的管理者。对于小型组织(如一个小厂)来说，可能只有一个综合管理者，那就是总经理，他要统管该组织包括生产、营销、人事、财务等在内的全部活动。而对于大型组织(如跨国公司)来说，可能会按产品类别设立几个产品事业部，或按地区设立若干地区事业部，此时，该公司的综合管理人员就包括总经理和每个产品或地区事业部的经理，每个事业部经理都要统管该分部包括生产、营销、人事、财务等在内的全部活动。

2. 专业管理者

专业管理者是指专门负责管理组织中某一类活动(或职能)的管理者。根据所管理的专业领域性质的不同，可以具体划分为生产部门管理者、营销部门管理者、人事部门管理者、财务部门管理者以及研发部门管理者等。对于这些部门的管理者，可以泛称为生产经理、营销经理、人事经理、财务经理和研发经理等。对于现代组织来说，随着其规模的不断扩大和环境的日益复杂多变，将越来越多地需要专业管理人员，专业管理人员的

---

① 邢以群、张大亮：《存亡之道——管理创新论》，湖南大学出版社2000年版，第15—16页。

地位也将变得越来越重要。

三、管理者应具备的技能

管理者能否行之有效地开展管理工作,很大程度上取决于他们是否真正具备管理所需的技能。通常而言,作为一名管理者应该具备的管理技能主要包括技术技能、人际技能、概念技能三大方面。那些处于较低层级的管理人员,需要的主要是技术技能与人际技能;处于较高层级的管理人员,更多地需要人际技能与概念技能;而处于最高层级的管理人员,则尤其需要具备较强的概念技能。

1. 技术技能

技术技能是指使用某一专业领域内有关的工作程序、技术和知识完成组织任务的能力。例如,工程师、会计师、广告设计师、推销员等,都掌握着相应领域的技术技能,所以被称为专业技术人员。对于管理者来说,虽然没有必要使自己成为精通某一领域技能的专家,但也要掌握一定的技术技能,否则就很难与他所主管的专业技术人员进行有效沟通,从而也就无法对他所管辖的各项业务工作进行具体的指导。很显然,如果是生产车间主任,就要熟悉各种机械的性能、使用方法、操作程序,各种材料的用途、加工工序,各种成品或半成品的指标要求等;如果是办公室管理人员,就要熟悉组织中有关的规章、制度及相关法规,熟悉公文收发程序、公文种类及写作要求等;如果是财务主管,就要熟悉相应的财务制度、记账方法、预算和决算的编制方法等。当然,不同层次的管理者,对于技术技能要求的程度是不同的。相对而言,基层管理者需要技术技能的程度较深,而高层管理者则只需要有些粗浅的了解即可。

2. 人际技能

人际技能是指与处理人事关系有关的技能,或者说是与组织内外部的人打交道的能力,包括联络、处理和协调组织内外人际关系的能力,激励和诱导组织内工作人员的积极性和创造性的能力,正确地指导和指挥组织成员开展工作的能力。人际技能要求管理者了解别人的信念、思考方式、感情、个性以及每个人对自己、对工作、对集体的态度,个人的需要和动机,还要掌握评价和激励员工的一些技术和方法,最大限度地调动员工的积极性和创造性。研究表明,人际技能是一种重要技能,对高、中、低层管理者都具有同等重要的意义。在同等条件下,人际技能可以极为有效地帮助管理者在管理工作中取得更大的成效。

3. 概念技能

概念技能是指对事物进行洞察、分析、判断、抽象和概括的能力。具体地说,概念技能包括理解事物的相互关联性从而找出关键影响因素的能力,确定和协调各方面关系的能力,以及权衡不同方案的优劣和内在风险的能力等。任何管理者都会面临一些混乱而复杂的环境,管理者应能看到组织的全貌和整体,并认清各种因素之间的相互联系,如组织与外部环境是怎样互动的,组织内部各部分是怎样相互作用的,等等,并经过分析、判断、抽象、概括,抓住问题的实质,并根据形势和问题果断做出正确的决策。因此,管理者所处的层级越高,其面临的问题越复杂、越无先例可循,就越需要概念技能。

上述三种技能是各个层次管理者都需要具备的,只不过不同层级的管理者对这三种技能的要求程度不同。一般来说,越是处于高层的管理人员,越需要制定全局性的决策,所做的决策影响范围越广、影响期限越长。因此,他们需要更多地掌握概念技能,进而把全局意识、系统思想和创新精神渗透到决策过程中。因为他们并不经常从事具体作业活动,所以并不需要全面掌握完成各种作业活动必须具备的技术技能,只需要对技术技能有基本的了解。

作为基层管理人员,他们每天大量的工作是与从事具体作业活动的作业人员打交道。他们有责任检查作业人员的工作,及时解答并与作业人员一起解决实际工作中出现的各种具体问题。因此,他们必须全面而系统地掌握与本单位工作内容相关的各种技术技能。当然,基层管理人员也可能面临一些例外的、复杂的问题,也要协调好所管辖工作人员的工作,制订本部门的整体计划。为了做好这些工作,他们也需要掌握一定的概念技能。

人际关系技能是组织各层管理者都应具备的技能。因为不管是哪一层次的管理者,都必须在与上下左右进行有效沟通的基础上,相互合作、共同完成组织目标。因此,人际技能对高、中、基层管理者是同等重要的。图1-2比较直观地概括了管理层次与管理技能的关系。

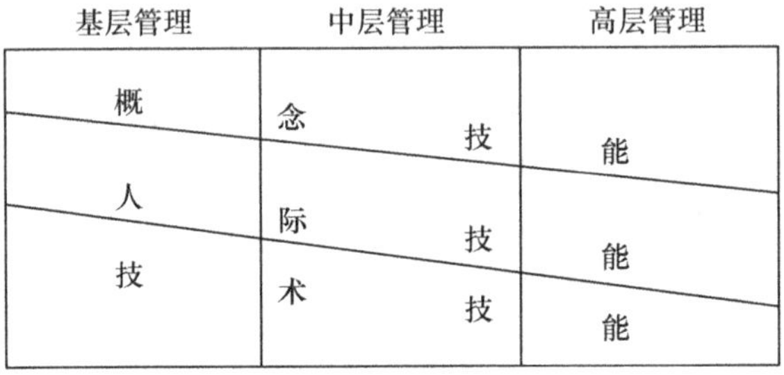

图 1-2 管理层次与管理技能要求

四、管理者应具备的素质

素质一般是指事物本来的性质。作为人的素质,原意是指一个人先天具有的资质和生理特点,如思维能力、记忆能力、反应能力等。这种先天的特点是人们获得知识和才能的基础。现在所说的素质,既包括先天的,也包括后天的,即一个人的品德、学识、才能、情操等。因此,管理者的素质,就是指在先天的基础上,通过后天的学习、教育和实践锻炼而成的,在其管理工作中经常起作用的那些内在要素。

(一) 品德素质

品德即道德品质,是一个人依据一定的社会道德准则而行动时所表现出来的行为特征。它是推动一个人的行为的主观力量,决定一个人工作的愿望和热情。尽管不同的社会和时代对品德的标准有不同的理解和要求,但把品德作为选才用人的首要条件却是每一个社会或组织所遵循的共同原则。作为一个管理者应具备的道德素质主要包括以下几点:

(1) 具有强烈的事业心和高度的责任感。人的潜力是无穷尽的,这种潜力的充分发挥在很大程度上取决于事业心的推动。有了强烈的事业心,管理者才能勇于克服困难,百折不挠、锐意进取、勇往直前。

（2）公道正派，与人为善。管理者对人对事的处理，要公道正派，按原则办事，不徇私情，能经得住历史的检验。特别是在用人方面要唯贤不唯亲，不搞小派别，同时管理者要以善意去对待和理解下属。善意待人和坦诚相见，是管理者提高自身影响力的重要因素。

（3）谦虚谨慎，作风民主。管理者要养成虚心听取别人意见的好作风，虚怀若谷，从善如流，以善意、诚恳、虚心的态度与成员建立良好的沟通关系。

（4）以身作则，清正廉洁。管理者的模范带头作用是至关重要的。管理者威信的建立，固然离不开言谈，但更重要的是行动。要言行一致、表里如一、少说空话、多干实事、严于律己、清正廉洁。一个好的管理者如果做到吃苦在前、享受在后、廉洁奉公、乐于奉献，他就能够有强大的影响力和号召力。孔子说："其身正，不令而行，其身不正，虽令不行。"说的就是这个道理。

(二) 心理素质

管理活动同时也是一种很艰苦的实践活动。要成为一个合格的管理者，必须具备良好的心理素质。良好的心理素质主要表现为：

（1）意志坚强。北宋大文学家苏轼曾经说过："古今立大志者，不惟是超世之才，亦必有坚韧不拔之志。"管理者除了要树立远大的抱负，有事业心之外，在追求所确立的目标上，应有坚强的意志。在任何时候，都不盲从，不随波逐流，不受内外各种因素的干扰；遇困难不气馁，取得成绩不骄傲；紧要关头沉着冷静，果敢坚决；名利面前，不受引诱。

（2）胸怀宽广。在管理活动中，人们具有不同的看法、不同的意见是不可避免的。管理者应当宽容大度，应能求大同存小异；在非原则问题上能忍让，宽以待人；对反对过自己的同事，甚至后来被实践证明是反对错了的同事，要能不计前嫌，不耿耿于怀；要善于听取不同意见，特别是对立面的意见，绝不能认为自己的意见一贯正确，听不进不同的意见，听不得批评意见。对人，特别是对同事、对下级要尊重。要敢于承认自己的缺点、错误，不文过饰非，居功自傲。

（3）自信。管理者要相信自己的能力，相信自己能把群众的力量调动起来。自信是积极工作和克服困难的前提，也是激励群体成员积极性的重要因素。特别是作为一个有个人影响力的管理者，自信更是第一素质要求。

五、管理者应具备的能力

管理者应具备的能力，并不是指某一学科或某一技术领域的专业能力，主要是指管理能力。其中主要包括以下几点：

1. 科学决策的能力

决策是管理的重要职能，也是作为一个管理者所从事的主要工作。一个决策者具有较强的科学决策能力，首先表现在对于问题的综合分析能力和较强的预见性。能够在纷繁复杂的情况下抓住主要矛盾，提出决策问题。其次是具有丰富的经验，掌握科学的决策方法，能够博采众长、择优决断，做出正确的决策。

2. 知人善任的能力

用人是管理中的一个核心问题。为此，一个管理者必须具有知人善任的能力。所谓知人,就是善于发现人才,对人有真正的了解;所谓善任,就是能够把恰当的人安排在恰当的岗位上,使其充分发挥聪明才智,即人尽其才。知人善任之所以是一种能力,是因为它与一个人的认识水平和道德品质有关。一个管理者只有眼光敏锐、事业心强、胸怀坦荡,才能真正做到知人善任,否则是难以做到的。

3. 组织协调的能力

组织协调工作是管理工作中的很大一部分。管理者与非管理者的重要区别,就是前者要有较强的组织协调能力。在管理中进行组织协调,要处理好管理系统内外的各种关系。但其中最主要的是要处理好人际关系,最大限度地调动人的积极性。为此,管理者要做好组织协调工作,必须要有协调人际关系的技能,要在管理中懂得尊重人、关心人、团结人、理解人。只有这样,才能组织和调动一切积极因素,使管理不断达到预定目标。

4. 开拓创新的能力

管理是一种创新的劳动,因此,作为一个管理者必须具备创新精神和勇于开拓的能力。在现代社会,经济和科学技术的发展日新月异,市场需求千变万化,作为一个管理者只有不断解放思想,努力学习,善于接受新事物,研究新问题,才能不断提高创新和开拓的能力,以适应不断变化的形势。否则,墨守成规,故步自封,就不能发挥管理的效能。

小资料:管理学家对管理者素质的阐释

泰勒提出,一个合格的管理者,必须具备以下条件:

(1) 健全的脑力;
(2) 一定的教育;
(3) 专门的技术和知识;
(4) 机智灵敏;
(5) 充沛的精力;
(6) 坚强的毅力;
(7) 忠诚老实;
(8) 判断力和一般常识;
(9) 良好的健康状况。

法约尔认为一个合格的管理者,应具备以下素质和能力:

(1) 体力方面:身体健康,精力充沛,反应灵敏;
(2) 智力方面:有理解、学习和判断的能力,思想开阔,适应性强;
(3) 品德方面:干劲大,坚定,愿意承担责任,有主动性,有首创精神,忠诚、机智、自尊;
(4) 一般文化方面:对于不属于所执行职能方面的事物有一般的了解;
(5) 专业知识方面:对于所担任的技术、经营、财务管理等专业知识有深入的了解;
(6) 经验方面:具有从工作本身产生的知识、经验、教训。

能力训练

◆ 能力测评

测评1 你的创业能力如何?

下面各题,请选择一个最能表达自己想法或做法的答案。

1. 通常,成功的创业者在学校中并不是顶尖的人物。你是否同意这种观点?
   (a) 同意　　　　　　(b) 不同意　　　　　(c) 不清楚

2. 创业者在学校中,并不热心于团体活动,总是喜欢独处。你是否同意这种观点?
   (a) 同意　　　　　　(b) 不同意　　　　　(c) 不一定

3. 创业者在孩童时代就从事过商业活动,譬如干过卖报纸、小摊贩之类的生意。你认为是这样吗?
   (a) 是　　　　　　　(b) 不是　　　　　　(c) 不一定

4. 创业者总是坚持自己的立场,即使遇到艰难困苦,仍然一如既往。你认为是这样吗?
   (a) 是　　　　　　　(b) 不是　　　　　　(c) 不一定

5. "小心"即意味着不愿冒险。你是否是个小心谨慎的人?
   (a) 是　　　　　　　(b) 不是　　　　　　(c) 不一定

6. 与你的同伴相比,你是否比你的同伴胆大?
   (a) 是　　　　　　　(b) 不是　　　　　　(c) 不知道

7. 在处理问题的时候,是否存在着他人的意见和见解经常超过你的意见和见解的情况?
   (a) 是　　　　　　　(b) 不是　　　　　　(c) 不一定

8. 对日常例行事务的厌烦,是否是激发你去做事的一种激励因素?
   (a) 是　　　　　　　(b) 不是　　　　　　(c) 不一定

9. 对你喜欢的工作,你愿意废寝忘食、熬夜加班吗?
   (a) 愿意　　　　　　(b) 不愿意　　　　　(c) 不一定

10. 假如要你彻夜不眠地工作,而又不付任何报酬,你愿意吗?
    (a) 愿意　　　　　　(b) 不愿意　　　　　(c) 不一定

11. 创业者一般都喜欢各项活动,以致不停地由一项计划跳到另一项计划。当你完成一项计划后,是否立即进行另一项计划?
    (a) 是　　　　　　　(b) 不是　　　　　　(c) 不知道

12. 你愿意用辛辛苦苦积攒的钱,去冒险开创事业吗?
    (a) 愿意　　　　　　(b) 不愿意　　　　　(c) 不一定

13. 假如你能够向别人贷款,你愿意负债经营吗?
    (a) 愿意　　　　　　(b) 不愿意　　　　　(c) 不一定

14. 假如你创业失败了,你是否会积蓄力量重新开始?

(a) 会 　　　　　(b) 不会 　　　　　(c) 不一定

15. 假如你创业失败了,你是否会想去寻求高薪的工作,以便过安稳的生活?
(a) 会 　　　　　(b) 不会 　　　　　(c) 不一定

16. 你会做出长期和短期目标规划吗?
(a) 会 　　　　　(b) 不会 　　　　　(c) 不一定

17. 对现金流动,你是否比他人有更丰富的知识和经验?
(a) 是 　　　　　(b) 不是 　　　　　(c) 不一定

18. 你是否具有勇往直前的精神和毅力?
(a) 有 　　　　　(b) 没有 　　　　　(c) 不一定

19. 你是个乐观主义者,还是悲观主义者?
(a) 乐观主义者 　　　　　(b) 悲观主义者
(c) 两者都不是,或介于两者之间

得分和评价:

1. (a) = 4　　　(b) = -4　　　(c) = 0
2. (a) = 2　　　(b) = -2　　　(c) = 0
3. (a) = 2　　　(b) = -2　　　(c) = 0
4. (a) = 1　　　(b) = -1　　　(c) = 0
5. (a) = -4　　　(b) = 4　　　(c) = 0
6. (a) = 4　　　(b) = -4　　　(c) = 0
7. (a) = -1　　　(b) = 1　　　(c) = 0
8. (a) = 2　　　(b) = -2　　　(c) = 0
9. (a) = 2　　　(b) = -2　　　(c) = 0
10. (a) = 4　　　(b) = -4　　　(c) = 0
11. (a) = 2　　　(b) = -2　　　(c) = 0
12. (a) = 2　　　(b) = -2　　　(c) = 0
13. (a) = 2　　　(b) = -2　　　(c) = 0
14. (a) = 4　　　(b) = -4　　　(c) = 0
15. (a) = -1　　　(b) = 1　　　(c) = 0
16. (a) = 1　　　(b) = -1　　　(c) = 0
17. (a) = 2　　　(b) = -2　　　(c) = 0
18. (a) = 2　　　(b) = -2　　　(c) = 0
19. (a) = 2　　　(b) = -2　　　(c) = 0

根据上述答案,计算出你的得分。

如果你的得分在30分以上,说明你是个出色的创业者,你有很强的创业能力,很容易创业成功。

如果你的得分在15—30分之间,表明你具有成功的背景、技能和天分。具有创业的潜在品质,有可能创业成功。

如果你的得分在15分以下,表明你创业能力较低,很难创业成功,你的天分可能在其他方面。

测评 2　你的耐性如何？

管理需要时间，常常不能很快地看到结果。因此管理者必须重视发展自己的耐性。下列各题，请选择一个最能表达你自己想法或做法的答案。

1. 你在等一个重要的电话，但没等到。你最可能做出哪种反应？
   (a) 确定继续等待的时间。
   (b) 继续打电话。
   (c) 放弃。
   (d) 发信或电报。
2. 你对某雇员呈交的报告总是感到不满意。你最可能做出什么样的反应？
   (a) 我会发怒，并退回报告。
   (b) 我和他坐在一起，看一看怎样帮助他。
   (c) 我让他人做这件工作。
   (d) 我决定自己来完成这项工作。
3. 在制订未来的公司生产计划时，哪个因素最重要？
   (a) 因决策失误造成可能的停滞。
   (b) 竞争带来的问题。
   (c) 灾难、气候和罢工。
   (d) 人为的失误和拖延。
4. 你有哪种习惯？（选择其一）
   (a) 在读侦探小说时，我先看书的结尾，并间断地浏览中间的内容。
   (b) 在看电视时，假如对某一频道的节目不感兴趣，我就换一个频道。
   (c) 开车时，我喜欢超车，尽管这很危险。
   (d) 我排队买票，不管需要多长时间。

得分和评价：

1. (a) = 3　　(b) = 2　　(c) = 4　　(d) = 1
2. (a) = 1　　(b) = 4　　(c) = 3　　(d) = 2
3. (a) = 3　　(b) = 1　　(c) = 2　　(d) = 4
4. (a) = 1　　(b) = 2　　(c) = 3　　(d) = 4

根据上述答案所给的分数计算出你的得分。

如果你的得分在 12—16 分之间，表明你在等待事情了结，工作比较有耐性。

如果你的得分在 8—11 分之间，表明你是性子急躁的人，试图缩短等待的时间。

如果你的得分在 4—7 分之间，表明你确实没有耐性，常常自己干事。

随着年龄的增长，我们发现等待事情了结常常是有利的。没有耐性的管理者更容易做出错误的决定。在处理紧急事件时，有意识地多花几天或几小时，常常会导致令人吃惊的满意结果。

测评3　你害怕冒险吗?

下列各题,请选择一个最能表达自己想法或做法的答案。

1. 一位负责广告和销售事务的部门经理位置空缺。你正考虑一系列申请人中是否有合适人选。下列可能的人选中你愿选择哪一位?

(a) 奥康奈尔先生,41岁,在公司已工作10年,过去表现出色。他希望扩大负责任的领域。

(b) 王女士,23岁,搞艺术的。富于创造性及某种程度的反叛精神。没有从事广告工作的经验。

(c) 杨格先生,32岁,从事过包括销售在内的多种工作,学东西很快。但过去从事每项工作的持续时间都没有超过两年。

2. 一位发明家研究出一种液体(如牛奶)包装法,这种方法可以使包装品不用冷冻。这位发明家来找你,要你的物品包装公司对他的发明投资并付诸实际运用。你将怎么办?

(a) 我找另一家食品公司先做实验。然后根据实验成功的程度,再决定如何向我的公司推荐。

(b) 我帮助发明家收集更多的数据并进行一次市场测试。

(c) 我对他的发明做些改动,我也会发明,我不让自己在竞争中落后。

3. 你所拥有的地产太少了。各种地产经纪人和建筑商竞标来为你扩大面积。下列要价都相等,哪一家对你更具吸引力?

(a) 通过加高几层楼来扩大现有面积,这样就仍在原处,地址不变,供应商和客户的联系仍和从前一样。

(b) 移到地产便宜些的另一地方去,盖一幢面积大些的楼,但有可能失去现有雇员和客户。

(c) 买一件好看但无用之物,如一幢需大量改建的旧厂房。如果这一策略成功,将给公司的形象添色增彩,并使之独具一格。

4. 你的公司生产医用诊断设备。一天你在报纸上读到一则广告:"医生需要100万元投资于一项新的诊断程序设备。保证利润很大,方法独特。产品肯定会对许多医务专家有吸引力。"你将怎么办?

(a) 我写信索要详情。或许我的公司会感兴趣。

(b) 我不相信此类许诺。一位认真的发明家肯定会以不同的方式来从事这件事。

(c) 我给他打电话。或许我还能学到点什么。它可能是我一直在寻找的产品。

(d) 我将调查,但十分小心。我以前被蛇咬过,但谁都不敢说下次情况会怎么样。

5. 《财富》杂志上的一篇文章介绍了兰德博士白手起家造出偏振片的情况。你除此以外还读过类似的成功事例。你最可能做出什么反应?

(a) 这种事太少了。

(b) 我也梦想这样去获得成功,但我没有勇气去做。

(c) 我也会成功的,可能规模要小一些。我也有一项发明,它会给我赚一大笔钱。

(d) 我喜欢晚上睡个好觉。因此我到老了也不一定富有,但我的公司将少冒风险。

得分和评价:

1. (a) = 1   (b) = 3   (c) = 2
2. (a) = 1   (b) = 2   (c) = 3
3. (a) = 1   (b) = 2   (c) = 3
4. (a) = 2   (b) = 1   (c) = 4   (d) = 3
5. (a) = 2   (b) = 3   (c) = 4   (d) = 1

根据上述答案所给的分数计算出你的得分。

如果你的得分在 14—17 分之间,则表明你或你的助手愿冒风险——在目前极具竞争的时代,这一点被认为极其重要。甚至银行家们今天也愿当冒险家。

如果你的得分在 10—17 分之间,则表明愿冒一定的风险。

如果你的得分在 5—9 分之间,表明你不愿意冒险,做事很谨慎。

◆ 思考练习

1. 什么是管理的自然属性和社会属性?管理的二重性对于我们正确地认识管理的地位和作用有什么指导意义?
2. 为什么说管理既是科学又是艺术?
3. 怎样理解管理的职业属性?要从事管理工作需要具备什么样的职业知识和技能?
4. 什么是管理者?管理者的职责是什么?
5. 简述管理者的基本类型。
6. 不同层次的管理者在技能上有什么不同?

◆ 案例分析

"庄妈妈"和她的净菜青年服务社

"庄妈妈"原名叫庄卫红,是上海纺织厂的一名女工。她 1996 年下岗,面对挫折,自强不息,带领 4 个人,借款 3 万元,创办了"庄妈妈"净菜社,开辟了上海服务行业的一个新行当,作为普通女工的庄卫红,文化程度不高,没有管理经验,只能从简单的行业做起。1996 年 5 月 16 日,庄卫红净菜青年服务社正式开张,第一批顾客就是家门口的六家邻居,每家每月收 10 元服务费。净菜社的口号是"以妈妈精神为客户服务"。开张后不久,上海媒体竞相报道了庄卫红创业的经过,并亲切地称其为"庄妈妈"。就在当年年底,她被评为"上海十大杰出青年""中国青年五四奖章获得者"。庄妈妈顿时被包围在鲜花和闪光灯中间,成为下岗再就业的典范。庄妈妈会议缠身,应酬不断的同时,还在社会方方面面的支持下,迅速将净菜社的规模做大。净菜社起家的时候,资金有限,设备简陋,但在不到一年的时间内,她就得到各种社会扶植资金 70 多万元,前来洽谈合作的机构也络绎不绝。一时间,连庄卫红自己也觉得,除了不失时机地做大"蛋糕"之外,净菜社几乎没有别的选择。首先是机构迅速膨胀,员工从 4 人增加到 70 多人,又进一步发展到 100 多人。庄妈妈还成立了董事会,自任董事长,她的丈夫出任副手,并在净菜社建立了财务、

管理学原理

统计、生产一部、生产二部、办公室、运货、仓库、采购等部门。光是办公室就有5名成员。但是净菜社的经营情况却并不理想,自开业以来从未盈利,最好的月份每月营业额可达20万元,一般月份平均不过10万余元,100多名员工全靠这点收入维持,其困难是可想而知的,更何况庄妈妈要出席大会小会,交流演讲,光车费每年就要花去20多万元。这样算来,最少的月份也要亏损4000元。开业四年来,净菜社已经负债达100多万元。在这种情况下,许多员工不断流失。2000年,净菜社的员工又从100多人锐减到4人。当8月1日,庄妈妈净菜社因亏损负债而被迫关门。2000年9月1日,当记者在上海静安区石门一路一条普通的小弄堂里找到庄妈妈净菜社时,昔日熙熙攘攘,如今已是人去楼空,门缝里夹着一张电话费催账单和几封邮件。透过门缝往里看,屋里只有一辆自行车和几个菜盆。据周围的邻居讲,自从净菜社关门后,庄卫红闭门不出,一直没有再来过。

短短4年,净菜社从发展到失败,引起了社会各方面的关注和再议论。一位熟悉庄妈妈发展历程的人士说:"庄卫红由于创业心切,步子迈得太快,失败是难免的。"尽管如此,人们还是赞扬庄卫红的创业精神,为她的失败深深惋惜。有人从经营管理和个人素质上帮助她寻求原因和出谋划策,而庄卫红本人也说:"我下岗这么多年,政府对我创业如此关心,我很想回报社会,但市场是无情的,我犯的最大的错误就是只想解决就业岗位,却没有考虑这些岗位的持久性。企业不成功,什么岗位都是空的,一个行业能否在市场上立足,才能证明有多少真正的岗位需求。"

讨论问题:
1. 请分析"庄妈妈"净菜社失败的直接原因和深层原因。
2. 如果你是"庄妈妈"净菜社的总经理,你会怎么做?

延伸阅读

◆ 从业务员到管理者的要素

1. 管理意识

管理者作为公司政策的执行者、团队的领头人和一线业务员的监督者,其主要工作是管理与激励,以达到或超越团队的业绩目标,所以必须要有强烈的管理意识,熟悉各项管理职能。

2. 大局观

对公司、市场、团队、团队的每个人,管理者都应该时刻关注,要不断搜集市场信息和业务员反馈的信息,把握影响业绩的各种因素,并根据自己的经验对大局做出正确的判断。

3. 教练能力

管理者要用自己的知识和经验,帮助团队成员成为业务能手,故而不能再做优秀业务员,而应该是团队成员的专业教练。

4. 办事公道

办事公道说起来容易,做起来却非常难。管理者在分配工作中要做到办事公道,奖罚分明,分配利益时也要做到公道,只有这样才能够服众。

5. 正确决策

要求管理者在职权范围内对本团队的大小事宜做决定。发现问题后,如果觉得有必要采取行动,就应该提出改进方案,组织本部门人员共同实施,此外,为完成团队任务,业务员要做哪些事、怎么做、做到什么程度等,也都要做出决定。

6. 沟通协调

管理者要与本团队之外的组织维持良好的关系。可以通过各种正式和非正式的渠道来建立和维持与他们的关系。

◆ 一个基层管理者的感受与体会

我最初是个基层员工,默默地把我的业务工作做到公司最好,同时我也会在学习管理的基础上偶尔展示组织策划的才能。在基层干了一年多,机会终于来了,我以前的主管离职,我顺理成章地接任。在管理部门的过程中,我更积极地学习和积累,这样就很好地把理论知识和实践结合起来了。当然,期间也为公司和部门解决了很多难题,使我管理的这个系统顺利运作。这个过程我用了两年多。后来,我跳槽了,到了一家规模比较小,但需要引进规范化管理的公司。在这里,我负责为公司做规范化管理改革。这个层面就比之前更高了,因为我需要考虑的是全局,所以我学到了更多的东西,也得到了更大的锻炼。

需要注意的是,不是每个人都必须走我这样的路子,但这是一个从基层到高层的过程案例。值得说的是,你在什么位置,就得从高于这个位置的角度去思考,不然如果你始终用基层员工的思维模式去思考的话,是永远也不可能成为管理者的。

根据个人的工作经验和体会,我认为要想从一个业务员成为一个管理者,至少应该注意以下几点:

首先,必须学习企业管理知识。目前国内大多数管理理论是以美国式管理模式为学习对象的,不具备这些管理知识,就无法适应当今企业和市场的发展。这个学习过程一般需要几年,当然我指的是可以一边工作一边学习,比如可以去报自考的工商管理专业。在系统学习后,还必须不断充电学习,这样才跟得上市场环境的变化。

其次,应该在日常工作中多积累管理经验。看看你的上司哪些方面管得好,你公司的总经理有哪些独到的管理办法,多向管理者请教,多结合问题思考,多分析实战案例。

再次,要注意锻炼并提升自己的思维方式。假如你现在是业务员,你得先从业务主管的角度来思考问题,当你日后成为主管后,你应该把自己的视野和思维提升到更高的层次,比如从公司全局的角度来思考,记住,全局性的思维模式是企业高层管理者必备的条件。

最后,具有必要的"硬件"。管理是个带有技术性的职业,应该具备起码的硬件能力,如问题分析能力、项目策划能力、组织协调能力、文字写作能力、语言沟通能力,同时应该有果断决策的魄力和很强的责任感。

◆ 如何成为一个优秀的管理者

一、基本精神

1. 凡事设定合理化目标
2. 具有敬业乐业的精神
3. 具有品质观念与数字观念
4. 具有时间观念,善于管理时间
5. 善于追求卓越,好还要更好
6. 整体规划,成本效益,人性管理,ABC 原则
7. 认同公司经营理念,有正确的抱负、理想和方向
8. 从基础做起,不怕吃苦,不好高骛远
9. 为人所不能为、不愿为,且做得好
10. 问我能获得多少之前,先问我能为公司做什么
11. 待遇是工作绩效的副产品:一流人才创造一流利润,一流利润才有一流待遇
12. 积极主动的态度
13. 忠诚度与责任感
14. 做人、做事有原则、有重点
15. 就业要有作为,职务不分贵贱
16. 永远怀着一颗感恩的心

二、关于工作方面

17. 认清目标,实施目标管理
18. 做好自主管理、检查
19. 工作标准化,管理制度化
20. 职务工时分析,人员合理化
21. 有创新与突破
22. 有主见与果断力
23. 善于接受新知识、新方法
24. 尽量使用作业电脑化
25. 全心投入,尽心尽力地工作
26. 做好 PDCA 管理循环工作
27. 彻底执行进度控制,保证在限期内完成工作
28. 做好 5S 整理整顿管理
29. 工具齐备,保养妥善
30. 公正合理的工作分配
31. 随时检查工作绩效
32. 重视数据,善于统计分析
33. 注重安全与保密
34. 尽可能尊重部下的建议

35. 研究如何改进工作
36. 必须具备工作上所需的知识
37. 周密计划
38. 审慎检讨、采取改善行动

三、关于上司方面

39. 尊重上司
40. 上司所发布的命令或政策,如有不明了之处应请示明白
41. 对公司及上司有信心
42. 贯彻上司的命令
43. 不烦扰上司
44. 凡亲身解决的问题,应向上司报告
45. 有备无患,随时掌握状况
46. 不在背后批评公司与上司
47. 对本单位工作负责,不找借口
48. 有必要请示上司的问题须尽速呈报商讨
49. 定期报告工作经过及结果

四、关于同事方面

50. 互相合作协助
51. 不侵犯他单位之职务
52. 成功有效的会议主持
53. 良好的人际关系与沟通
54. 互相交换知识见解
55. 与他单位取得密切联系与协调
56. 均衡适当的组织能力
57. 对同事诚心与热心
58. 了解同事的工作职务
59. 必要时可以代为处理其职务
60. 接受同事的批评建议

五、关于下属方面

61. 激励下属工作的责任
62. 培养团体协力精神与士气
63. 不要吝于说鼓励、赞许、慰劳人的话
64. 维持纪律
65. 接受下属个人问题的请教与商谈,并协助解决
66. 公平对待下属
67. 奖励下属、培养正确爱好与娱乐
68. 命令与指示应恳切、明了
69. 让下属了解工作方针及目的

70. 奖励并实施下属的合理化建议
71. 发挥各人的长处,避免他的短处
72. 尽量避免处罚、责骂
73. 教育训练下属
74. 培养职务代理人
75. 有关下属的事尽量告诉下属
76. 明确指定下属的职务
77. 选才、育才、用才、留才
78. 关心下属、了解下属
79. 人尽其才,依个人能力分配工作

六、自我身心修炼

80. 摒弃优越感与虚荣心
81. 建立并维护良好形象
82. 运用幽默感,能言善道
83. 不断学习,充实自己
84. 成功而不自满
85. 监督者须负全部责任
86. 不说下属的坏话
87. 不可阴谋行事、投机取巧
88. 经常保持情感的平静
89. 清除自卑感
90. 勿做轻诺与轻浮
91. 自我健康管理,精力旺盛
92. 执着但不固执,平常心
93. 处处做模范,以身作则
94. 对于本身缺点与短处应有所自觉并克服它
95. 保护别人的面子,不与之争论
96. 冷静细心,从容不迫

第二章

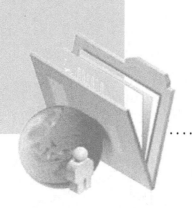

管理的发展历程

情境任务设计
- 情境案例
- 任务描述

必备知识技能
- 科学管理的诞生
- 行为科学的创立
- 管理科学的兴起
- 现代管理理论"丛林"

能力训练
- 能力测评
- 思考练习
- 工作任务
- 案例分析

延伸阅读
- 霍桑试验
- 现代管理学之父——彼得·德鲁克

情境任务设计

◆ 情境案例

两种不同的管理模式

A 公司管理模式:A 公司认为,企业首要的资产是员工,只有员工把企业当成自己的家,把个人的命运与企业的命运联系在一起,才能充分发挥他们的智慧,为企业服务。因此,企业有什么问题,都应该与员工商量解决;平时要十分关注员工的需求,有针对性地给员工提供学习、娱乐的机会和条件;每月的黑板报上应公布当月过生日的员工姓名,并祝他们生日快乐;如果哪位员工生儿育女,公司应派车接送,总经理应亲自送上贺礼。在 A 公司,员工们都把企业当成自己的家,全心全意为企业服务,公司兴旺发达。

B 公司管理模式:B 公司则认为,只有实行严格的管理才能保证实现企业目标。因此,企业要制定严格的规章制度和岗位责任制,建立严格的控制体系;注重上岗培训;实行计件工资制等。在 B 公司,员工都非常遵守规章制度,工作努力,纪律性强,公司发展迅速。

问题思考:
1. A、B 两个公司的管理模式有什么不同?
2. 如果你是上级,你会怎样管理下属?如果你是下属,你希望上级怎样管理你?

◆ 任务描述

1. 假如你是企业的部门经理,请你设计出几种管理下属的方式或方法。
2. 假如你是班里的班长,请你设计管理班级的方式或方法。

必备知识技能

◆ 科学管理的诞生

管理的历史源远流长,凡是有分工协作的集体劳动,就有管理。从古埃及金字塔的建造到中国万里长城的修筑,无一不是管理活动的结晶。但管理形成一套比较完整的理论,则经历了一段漫长的历史发展过程。

在18世纪末到19世纪末的一百多年时间里,企业管理实际上是一种经验管理。在这一时期,伴随着蒸汽机的发明和应用,西方国家开始了工业革命,人类社会面临两个转型:一是经济社会由农业社会向工业社会的转型;二是企业由工场手工业向机器大工业的转型。但由于当时生产力水平低下,企业规模不大,企业管理仍没有摆脱小生产方式的影响,一直停留在经验管理上,即管理者凭经验管理,工人凭经验劳动。其主要特点是:企业的所有者和经营者没有完全分离,企业所有者就是管理者;管理人员凭个人经验管理,没有严格的管理制度,工人凭个人经验操作,没有科学的操作规程;工人的培养,主要采用师傅带徒弟的方式,靠传授个人经验来培养工人,缺乏科学的教育和培训。这种经验型的管理模式,不仅导致了资本家管理和工人工作的随意性,而且导致了生产效率的低下和劳资矛盾的日趋恶化。

从20世纪初到40年代,随着科学技术的进步和生产力的发展,自由竞争的资本主义逐渐被垄断资本主义取代,工业出现了前所未有的变化:工厂制度迅速普及,生产规模不断扩大,生产技术更加复杂,生产专业化程度日益提高,市场竞争逐渐激烈,劳资矛盾日趋恶化,对管理的要求越来越高。在这种情况下,资本家单凭个人的经验和能力管理企业,包揽一切的做法,已不能适应生产发展的需要,客观上要求资本所有者与企业经营者实现分离,要求管理职能专业化,建立专门的管理机构,采用科学的管理制度和方法。同时,也要求对过去积累的管理经验进行总结提高,使之系统化、科学化并上升为理论,以指导实践,提高管理水平。正是基于这些客观要求,一些管理人员和工程技术人员,开始致力于总结经验,进行各种试验研究,并把当时的科技成果应用于企业管理,科学管理由此诞生。科学管理主要包括两大学派:美国的"科学管理理论"和欧洲的"古典组织理论"。

一、泰罗的科学管理

科学管理的诞生是管理学发展史中的重大事件,是管理学走向科学的第一步,科学管理理论的产生,使管理学逐渐发展成为一门科学。科学管理理论的创始人是美国的泰罗,鉴于他在管理学领域的卓越贡献,被称为"科学管理之父"。

人物小传:弗雷德里克·温斯洛·泰罗(Frederick Winslow Taylor,1856—1915)出生于美国宾夕法尼亚州一个富裕的律师家庭,从小醉心于科学研究和实验。他的父母曾打算让他继承父业——当律师,并且把他送到菲利普斯·埃克塞特学院去上学,以便为进入哈佛大学做准备。学校中的竞争十分激烈,泰罗学习热情很高,精力充沛,因而他时常开夜车学习,结果使他的视力受到损害并引起头疼。虽然他以优异的成绩考入了哈佛大学法学院,但受视力严重下降的影响,不得不放弃在哈佛大学法学院学习的机会,去工厂当学徒。他的大部分时间都是在米德威尔和伯利恒钢铁公司度过的,从一名普通的车间勤杂工、机工到技师、领班、工长,最后升任到总工程师。

泰罗的主要著作有:1895年出版的《计件工资制度》,1903年出版的《车间管理》,1911年出版的《科学管理原理》。其代表作是《科学管理原理》。

泰罗在长期的工作和管理实践中逐渐认识到,企业劳动生产率低下与工人"磨洋工"

有关,之所以出现工人"磨洋工"的现象,一方面是因为人的天性是懒惰的;另一方面是因为管理的落后。泰罗认为,只要通过科学的管理就能解决工人"磨洋工"的问题,从而提高劳动生产率。他根据自身的管理实践经验,总结出四条科学管理原则[①]:

第一,建立一种严格的科学。专门研究工人工作的每一个组成部分,并以此来替代旧有的单凭经验的办法。

第二,科学地挑选工人。对工人进行培训和教育,使之成长;而在过去,则是由工人任意挑选自己的工作,并根据其各自的可能进行自我培训。

第三,管理人员与工人之间应诚心诚意地进行合作,以保证一切工作都能按照新的科学原则去做。

第四,资方和工人之间应进行明确分工。要明确资方和工人各自的工作和职责,由管理人员承担的工作,应该是他们比工人更能胜任的新型工作,而不像过去那样几乎所有的工作和大部分的责任都要推到工人身上。

泰罗认为:"科学管理也不过是一种节约劳动的手段而已。也就是说,科学管理只是能使工人取得比现在高得多的效率的一种适当的、正确的手段而已。这种手段并不会大量增加比工人们现在的负担更大的负担。"[②]这就是说,科学管理是一种能使工人不用增加劳动就能增加工效的手段。

(一)泰罗科学管理的目的

1. 谋求最高的劳动生产率

泰罗指出,最高的劳动生产率是工厂主与工人共同达到繁荣的基础,它能使工人关心的较高的工资与工厂主关心的较低的劳动成本结合起来,从而使工厂主得到最高额的利润,工人得到最高的工资,进一步提高他们对扩大再生产的兴趣,促进生产的持续发展,工厂主和工人的共同富裕,是确定各种科学管理原理、方法和技术的出发点。

2. 用科学管理代替传统的经验管理

泰罗认为,完善的组织管理虽然是无形的,但它比有形的设备更为宝贵。最完善的管理是一门科学,必须采用科学的方法;要把科学的方法应用到一切管理活动中去,使管理制度化,建立明确的规定、条例,而不是寻找超人来管理业务,这是提高劳动生产率的关键。因此,要努力建立起科学管理的原理,这种原理对于人类的一切行为,从最简单的个人行动一直到最需要合作的公司的日常业务都是适用的。

3. 管理人员和工人实行重大的精神变革

泰罗在国会听证会的证词中指出:科学管理的实质是要求工人和企业主进行一场全面的心理革命。这场伟大的革命就是使资方和工人都把注意力从盈余的分配转到增加盈余的数量上来。当他们用友好合作和互相帮助来代替对抗和斗争时,他们就能够生产出比过去大得多的盈余,从而使工人的工资大大增加,企业主的利润也同样大大增加,这样,企业主和工人就再也没有必要为盈余的分配而争吵。他们会看到,只要双方停止互相争夺,转而肩并肩地朝同一方向迈进,他们共同努力所创造的剩余额将多得令人目瞪

---

① 泰罗:《科学管理原理》,上海科学技术出版社1982年版,第22页。
② 泰罗:《科学管理原理》,中国社会科学出版社1984年版,第232页。

口呆,这就足够给工人大量增加工资,并同时给企业主大量增加利润。

(二) 泰罗科学管理的主要内容

1. 制定科学的操作方法

在泰罗看来,劳动生产率低下的根本原因在于工人经验性的操作方法,只有实现操作方法的科学化,才能最终解决劳动生产率低下的问题。泰罗通过长期的时间研究和大量的动作研究,制定出了所谓标准化的操作方法,即对工人的每一个动作和每一道工序的时间进行测定,并分析研究,除去动作中多余的和不合理的部分,把最有效的动作集中起来,确定标准的操作方法。并以此确定工人一天必须完成的标准工作量。通过这种研究,泰罗把传统的经验、技能归纳成规则、程序,并建立起了一种科学,以代替过去单凭工人的经验进行操作的方法。

2. 科学地选择"第一流的工人"

泰罗认为,为了提高劳动生产率,必须为工作挑选第一流的工人,以改变过去由工人自由选择工作的做法。第一流的工人包括两个方面:一方面是该工人的能力最适合做这种工作;另一方面该工人又最愿意做这种工作。这样,工人和工作才能实现最佳的结合。因为人的禀赋和才能不同,他们所适合做的工作也不同。只要工作对某个人合适,他就能成为第一流的工人。如身强力壮的人干体力活可能是第一流的,但干精细活就不一定是第一流的;而心灵手巧的女工虽然不能干重活,但干精细活却可能是第一流的。所以要根据人的能力和天赋把他们分配到相应的工作岗位上,使工人的能力与工作相配合。而且还要对他们进行培训,教会他们科学的工作方法,激励他们尽最大的力量来工作。

3. 实行有差别的计件工资制

泰罗认为,原有的工资制度是不合理的,必须在科学制定劳动定额的前提下,实行刺激性的工资制度。他所主张的刺激性工资制度就是"差别计件工资制",即根据工人完成定额的不同情况采取不同的工资率。如果工人没有完成定额,就按"低"工资率付给工资,为正常工资率的75%;如果工人超过了定额,就按"高"工资率付给工资,为正常工资率的125%,以此来鼓励工人完成和超过定额。实行差别计件制的前提是制定出科学合理的工作定额或标准。这种工资制度的目的很明确,就是刺激工人的劳动积极性,提高劳动效率。虽然这种工资制度可能会使资方的工资支出增加,但因为劳动生产率提高的幅度大于工资提高的幅度,所以对资方还是有利的。

4. 计划职能与执行职能相分离

这样做的目的在于变原理经验型的工作方法为科学工作法。所谓经验工作法,是指每个工人用什么方法操作、使用什么工具等,都根据自己的经验来决定。所以工作效率的高低取决于工人的操作方法和工具是否合理,以及个人的技术熟练程度和努力程度。科学工作方法,就是在实验和研究的基础上确定的标准操作方法和采用的标准化的工具、设备等。泰罗认为,工人凭经验很难找到科学的工作方法,而且他们也没有时间去关心研究这方面的问题,所以,应该把计划职能与执行职能分离开来,计划由专门的管理部门负责,而工人则负责操作,即按照计划部门制定的操作方法和指示,使用规定的标准工具,从事实际操作,不得自行改变操作方法。这样,工人与管理部门之间就有了明确的分工,管理部门负责计划,工人负责操作,计划和执行之间不仅可以相互制约,而且能够实现各负其责。

5. 推行例外原则

泰罗主张在规模较大的企业中,必须应用例外原则进行管理。所谓例外原则,就是高层管理人员为了减轻处理日常事务的负担,把处理一般日常事务的权力授予下级管理人员,高层管理人员只保留对例外事项(非常规、突发事件)的决策和监督权,如基本政策的制定和重要人事的任免等。这种例外原则为以后管理的分权和事业部制的产生奠定了思想基础。

(三) 泰罗科学管理的意义

泰罗科学管理原理的诞生是人类社会发展史上的重大事件,其意义绝不亚于工业革命。它不仅为当时的资本主义发展做出了巨大贡献,而且对后世的经济发展产生了重大而深远的影响。具体来说,泰罗科学管理原理的伟大意义主要表现在以下几个方面:

1. 发动了一场深刻的精神革命

从表面上看,泰罗的科学管理原理是为了解决工人的"偷懒"问题而创立的各种科学方法和措施;但从实质上看,它反映的是一场劳资双方都必须进行的精神革命。对此,泰罗认为:"科学管理是任何公司或产业中工人方面的一种切实的精神革命——是这些工人对待他们的工作职责、对待他们的同事、对待他们的雇主方面的一种彻底的革命。它同样也是管理当局方面的人的一种彻底的精神革命——是他们对待职责、对待他们在管理当局中的同事、对待他们所有的日常问题方面的一种彻底的精神革命。如果没有这两者的彻底革命,科学管理就不会存在。科学管理的实质就是这种伟大的精神革命。"[①]

2. 开创了管理理论研究的先河

泰罗科学管理的最大贡献在于他所倡导的在管理中运用科学方法和他本人的科学实践精神。他认为,管理部门和劳动者双方都必须承认,在一切组织所进行的工作方面,都要用调查研究和科学知识来代替个人的判断或意见。这既是管理思想上的一个重要变化,也是用科学的态度研究管理的开端。他在长期的管理实践中所进行的大量观察和一系列试验,不仅为科学管理理论的产生提供了丰富素材,同时也为以后的管理理论研究提供了方法论基础。

3. 创立了一整套科学的管理技术和方法

在管理实践中,泰罗采用时间研究、动作研究的科学方法,坚持操作程序、劳动工具、操作环境标准化等科学原则,建立起一套科学的管理技术和方法,来代替传统的凭个人经验、技能进行操作的旧方法。这些方法能够在不增加工人劳动强度的情况下最有效地提高效率,从而改变了传统管理中存在的工人劳动和企业主管理的随意性。它不仅为工人找到了科学合理的操作方法和应采用的标准化工具及设备,而且为管理人员实现科学有效的管理提供了依据,从而使工人与管理者之间、工人与机器之间的关系更为和谐。

4. 奠定了管理学成为科学的理论基础

管理思想产生的历史源远流长,人类历史上的重大事件无不闪耀着管理思想的火花。但管理从感性上升到理性,从经验上升到科学,则完全得益于泰罗科学管理的贡献,

---

[①] 小乔治:《管理思想史》,商务印书馆1985年版,第113页。

可以说,正是泰罗科学管理原理的诞生,才使管理学发展成了一门科学。

但是,泰罗的科学管理也不是完美无缺的,由于受到历史条件和个人经历的限制,泰罗的科学管理也存在诸多缺陷。如他把人看成是单纯的"经济人",认为人的一切活动都出于经济动机;只重视技术的因素,不重视人的行为;只注重解决作业效率,不注重研究整体效率;等等。

二、法约尔的古典组织理论

在泰罗及其追随者以提高生产效率为重点进行科学管理研究的同时,法国则诞生了关于整个组织的科学管理的理论,被后人称为"一般管理理论"。该理论的创始人是亨利·法约尔,他被誉为"欧洲伟大的管理学先驱"。他提出的一般管理理论对西方管理理论的发展具有重大影响。法约尔在管理学上的贡献,主要是把企业经营划分为6种不同的活动,提出了管理的5项职能和14项原则,从而确立了管理普遍性的概念和全面的管理理论。

人物小传:亨利·法约尔(Henri Fayol,1841—1925)出生在法国的一个资本家家庭,1860年毕业于圣艾蒂安国立矿业学校。他被培养成一位采矿工程师,1860年进入富香博矿业公司,他的全部职业生涯都是在这个采煤和铸铁联营公司度过的。从1860年到1886年,他担任工程师,同时他的管理才能也得到了人们的承认,因此很快被任命为公司的管理人员。1888年,他升任为该公司的总经理,1918年,任公司董事。他在任职期间,表现出了一位卓越经理人的管理才能。最明显的一点是,在他出任总经理的当年,公司面临破产边缘,而在1918年离职时,财务情况已极为稳定。法约尔的主要著作是1916年出版的《工业管理与一般管理》。

(一)企业经营活动的分类

法约尔认为,无论企业规模大小、简单还是复杂,它的各种活动都可以划分为六大类:

技术活动(指生产、制造、加工等活动)

商业活动(指购买、销售、交换等活动)

财务活动(指资金的筹措和运用)

会计活动(指货物盘存、成本统计、核算等)

安全活动(指设备维护、职工安全等活动)

管理活动(包括计划、组织、指挥、协调和控制5项职能)

各种人员应按照他在管理等级中所处的地位和所承担的活动具备相应的能力。在工人这一级,技术能力是最重要的,但随着职位的上升,对人员的技术能力的要求降低,对管理能力的要求则提高,并且随着企业规模的扩大,管理能力显得更加重要,而技术能力的重要性则随之减少。

(二)管理的五大职能

法约尔指出,管理是一种普遍存在于各种组织的活动,这种活动对应着计划、组织、指挥、协调和控制等五种职能,并对这五大职能进行了详细的分析和讨论。

计划:对有关事件进行预测,并以预测结果为根据,拟订出一项工作方案。

组织:为各项劳动、材料、人员等资源提供一种结构。
指挥:使组织为达成目标而行动的领导艺术。
协调:连接和调和所有的活动和力量,使组织的各个部门保持一致。
控制:根据实际执行情况对计划和指示进行检查。

(三) 管理的一般原则

法约尔认为,管理的成功不完全取决于个人的管理能力,更重要的是管理者要能灵活地贯彻管理的一系列原则。但法约尔对原则的概念不像人们所想象的那样死板。他是很勉强地使用了"原则"这个词。

法约尔说:"出于偏爱,我将采用原则这个词,但是我在使用它时丝毫不愿把它同死板联系在一起,因为在管理事务中没有任何东西是一成不变的,或者是绝对的,这完全是一个做事要恰到好处的问题。我们很少把同一原则重复运用于类似的情况,必须考虑到不同的和各种变化的情况。"[①]

法约尔在《工业管理与一般管理》中提出了 14 项原则(如表 2-1 所示)。并指出这些管理原则是灵活的,不是绝对的。管理原则的数目可以有多有少,只要被实践证明是有价值的法则和程序,它都会成为原则的一个组成部分。

表 2-1　法约尔提出的 14 项管理原则

1. 分工:实行专业化分工可以提高效率,从而增加产出。
2. 权力责任:管理者必须有命令下级的权力,但这种权力又必须与责任相匹配,不能责大于权或者权大于责。
3. 纪律:全体员工必须服从和遵守组织的规定,领导者要以身作则,使管理者和员工都对组织规章有明确的理解并实行公平的奖惩。
4. 统一指挥:组织中的每一个人都应该只接受一个上级的指挥,并向这个上级汇报自己的工作。
5. 统一领导:凡具有同一目标的各种活动,都应当在一个主管领导和一个计划的指导下进行。
6. 个人利益服从整体利益:任何个人不能超越组织整体的利益。
7. 报酬:对雇员的劳动必须支付公平合理的报酬。
8. 集权:决策权是集中于管理当局还是分散给下属,这只是一个适度的问题,管理当局的任务就是要找到在各种情况下最合适的集权程度。
9. 等级链:从组织的基层到高层,应建立一个关系明确的等级链系统,使信息的传递按等级链进行。但当信息在等级链传递延误时,则允许越级报告和横向沟通,以保证重要信息的畅通无阻。
10. 秩序:凡是都各有其位,并且都各在其位,即每一件事有一定位置,每一个人有一定职位,各得其所。每个职工都必须处在他能最好地做出贡献的职位上。
11. 公平:管理者应该友善和公正地对待下属。
12. 人员稳定:人员的高度流动会造成效率损失,因此,管理者应制订规范的人事计划,以保证组织所需人员的供应。
13. 首创精神:在不违背职权和纪律的条件下,应积极鼓励员工发表意见和创造性地开展工作。
14. 团队精神:鼓励团队精神,以实现组织内部成员之间的协调和合作。

法约尔以高级管理人员的视角,自上而下地考察管理,强调管理能力、管理原则和管理技术对所有组织的应用,深刻地洞见了管理的内在价值。但是,人们往往容易低估法约尔的工作,常常认为他的管理理论是极为一般的东西。然而事实却是,法约尔的管理

---

① 丹尼尔·雷恩:《管理思想的演变》,中国社会科学出版社 1997 年版,第 240 页。

理论是能够被学习、传授和实践的,无疑是管理史上的一个重要的里程碑。法约尔对管理理论的创新之处表现在以下几个方面:

第一,把管理人员的正式权力和个人权力相区别。法约尔指出,正式权力是由于管理人员的职务或地位而产生的,而个人权力则是由管理人员的智慧、经验、道德品质、领导能力和以往的功绩构成的。权力和责任是相互联系的,责任是权力的基础,权力是履行责任的保证;权力与责任必须对等,没有权力的责任会造成责任难以落实,没有责任的权力则会造成权力的滥用。一个优秀的管理者能以他的个人权力来补充他的正式权力,并清醒地意识到自己在行使权力时所承担的责任。①

第二,强调个体利益服从整体利益。个体利益和整体利益是矛盾的统一体。从长期来看,个体利益与整体利益是一致的,没有整体利益的个体利益难以实现,没有个体利益的整体利益就失去了动力;但从短期来看,个体利益与整体利益则时常存在不一致的现象。法约尔强调,个人或部门利益不能置于整个组织利益之上,必须坚持个体利益服从整体利益的原则,要做到这一点,就需要组织成员克服愚昧、自私、懒惰和一切企图把个人与小集团利益置于组织整体之上的个人情绪。只有这样,才能促进组织的健康发展。

第三,重视员工的创造性和团队精神。创造性是完成组织各项活动的强大动力,法约尔主张在一切工作中个人都要充满热情,发挥干劲。并通过团队精神来实现组织成员之间的相互配合与协调,"分裂敌人以削弱其力量是聪明的,但是分裂自己的队伍则是反对公司的一大罪状。法约尔认为,在塑造团队精神时,管理者滥用了书面交流形式,但为了提高交流速度和清晰明了,应当尽可能地使用口头交流方式。正式的书面交流形式,增加了对于企业而言有害的工作负担和复杂性,有时耽误了工作,应该避免"。②

三、韦伯的行政组织理论

行政组织理论是科学管理的一个重要组成部分,它强调组织活动要通过职务或职位而不是个人或世袭地位来设计和运作。这一理论的创始者是德国社会学家马克斯·韦伯,他从社会学的研究中提出了所谓"理想的"行政组织,被后人称为"组织理论之父"。

人物小传:马克斯·韦伯(Max Weber,1864—1920)出生在德国一个有着广泛社会和政治联系的富裕家庭。他对管理理论的思考并非来自管理实践,而是来自社会学的学术研究。他通过对教会、政府、军队和企业所做的经验分析,认为等级、职权和行政管理是全部社会组织的基础。韦伯的主要著作有《新教伦理和资本主义精神》和《社会和经济组织理论》。

韦伯研究的重点是大型组织和大规模企业的管理问题。他认为,越是庞大的社会经济组织,越需要严密精细的管理。而对大型组织进行严密精细管理的关键在于建立一种理想的行政组织。所谓理想的行政组织,就是管理活动通过职位而不是个人或"世袭"来进行。这种组织具有分工明确、等级清晰、规章制度详尽等特征(如表2-2所示)。在韦伯看来,运

---

① 戴木才:《现代企业管理创新教程》,中共中央党校出版社2002年版,第102页。
② 丹尼尔·雷恩:《管理思想的演变》,中国社会科学出版社1997年版,第244—245页。

用这种理想的行政组织模式,就可以实现小规模企业管理向大规模企业管理的过渡。

表 2-2　韦伯提出的理想的行政组织模式

　　1. 明确的分工:明确规定每一个成员的权力和责任,并且把这些权力和责任作为正式职责而使之合法化。
　　2. 清晰的等级关系:各种职位均按权力等级组织起来,形成一个指挥链或自上而下的等级系统。
　　3. 详尽的规章制度:根据明文规定的法规、规章组成组织,行政管理人员都要遵守有关职责方面的严格规则、纪律和制约,而且毫无例外地适用于各种情况。
　　4. 非人格化的相互关系:组织成员之间的关系,只是一种职位关系,不受个人思想感情或个性的影响。
　　5. 人员的正规选拔:组织成员通过公开考试进行选择,有严格的选择准则。
　　6. 严格的报酬和权力:行政人员不是他所管辖的那个企业的所有者,他们是专职的公职人员,领取固定的薪金。

韦伯认为,权力是任何一个组织存在的前提和基础,如果没有某种形式的权力来指导组织,组织就无法实现其目标;权力能消除混乱,带来秩序。韦伯把支撑组织存在的权力分为三种:

(1) 合理合法的权力。这是一种按职位等级合理分配,经规章制度明确规定,并由能胜任其职责的人,依靠合法手段而行使的权力。

(2) "世袭"的权力。这是一种由于个人占据着特殊职位而产生的权力。

(3) "神授"的权力。这是一种由于信徒对某个人的信任和信仰而产生的权力。

在韦伯看来,理想的行政组织应当以合理合法的权力为基础。因为合理的权力表明,管理人员的权力是按照其完成任务的能力分配的;合法的权力表明,管理人员具有行使权力的法律手段;合理合法的权力都有明确的规定。相比之下,"世袭"的权力将不那么有效,因为其领导人不是根据其能力挑选出来的,而且还会采取行动来维护过去的传统。同样,"神授"的权力也太感情用事和太不合理了,因为它回避规章制度和程序,而依靠崇敬的神明和神的启示。

一般的经验表明,行政组织是能够取得最大限度的效率的,从这种意义上说,这种组织是对人进行绝对必要的控制的最合理手段。在精确性、稳定性、严格的纪律性和可靠性等方面,它比任何其他形式都要优越。因此,使得组织的负责人以及同组织有关的人能够对其结果做出十分准确的估计。归根结底,这种组织在效率和活动范围上都比较优越,而且能够正式地应用于各种行政管理任务。[①]

无论是泰罗的科学管理理论,还是法约尔的组织管理理论以及韦伯的行政组织理论,虽然研究的侧重点各不相同,但却有两个共同的特点:一是把人看成"经济人",认为人的一切行为都是为了获得物质利益,忽视对人的需要及行为的研究,基本上是一种见物不见人的管理;二是着重研究组织内部的管理问题,没有涉及组织与外部环境的联系,属于一种封闭系统的管理。由于这些共同的局限性,这三大管理理论被统称为古典管理理论。

---

① 丹尼尔·雷恩:《管理思想的演变》,中国社会科学出版社 1997 年版,第 257 页。

◆ 行为科学的创立

管理思想和管理理论的创新从来不会在某一年份突然开始或结束。相反地，如同交响乐一般，存在着旋律的重叠，各种主题在各种调式的变换中演奏出来。行为科学所反映的与其说是管理行为所确立的准则，不如说是当时正在涌现的一种管理哲学。

行为科学理论之所以产生，是因为科学管理理论尽管在提高劳动生产率方面取得了显著成效，但由于它片面强调对人进行严格的控制和动作的规范，对人的因素注意较少，在管理中，把人当成机器的附属品，不是人在使用机器，而是机器在使用人，这就激起了工人的强烈不满。到了20世纪20年代前后，一方面，随着工人的日益觉醒，工人与企业主之间的矛盾越来越大；另一方面，随着工人收入水平的不断提高，金钱刺激的作用也开始下降。在这种情况下，科学管理已难以适应新形势的要求，需要有新的管理理论和方法来进一步调动工人的积极性，从而提高劳动生产率。于是，一些学者开始从生理学、心理学、社会学等方面研究组织中有关人的问题，如人的工作动机、情绪、行为与工作之间的关系等，由此导致了行为科学理论的产生。

行为科学对管理的创新，一般可以划分为两个时期，即早期的人际关系学说和后期的行为科学。

一、梅奥的人际关系理论

人际关系学说以梅奥为代表。梅奥和一些管理学家通过历时8年的"霍桑试验"，认识到工人的积极性和生产效率不仅受到工资待遇等物质条件的影响，更重要的是受到社会环境、个人心理等多方面因素的影响，这个结论具有相当重要的意义，它对于原来只重视物质条件而忽视社会环境和个人心理的"科学管理"来说，无疑是一个重大的修正和创新。

人物小传：埃尔登·梅奥（Elton Mayo, 1880—1949）是人际关系学说的创始人。他出生在澳大利亚，早年学医，后又学习心理学，曾任昆士兰大学讲师，讲授伦理学、哲学和逻辑学。后来移居美国，执教于宾夕法尼亚大学的华登金融商业学院。1926年受聘于哈佛大学，任工业研究副教授。

梅奥亲自参与并指导了著名的霍桑试验，在其他研究人员准备宣布霍桑试验失败之际，他却发现了某些不寻常的东西。经过持续深入的研究，梅奥最终发现：工人的积极性不仅与物质利益有关，而且与社会环境及人的心理有关。并据此创立了一种新的理论——人际关系理论。

梅奥的主要著作有1933年出版的《工业文明的人类问题》和1945年出版的《工业文明的社会问题》。前者是其代表作。

在1924—1932年间，梅奥应美国西方电器公司的邀请，在该公司设在芝加哥附近霍桑地区的工厂，进行了长达8年的试验。这项由国家研究委员会赞助的研究计划，共分四个阶段进行：工场照明试验，继电器装配试验室研究，大规模访问研究和观察研究。

通过霍桑试验，梅奥等人提出了人际关系学说，其主要论点如下：

1. 工人是"社会人",不是"经济人"

古典管理理论把人视为"经济人",认为工人都是为了追求较高的工资收入和良好的物质条件而工作,在对工人的管理上,主张用金钱刺激和绝对集中的权力来管理。梅奥等人通过霍桑试验,提出了"社会人"的观点,对人的认识发生了一个质的转变。梅奥认为,工人除了追求金钱收入和物质利益外,还有社会、心理等方面的需求,即追求人与人之间的友情、安全感、归属感和受人尊重等。因此,不能单纯从技术和物质条件着眼,而必须从社会、心理方面来鼓励工人提高生产率。只要管理人员能够设身处地地关心工人,注意与工人进行思想感情上的沟通,那么工人的劳动效率就会有大幅度的提高。

2. 企业中不仅存在正式组织,还存在"非正式组织"

正式组织是为了实现企业目标所规定的企业成员之间职责范围的一种结构。非正式组织是人们在接触过程中,由于共同的兴趣或爱好自发形成的团体。这些团体是自发形成的,团体成员主要靠兴趣、感情来维持,并且通过明确的群体规范来左右成员的行为。非正式组织是客观存在的,它与正式组织相互依存,并对生产率的提高有很大影响。在正式组织中,人的行为遵循效率的逻辑,即组织成员为了提高效率而保持形式上的协作。非正式组织中,人的行为往往遵循感情的逻辑,即组织成员的行为靠感情来维系,如对非正式团体的忠诚等。不管是正式组织还是非正式组织,都涉及企业的每一个成员,也就是说,不仅工人中有非正式组织,管理人员和技术人员中也有非正式组织。效率的逻辑在管理人员和技术人员中比在工人中占更重要的地位,而感情的逻辑则在工人中比在管理人员和技术人员中占更重要的地位。所以,效率的逻辑可以认为是"管理人员的逻辑",感情的逻辑可以认为是"工人的逻辑"。假如管理人员和技术人员只根据效率的逻辑来管理,而忽视了工人的感情逻辑,就会使"管理人员的逻辑"和"工人的逻辑"发生冲突,从而影响生产率的提高和组织目标的实现。在采用古典管理理论进行管理时,这种冲突是经常发生的。要解决这种冲突,梅奥认为,管理者要充分重视非正式组织的作用,注意在正式组织的效率逻辑同非正式组织的感情逻辑之间保持平衡,以便管理人员同工人之间、工人相互之间能互相协作,充分发挥各自的作用,提高效率。

3. 新的领导能力在于提高职工的满足度,以提高"士气"

梅奥等人认为,金钱或物质利益刺激在提高工人劳动生产率方面只起第二位的作用,起更重要作用的是工人工作的积极性、主动性与协作精神,即士气。而士气的高低,主要取决于社会因素特别是人际关系对工人的满足程度,这种满足程度又取决于两方面的因素:一是工人的个人情况,即工人由于历史、家庭生活和社会生活所形成的个人态度。二是工作场所的情况,即工人相互之间或工人与上级之间的人际关系。一般说来,工人的满足程度越高,士气也越高,生产效率也就越高。所以,管理人员的主要职责就在于提高士气,建立并保持和谐的人际关系,并努力在正式组织的经济需求和非正式组织的社会需求之间谋求平衡。这样,就能够解决劳资之间乃至工业社会的矛盾和冲突,取得生产效率和工人感情之间的平衡与协调,从而达到提高劳动生产率的目的。这就要求管理人员必须转变管理方式,要从以"物"为中心的管理转向以"人"为中心的管理。

梅奥的人际关系理论,不仅为管理理论的发展开辟了新的领域,为管理方法的变革指明了方向,更为重要的是,它引起了管理实践上的一系列变革。

> **小资料:梅奥人际关系理论对管理的贡献**
>
> 强调对管理者和监督者进行教育和训练,以改变对他们的态度和监督方式。
>
> 提倡下级参与企业的各种决策,以此来改善人际关系,提高士气。反对采取解雇和制裁等强制性手段迫使工人服从的古典管理方法。
>
> 支持工人对作业目标、作业标准和作业方法提出意见,鼓励上下级之间的意见沟通和交流。
>
> 主张建立面谈与调解制度,以消除工人的不满和争端。
>
> 提出新的领导能力的标准,并注重对管理人员人际关系能力的培养和训练。
>
> 重视各种非正式组织,尊重工人的感情。
>
> 重视工作环境及各种生活福利设施的建设。

二、行为科学的创立与发展

自梅奥等人开创性地提出人际关系学说之后,人际关系运动便在实务界和理论界得到了蓬勃发展,致力于人的因素的研究成果也不断涌现。1949 年,一批哲学家、社会学家、心理学家、生物学家、精神病学家等,在美国芝加哥大学研究讨论有关组织中的人的行为的理论,并将这种研究人的行为的理论正式定名为行为科学。

行为科学是研究人的行为的一门综合性科学。它主要运用心理学、社会学等理论和方法,对于人的个体行为、群体行为、组织行为、领导行为进行研究,目的在于激发人的积极性、创造性,达到组织目标。行为科学的研究内容主要包括:人的本性和需要、行为产生的动机以及人际关系等。其理论成果主要集中在:一是关于人的需要和动机的理论;二是关于"人性"的理论;三是关于领导方式的理论;四是关于非正式组织以及人与人关系的理论。在众多的行为科学理论中,最具代表性的是马斯洛的需求层次理论、赫茨伯格的双因素理论、麦格雷戈的 X—Y 理论以及布莱克的管理方格理论。

(一) 马斯洛的需求层次理论

亚伯拉罕·马斯洛(Abraham Maslow,1908—1970),美国的心理学家和行为科学家。他在 1954 年出版的著作《人类的动机理论》中首次提出了需求层次理论。

马斯洛的需求层次理论有两个基本论点:

一是人的行为是由动机引起的,而动机是由人的需求决定的。需求是人的行为的原动力。当人的某一需求获得满足后,这一需求将不再是激励因素,这时他会产生另一种新的需求,又需要满足。人的需求就是这样不断"产生—满足—再产生—再满足"的连续过程。

二是人的需求有轻重层次之分,需求满足的顺序是由低层次逐渐到高层次。只有当较低层次的需求得到满足后,人们才会产生另一较高层次的需求。通常而言,等级层次越低的需求越容易得到满足,而层次越高的需求得到满足的比率越低。马斯洛将人的需求划分为五个层次:

第一,生理的需求。这是人生存的最基本需求,包括衣食住行及其他方面的需求。

第二,安全的需求。指人对生命及财产安全的关注,包括工作安全、财产安全、预防疾病及防止意外事故等。

第三,社会的需求。基于人的社会本性而产生的社会归属,包括友谊、情感、爱情、群体归属等。

第四,尊重的需求。人的自尊和受人尊重的需求,包括受人尊敬、爱戴、崇敬、羡慕等。

第五,自我实现的需求。这是最高层次的需求,是一种能发挥人的最大潜能,成就他能达到的任何事情的需求。马斯洛认为,这种需求就是人希望越变越完美的欲望,人要实现他所能实现的一切欲望。

马斯洛的需求层次理论对激励工人的主动性和创造性、提高劳动生产率具有重要的促进作用。所以该理论一经提出,便得到了人们的广泛关注和应用。但是,马斯洛的需求层次理论也有一定的局限性,如他只是揭示了需求、动机与行为之间的相互关系,并没有提出激励人们行为的具体方法,对人的需求层次也仅是做了一种机械性的排列,并没有考虑其多样性;等等。

（二）赫茨伯格的双因素理论

赫茨伯格（F. Herzberg,1923—2000）,美国心理学家。他在广泛调查的基础上,于1959年出版了《工作与激励》一书,正式提出了激励的双因素理论。他认为,影响人的积极性的因素有两类:一类是与工作性质或工作内容有关的因素,称为激励因素;另一类是与工作环境或工作关系有关的因素,称为保健因素。激励因素和保健因素包括的内容如表2-3所示。

表2-3 激励因素和保健因素包括的内容

激励因素	保健因素
与工作性质有关。包括6个方面: 　工作上的成就感 　职务上的责任感 　工作自身的性质 　个人发展的前景 　个人被认可与重用 　提职与升迁	与工作环境有关。包括10个方面: 　公司的政策与行政管理 　技术监督系统 　与监督者个人的关系 　与上级的关系 　与下级的关系 　工作的安全性 　工作环境 　薪金 　人的生活 　地位

激励因素以工作为中心,它具有调动积极性的功能;保健因素与工作以外的环境相关联,它具有增强满意感的功能。当激励因素具备时,会对人产生很大的激励作用,使人的积极性提高;当激励因素缺乏时,人的积极性就会下降,但不一定使人产生不满意感。当保健因素具备时,会使人产生满意感,但不一定能调动其积极性;当保健因素缺乏时,则会使人产生很大的不满意感。激励因素与保健因素之间存在四种组合方式,如图2-1所示。

图 2-1 激励因素与保健因素的组合方式

由此可以看出,在影响人的行为的两类因素中,不管是激励因素还是保健因素,缺少其中的任何一个,都会对工作及人的行为产生不利的影响,即要么积极性低下,要么不满意感增加。只有当激励因素和保健因素同时具备时,才能既调动积极性又增强满意感,从而使人们积极主动而又心情愉快地投入工作之中。

(三) 麦格雷戈的 X—Y 理论

麦格雷戈(D. McGregor,1906—1964),美国心理学家。他在 1957 年出版的《企业的人性方面》一书中,首次提出了"X 理论和 Y 理论"。

1. X 理论

在麦格雷戈看来,每一位管理人员对工人的管理都基于一种对人性看法的哲学,或者一套假定。他把传统管理理论中对人的"经济人"假定称为"X 理论",其要点如下:

(1) 人的天性都是好逸恶劳的,只要有可能就会逃避工作。

(2) 人没有进取心,也不愿意承担责任,一般愿意受人指挥。

(3) 人漠视组织的要求,天性就反对变革,把安全看得高于一切。

(4) 因为厌恶工作是人的本性,所以对人的管理必须采用严格的惩罚措施对人进行强迫、控制、指挥与威胁,这样才能迫使人努力实现组织的目标。

2. Y 理论

麦格雷戈认为,不论是科学管理还是行为科学,其管理方法都是以 X 理论为依据的。只不过科学管理采用的是"强硬的"管理方法,包括强迫、威胁、严密监督和严格控制等;而行为科学采用的是"温和的"管理方法,包括态度随和,讲求关系融洽等。但从 20 世纪初开始,从最强硬的到最温和的各种办法都试用过了,效果都不太理想。因为采用强硬的办法会引起工人的各种反抗,如"磨洋工"、敌对行动、组织好斗的工会等;而采用温和的办法又会导致松弛管理甚至放弃管理,结果大家一团和气,对工作都满不在乎。于是,较为普遍的倾向是采取"软硬兼施"的办法,即"温和地讲话,但手上拿着大棒"。这种"胡萝卜"加"大棒"的方法在人们的生活还不丰裕的情况下是有效的,但随着人们生活水平的不断提高,这种管理方法越来越不适用了,因为对于生活富裕的人来说,他们的行为动机主要是追求更高级的需求,而不是"胡萝卜"(生理的、安全的需求)了。因而,用指导和控制来进行管理,无论是强硬的还是温和的,都不足以激励人们的行动。

麦格雷戈提出了 Y 理论,并用它来代替 X 理论。Y 理论是建立在对人性和人的行为的动机更为恰当的认识基础上的新理论。其要点如下:

(1) 人并不是天生就厌恶工作,工作对人们来讲就像休息和娱乐一样自然。

(2) 外界控制与惩罚的威胁并不是促使人们向组织目标努力的唯一手段。人只要做出承诺去完成一项工作,他就会自我指挥和自我控制。

(3) 对任务所做的承诺与完成任务后所得到的回报成正比。这些回报中最重要的是满足自尊和自我实现的需求,它能促使人们为实现组织目标而努力。

(4) 在适当条件下,人们不但能接受责任,而且能主动地承担责任。

(5) 在解决组织问题时,多数人都具有想象力和创造力。

(6) 人并不是天性反对变革,他们之所以对组织的要求采取消极或抵制的态度,通常是由于他们在组织内的遭遇所造成的。

(7) 管理的基本任务是安排好组织工作的条件和作业方法,使人们的潜能充分发挥出来,更好地为实现组织的目标和个人的具体目标而努力。这个过程主要是一个创造机会、挖掘潜力、排除障碍、鼓励发展和帮助引导的过程。

行为科学家认为,Y理论给管理人员提供了一种对于人的乐观主义看法,而这种乐观主义的看法是争取工人的协作和热情支持所必需的。但是,奉行X理论的管理人员对此表示了不同意见。有人指出,Y理论有些过于理想化了。所谓自我指导和自我控制,并非人人都能做到。人固然不能说生来就是懒惰而不愿负责任的,但是,在实际生活中的确有些人是这样的,而且坚决不愿改变。对于这些人,采用Y理论进行管理,难免会失败。同样,对于那些能够做到自我指导和自我控制的人来说,X理论也未必奏效。那么,X理论和Y理论,究竟哪个更好呢?看来,要视具体情况而定,似乎这两种理论都有存在的必要。① 这一点,已被后来的美国管理学家约翰·莫尔斯提出的"超Y理论"所证实。莫尔斯认为,X理论并非全错,Y理论也并非全对,实施何种管理方式要根据管理对象的性质和特点进行选择,有些管理对象适合使用X理论,而有些对象则适合使用Y理论。一般说来,文化素质较低的人,适合采用X理论的管理方式,文化素质较高的人,则适合采用Y理论的管理方式。

(四) 布莱克的管理方格理论

罗伯特·布莱克(Robert Blake,1918—2004),美国得克萨斯大学教授。他在1964年出版的《管理方格》一书中提出了管理方格理论。

布莱克认为,科学管理理论以工作为中心,行为科学理论以人中心,事实上,以工作为中心和以人为中心仅仅是两种最基本的领导类型,在这两种基本类型之间,还存在着多种中间形式。以工作为中心和以人为中心这两种类型并不是相互排斥、非此即彼的,它们可以按照不同的程度结合在一起。为此,布莱克设计了一个方格图(如图2-2所示)。

在图2-2中,横向表示对工作的关心,按照关心程度划分为9等份;纵向表示对人的关心,同样按照关心程度划分为9等份。整个方格图共有81个格,分别代表着不同的领导类型。评价领导类型时,就按照其对人或工作关心的情况在方格图中寻找交叉点,这样就把领导的行为划分为不同类型,这个交叉点就代表他的领导类型。布莱克在图中描

---

① 吴照云:《管理学原理》,经济管理出版社1997年版,第58页。

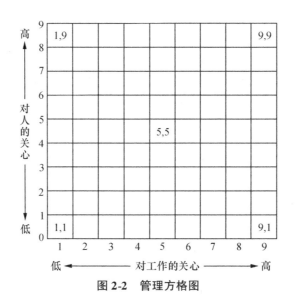

图 2-2　管理方格图

述了 5 种最典型的领导类型：

(1,1) 贫乏型领导。这是一种既不关心工作也不关心人员，饱食终日、无所用心、软弱无能的领导，因而是不良的贫乏式，类似于自由放任。

(9,1) 任务型领导。这是一种埋头业务，只关心生产，不关心人的领导。

(1,9) 乡村俱乐部型领导。这种领导只关心人，注意人际关系，对工作任务和效率漠不关心。

(5,5) 平庸型领导。这种领导对人的关心一般化，对生产的关心也一般化，属于一般化平庸型领导。

(9,9) 最佳型领导。这种领导既高度关心人，又高度关心工作，能实现组织目标和个人理想的有机结合，使工作任务出色完成，士气旺盛，属于最佳型领导。

管理方格理论认为，关心工作和关心人是两个不同的方面，而不是一面的两极。对人关心并不意味着必定忽视工作；同理，对工作的重视也不意味着必定缺少对人的关心。领导者可以根据现实需要和可能，对二者或其中一者表示强烈的、较不强烈的或稍有偏重的关心。

此外，行为科学中有关人的需求、动机和激励的理论还有很多，如弗罗姆的期望理论、斯金纳的强化理论、麦克里兰的成就激励理论、亚当斯的公平理论等。综合行为科学的各种理论可以发现，行为科学理论具有以下特点：一是行为科学的研究重点是人的行为和动机，研究的主要目的在于调动人的积极性和创造性；二是行为科学理论的研究方法具有科学性；三是行为科学的理论基础在于，管理就是通过别人来做工作，管理实际上是行为科学的运用。

◆ 管理科学的兴起

管理科学是继泰罗的科学管理和梅奥等人的行为科学之后，管理理论与管理实践相结合而发展起来的又一重要管理创新成果。所谓管理科学，就是用最新的科学技术成果和手段,对管理领域中的各个方面进行系统的定量分析,从而做出最优规划和决策的一系列管理思想和管理技术。管理科学的核心在于最新科学技术成果,如计算机技术、系统论、控制论、信息论等在管理领域中的广泛运用,其目的在于摒弃凭经验、凭直觉、凭主观判断的管理方式,实现管理活动的最优化和精细化。正像管理科学理论所指出的:"管理就是制定和运用数学模型与程序的系统,就是用数字符号和公式来表示计划、组织、控制、决策等合乎逻辑的程度,求出最优的解答,以达到企业的目标。"[①]从管理科学的名称看,似乎它是有关管理的科学,其实,它主要不是研究和探索管理的科学,而是设法把科学的原理、方法和工具应用于管理,降低不确定性,以便使投入的资源发挥更大的作用,得到最大的效益。

一、管理科学的主要内容

管理科学已经突破了操作方法、作业水平的限制,向整个组织的所有活动领域扩展,要求进行整体性、系统性、全面性的研究。其研究内容主要包括运筹管理、系统分析和科学决策。

（一）运筹管理

运筹学是管理科学的基础,是一种分析、实验和定量的科学方法,主要用于研究在一定的物质资源条件下,为达到某一目的,通过进行数量分析,统筹研究,做出最有效的计划和安排。

运筹管理是实用管理科学的一种形式,是对一个组织在生产和经营活动的各个方面进行管理。运筹管理可以解决管理过程中的许多实际问题,如投资控制等,有助于决策者更加合理有效地利用企业资源。运筹管理方法有很多,如网络分析、盈亏分析、规划论、博弈论等。

（二）系统分析

系统分析是指把系统的观点和思想引入管理的方法之中,把管理对象视为一个有机的整体系统。研究管理事物应从系统的整体出发,对组织的内外部环境因素综合分析,找出事物各环节间的相互促进和制约关系,确保整个组织系统取得最优的效果。系统分析的特点是:解决管理问题要从全局出发,有目的、有步骤地分析和研究内外部各种因素之间的关系,从而实现系统的整体优化。企业作为一个系统,在经营过程中,处于不断变化之中,因此,要运用系统分析方法,研究内外环境的动态变化,在运用先进的科学技术手段进行定量分析的同时,不能忽视定性的分析。

（三）科学决策

管理科学的主要特点是将数学模型广泛应用于企业经营管理实践。科学决策是指对大量的资料和数据按照事物内部的联系进行系统分析和计算,依据科学的程序,做出正确的决策。现实中,许多实际问题是不能通过实验的方法找到答案的,许多问题在经营过程中又不能够或不便于采用实验的方法加以解决,因此,在不影响正常经营秩序的情况下,需要运用数学模型来表示一个系统或多种事物之间的关系。数学模型可以为决

---

① 孙耀君:《西方管理学名著提要》,江西人民出版社1995年版,第479页。

策者提供所假定的各种解决方案运行的数字化的结果,并能帮助决策者进行定量的可行方案的选择,这就有助于决策者得到有效利用资源的最优化方案。科学决策的关键在于建立数学模型,常用的数学模型一般有两类:描述性模型和规范性模型。这两类模型又可分成确定性模型和不确定性模型两种。流行的管理决策模型有:决策理论模型、库存模型、资源配置模型、决策树模型、模拟模型等。

随着科学技术的进步和管理科学的发展,管理科学的研究和应用领域已大为拓展,已经从原来单纯的方法和手段的应用转向了对企业整体系统的分析。虽然目前还很难对管理科学的研究范围划出清楚的界线,但它的研究已经呈现出了以下特点:

第一,以决策为主要着眼点。认为管理的主要问题是决策问题,通过应用各种决策分析模型可以实现决策由经验向科学的转化。

第二,以经济效果标准作为评价管理行为的依据。为此建立诸如量、本、利等模型以讨论行为的结果和变化。

第三,依靠正规数学模型。这些数学模型实质上是以数学形式表达的解决问题的可行办法。为此,建立合适的模型就成为管理行为可行性的前提。

第四,依靠计算机运算。借助计算机等手段,能够计算复杂的数学方程式,从而得出精确的结论。

二、计算机管理系统的创新

管理科学应用的主要工具是电子计算机技术。可以说,正是电子计算机的出现,才使得原来理论上的数学模型变成了日常的实际决策工具。因为大型的科研攻关与工程技术管理,都涉及很多复杂的因素和大量的运算工作,如果没有强有力的运算工具,有些问题根本不可能进行研究,即使能够进行手工或机械运算,也难以及时准确地计算出结果。而通过运用计算机技术,就能够使原来复杂甚至难以进行的定量运算变得容易而又简单。目前,计算机应用的范围日益扩大,在企业管理中的作用大体有以下几方面①:

(1) 对数据、资料等进行快速运算和统计,使某些事务性工作自动化,以提高工作效率,这是最基本的作用。

(2) 存储数据、资料,以便根据需要,随时取出一项工作的历史情况和最新进度的资料。

(3) 迅速传递、反馈、处理信息,及时给管理人员提供全面的工作状况,以便及时发现问题,采取调整措施,使工作按计划进展。

(4) 处理各种数学模型数据,迅速而准确地比较各种工作方案的利弊,帮助管理人员选择最优方案,进行决策。

(5) 处理程序化决策,使某些业务工作自动化。目前,在会计、财务、销售、生产、采购部门,利用电子计算机做出日常性的"决策"正日益普遍。

(6) 进行模拟实验。这种实验可以帮助管理人员在极短的时间里,准确了解他们所确定的决策或方案在实行后将会产生什么后果。经过多次实验,即可帮助管理人员拟订

---

① 吴照云:《管理学原理》,经济管理出版社1997年版,第69页。

出一项完善的决策或方案,以便在实行时能够获得预料的结果。

小资料:企业管理软件的发展[①]

企业管理软件的发展和管理思想、方法的创新,与社会经济发展阶段以及企业所处的竞争环境的变化息息相关。20世纪,企业管理软件的发展主要经历了以下几个阶段:

◆ 60年代的时段式MRP系统:该系统是为解决订货点存在的缺陷而提出的,它首先将物料需求区分为独立需求和非独立需求并分别加以处理,然后在库存状态数据中引入了时间分段的概念。

◆ 70年代的闭环式MRP系统:该系统除了物料需求计划外,还将生产能力需求计划、车间作业计划和采购作业计划也全部纳入MRP,形成一个封闭系统。其工作过程是一个"计划—实施—评价—反馈—计划"的封闭循环过程。

◆ 80年代的MRPⅡ系统:人们为了实现现金流和物流的统一管理,要求把财务子系统和生产子系统结合到一起,形成一个系统整体,这使得闭环MRP向MRPⅡ前进了一大步。最终,人们把生产、财务、销售、工程技术、采购等几个子系统集成为一个一体化的系统,并称为制造资源规划(Manufacturing Resource Planning)系统,为区别于物料需求计划MRP,而记为MRPⅡ。

◆ 90年代的ERP系统:随着市场竞争的进一步加剧,80年代MRPⅡ主要面向企业内部资源全面计划管理的思想逐步发展为90年代面向全社会资源进行有效利用与管理的思想,这就是企业管理系统发展到90年代的ERP系统中蕴涵的管理思想。企业资源计划(Enterprise Resource Planning,ERP)就是在这种思想背景下面世的。ERP系统设计中把企业经营过程中的有关各方如供应商、制造工厂、分销网络、客户等纳入一个紧密的供应链中,来有效安排企业的产、供、销活动,满足企业利用全社会一切市场资源快速高效地进行生产经营的需求。

◆ 面向21世纪的企业管理软件:目前的ERP系统并未从根本上考虑合成化社会持续创新以及市场竞争环境的迅速变化对企业生产流程与物业管理流程的动态调整的需求。为此,理论界提出了"动态企业建模技术"(Dynamic Enterprise Module,DEM),DEM具有能够解除ERP软件与企业管理"捆绑"的功能,可支持企业的管理结构,各流程灵活地紧跟瞬息万变的市场发展并不断改变,有助于动态实现企业的重整过程。另外,还提出了智能资源计划(Intelligent Resource Planning,IRP),它是一种具有智能及优化功能的管理思想模式,可使管理人员按照设定的目标去寻找一种最佳的方案并迅速执行,这样就可紧紧跟踪甚至超前于市场的需求变化,快速做出正确的决策,随之改变原有的计划,并以最快的速度执行这些变化。目前,一些西方国家的理论界正对DEM和IRP做进一步的探讨和理论研究。

管理科学对管理的创新,不仅丰富了管理理论中定量分析的内容,加快了科学技术

[①] 邢以群、张大亮:《存亡之道——管理创新论》,湖南大学出版社2000年版,第88—89页。

成果在管理中的应用,而且为管理活动逐渐走向科学化、规范化、精确化和数字化开辟了道路。它对于企业管理效率的提高和资源的合理配置都起到了十分重要的促进作用,从而使企业的整个管理工作提高到了一个前所未有的水平。

◆ 现代管理理论"丛林"

任何管理理论的创新,无不与环境条件的变化密切相关。第二次世界大战以后,随着科技的迅猛发展和生产社会化程度的日益提高,企业发展呈现出了新的特点:企业规模不断扩大,生产技术复杂程度大大增加,产品生命周期越来越短,市场竞争更加激烈。面对企业管理中出现的新情况、新问题、新要求,许多学者开始从不同角度和层面,运用不同方法和手段对管理问题进行研究,形成了许多新的管理理论和学说,使管理理论空前多样化,这种情况被美国管理学家哈罗德·孔茨称为管理理论的"丛林"。在管理理论"丛林"中,具有较大影响的有管理过程学派、经验(或经理)学派、社会系统学派、决策理论学派和权变理论学派等。

一、管理过程学派

管理过程学派,又称作业学派。该学派早期的代表人物是亨利·法约尔,后来的主要代表人物是美国管理学家孔茨和奥唐奈。该学派的特点是把管理理论与管理人员从事工作的过程联系起来,所以称为管理过程学派。该学派认为,无论组织的性质如何,所处的环境如何,管理人员的职能都是相同的。因此,该学派首先研究的是管理人员的职能,并将这些职能作为管理理论的基础,如法约尔把管理划分为计划、组织、指挥、协调、控制等五项职能。此后,各管理学家对管理职能的划分虽不完全一致,但也大同小异,如有计划、组织、控制三职能说,还有计划、组织、用人、指挥、协调、报告、预算七职能说等。

孔茨与奥唐奈把管理解释为"通过别人使事情做成的职能"。他们认为,管理人员的职能有计划、组织、人事、指挥、控制五项,并按此来分析研究管理理论。他们指出,有人认为这些职能是按顺序执行的,但事实上管理人员是同时执行这些职能的。他们强调,这些职能中的每一种都对组织的协调有所贡献,但协调本身并不是一种独立的职能,而是有效地运用这五种管理职能的结果。他们对各个职能按以下几个基本问题进行分析:

(1) 这个职能的性质和目的是什么?

(2) 其结构上的特性是什么?

(3) 它如何执行?

(4) 在它的领域里,主要的原则和理论是什么?

(5) 在它的领域里,最有用的技术是什么?

(6) 执行这一职能有什么困难?

(7) 完成这一职能的环境是怎样造成的?

管理过程学派认为,一切最新的管理思想都能纳入上述结构中去。管理理论就是围绕这样的结构,把通过长期的管理实践积累起来的经验、知识综合起来,提炼出管理的基本原则。这些原则对于改进管理实践有明显的价值。同时,孔茨等人还认为,管理理论要吸收社会学、经济学、生理学、心理学、物理学和其他学科的技术和知识,它们是与管理工作者有关的。但是不能把这些学科的所有领域都囊括到管理理论中去,因为科学的进步要求把知识分门别类,有所区别。

二、经验学派

经验学派,又称经理学派。这一学派中,有管理学家、经济学家、社会学家、统计学家、心理学家、大企业董事长、总经理及其顾问等。其代表人物主要有:德鲁克、戴尔、纽曼、斯隆等。该学派把管理视为经验性很强的实务,认为科学管理和行为科学都不能完全适应企业发展的实际需要,应该从企业管理的实际出发,通过收集各类企业管理的成功经验与失败教训,并把这些经验加以概括和理论化,从而为企业经理人员从事管理活动提出更为实际的建议和方法。

(一) 管理的性质

经验学派十分重视对管理成功经验的总结,着重强调管理理论的实用性,认为管理是管理人员的技巧,是一个特殊的、独立的活动和知识领域。但在对管理概念的认识上,却存在着不一致的意见。概括起来大致有以下几种解释:

彼德森和普洛曼认为,管理是一个特定的人群用以确定、阐明和实现其目的和目标的技能。管理的具体概念随应用人群的变化而变化,但其基本意义不变。例如,政府是公共事务管理;军队是一种特殊形式的公共事务管理;工商业管理是一种专业化的管理;国营企业是一种特殊形式的工商业管理。

德鲁克认为,管理只同生产商品和提供各种经济服务的工商企业有关。管理学是由管理一个工商企业的理论和实际的各种原则组成的。管理的技巧、能力、经验不能移植并应用到其他机构中去。

纽曼认为,管理就是把个人或团体的努力引导到某个共同的目标。管理者的主要职责是以最少的资源耗费来实现预定的目标。纽曼指出,企业的经理人员往往是在他所管理的具体领域中显示出优秀才能的人,如一个雷达制造公司的副经理可能是一个很好的电子工程师。这说明个人经验和专业知识对一个经理来说是很有价值的。但是要成为一个好经理,仅有个人经验和专业知识是不够的。相反,有些人在其所管理的专业领域并没有杰出的才能,同样可以成为一个能干的经理。而且有些经理能够在一些不同性质的企业中都管理得很好,这就证明管理活动有其特殊的内容。

(二) 经理的任务

经验学派认为,经理人员在管理活动中担负着重要的职责,它们承担着别人无法替代的两项特殊任务:

第一,调动各种有效资源。经理人员的主要职责在于克服企业中所有的弱点和困难,将各种有效资源调动起来为企业的目标服务。尤其是要充分发挥人力资源的作用,减少或避免人力资源的浪费。因为人力资源是企业中最为宝贵的"第一资源",人力资源的作用发挥得如何,直接决定着其他资源运用的效率和效果。不仅如此,经理人员在调动各种资源的过程中,为了保持企业各项活动的协调性和有序性,还必须从系统的角度动态地考虑问题,既要考虑作为一个整体的企业,又要兼顾所有可能出现的特殊问题。

第二,协调当前和长远利益。经理在做出每一项决策和采取每一项行动时,都要把当前利益和长远利益协调起来。每一个经理都有一些共同的、必须执行的职能。这就是：确立组织目标并决定达到目标的要求，然后把它传达给与实现目标有关的人员；进行组织工作，包括建立机构、分配人员等；进行鼓励和联系工作；对企业的成果进行分析，确定标准，并对企业所有的工作进行评价，使员工得到成长和发展。

经验学派的代表人物德鲁克指出，经理人员的任务就是激励、指挥和组织别人去做工作，而不是自己去做。不论经理人员所从事的是哪一种工作，他的效果都取决于他的听、说、读、写的能力，他所要做的是把自己的思想传达给别人，以及找到别人在想什么的技巧。

（三）目标管理

经验学派认为，科学管理强调以工作为中心，忽视人的一面；行为科学强调以人为中心，忽视与工作相结合。其实，以工作为中心和以人为中心并不是矛盾的，完全可以统一起来。而目标管理正是将以工作为中心的科学管理和以人为中心的行为科学统一起来的有效管理方法。它能够通过目标的制定和执行，使职工发现工作的兴趣和价值，从工作中满足其自我实现的需要。目标管理是这样的一个过程：首先由各级管理人员共同参与制定组织整体目标；然后将整体目标进行逐级分解，变成部门目标和个人目标，并根据部门和个人所承担的目标，规定其主要职责范围；最后根据部门和个人的目标完成情况对其进行考核和评价。值得注意的是，目标管理的目的并不是用目标来进行控制，而是用目标来更好地激励下级。

三、社会系统学派

巴纳德（I. Barnard，1886—1961），社会系统学派的创始人，美国高级管理人员和管理学家，长期从事管理实践工作。在1927—1948年间，一直担任美国贝尔电话公司的总经理，他在长期的管理实践中，从一个企业家的角度，运用社会学和系统论的观点来分析研究高级管理人员的职能。在分析研究中，他把组织特性与人类特性有机地结合起来，为组织理论的创新和发展做出了很大贡献，在管理学界享有很高的地位。其代表作是1938年出版的《经理的职能》一书，被人称为美国管理文献中的经典著作。

（一）组织的性质

巴纳德对组织的定义是，"组织不是集团，而是相互协作的关系，是人相互作用的系统"，是"两个或两个以上的人，有意识协调的活动和效力的系统"。组织由人组成，而这些人的活动是互相协调的，因而成为一个系统。系统有各种级别，一个组织内部的各个部门或子系统是低级系统，由许多系统组成的整个社会，是一个高级系统。

巴纳德提出，任何一个组织，都要遵循系统的效力原则和效率原则。所谓系统的效力，是指组织系统协作的成功力量。当一个系统协作得很成功时，它的目标就能够实现，那么这个协作系统就是有效力的。假如一个协作系统的目标没有实现，这个系统就将崩溃瓦解。所以，系统的效力是系统存在的必要条件。所谓系统的效率，是指系统成员个人目标的满足程度。如果协作系统成员的个人目标得不到满足，他们就会认为这个系统是没有效率的，他们就会不支持或退出这个系统，可见，协作效率是个人效率的结果。如果一个系统是无效率的，它就不可能是有效力的，因而也就不能存在。

（二）组织的要素

巴纳德把组织划分为正式组织和非正式组织。他认为，正式组织作为一个协作系统，无论其级别高低和规模大小，均包含三个基本要素：

1. 共同的目标

这是组织存在的基本要素。没有明确的共同目标，成员的协作意愿就无从产生。这种共同目标必须被组织成员所接受。管理人员的一项重要任务就是消除组织目标与个人目标的背离，使组织目标与个人目标相一致。如果组织目标无法达到，组织必然趋于崩溃。

2. 协作的意愿

这是实现组织目标不可缺少的要素。所谓协作意愿，是指组织成员愿意为组织的目标做出贡献的意志。没有协作的意愿，就无法把个人的努力连接起来，组织目标就无法实现。巴纳德认为，组织成员协作意愿的强度是不相同的，要增强组织成员的协作意愿，就需要实现诱因与贡献相平衡，即组织如果要求成员做出贡献，就必须对个人提供适当的刺激以满足他们的需要。巴纳德把这种诱发个人对组织做出贡献的因素称为"诱因"。只有使诱因与贡献取得某种程度的平衡，才能增强组织成员合作的意愿，组织目标才能实现。否则，成员贡献就会减少，甚至要求退出组织。

3. 信息的联系

它是将共同目标与协作意愿连接起来的桥梁和纽带。即使组织有了共同目标，如果不通过信息联系使组织成员对此目标有所了解，共同目标也是没有意义的。同样，为了使组织成员有协作的意愿，能合理地行动，也必须有良好的信息联系。所以，一切活动都是以信息联系为基础的。

（三）组织的权力

传统管理理论认为，组织存在的基础是权力，而权力来自从上而下的授予。巴纳德则认为，权力不是来自从上而下的授予，而是要看下级是否接受。只有当命令被下级所理解，并且相信它符合组织目标和个人利益时，才会被接受，这时权力才能成立。因此，巴纳德主张，一个组织不能单纯依靠少数几个人的权力命令来行事，必须取得组织内全体人员的支持与合作，否则就会像集权的国家那样，脱离人民和社会的支持，最终必将垮台。这就是巴纳德提出的权力接受理论。

（四）非正式组织

非正式组织是相对于正式组织而言的，它没有正式的组织结构，也没有明文规定的共同目标，它产生于同工作有关系的联系中，有一定的共同看法、习惯和准则。它对正式组织既有积极的影响，也有消极的影响。作为经理人员，必须对它有所了解，善于诱导他们，使他们能够对达成正式组织目标发挥积极作用。巴纳德认为，非正式组织可能对正式组织起某些不利的影响，但它对正式组织至少起着三种积极影响：

第一，有些不便于在正式组织解决的问题，或难以确定的事情、意见及建议等，在非正式组织却变得容易解决。

第二，通过对协作意愿的调节，能够维持正式组织内部的团结。

第三，能提高个人的自尊心，缩短人们心理上的距离。

巴纳德指出,当个人和正式组织之间发生冲突时,这些因素对维持一个组织的机能起重要的作用。所以,非正式组织是正式组织不可缺少的部分,其活动使正式组织更有效率并促进其效力。

四、决策理论学派

决策理论学派是以统计学、系统论和行为科学为基础发展起来的一种现代管理理论。它非常强调决策和决策者在管理中的作用,认为决策贯穿于管理的整个过程,决策一旦失误,企业的生产效率越高,造成的损失也就越大。因此,企业必须采用一套制定决策的新技术,以实现决策的科学化,减少决策失误。该学派的主要代表人物是美国卡内基—梅隆大学教授西蒙(H. A. Simon)、马奇(J. G. March)等人。其主要代表作有《管理决策新科学》《经济学和行为科学中的决策理论》等。

(一)管理的性质

决策理论学派对管理的定义最为简洁,认为"管理就是决策",决策贯穿于管理过程的始终,要提高管理人员的管理水平,首要的是提高他们的决策水平。确实,无论是计划、组织还是协调、控制,各项管理活动的开展都离不开决策,决策是管理活动的基本要素,决策的正确与否对企业的生存与发展有着至关重要的影响,正确的决策能够使企业迅速发展壮大,错误的决策则会使企业蒙受严重损失。

(二)决策的过程及类型

决策理论学派认为,决策过程的各个阶段本身就是一个复杂决策的过程。这个过程往往分为四步:第一步是"情报活动",主要是探查环境,寻求要求决策的条件;第二步是"设计活动",也就是创造、制订和分析可能采取的行动方案;第三步是"抉择活动",即从可利用的方案中选出一套特别行动方案;第四步是"审查活动",即对选择的行动方案进行分析和评价。这其中,每一步本身又是一个复杂的决策过程。

决策可按照不同的标志划分为不同的类型,如按照决策问题出现的频度,可将决策划分为程序性决策和非程序性决策;根据决策条件的不同,可将决策划分为确定型决策、非确定型决策和风险型决策。不同类型的决策采用的技术和方法是不同的。

(三)决策的标准

传统决策理论把人看成是"理性的人",认为人的决策都是受"最优化"原则支配的,并且拥有全部可供选择的行动方案。而事实上,决策者处于一个复杂动态的开放系统中,不可能是一个有意识寻求最优化的"理性的人",也不可能拥有决策所需要的全部可行方案,这就决定了任何一个决策者在决策时,既不希望也不可能达到"最优化"的决策目标,只能是选择比较切实可行的满意目标。因此,西蒙认为"令人满意"才是决策的标准。也就是说,管理者在进行决策时,应当只考虑与决策问题有关的情况,而不考虑其他一切可能出现的复杂情况,采用"令人满意"而非"最优化"的准则,以便做出令人满意的决策。

五、权变理论学派

权变管理理论是20世纪70年代在美国形成的一种管理理论。该理论认为,世界上不存在最好的、能适应一切情况的、一成不变的管理理论、方法和模式,每一种管理理论和方法的提出都有其具体的适用性。这就意味着,管理者在管理实践中,要根据所处的内外部环境条件和形势的发展变化而随机应变,依据不同的情况,寻求最为适宜的管理方法和模式。

美国尼布拉加斯大学教授卢桑斯(F. Luthans)在1976年出版的《管理导论:一种权变学》一书中系统地概括了权变管理理论。其主要观点如下:

(1)权变管理就是把环境对管理的作用具体化,并使管理理论与管理实践紧密地联系起来。卢桑斯指出,过去的管理理论可分为四种,即过程学说、计量学说、行为学说和系统学说,这些学说没有把管理和环境妥善地联系起来,其管理观念和技术在理论与实践上相脱节,不能使管理有效地进行。只有把管理理论与管理实践紧密结合起来,并充分考虑环境对管理的具体作用,才能实现有效的管理。

(2)在某种环境条件下,要采用与之相适应的管理原理、方法和技术,这将有利于组织目标的实现。在通常情况下,环境是自变量,管理的观念和技术是因变量。这就是说,如果存在某种环境条件,就会存在某种与之相应的管理原理、方法和技术,来更快地实现组织目标。比如,在经济衰退时期,组织在供过于求的市场中经营,采用集权的组织结构,就更适合于达到组织目标;在经济繁荣时期,组织在供不应求的市场中经营,那么采用分权的组织结构则可能会更好。

(3)环境变量与管理变量之间的函数关系就是权变关系,这是权变管理理论的核心内容。环境可分为外部环境和内部环境。外部环境又可以分为两种:一种是由社会、技术、经济和政治、道德、法律等所组成的;另一种是由供应者、顾客、竞争者、雇员、股东等组成的。内部环境基本上是正式组织系统,它的各个变量与外部环境各变量之间是相互关联的。决策、交流和控制、技术状况等管理变量包括上面所列四种学说所主张的管理观念和技术。

总之,权变管理理论的最大特点就在于,一是把组织视为社会系统中的分系统,要求组织各方面的活动都要适应外部环境的要求[①],二是强调根据不同的具体条件,采取相应的组织结构、领导方式和管理机制。

能力训练

◆ 能力测评

测评1 你是理性管理者还是感性管理者?

管理领域的一些最新研究提出了一个问题:处理管理问题时,是按有计划的、系统的方式,还是依靠奇迹,巧合和创造性地打破常规来取得满意的效果。很难说哪种方法更有效。两种思想派别都各有长处,然而在管理自己及管理他人的过程中,发挥自己的个

---

① 戴木才:《现代企业管理出现教程》,中共中央党校出版社2002年版,第117—118页。

性和潜力是极其重要的。下列测试旨在找出你最感满意的工作方法。

下列各题，请选择一个最能表达你自己想法或做法的答案。

1. 需要一种对抗不知名病毒的新疫苗。全世界的科学家都在努力寻求答案。最后问题被解决了。请你猜猜看，是什么人想出了解决方法？

（a）通过对病毒特性做一切可能的分析和实验，系统地、一步一步地筛选，最终发现了有效的疫苗。

（b）调查了民间传统医术，甚至听取了家传单方的医生的意见。正是这样一位医生提出了正确的方法，这种方法后来经科学实验，被证实是正确的。

（c）一个国际生物和健康专家小组曾徒劳无功。后来纯属偶然，有人在病毒培养基中滴入几滴毫不相干的药水，发现病毒全被杀死了。

2. 某些最新的发明导致了经济的成功，这些发明中有 80% 是由下列人员完成的，他们：

（a）几乎入了迷，相信自己能够成功。

（b）把顽强精神和技术知识结合在一起。

（c）在汽车房、车间里摆弄，顽强地探求可能的结果，但没有制订任何真正的计划。

（d）是受过良好训练的科学家，具有创造性。

3. 你看到某人的桌上有一条标语："整洁的办公桌是神经病的象征。"你对此有何反应？

（a）一笑了之，认为这是开玩笑。

（b）认为这里面有几分道理。

（c）完全反对这种观点。

（d）怀疑这是否在为不整洁找借口。

4. 有人向你描述一位下属或助手，如下所述，哪种描述使你感到最满意？

（a）推一推，动一动。做事较杂乱，但总之是把事情办了。

（b）把事情分门别类安排好，看起来对一切事都计划周密。

（c）人有点怪，没有人知道他要干什么。

（d）依靠直觉，每件事都拖到最后再干，一切都没有经过适当的检验。

5. 你在公司中为某人提供一项新工作，工作职务及职责范围描述如下，你认为哪一种描述能使这个人感到最高兴？

（a）副总经理，主管想象力开发。

（b）副总经理，主管工程项目。

（c）副总经理，主管顾客关系。

（d）副总经理，主管研究和发展。

得分和评价：

1. （a）= 3　　　（b）= 1　　　（c）= 2
2. （a）= 1　　　（b）= 2　　　（c）= 4　　　（d）= 3
3. （a）= 2　　　（b）= 3　　　（c）= 1　　　（d）= 4
4. （a）= 2　　　（b）= 3　　　（c）= 1　　　（d）= 4

5. (a) = 1   (b) = 4   (c) = 2   (d) = 3

根据上述答案计算出你的得分。

最高得分可能是 19 分,最低得分可能是 5 分,我们对显示出理性管理答案的给予最高分。

如果你的得分在 15—19 分之间,表明你属于理性管理者。

如果你的得分在 11—14 分之间,表明你既依靠系统方法,又相信直觉和运气。

如果你的得分在 5—10 分之间,则表明你属于感性管理者。

测评 2　你的威信如何?

高级管理者被要求尽可能经常地去表扬下属,这些表扬也是一种承认和赞赏。某些领导人希望受人敬畏。作为一名严厉的领导人,你可以获得一个善处难事的好名声。受人敬佩则是处于爱和畏之间。你可以从下属处买得爱,但除非爱是自愿给予的,否则意义不大。在衡量的天平上你处于何处?请做下面测试。

对下列各题,请选择一个最能表达你的想法或做法的答案。

1. 请考虑下列动物:蚂蚁,水獭,狮子,狐狸,大象,老鹰,鼹鼠,马,狗,变色龙,蜘蛛,猫,鼠,白头翁。如果你是其中一种,你愿当哪一种?

(a) 选择一种最像你的动物。

(b) 现在再选择一种动物,作为你的下属。如果你认为自己像老鹰,你的下属是同意还是不同意?如此重复几次,问一些不同的人。

(c) 现在看看你自己的选择和下属的选择相同的有几次。

2. 你办公室的同事们正努力组织一次聚会。在前 5 名被邀请者中,你认为自己将是第几名?

(a) 第 1 名   (b) 第 2 名   (c) 第 3 名   (d) 第 4 名

(e) 第 5 名

3. 你发现了对不同雇员进行评价的秘密评价表。哪一类对你最合适?

(a) 锋芒毕露,希望不惜一切代价取得进步,对公司很有价值但人缘不好。

(b) 似乎跟人人都熟,和同事相处得很好。有时过分考虑与人的关系而不考虑工作。

(c) 忧愁,亦有可爱之处,但常常突然间与你吵了起来。工作令人满意但无惊人之处。

4. 你给自己惹了麻烦:你讲某同事的坏话,他听见并找你来了。你的其他同事将会做出什么反应?

(a) 大部分人会大骂我一通。

(b) 两三人将会站出来替我讲话。

(c) 大部分人表面上依然友好,但保持了一段距离。

得分和评价:

1. 根据你的猜测,如果你的选择和同事的选择相同 1—3 次,你就得 3 分,如果 4—5 次,你就得 2 分,如果是 6 次或以上,你就得 1 分。如果所选的动物旨在吹捧你,如水獭、狐狸、狮子和老鹰,则给你的得分加上一分。

2. (a)(b) = 3　　(c)(d) = 2　　(e) = 1
3. (a) = 1　　(b) = 3　　(c) = 2
4. (a) = 2　　(b) = 3　　(c) = 1

根据上述答案所给的分数计算出你的得分。

如果你的得分在 10—13 分之间,说明你被认为是个可爱的人,也可能是个好领导。

如果你的得分在 7—9 分之间,你可能受人尊敬,但不一定受人喜爱。

如果你的得分在 4—6 分之间,则表明你不在乎是否受人喜爱,而是更努力地去完成工作,即使被人认为严厉也不在乎。

测评 3　你愿意与下属进行交流吗?

1. 考虑一下 3 位下属的情况。
(a) 你知道所有 3 位下属的夫人或家人的名字吗?
(b) 你是否到他们家访问过?
(c) 你是否邀请过一位或几位到自己家做客?
(d) 有关他们的情况你知道多少(比如他们出生于何处、何年何月出生)?

2. 有关你的下属,你是否愿意:
(a) 在工作之余经常见面(如果你选择本项,则列举 1—3 位或更多下属的名字)。
(b) 只在上班地方见面。
(c) 节假日聚会等见面就足够了。
(d) 向他们多谈谈你自己的情况(如果你选择本项,则列举 1—3 位或更多下属的名字)。

3. 一位重要的下属刚提出了辞职,你最可能产生什么感觉?
(a) 现在我必须再训练一个人来代替他。
(b) 我将会想念辞职者的种种优点。
(c) 我作为上级可能在某些地方做得不够。
(d) 没什么了不起。

4. 你的下属找你谈他们个人的问题时,你是怎样想的?
(a) 我最好不要被牵涉进去。
(b) 我尽力去帮助。
(c) 我不是这方面的专家,他们最好去找专家。
(d) 这恐怕会影响工作纪律。

5. 一位下属到你的办公室来告某人的状,你会如何处理?
(a) 我告诉他们两人,争论由他们自己解决。
(b) 我把他们请到办公室,仔细倾听双方意见。
(c) 我让这位下属先找某人谈谈,然后再将情况向我报告。
(d) 我告诉其中一人先等一等,看看事情是否会有所改善。

得分和评价:

1. (a) 是 = 4　不是 = 1　　　　　　(b) 是 = 4　不是 = 1

(c) 是 =4　不是 =1　　　　　　　(d) 很少 =2　一些 =3　很多 =4
2. (a) 1 =2　2 =3　3 或更多 =4　　(b) =1
   (c) =1　　　　　　　　　　　　(d) 1 =2　2 =3　3 或更多 =4
3. (a) =2　　(b) =3　　(c) =4　　(d) =1
4. (a) =1　　(b) =4　　(c) =3　　(d) =2
5. (a) =1　　(b) =4　　(c) =3　　(d) =2

根据上述答案所给的分数计算出你的得分。

如果你的得分在 26—32 分之间,表明你是位好的交流者并对同事很有兴趣。

如果你的得分在 18—25 分之间,表明你态度较为清高,并努力将下属的杂事和工作分开。

如果你的得分在 9—17 分之间,则表明你对下属的私人生活方面的问题不感兴趣。

♦ 思考练习

1. 简述泰罗科学管理的主要内容。
2. 法约尔对管理理论的创新表现在哪些方面?
3. 梅奥人际关系学说的主要观点是什么?
4. 赫茨伯格提出的激励因素和保健因素各包括哪些内容?
5. 简述麦格雷戈的 X 理论和 Y 理论。
6. 试述需求层次理论的要点,并结合自己今后的发展谈谈认识和体会。

♦ 工作任务

工人们为什么不满?

高明最近被总公司委派到下属的油漆厂,担任油漆厂厂长助理,协助厂长搞好管理工作。高明毕业于某名牌大学,主修企业管理,来油漆厂之前在公司企业管理处负责人力资源管理工作。这次来油漆厂工作,他信心十足。

到油漆厂上班的第一周,高明深入车间体察"民情"。一周后,他不仅对工厂的生产流程已了如指掌,同时也发现生产效率低下,工人们怨声载道,他们认为在车间工作又脏又吵,工厂对他们的工作环境压根就没有改善性措施,他们常常要忍受气温从冬天的零下 10 度到夏天的 40 多度的剧烈变化,而且报酬也少得可怜。

在第一周里,高明还看到了工人们的有关记录,从中他获得了以下信息:工厂以男性工人为主,约占 92%;50% 的工人年龄处于 25—35 岁,36% 的工人在 25 岁以下,14% 在 35 岁以上;工人的文化程度低下,66% 的工人小学毕业,初高中毕业生占 32%,具有中专、技校学历的占 2%;任职时间较短,50% 的人在油漆厂工作仅 1 年或更短,30% 的人工作不到 5 年,工作 5 年以上的仅占 20% 左右。高明将他一周来所了解的情况向钱厂长做了汇报,同时向他提出了自己的一些想法:"钱厂长,与车间工人们在一起,我发现他们的某些需要没有得到满足,我们厂要想真正把生产效率搞上去,必须首先想办法去满足他们的需要。"没想到钱厂长却振振有词地说:"要满足工人们的需要?你要知道,他们是被金钱驱动着,而我们是被成就激励着。他们所关心的仅仅是通过工作获得外在的报酬,如能拿到多少工资。他们根本不关心内在的报酬。"钱厂长稍稍停顿了一下,语气更加激愤:"小高,你在车间一周也看到了吧?工人们很懒,他们逃避责任,他们不全力以赴。问题在于,他们对工作本身根本不关心。"

钱厂长的一席话使高明颇为吃惊。他认为钱厂长对工人们的评价不太正确。通过与工人们一周的接触,他觉得他了解工人,也相信工人。于是,高明准备第二周向所有的工人发出调查问卷,以便确定工人们有哪些需要,并找到哪些需要已被满足、哪些未被满足。他希望通过问卷调查的结果来说服厂长,重振油漆厂工人的士气。在问卷中,他根据对工人工作的重要程度排列了15个因素,每个因素都涉及他们的特定工作。

调查问卷的结果显示,工人们并不认为他们懒惰,只要工作合适,他们并不在乎多做额外工作。工人们还要求工作具有挑战性,能运用创造性,并激发他们的潜力。比如,他们希望工作复杂多样,能让他们多动脑筋,并提供良好的回报。此外,工人们表达了工作中需要友情的愿望,他们乐于在良好的合作关系中工作并互相帮助,分享快乐和分担忧愁,并且能了解到怎样才能把工作做得更好。

由此,高明得出了一个简单的结论,即导致工人愤恨情绪和低生产效率的最主要原因是报酬低、工作单调和人情冷漠。

工作任务:

请你设想出高明调查问卷的主要项目,根据问卷结果,试分别列出保健因素和激励因素可能包括哪些项目。

◆ 案例分析

案例1 富士康员工为什么跳楼?

富士康科技集团创立于1974年,是专业从事电脑、通信、消费电子、数码内容、汽车零组件、通路等6C产业的高新科技企业。作为全球代工航母,富士康科技集团所属的鸿海集团位列2011年《财富》500强第60位,全球员工总人数接近120万,中国大陆员工逾100万。自2010年1月23日富士康员工"第一跳"起至2010年11月5日,富士康已发生14起跳楼事件,引起社会各界乃至全球的关注。

在不到一年的时间里,富士康先后有14名员工跳楼自杀,作为一名曾经在富士康工作过的人来说,内心十分悲痛,我悲痛的不仅是年轻的生命悄然逝去,而是人死了大家还不明白他们为什么死。不对症下药,就解决不了根本问题。我在想,谁会是富士康的"第15跳"呢?

那些专家学者都认为这是一个谜,其实这就对了,没有在富士康上过一天班的人,怎么能体会到那些人的辛酸和痛苦。其实要解开这个谜团并不难,只要围绕为什么跳楼的都是一线员工这个问题来分析就能找到答案。

一、90后的一线员工心理承受能力差

因为一线员工都是90后,从他们生长的年代来看,大都是独生子女,或属条件较好的一代,在没有踏上社会之前,都是家里的宝贝、温室里的花朵,都没有受过什么苦,心理承受能力都比较差,自尊心都比较强,反抗心理都比较重,不像80后以前的那些人,习惯了逆来顺受,能够没有尊严地活着。试问富士康,你们把一线员工当人了吗?充其量跟机器没什么区别。是人都会有失误,你允许一线员工失误吗?自己做的每个产品都贴上工号,一有问题马上就找到,不是批评(与其叫批评还不如说是骂人更确切些)就是变相罚款。说到罚款可能有人马上就会反驳,富士康从来不罚款,那是,等发年终奖的时候你看看是不是比别人少很多?星期天加班不安排你是不是变相罚款?

二、对一线员工的管理没有人性化

一天上班12个小时,除了装配员工是坐着工作,其他的都是站着上班,而且站姿还要标准,我希望想解开这个谜团的人去站一天看看,不说让你工作,就站一天看看,身心是什么感受?还有就是富士康的工作强度很大。大到什么程度?就是你的思想不能开一点小差,要全神贯注地投入到工作当中去。机器是高速运转的,你的注意力当然也要高度集中,一不小心就要出问题。在这种高压环境下,精神很容易崩溃,跳楼也自然不是很稀奇的事情了。

三、一线员工上夜班对身心是一种严重的摧残

如果说白天面对这种高强度的工作还能够承受的话,晚上让你干这种高强度的工作你还敢说能承受得了吗?可是富士康就是这样摧残员工的,机器24小时不停运转,一线员工就是两班倒。这样的生活没有规律,生物钟被完全打乱,这种痛苦的滋味我无法形容,我当时精神几度崩溃,每天精神恍惚,试想那些90后怎么能承受如此非人的精神折磨。

四、企业缺乏对一线员工的关心和引导

一线员工从学生到工人其实是一道坎,是需要很多关心和引导的。学校和工厂是两个完全不同性质的地方。很多人一下子接受不了,在学校思想有包袱可以找老师去谈心和诉说,在工厂那些领导除了要产品的数量和质量,从不去管你思想有什么问题。在学校犯了错误老师给你指出,还给你改正的机会,在富士康从来没有,除了挨骂就是威胁要打包走人。其实背井离乡远离亲人精神已经很脆弱了,面对工作上的这种高压态势,没有正确的疏导,很容易走上极端。

其实也不能完全把跳楼事件的责任推给富士康,它只是其中一种因素。对这种精神已经徘徊在崩溃边缘的人来说,亲人或者感情再出现点问题,就容易陷入崩溃,也就"成功"演绎了目前的"14连跳"。

讨论问题:

1. 你认为富士康员工跳楼的主要原因是什么?
2. 你认为富士康该如何改进对员工的管理?

案例2 一名技术人员的跳槽

助理工程师张剑平,一个名牌大学的高才生,毕业后工作已8年,于4年前应聘到一家公司工程部负责技术工作,工作诚恳负责,技术能力强,很快就成为公司有口皆碑的"四大金刚"之一,名字仅排在公司技术部主管陈工之后。然而,他的工资却同仓管人员不相上下,夫妻小孩三口尚住在来时住的那间平房。对此,他心中时常有些不平。

黄和平，一个有名的识才的老总，孙中山先生的名言"人能尽其才，物能尽其用，货能畅其流"，在各种公开场合不知被他引述了多少遍，实际上他也是这样做了。4年前，张剑平来公司报到时，门口用红纸写的"热烈欢迎张剑平工程师到我公司工作"几个不凡的颜体大字，是黄总经理亲自吩咐人事部经理落实的，并且交代要把"助理工程师"的"助理"两字去掉，这确实让张剑平当时非常感动。

两年前，公司有指标申报工程师，张剑平属于有条件申报之列，但名额却让给一个没有文凭、工作平平的老同志。他想问一下总经理，谁知，未等他去找总经理，总经理却先来找他了："张剑平，你年轻，机会有的是。"去年，他想反映一下工资问题，这问题确实重要，来这里的目的之一不就是想得到高一点的工资，提高一下生活待遇吗？但是几次想开口，他都没有勇气讲出来。因为总经理不仅在生产会上大夸他的成绩，而且，曾记得，有几次外地人来取经，黄总经理当着客人的面赞扬他："张剑平是我们厂的技术骨干，是一个有创新的……"哪怕总经理再忙，路上相见时，总会拍拍张剑平的肩膀说两句，诸如"张工，干得不错"、"张工，你很有前途"。这的确让张剑平兴奋，"黄总确实是一个伯乐"。此言不假，前段时间，黄总还把一项开发新产品的重任交给他呢，大胆起用年轻人，然而……

最近，公司新建好了一批职工宿舍，听说数量比较多，张剑平决心要反映一下住房问题，谁知这次黄总又先找他，还是像以前一样，笑着拍拍他的肩膀："张工，公司有意培养你入党，我当你的介绍人。"他又不好开口了，结果家没有搬成。

深夜，张剑平对着一张报纸的招聘栏出神。第二天一早，黄总经理办公桌上放着一张小纸条：

黄总：
您是一个懂得使用人才的好领导，我十分敬佩您，但我决定走了。

张剑平于深夜

讨论问题：
1. 你认为助理工程师张剑平的需求处在哪个层次？
2. 根据公平理论，张剑平的工资和仓管员的不相上下，是否合理？
3. 黄总经理对张剑平的管理主要存在什么问题？

延伸阅读

◆ 霍桑试验

霍桑试验是心理学史上最出名的事件之一。这是一系列在美国芝加哥西部电器公司所属的霍桑工厂进行的心理学研究，由哈佛大学的心理学教授梅奥主持。

霍桑工厂是一个制造电话交换机的工厂，具有较完善的娱乐设施、医疗制度和养老金制度，但工人们仍愤愤不平，生产成绩很不理想。为找出原因，美国国家研究委员会组织研究小组开展试验研究。

一、试验阶段

霍桑试验共分五个阶段：

（一）照明试验

照明试验的时间是从 1924 年 11 月至 1927 年 4 月。当时关于生产效率的理论占统治地位的是劳动医学的观点，认为影响工人生产效率的是疲劳和单调感等，于是当时的假设便是"提高照明度有助于减少疲劳，使生产效率提高"。可是经过两年多试验发现，照明度的改变对生产效率并无影响。具体结果是：当试验组照明度增大时，试验组和控制组都增产；当试验组照明度减弱时，两组依然都增产，甚至试验组的照明度减至 0.06 烛光时，其产量亦无明显下降；直至照明减至如月光一般、实在看不清时，产量才急剧降下来。研究人员面对此结果感到茫然，失去了信心。从 1927 年起，以梅奥教授为首的一批哈佛大学心理学工作者将试验工作接管下来，继续进行。

（二）福利试验

福利试验的时间是从 1927 年 4 月至 1929 年 6 月。试验目的总的来说是查明福利待遇的变换与生产效率的关系。但经过两年多的试验发现，不管福利待遇如何改变（包括工资支付办法的改变、优惠措施的增减、休息时间的增减等），都不影响产量的持续上升，甚至工人自己对生产效率提高的原因也说不清楚。

后经进一步的分析发现，导致生产效率上升的主要原因如下：(1) 参加试验的光荣感。试验开始时 6 名参加试验的女工曾被召进部长办公室谈话，她们认为这是莫大的荣誉。这说明被重视的自豪感对人的积极性有明显的促进作用。(2) 成员间的良好关系。

（三）访谈试验

研究者在工厂中开始了访谈计划。此计划的最初想法是要工人就管理当局的规划和政策、工头的态度和工作条件等问题做出回答，但这种规定好的访谈计划在进行过程中却大大出人意料，得到了意想不到的效果。工人想就工作提纲以外的事情进行交谈，工人认为重要的事情并不是公司或调查者认为意义重大的那些事。访谈者了解到这一点，及时把访谈计划改为事先不规定内容，每次访谈的平均时间从 30 分钟延长到 1—1.5 个小时，多听少说，详细记录工人的不满和意见。访谈计划持续了两年多。工人的产量大幅提高。

工人们长期以来对工厂的各项管理制度和方法存在许多不满，无处发泄，访谈计划的实行恰恰为他们提供了发泄机会。发泄过后心情舒畅，士气提高，使产量得到提高。

（四）群体试验

梅奥等人在这个试验中选择 14 名男工人在单独的房间里从事绕线、焊接和检验工作。对这个班组实行特殊的工人计件工资制度。试验者原本设想，实行这套奖励办法会使工人更加努力工作，以便得到更多的报酬。但观察的结果发现，产量只保持在中等水平上，每个工人的日平均产量都差不多，而且工人并不如实地报告产量。深入的调查发现，这个班组为了维护他们的群体利益，自发地形成了一些规范。他们约定，谁也不能干得太多，突出自己，谁也不能干得太少，影响全组的产量，并且约法三章，不准向管理当局告密，如有人违反这些规定，轻则挖苦谩骂，重则拳打脚踢。进一步调查发现，工人们之所以维持中等水平的产量,是担心产量提高,管理当局会改变现行奖励制度,或裁减人员,使部分工人失业,或让干得慢的伙伴受到惩罚。这一试验表明,为了维护班组内部的团结,工人可以放弃物质利益的引诱。研究者由此提出"非正式群体"的概念,认为在正式的组织中存在着自发形成的非正式群体,这种群体有自己的特殊行为规范,对人的行为起着调节和控制作用,同时,加强了内部的协作关系。

（五）态度试验

这一阶段对两万多人次进行态度调查,规定试验者必须耐心倾听工人的意见、牢骚,并详细记录,不反驳和训斥,而且对工人的情况要深表同情。结果产量大幅度提高。因为谈话内容缓解了工人与管理者之间的矛盾冲突,形成了良好的人际关系,从而得出人际关系比人为的措施更有力的结论。

二、试验结论

（1）工人是社会人,不是经济人。工人除了物质需求外,还有社会心理方面的需求,因此不能忽视社会和心理因素对工人工作积极性的影响,否定了当时科学管理学派认为金钱是刺激工人积极性的唯一动力的说法。

（2）企业中存在非正式的组织。企业成员在共同工作的过程中,相互间必然产生共同的感情、态度和倾向,形成共同的行为准则和惯例,非正式组织独特的感情、规范和倾向,左右着成员的行为。非正式组织不仅存在而且与正式组织相互依存,对生产率有重大影响。

（3）生产率主要取决于工人的工作态度以及他和周围人的关系。梅奥认为提高生产率的主要途径是提高工人的满足度,即工人对社会因素、人际关系的满足程度。如果满足度高,工作的积极性、主动性和协作精神就高,生产率就高。

三、有关行为科学的理论

行为科学是一个独立的研究领域,基本上可分为两个时期:前期的研究称为人际关系学说,从霍桑试验开始;后期是1947年首次提出"行为科学"这一名称,1953年正式定名为行为科学。20世纪60年代,为避免同广义的行为科学相混淆,出现了"组织行为学"这一名称,专指管理学中的行为科学。组织行为学实质上包括早期行为科学——人际关系学说在内的狭义的行为科学。目前它的研究对象和所涉及的范围主要分为三个层次:

（1）有关个体行为的理论。主要包括两方面:一是有关人的需求、动机和激励理论,又可分为激励内容理论、激励过程理论和激励强化理论三大类;二是有关企业中的人性理论。

（2）有关团体行为的理论。主要包括团体动力、信息交流、团体及成员的相互关系三个方面。

（3）有关组织行为的理论。主要包括有关领导理论、组织变革和发展理论。有关领导理论又包括领导性格理论、领导行为理论和领导权变理论三大类。

◆ 现代管理学之父——彼得·德鲁克

彼得·德鲁克(Peter Drucker, 1909—2005),也译为"彼得·杜拉克",一生撰写了 30 余部具有深远影响的管理学著作,被尊为"大师中的大师",人称"现代管理学之父"。

1909 年 11 月 19 日,彼得·德鲁克出生于奥地利的维也纳,祖籍荷兰。其家族在 17 世纪时就从事书籍出版工作。他的父亲是奥地利负责文化事务的官员,曾创办萨尔斯堡音乐节;他的母亲是奥地利率先学习医科的妇女之一。彼得·德鲁克从小生长在富于文化的环境之中。

彼得·德鲁克先后在奥地利和德国接受教育,于 1931 年获法兰克福大学法学博士。1937 年移民美国,曾在一些银行、保险公司和跨国公司任经济学家与管理顾问,1943 年加入美国国籍。彼得·德鲁克曾在贝宁顿学院任哲学教授和政治学教授,并在纽约大学研究生院担任了 20 多年的管理学教授。

1942 年,彼得·德鲁克受聘为当时世界最大企业——通用汽车公司的顾问,对公司的内部管理结构进行研究。1954 年,出版《管理实践》,提出了一个具有划时代意义的概念——目标管理;1966 年,出版《卓有成效的管理者》,告知读者,管理者的工作必须卓有成效;1973 年,出版巨著《管理:任务、责任、实践》,是一本给企业经营者的系统化管理手册,为学习管理学的学生提供了系统化的教科书,该书被誉为"管理学的圣经";1982 年,出版《巨变时代的管理》;1985 年,出版《创新与企业家精神》;1999 年,出版《21 世纪的管理挑战》。

德鲁克一生经历了第一次世界大战、第二次世界大战,从事过的职业包括记者、金融分析师、作家、咨询顾问和大学教授。丰富的人生阅历、渊博的学识和强烈的社会责任感使他成为一位伟大的思想领袖,令他在世界管理学界拥有不可超越的崇高地位。

2005 年 11 月 11 日,彼得·德鲁克在美国加州克莱蒙特的家中逝世,享年 95 岁。

第三章

管理原理与方法

情境任务设计
- 情境案例
- 任务描述

必备知识技能
- 管理的基本原理
- 管理的基本方法

能力训练
- 能力测评
- 思考练习
- 案例分析

延伸阅读
- 管理中有趣的原理
- 案例情景

情境任务设计

◆ 情境案例

人为本、争第一、零起点

广西玉柴机器集团(以下简称"玉柴")创建于1951年,现拥有30多家全资、控股、参股子公司,员工20 000人,2010年总资产251亿元,被誉为"中国绿色动力之都",位列中国企业500强排行榜第227位,中国500个最具价值品牌第109位,中国机械500强企业第20位。

玉柴的前身是广西玉林柴油机厂,1984年,2 000人的工厂,1 000台柴油机的产量,年利税96万元,是当时玉柴的"历史最高水平"。当时的玉柴在国内同行中排名第173位。1985年,玉柴出炉了被玉柴人称为"灵魂"的玉柴精神:"顽强进取、刻意求实、竭诚服务、致力文明",实现了年产3 010台的生产计划,完成了玉柴历史上的一次大跳跃。当年年底,玉柴"跳"过了"在国内拿第一"的目标,直接提出要"跻身国际内燃机强手之林"。

伴随着目标追求,诞生了危机哲学:零起点!

1994年,公司在纽约上市,美国的投资银行、律师事务所在撰写募股说明书时,问及玉柴的管理哲学,董事长王建明回答了9个字:人为本、争第一、零起点。1985年玉柴产量突破3 000台大关时,告诫自己"零起点";10年后,玉柴在中国内燃机行业的主要经济技术指标排名终于跃居第一位时,仍然提"零起点";进入21世纪,2002年玉柴已经月生产2万台发动机,还是告诫自己"零起点"。当视质量为生命的玉柴实现了柴油机可靠性运行目标达到3万公里不出故障时,是"零起点";达到10万公里不出故障时,"零起点";达到国际标准30万公里不出故障时,还是"零起点";玉柴称之为"三级跳"。于是,2002年玉柴正式提出:5年内,玉柴要打入国际前4强,闯进半决赛!要想争第一,就永远是"零起点"!

永远零起点的玉柴需要不寻常的人才发挥

玉柴的育人方针是:为每一个岗位的发展创造机会,为每一个层级的攀登创造条件。玉柴的用人方针是:尊重、爱护、发挥、发展。尊重员工的主体利益,玉柴的人本思想体现为:"人本方针",侧重的是育人、用人;"人本保障",侧重的是对责任的公正分配。具体落实在:干部"十字"要求,即民主、开朗、顽强、竭诚、约束和干部的"六项基本功"。要对职工说清楚要求——目标机制；要使绝大多数职工愿意达到要求——民主机制；要使每一个岗位的职工懂得如何达到要求——教育机制；使每一个岗位的职工能够达到要求——投入机制；使每一个岗位的职工必须达到要求——责任分配机制；集思广益、反复检讨、周而复始、完善要求——反馈机制。

问题思考：
玉柴的管理中体现出了管理的哪些原理？

◆ 任务描述

1. 为了约束大家上班(上课)中的迟到、早退现象，请你设计一套可行的经济方法。
2. 请你制定一套员工(学生)的考勤制度。

必备知识技能

◆ 管理的基本原理

管理原理是对管理工作的实质内容进行科学分析总结而成的基本道理，指的是管理领域内具有普遍意义的基本规律，它是对现实管理现象的一种抽象和管理实践经验的一种升华，是对管理实践的客观规律进行分析和总结而得出的具有普遍意义的道理。因此，它对一切管理活动具有普遍的指导意义。管理原理是对企业实质及其客观规律的表述，是对管理工作客观必然性的刻画，一旦违背，会受到客观规律的惩罚。管理原理不是一成不变的教条，它会随着社会经济和科学技术的发展而不断发展，同时又是相对稳定的。管理原理和一切科学原理一样，都有其确定性和巩固性的特征，不管事物的运动变化和发展的速度多么快，这个确定性始终都是相对稳定的。

一般来说，管理的基本原理主要有系统原理、人本原理、效益原理等。

一、系统原理

任何社会组织都是由人、物、信息组成的系统，任何管理都是对系统的管理，没有系统，也就没有管理。系统原理不仅为认识管理的本质和方法提供了新的视角，而且其提供的观点和方法广泛渗透到其他原理之中。从某种程度上来说，系统管理在管理原理的体系中起着统率的作用。

（一）系统的概念

所谓系统，就是指由若干相互联系、相互作用的部分组成，在一定环境中有特定功能的有机整体。

在自然界和人类社会中，一切事物都是以系统的形式存在的，任何事物都可以看成是一个系统。例如，生态系统、人的呼吸系统、复杂的工程技术系统等，还有行政系统、经济系统、教育系统等。系统按组成要素的性质，可划分为自然系统和人造系统。自然系统，如生态系统、气象系统、太阳系等，是由自然物组成的系统；人造系统是人们为达到某种目的而建立的系统，如生产系统、交通系统、商业系统、管理系统、军事预警系统等。

（二）系统原理要点

1. 整体性原理

整体性原理指系统要素之间的相互关系及要素与系统之间的关系以整体为主进行协调，局部服从整体，使整体效果为最优。实际上就是从整体着眼，部分着手，统筹考虑，各方协调，达到整体的最优化。

从系统目的的整体性来说，局部与整体存在着复杂的联系和交叉效应。大多数情况下，局部与整体是一致的。但有时对局部有利的事，从整体上来看并不一定就是有利的，甚至可能是有害的。有时，局部的利越大，整体的弊反而越大。因此，当局部和整体发生矛盾时，局部利益必须服从整体利益。

从系统功能的整体性来说，系统的功能不等于要素功能的简单相加，而是往往要大于各个部分功能的总和，即"整体大于各个孤立部分的和"。这里的"大于"，不仅指数量上大，而且指在各部分组成一个系统后，产生了总体的功能，即系统的功能。这种总体功能的产生是一种质变。因此，系统要素的功能必须服从系统整体的功能，否则，就可能会削弱整体功能，从而也就削弱了系统功能。

在现实情形中，经常可以看到一个系统中，重局部、轻全局，特别是局部之间不协调，互相扯皮，从而损害了全局的利益。在这种情况下，子系统的功能虽好，但不利于达到整体的目的，效果当然不会好；相反，有时候子系统的效益虽然低一些，但有利于实现系统的功能，有利于达到整体的目的，其效果自然一定是好的。

2. 动态性原理

系统作为一个运动着的有机体，其稳定状态是相对的，运动状态则是绝对的。系统不仅作为一个功能实体而存在，而且作为一种运动而存在。系统内部的联系就是一种运动，系统与环境的相互作用也是一种运动。系统的功能是时间的函数，因为不论是系统要素的状态和功能，还是环境的状态或联系的状态都是在变化的，运动是系统的生命。例如，企业是社会经济系统中的子系统，它为了适应外部社会经济系统的需要，必须不断地完善和改变自己的功能，而企业内部各子系统的功能及相互关系也必须随之发展变化。企业系统就是在这种不断变化的动态过程中生存和发展的，因此，企业的产品结构、工艺过程、生产组织、管理机构、规章制度、经营方针、管理方法等都具有很强的时效性。

掌握系统动态原理，研究系统的动态规律，可以使我们预见系统的发展趋势，树立起超前观念，减少偏差，掌握主动，使系统向期望的目标顺利发展。

3. 开放性原理

严格地说，完全封闭的系统是不可能存在的。实际上，不存在一个与外部环境完全没有物质、能量、信息交换的系统。任何有机系统都是耗散结构系统，系统与外界不断交流物质、能量和信息，才能维持其生命。并且只有当系统从外部获得的能量大于系统内部消耗散失的能量时，系统才能克服熵而不断发展壮大。所以，对外开放是系统的生命。在管理工作中，任何试图把本系统封闭起来与外界隔绝的做法，都只会导致失败。明智的管理者应当从开放性原理出发，充分估计外部对本系统的各种影响，努力从开放中扩大本系统从外部吸入的物质、能量和信息。

4. 环境适应性原理

系统不是孤立存在的，它要与周围事物发生各种联系。这些与系统发生联系的周围事物的全体,就是系统的环境,环境也是一个更高级的大系统。如果系统与环境进行物质、能量和信息的交流,能够保持最佳适应状态,则说明这是一个有活力的理想系统;反之,一个不能适应环境的系统则是无生命力的。

系统对环境的适应并不都是被动的,也有主动的,这就是改善环境。环境可以施加作用和影响于系统,系统也可以施加作用和影响于环境,如构成社会系统的人类具有改造环境的能力。这种主动地适应和改造环境的可能性,受到一定时期人类掌握的科学技术(包括组织管理)、知识和经济力量的限制。作为管理者,既要有勇气看到主动改变环境的可能,又要冷静地看到自己的局限,才能实事求是地做出科学的决策。

5. 综合性原理

所谓综合性就是把系统的各部分、各方面和各种因素联系起来,考察其中的共同性和规律性。任何一个系统都可以视为由许多要素为特定的目的而组成的综合体,社会、国家、企业、学校、医院以及大型工程项目几乎都是非常复杂的综合体。

系统的综合性原理有三层含义。第一,是指系统目标的多样性与综合性。系统最优化目标的确定,是各种复杂甚至对立的因素综合的结果。由于大系统涉及一系列的复杂因素,如果这些因素能够在分析的基础上得到有效综合,系统目标设定恰当,各种关系能够协调一致,就能大大发挥系统的效益。反之,如果综合得不好,不适当地忽略了系统中的某一个目标或因素,有时会造成极为严重的后果。如环境污染,就是一个易被忽略的目标和因素,甚至会引起工程的报废。第二,是指系统实施方案选择的多样性与综合性,即同一问题可以有不同的处理方案,为了达到同一个目标,有各种各样的途径与方法。必须进行综合研究,选出满意方案。第三,是由综合而创造。现在一切重大尖端科学技术,无不具有高度的综合性,世界上没有什么新的东西不是通过综合而得到的,如日本松下彩色电视机的三百多项技术,都是世界各国已有的,但经过综合,造出的电视机却是其他公司没有的。量的综合导致质的飞跃,产生了新的事物。综合的对象越多、范围越广,所产生的创造力也就越大。正因为复杂的系统都是由许多子系统和单元综合而成的,所以任何复杂的系统又都是可以分解的。系统整体可能看上去十分复杂,但如果将其分解到每个子系统和单元就可能变得非常简单。所以管理者既要学会把许多普普通通的东西综合为新的构思、新的产品,创造出新的系统,又要善于把复杂的系统分解为最简单的单元去管理。系统原理各要点的关系见图3-1。

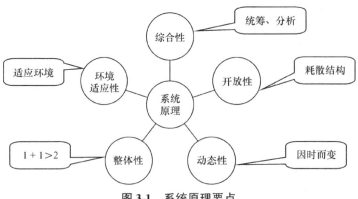

图3-1 系统原理要点

二、人本原理

人本原理就是以人为中心的管理思想。这是管理理论发展到20世纪末的主要特点。

人本管理理论的提出,使人们在管理实践中发现,在构成企业生产的诸要素中,人的要素具有较大的可塑性,含有巨大的内能,这种能量一旦释放出来,企业的活力将得到极大的增强。

人本管理思想不再把企业的职工看成单纯的劳动力,而是当成企业的主体,是"社会人"和"文化人"。人本管理的思想主要表现在以下三个方面:首先,人是组织的主体(of the people);其次,组织是由人来管理的(by the people);最后,管理是为人服务的(for the people)。企业经营管理的主体是全体员工,办企业必须靠全体员工的智慧和力量,实行"全员经营"。"全员经营"有利于调动每位员工的积极性,保证经营决策的正确和经营目标的实现。因此人本管理也简称"3P"管理。

(一) 人是组织的主体

人们对组织中的人的作用是逐步认识的,这个认识过程大体经历了三个阶段。

1. 要素研究阶段

早期对劳动力在生产过程中的作用的研究基本上限于把劳动者视为生产过程中的一种不可缺少的要素。比如,管理科学的奠基人泰罗的全部管理理论和研究工作的目的,都是致力于挖掘作为机器附属物的劳动者的潜能。他坚信,工人只要按照规范程序去作业,就能实现最高的劳动生产率,从而获得最多的劳动报酬。泰罗之后的几十年中,所有对劳动和劳动力的研究大多都未摆脱这种把人视为机器附属物的基本观点和方法。

2. 行为研究阶段

第二次世界大战前夕,特别是战后,有一部分管理学家和心理学家开始认识到,劳动者的行为决定了企业的生产效率、质量和成本。他们通过研究发现,人的行为是由动机决定的,而动机又取决于需求。劳动者的需求是多方面的,经济需求只是基本内容之一。所以他们强调,管理者要从多方面去激励劳动者的劳动热情,引导他们的行为,使其符合企业的要求。这一阶段的认识有其科学合理的一面,但其基本出发点仍然是把劳动者作为管理的客体。

3. 主体研究阶段

20世纪70年代以来,随着日本经济的崛起,人们通过对日本成功企业的经验剖析,进一步认识到职工在企业生产经营活动中的重要作用,逐渐形成了以人为中心的管理思想。现代管理观点认为,职工是企业的主体,而非客体;企业管理既是对人的管理,也是为人的管理;企业经营的目的,绝不是单纯的商品生产,而是为包括企业职工在内的人的社会发展服务的。

(二) 组织是由人管理的

企业职工,从厂长经理到普通工人,都是依靠向企业让渡自己的劳动力的使用权而谋生的劳动者。企业全体职工的共同努力,才能使企业各项资源(包括劳动力本身)得到最合理的利用,才能使企业创出产品、利润和财富。所以,企业全体职工都有权参与企业管理。企业职工中的一部分(经营者和管理人员)其职业就是管理。所以要特别重视非专职管理的职工(普通工人、职员和技术人员)参与企业管理的问题。具体的途径和形式是多种多样的,但有三种形式应当是最基本的:

(1)通过职工代表大会选举代表参加企业的最高决策机构——管理委员会或董事会。职工代表在管委会和董事会中应占有一定比例,并享有与其他代表同等的权利和义务。

(2)由职工代表大会选举代表参加企业的最高监督机构——监事会。职工代表在监事会中应占有较多名额,并与其他监事一样,享有监督企业生产经营活动的职权。

(3)广泛参加日常生产管理活动(如质量管理、设备管理、成本管理、现场管理等)。因为劳动者最了解自己直接参与的那部分生产经营活动的实际情况,所以在参与日常生产管理活动时应有更大的发言权,并且能取得更好的效果。

事实上,任何管理者都会在管理过程中影响下属人性的发展。同时,管理者行为本身又是管理者人性的反映。只有管理者人性达到比较完美的境界,才能使企业职工的人性得到完美的发展。社会主义精神文明建设实质上是新时代人性的塑造,在实施每一项管理措施、制度、办法时,不仅要看到实施取得的经济效果,同时要考虑对人精神状态的影响,要分析它们是促使职工的精神状态更加健康、人性更加完美,还是起相反的作用。

在管理当中,既要明确各岗位员工的责任,又要使其有动力去发挥全部的潜能。在管理活动中,为了实现管理的效率和效益,需要在合理分工的基础上,明确规定各部门和每个人必须完成的工作任务和必须承担的与此相应的责任。同时,要灵活运用各种激励政策,使其有充足的动力完成好相应的工作,主要的动力激励元素有物质动力和精神动力两种,在管理工作中要灵活运用。

(三)管理是为人服务的

管理过程的起点必须是人,必须将满足人的物质需求和精神需求、实现人的全面发展、使人的才能全面发挥作为管理活动的终极目标。管理是以人为中心的,是为人服务的,是为了实现人的发展,这个"人"当然不仅包括在企业内部参与企业生产经营活动的人,而且包括存在于企业外部的、企业通过提供产品为之服务的用户。

为社会生产和提供某种物质产品(或服务),是企业存在的理由。在市场经济条件下,用户是企业存在的社会土壤,是企业利润的来源。作为商品生产者,企业生产的目的,不是企业自己或企业职工对某种产品的直接使用或消费,而是通过这些产品的销售,获得销售收入,补偿生产过程中的各种消耗后实现利润。只有实现销售收入和销售利润,企业才能获得生存和发展(在更大规模上生存)的条件。销售收入与利润的实现是以市场用户愿意接受和购买企业产品为前提的,而用户是否愿意接受和购买企业的产品,则取决于这些产品的消费和使用能否满足他们希望的需求。因此,为用户服务、满足用户的需求,是企业实现其社会存在的基本条件。因此,企业需要研究市场需求的特点及发展趋势,据此确定企业的经营和产品发展方向;企业要提供符合消费者需求的产品和服务,使消费者能够充分利用有限的货币购买力,来获取更多的物质产品,满足更多的需求;企业还要研究其自身产品或服务功能充分实现的条件,为了保证产品的使用价值能充分体现,消费者不仅要求企业提供符合需求的产品,而且要求企业提供与其使用有关的各种服务。

综上所述,尊重人、依靠人、发展人、为了人是人本原理的基本内容和特点。

三、效益原理

效益是与效果和效率既相互联系、又相互区别的概念。效果,是指投入经过转换而产出的成果,其中有的效果是有效益的,有的效果是无效益的。

效益是有效产出与投入之间的一种比例关系,可以从社会和经济这两个不同角度去考察,即社会效益和经济效益。两者既有联系,又有区别。管理应把讲求经济效益和社会效益有机结合起来。经济效益可以运用若干经济指标来计算和考核,而社会效益则难以计量,必须借助其他形式来间接考核。

同时,我们在追求效益的基础上,要考虑到社会伦理对效益的影响。伦理是指人与人相处的各种道德准则。一个组织并不是孤立存在的,它总是以这样或那样的方式同组织内外的个人和其他组织发生联系,因此其行为不可避免地涉及伦理问题。在当今世界,一个组织要想维持足够长的生命力,不仅需要遵守法律,还需要遵守伦理规范,这就要求管理者在管理活动中要正视组织的行为所引起的伦理问题。对于伦理的正视,有助于经济组织取得较高的经济效益。

(一) 效益的评价

效益的评价,可由不同主体(如首长、群众、专家、市场等),从多个不同角度去进行,因此没有一个绝对的标准。不同的评价标准和方法,得出的结论也会不同,甚至相反。有效的管理首先要求对效益的评价尽可能公正和客观,因为评价的结果直接影响组织对效益的追求和获得。结果越是公正和客观,组织追求效益的积极性就越高,动力也越大,客观上产生的效益也就越多。一般说来,首长评价有一定的权威性,对全局性掌握得较好,其结果对组织的影响也较大,但可能不够细致和具体;群众评价一般比较公正和客观,但可能要花费较多时间和费用,才能获得最后的评价结果;专家评价一般比较细致,技术性强,但可能只注重直接效益而忽视间接效益;市场评价,其结果与市场发育程度有很大的关系,越是成熟、规范的市场,其评价结果就越客观公正,而发育不成熟或者扭曲的市场,其评价结果可能不客观、不公正,甚至具有很强的欺骗性。市场评价体现的主要是经济效益。显然,不同的评价都有它自身的长处和不足,应配合运用,以求获得客观公正的评价结果。

(二) 效益的追求

效益是管理的根本目的,管理就是对效益的不断追求,组织在追求效益的过程中必须关注以下几个问题:

(1) 管理效益的直接形态是通过经济效益而得到表现的。管理系统是一个人造系统,它基本是通过管理主体的劳动所形成的按一定顺序排列的多方面、多层次的有机系统。尽管其中有纷繁复杂的因素相互交织,但每一种因素均通过管理主体的劳动而活化,并对整个管理运动产生影响。综合评价管理效益,当然必须首先从管理主体的劳动效益及所创造的价值来考虑。

(2) 影响管理效益的因素很多,其中主体管理思想正确与否占有相当重要的地位。

在现代管理中,采用先进的科学方法,建立合理的管理制度无疑是必要的。但更重要的是管理系统高级主管所采取的战略。管理解决如何"正确地做事",战略告诉我们怎样"做正确的事"。企业产品不适销对路,质量再好,价格再低,也毫无意义。

(3)追求局部效益须与追求整体效益协调一致。整体效益是一个比局部效益更为重要的问题。如果整体效益很差,局部效益就难以持久。当然,局部效益也是整体效益的基础,没有局部效益的提高,整体效益的提高也是难以实现的。当局部效益与整体效益发生冲突时,管理者必须把整体效益放在首位,做到局部服从整体。

(4)管理应追求长期稳定的高效益。企业每时每刻都处于激烈的竞争中,如果企业只满足于眼前的经济效益水平,而不以新品种、高质量、低成本迎接新的挑战,就会随时有落伍甚至被淘汰的危险。所以,企业经营者必须有远见卓识和创新精神,只有不断增强企业发展的后劲,积极进行企业的技术改造、技术开发、产品开发和人才开发,才能保证企业有长期稳定的较高经济效益。

(5)确立管理活动的效益观。管理活动要以提高效益为核心,追求效益的不断提高,应该成为一切管理工作的出发点。要克服传统体制下"以生产为中心"的管理思想。追求效益要学会自觉地运用客观规律,例如必须学会运用价值规律,随时掌握市场情况,制定灵活的经营方针,灵敏地适应复杂多变的竞争环境,满足社会需求。

◆ 管理的基本方法

管理方法是在管理活动中为实现管理目标,保证管理活动顺利进行所采取的工作方式、方法和手段的总称,管理方法是管理理论、原理的自然延伸和具体化、实际化,是管理原理指导管理活动的必要中介和桥梁。在管理实践中,管理目标的实现,必须借助一定的管理方法和手段,它的作用是一切管理理论、原理本身所无法替代的。

按照不同的划分标准,管理方法有不同的分类,这些不同分类的管理方法组成了管理方法体系,见图3-2。

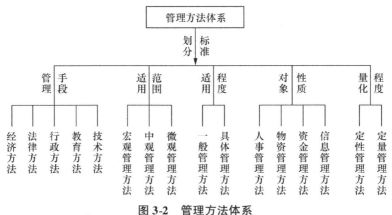

图 3-2 管理方法体系

管理方法按其普遍性程度不同,一般可以分为两种:

第一种是专门管理方法,是对某个资源要素、某一局部或某一时期实施管理所特有的专门方法,是为解决具体管理问题而采用的管理方法。如计算机信息管理是以信息资源为主要管理对象的具体管理方法,激励管理方法是以人力资源为管理对象的具体管理方法。

第二种是通用管理方法(或称为根本方法),是以不同领域的管理活动都存在某些共同的属性为依据而总结出的管理方法。比如,不论是政治活动还是经济活动,都需要做好决策以及为协调各方面的活动而进行的组织和控制,以保证预定目标的实现。这种存在于各种管理活动中的共同性,决定了某些管理方法的通用性。

管理方法还可以分为定性的方法和定量的方法。一般认为,确定事物内部和外部各种数量关系的方法,叫做定量的方法;确定事物及其运动状态的性质的方法,叫做定性的方法。在现代管理中,定量管理已成为很重要的方法和手段,这标志着管理水平的提高。

我们重点分析按照管理手段划分的几种主要管理方法。

一、管理的经济方法

(一) 经济方法的内容与实质

经济方法是管理中最常用的一种方法,它主要运用各种经济手段,调节各种不同经济主体之间的关系。这里所说的各种经济手段,主要包括价格、税收、信贷、工资、利润、奖金、罚款以及经济合同等,具有利益性、关联性、灵活性、平等性等特点。不同的经济手段在不同的领域中,发挥着各自不同的作用。

经济方法的特点是充分利用经济杠杆的作用来刺激管理对象,其实质是以物质利益为动力的管理方法。

(二) 经济方法的正确应用

经济方法与其他方法一样,必须正确运用才能充分发挥其价值。

(1) 注重物质利益激励和提高精神文明素质的配合使用。人们除了物质需求以外,还有更多的精神和社会方面的需求。在现代生产力迅速发展的条件下,物质利益的刺激作用将逐步减弱,人们更需要接受教育,以提高知识水平和思想修养。再者,如果单纯运用经济方法,易导致讨价还价,和"一切向钱看"的不良倾向,造成本位主义、个人主义思想。所以,也必须结合教育方法,搞好精神文明建设。

(2) 各项经济手段要配合运用,发挥合力。既要发挥各种经济杠杆各自的作用,也要重视整体上的协调配合。如果忽视综合运用,孤立地运用单一杠杆,往往不能取得预期的效果。例如,价格杠杆对生产和消费同时产生方向相反的调节作用。提高价格可以促进生产,但却抑制消费。但在经济生活中有些产品具有特殊的性质。因此,仅凭单一的价格杠杆难以奏效,必须综合运用一组杠杆。

二、管理的法律方法

法律,是由国家制定或认可的,体现统治阶级意志,以国家强制力保证实施的行为规则的总和。法律方法是指国家根据广大人民群众的根本利益,通过各种法律、法规、条例和司法、仲裁工作,调整社会经济的总体活动和各企业、单位在微观活动中所发生的各种关系,以保证和促进社会经济发展的管理方法。法律方法具有以下特性:

(1) 法律为大多数人的利益服务,具有利益性;

(2) 法律条文可以反复运用，具有概括性；
(3) 法律规定人们可以做什么，不可以做什么，具有规范性；
(4) 法律有普遍的约束力，有专门机构强制实施，具有强制性；
(5) 法律不针对特定的人和事，不受时间、地点的影响，具有稳定性；
(6) 法律条文是明文规定的，人们在进行某种行为之前可先与之对照，估量自己或他人的行为是否合法，具有防范性。

(一) 法律方法的内容与实质

法学上根据法律所调整的社会关系的不同将其分为各个不同的类别，并形成相互联系、相互协调的统一的法律体系。管理的法律方法中，既包括国家正式颁布的法律法规，也包括各级政府机构和各个管理系统所制定的具有法律效力的各种社会规范。

法律方法的内容，不仅包括建立和健全各种法规，而且包括相应的司法工作和仲裁工作。这两个环节是相辅相成、缺一不可的。只有法律而缺乏司法和仲裁，会使法规流于形式，无法发挥效力；法律不健全，司法和仲裁工作则无所依从，造成混乱。

法律方法的实质是体现人民的意志，并维护他们的根本利益，代表他们对社会经济、政治、文化活动实行强制性的、统一的管理。法律方法既要反映广大人民的利益，又要反映事物的客观规律，调动企业、单位和群众的积极性、创造性。

(二) 法律方法的运用与适用范围

在管理活动中，各种法律、法规要综合运用、互相配合，因为任何组织的关系都是复杂的、多方面的。就企业管理而言，法律方法不仅要求企业掌握和运用"企业法"以及与企业生产经营活动直接相关的经济法律，而且也要掌握和运用民法赋予的权利和义务。

法律方法原则上适用于社会管理、企业管理的各个领域，但由于法律方法具有概括性、稳定性的特点，它又只适于处理某些共性问题而不宜处理特殊的个别问题。法律可以规定人们可以做什么、不可以做什么，但不强制人们可以想什么、不可以想什么，它不适宜处理人们的思想意识问题。

三、管理的行政方法

(一) 行政方法的内容与实质

行政方法是指依靠行政组织的权威，运用命令、规定、批示、条例等行政手段，按照行政系统和层次，以权威和服从为前提，直接指挥下属工作的管理方法。行政方法的实质是通过行政组织中的职务和职位来进行管理。它特别强调职责、职权、职位，而并非个人的能力或特权。行政方法具有权威性、强制性、垂直性、具体性、无偿性等特点。行政方法的内容大体包括：指令性计划、行政命令、行政法规、指示、通知、各种规定、条例、准则、制度和办事细则等。

(二) 行政方法的运用与适用范围

行政方法直接地组织、指挥和控制管理客体，要求企业职工行动一致，符合企业目标，个人服务整体，近期服务长远，并且对管理客体的整体和局部发生作用。行政方法越是强化，其正、负效应越明显。

行政方法是管理方法中最古老、最基本的方法，也是实施各管理职能的基本手段。

它简单易行,作用范围广,适应性强。但行政方法不宜单独使用,而应与其他方法相结合。

四、管理的教育方法

(一) 教育方法的实质和任务

教育是按照一定的目的、要求对受教育者从德、智、体诸方面施加影响的一种有计划的活动。

管理的人本原理认为,管理活动中人的因素是第一位的,管理最重要的任务是提高人的素质,充分调动人的积极性、创造性。而人的素质是在社会实践和教育中逐步发展、成熟起来的,通过教育,不断提高人的政治思想素质、文化知识素质、专业水平素质,是管理工作的主要任务。现代社会科学技术的迅猛发展导致了人的知识更新速度的加快。因此全面提高人的素质,对组织成员不断进行培养教育,就必然成为管理者管理活动的一项重要内容。

(二) 教育的主要内容

教育的目的是提高人的素质,教育的内容也就涉及与人的素质完善有关的各方面。

1. 树立正确的人生观、价值观,培养爱国主义和集体主义精神

要教育职工树立共产主义远大理想,培养全心全意为人民服务的精神,要教育职工遵守社会公德及职业道德,钻研业务,忠于职守。

要引导人们正确认识我们国家的历史和现状,了解中华民族的苦难史和革命斗争史,从而更加热爱和珍惜社会主义的今天。要进行集体主义教育,着重引导干部群众正确处理国家、集体、个人之间的利益关系。在集体生活中发挥团结、友爱、互助精神,热爱集体,关心集体。

2. 民主、法制、纪律教育

民主体现在职工有权对企业的经营活动进行监督,有权维护自己的合法权益,有权对企业管理工作提出批评建议,也有权参与企业管理,但应当实事求是地承认,由于信息和能力的限制,参与的程度和方式是有限度和有条件的。

企业在扩大民主的同时,还应大力加强社会主义法制,加强劳动纪律和工作纪律,规范和约束人们的行为,制裁和打击各种不法行为和违纪行为,并同种种压制和破坏民主的行为作斗争,才能保证企业经营活动的正常进行,才能使职工的根本利益得到保障。

3. 科学文化教育

科学技术是第一生产力,普及和提高科学文化知识是提高职工思想道德觉悟水平的重要条件,也是企业进行生产经营活动的重要条件,在当今的新技术革命浪潮中,科学技术越来越成为推动企业生产发展、提高企业竞争能力的重要力量。应当从战略的高度下大决心、花大力量进行智力投资,有计划、有组织地开展科学文化教育,根据工作的需要,对各类人员逐步进行系统培训和职业训练,尽快提高职工队伍的业务素质。

4. 组织文化建设

文化是一个社会的核心价值观、信仰、规范、知识、道德、法律和行为标准,具体表现为一个社会群体的行为模式和生活方式,文化包括各种外显和内隐的行为模式,它们是

人类文明传承的重要内容和形式。组织文化是组织在长期的实践活动中逐步形成的,并为组织成员普遍认可和遵循的价值观、团体意识、行为规范和思维模式的总和。它是组织员工内在的思想观念与外在的行为方式和物质表现的统一。组织文化具有指导、约束、凝聚、激励、辐射的功能。

企业文化主要包括以下内容:(1)从直接意义上来说,主要包括企业共同价值观、企业精神、企业民主、企业风俗习惯、企业道德规范等企业的纯精神、纯观念因素,也可称为隐性文化。(2)从间接意义上来说,可分为两种情况:一种是在企业制度、企业规章、企业形象、企业典礼仪式、企业组织领导方式及其他一切行为方式中所体现的精神因素,可称为行为精神因素,也可称为半显性文化;另一种是在企业产品和服务、企业技术和设备、企业外貌和标志形象、企业教育与文化活动等一切有形物质因素中体现的精神因素,即物化精神因素,也称为显性文化。

组织要通过组织文化建设来创造促进职工素质不断完善的精神环境。在组织文化建设的指导思想上,必须突出管理的人本原理,坚持"以人为本"的指导原则。组织文化的主体是组织员工,组织员工是物质财富和精神财富的创造者,坚持把人作为第一要素,把尊重人、关心人、理解人、培养人、合理使用人、全方位地提高组织员工的素质,作为组织文化建设的主要内容。

五、管理的技术方法

(一)技术方法的内容与实质

技术的进步直接导致了管理手段的现代化。对于当今社会的各种类型组织的管理者,要想在日益复杂和多变的环境中,对组织中包括人力资源在内的各种资源进行有效的协调,以维持、巩固和增强组织的活力,单凭传统管理手段是远远不够的。相反,环境的多变性和组织自身的复杂性决定了管理者必须善于运用业已发展起来的、被管理实践证明为行之有效的各类技术,来提高管理的效率和效果。

实践已经并将继续证明,有效的管理离不开技术,尽管不同的管理者,尤其是组织中不同层次的管理者,对技术的依赖程度可能不一样。可以说,在当今社会,不使用技术,就谈不上真正的管理。

基于这样的认识,我们提出管理的技术方法,以突出技术在管理中的重要性或者说技术与管理的不可分性。技术方法是指组织中各个层次的管理者(包括高层管理者、中层管理者和基层管理者)根据管理活动的需要,自觉运用自己或他人所掌握的各类技术。主要包括信息技术、决策技术、计划技术、组织技术和控制技术等,具有客观性、规律性、精确性、动态性的特征。从这种划分中,我们可以看出,不同的技术在管理中的作用是不一样的。有的技术和管理的前提与本质有关,我们称之为信息技术和决策技术。另外一些技术与管理过程的每个阶段有关,根据阶段的不同,我们把这样的技术划分为计划技术、组织技术和控制技术。细心的读者也许会发现其中少了"领导技术",这是因为,在我们看来,领导的对象是有感情的人,领导的有效性主要取决于领导者影响下属的能力或力量,而能力或力量主要来自职位与权力、人格魅力以及所掌握的技巧,与技术基本无关。最后,作为管理轴心的创新包括了技术创新,这要求管理者必须了解或掌握一些基本的技术,以便正确地指导组织中的技术创新,而且管理者所了解或掌握的技术也需要创新,应随着时代的进步、外部环境和内部条件的变化而不断更新。通过上面的分析,我们可以得出这样的结论:无论是管理的前提与本质,还是管理的各项职能(除了领导),都需要技术,技术在管理中的重要性由此可见一斑。

管理的技术方法的实质是把技术融进管理中,利用技术来辅助管理。善于使用技术方法的管理者通常能把技术与管理很好地结合起来,具体体现在两个方面:(1)根据不同的管理问题,选用不同的技术;(2)在了解每种技术的适用范围的前提下,尽可能把所掌握的技术用到实处,发挥技术的积极作用。技术与管理的有机结合是技术渗透到社会生活各个领域的必然结果。可以说,不注重技术方法的管理者必定是落伍者,终将被淘汰。

(二)技术方法的正确运用

管理者要想正确运用技术方法,必须注意以下几点:

首先,技术不是万能的,并不能解决一切问题。在某些场合,技术可能很管用,但在其他场合,技术可能不管用。如对单只股票价格的预测,技术有时就没有经验判断和直觉准确。这就是说,技术是有一定局限性和一定适用范围的。管理者既不能否定技术的重要性,也不能盲目迷信技术。

其次,既然技术不是万能的,管理者在解决管理问题时,就不能仅仅依靠技术方法。相反,应该把各种管理方法结合起来使用,"多管齐下",争取收到较好的效果。

最后,管理者使用技术方法有一定的前提,即他本人必须或多或少掌握一些技术,知道技术的价值所在和局限所在,并在可能的情况下,让组织内外的技术专家参与进来,发挥他人的专长,来弥补自身某些方面的不足。

能力训练

◆ 能力测评

测评1 你是怎样的管理者?

下列各题,请选择一个最能表达你自己想法或做法的答案。

1. 某事可能做错了或做得不好,你对此的第一反应可能是什么?选择一个回答。
   (a)要是我自己做就好了,它就不会出问题了。
   (b)我将首先检查我自己的档案,它可能是我的错。
   (c)我当初应把我的要求解释得更清楚些。
   (d)或许有人能找出错在哪里。

2. 激励下属的最有效方法是告诉他们:
   (a)你对工作的兴趣不如以前大了,你必须更加努力些。
   (b)如果对于任务你还有不清楚的地方,请再来找我核对一下。
   (c)不要改变我的要求,除非你肯定你的方法更好些。

（d）努力靠自己去做完这项工作。如果你真正努力去做，是完全能做好的。

3. 你刚刚提升了一位下属。现在你对其他下属的反应很感兴趣，说："这个人选得再合适不过了，你肯定会同意吧？"然后你注意到你的话被某一位雇员反复讲给其他雇员听。你对此最可能有什么反应？

（a）这位雇员想让人知道他也是合适的人选。
（b）这位雇员可能是很妒忌并努力掩饰自己的真实情感。
（c）这位雇员想和被提升的人交个朋友。
（d）这位雇员觉得，这次提升对提高公司人员的情绪有好处。

得分和评价：

1.（a）= 1　　（b）= 2　　（c）= 3　　（d）= 4
2.（a）= 1　　（b）= 3　　（c）= 2　　（d）= 4
3.（a）= 1　　（b）= 4　　（c）= 3　　（d）= 2

根据上述答案所给的分数计算出你的得分。

若得分在 9—12 分之间，则表明你能运用正确的方法调动下属的积极性。

若得分在 6—8 分之间，则表明你已准备好放权，但在内心深处，你害怕哪位下属会干得比你好，并威胁你的地位。

若得分在 3—5 分之间，则表明你对自己同事的评价甚低，你无法进行有效的交流。

测评 2　你对工作的态度如何？

1. 闭上眼睛，忘记那些苦恼吧，不要去想另找工作或重新安顿下来去学习一门新技术。你目前的工作是使你感到高兴的工作。看看下列回答哪一点对你最适合。

（a）新工作和我目前的工作完全不同。
（b）新工作和我目前的工作相同，但是是兼职的。
（c）新工作将能使我对目前的工作了解更多，工作相同但好些。
（d）对目前的工作我很高兴，我不想变动。

2. 有人告诉你，一位朋友原来是艺术指导，现在改行当发型师。对变动工作的原因他提出了如下几点，哪一点你最能接受？

（a）我改变工作只是因为能多挣钱。
（b）我是独立的，无人可以决定我该干什么。
（c）这样我和人保持频繁的接触，而不是被困于一隅。
（d）给人做发型像在做一件件雕塑品。

3. 你继承了一笔巨款因而无须再工作了，接下来你最有可能做什么？

（a）像以前一样继续工作。
（b）在某种爱好上多花一些时间，但仍从事部分以前的工作。
（c）泰然处之，除了运动玩乐外，什么事也不干了。
（d）学习某样完全不同的技术，改变职业。

4. 下面有一些图形，你觉得哪种图形与你目前的工作最相似？

（a）------------------------

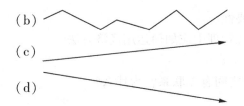

(b)

(c)

(d)

5. 你最理想的工作是什么？选择一项。

(a) 很像我目前的工作。

(b) 比目前的工作更富挑战性。

(c) 比目前的工作有更大的独立性。

(d) 我的工作应是我所希望的工作。

6. 回忆一下从事目前的工作过程中某些最愉快的时光,将它们列出来。有多少？

7. 回忆一下从事目前的工作过程中某些最不愉快的时光,将它们列出来。有多少？

8. 你通过种种方法挣了一大笔钱,无须再工作了。接下来你最可能干什么？

(a) 停止我目前的工作,然后悠哉游哉,吃喝玩乐。

(b) 发展我的几项爱好,或许将之发展成一项工作。

(c) 保持我目前的工作,可能再学一些新技术。

(d) 将工作紧张程度降低一个档次,多一些休息,让位给新雇员来学习我的工作。

得分和评价：

1. (a) = 1	(b) = 2	(c) = 3	(d) = 4
2. (a) = 1	(b) = 2	(c) = 3	(d) = 4
3. (a) = 4	(b) = 3	(c) = 2	(d) = 1
4. (a) = 2	(b) = 3	(c) = 4	(d) = 1
5. (a) = 3	(b) = 4	(c) = 2	(d) = 1
6. 1—3 = 2	4—7 = 3	7 以上 = 4	
7. 1—3 = 3	4—7 = 2	7 以上 = 1	
8. (a) = 1	(b) = 2	(c) = 4	(d) = 3

根据上述答案所给的分数计算出你的得分。

如果你的得分在 22—31 分之间,说明你的工作让你感到非常高兴,能愉快地工作。

如果你的得分在 14—21 分之间,则表明当工作中没有什么激动人心的事时,你可能产生一种平庸单调感。工作激动人心与否在很大程度上取决于工作的类型。有时某项工作确实不能给人多大压力紧张感,但压力紧张感是人的一种感觉反应,而不一定就是工作本身的情况。

如果你的得分在 9—13 分之间,说明你的工作让你很不高兴,我们建议你,在找出使你不高兴的因素后,努力去使目前的工作更富挑战性,或变换工作。原因可能是你必须和人打交道,也可能正好相反,即不和人打交道。

◆ **思考练习**

1. 什么是系统原理,它对我们的现实管理有何指导意义？

2. 试述管理方法创新在现代管理中的必要性。
3. 管理的经济方法的内容是什么？在现代管理中应如何运用经济方法？
4. 什么是"以人为本"的管理原理？
5. 系统原理、人本原理和效益原理这三者之间有无联系？为什么？

◆ 案例分析

海尔的人本管理

在现代市场经济条件下，企业竞争的本质是人才的竞争，是员工素质的竞争。海尔的兴旺与成功，来源于海尔人的活力与成长。人本管理，就是"以人为本"的管理。海尔人本管理的核心是让海尔人才辈出，让更多的海尔人成为创新的主体，让更多的海尔人在创新中与海尔共成长。

一、力主人本管理

张瑞敏力主人本管理。他为海尔设计、缔造了以人为本的企业文化，一切以人为中心，把人当成主体，在企业内部营造一种尊重人、信任人、关心人、理解人的文化氛围，让每个员工都成为创新主体，让每个人都以百倍的热情投入海尔事业的发展，使管理的艺术和心灵的需求更加和谐、完美地统一起来。

1. 以人为本的核心是让员工成为企业主体

企业所有的价值都是由人创造的。张瑞敏认为，人是现代化的主体，员工是企业的主体，企业文化的功能就在于营造一种宽松、和谐的氛围，使员工创造性地开展工作，最大限度地挖掘员工的潜能，最大限度地发挥员工的主动性和积极性。

在海尔，各岗位上的员工，都能够用心去做自己的工作；一线的普通工人为了提高生产效率，搞技术改革，有许多人拿自己的钱用业余时间去做。在海尔，创新的明星数不胜数，像"晓玲扳手""云燕镜子""启明焊枪""申强挂钩""迈克冷柜"等。海尔的新型分离式250L冰箱，上下箱体一直用螺丝连接，不便于消费者拆卸，容易损害箱体。在进行工艺改造时，新来的大学生马国军仅用两天时间，便设计出在下箱体安放定位垫块方案，使上下箱体连接又快又稳。仅此一道工序改进，年节省费用30万元。海尔把这项发明命名为"马国军垫块"，马国军还获得海尔银奖。海尔人把自己的荣誉、事业、智慧和企业结合在一起，进行创造性劳动，这使海尔每天都有新的进步和超越。

2. 以人为本的关键是真诚地对待员工

张瑞敏在接受《中国经营报》记者采访时说："企业上下级之间最大的问题就是信任，被管理者需要管理者对他的信任，管理者也非常需要被管理者对他的信任。管理者和被管理者建立不起信任，就容易'一级糊弄一级'。我要求管理者自己做不到的事情不要说，或者是你说到什么程度就必须做到什么程度。"

海尔思想政治工作的原则是"三心换一心"，即解决疾苦要热心，批评错误要诚心，做思想工作要知心，用这"三心"换来职工对企业的"铁心"。

海尔有一个运转体系，专门帮助职工解决生活上的实际困难。员工手册有《排忧解难本》，职工如有困难，只要填一张卡或打一个电话，排忧解难小组就会随时派人解决。

这就是被海尔人称为"上班满负荷,下班减负荷"的排忧解难工程。

3. "以人为本"的目标是激发员工活力

张瑞敏把企业比作大河,市场和用户比作小河,而员工就是大河的源头。他认为,员工的积极性应该像喷泉一样喷涌而出,而不是靠压出或抽出来。员工有活力,必然会生产出高质量的产品,提供优质的服务,用户必然愿意买企业的产品,涓涓小河必然汇入大河。他的"源头论"是"源头喷涌大河满,源头无水大河干"。所谓"喷涌的源头",就是把每个员工的积极性、主动性、创造性都调动起来,这就是激发员工的活力。

"源头论"强调员工的首创精神。"源头论"作为激发员工活力的机制,它强调时效,要求广大员工理解、支持、参与。如海尔制定《职工发明奖酬办法》,实施"合理化建议卡"等。无论制度、管理、工作、生活等任何方面,员工有什么想法,都可以提出来。海尔对合理化建议,会立即采纳并实行,对提出人给予物质和精神奖励。员工们敢于说出自己心里的话,满足了个人成就需求,并在企业内部形成了比学赶帮超的良好局面。

二、让人人都成为老板

张瑞敏提出要把每一名员工都变成一个合格的"小老板",让每一个"小老板"经营一个小的"微型公司",以"微型公司"老板的意识和方式来进行日常工作,做到大型企业微型化,从而能保持小企业的快速反应速度。他说:"我们这样做是希望每个细胞都动,每个细胞都相当有活力。"

1. 实行"赛马不相马"

海尔一开始提出"人人是人才"、"先造人才再造名牌",后来,张瑞敏又提出"赛马不相马"的理论,这是在选人、用人机制上对传统人力资源开发模式的变革。

海尔赛马机制的含义是:给每一个人比赛的场地,给每一个人参赛的资格,比赛的标准公开化。所以,要跑在别人前面,就得努力前行。

海尔赛马机制包含三条原则:一是公平竞争,任人唯贤;二是职适其能,人尽其才;三是合理流动,动态管理。其中,有"三工并存,动态转换"的机制,有干部分类考核、干部职位不固定、竞争上岗、届满轮换、海豚式升迁等制度。

张瑞敏认为,企业领导者的主要任务不是去发现人才,而是去建立一个可以赛出人才的机制,并维持这个机制健康持久的运行。这种人才机制应该给每个人相同的竞争机会,把静态变为动态,把相马变为赛马,充分挖掘每个人的潜质,每个层次的人才都接受监督。压力与动力并存,方能适应市场的需要。

2. 用人要疑,疑人要用

张瑞敏指出,"用人不疑,疑人不用"是中国传统文化的糟粕。用人不疑,有可能把信任变成放任,把好人放纵到坏的边缘,最终给企业带来巨大损失;疑人不用,则有可能使工作阻力增大,局面难以打开,结果使企业的人才越来越少。企业十有八九都困于人才问题,人的危机是企业最大的危机。

张瑞敏的用人观是:用人要大胆,在位要监控。对于人才既要大胆使用,又要严密监控,这是现代管理的精髓。海尔由小到大、由弱变强的飞速发展,和它拥有一支廉洁高效的干部队伍是分不开的,和它的用人之道是分不开的,和它一直坚持这种人才监控观是分不开的。

"在位要监控"有两个含义:一是干部主观上要能够自我控制、自我约束,有自律意识;二是集团要建立控制体系,控制工作方向、工作目标,避免犯方向性错误。另外还要控制财务,避免违法违纪。

《海尔报》在讨论用人监督问题时指出:通过赛马赛出了人才就要用,但用了的人不等于不需要监督。市场在变,人也会变。人的可塑性很大,其思想是现实环境的产物。管理层也都是凡人,也有自身弱点,当大权在握又缺乏有效监督时,很有可能受到社会不良因素的影响和诱惑,随心所欲,坠入歧途。所以,必要的监督、制约对干部是一种真正的关心和爱护。在市场经济条件下,权力失去了监督就意味着腐败;道德约束、自身修养、提升素质在利益面前,往往低头三尺。因此,越是有成材苗头的干部,越是贡献突出的干部,越是委以重任的干部,越要加强监督。

有了严密的监督,就可以"大胆用人"吗?不是,海尔的人才是在实践中通过"赛马"和"相马"而产生的。人不可能没有缺点,有个性的人才,缺点会更突出一些。要在监督的前提下大胆用人。

针对各部门、各工种的实际情况,海尔制定了一系列相互制约的规章制度,考核其工作态度和成效,这就可以在约束和规范的同时,发挥被用者的长处,抑制其短处,让人才的本性、知识、能力和对企业的忠诚度显山露水,并减少人才的埋没和流失,使海尔形成了广阔的人才空间。

用人要疑,疑人要用,是放中有管。在"放"和"管"中寻求最佳的平衡,使企业管理中的激励机制与监督制约机制和谐运转,并行不悖,避免了"用人不疑"导致放任自流的弊端。

海尔规定,任何在职人员都要接受三种监督,即自检(自我约束和监督)、互检(所在团队或班组内互相约束和监督)、专检(业绩考核部门的监督)。

海尔认为:"疑人"要"疑"在事前,要"疑"在明处,要"疑"得公正。"疑人制度"并不可怕,可怕的是经不住监督和不想监督。能正确地运用手中的权力,达到一种在组织规范内运用权力的自由境界,这才是海尔真正的人才!

三、三工并存,动态转换

十几年前,海尔着手解决内部"大锅饭"和"铁饭碗"问题。制定了《三工并存动态转换管理办法》,下发讨论后,引起强烈反响,赞成的说:"市场经济了,就得练内功。"反对的说:"为什么正常上班、轻松拿钱就不行呢?"而多数人害怕丢掉十分宝贵的"饭碗"。经过大量的说服和解释工作,员工们终于明白了,"三工并存、动态转换"并不是置谁于死地,而是让大家共同承担起把海尔建设得更好的义务和责任。海尔用工制度改革,增强了员工的危机感和进取精神,事后,海尔最流行的一句话是"今天工作不努力,明天努力找工作"。

"三工并存"是指全体员工分为优秀员工、合格员工、试用员工三种员工并存。三种员工分别享受不同的三工待遇(包括工龄补贴、工种补贴、分房加分等)。

"动态转换"是指根据员工的工作业绩和贡献大小进行动态转换,海尔的三工是如何转换的呢?

业绩突出者进行三工"上"转。海尔有一套完善的绩效考核制度,如果员工获得了省部级以上奖励,或连续两次获市级奖励,或连续三次获厂级先进及表彰;或者及时发现质量或设备隐患,并积极采取补救措施,为企业避免万元以上损失;或者挺身而出,揭发或抓获盗窃犯罪分子,挽回损失万元以上,那么试用员工可转为合格员工,合格员工可转为优秀员工。

如果员工犯了错误或不符合条件,则要进行三工"下"转。由固定工转为合同工,或由合同工转为临时工。对于不能胜任本职工作、连续两个月完不成任务者,即使没有违章行为,也不能继续留任,要随时从现"工位"上退下来,甚至退到劳务市场,内部待岗。退到劳务市场的人员无论原先是何种工种,均下转为试用员工。试用员工必须在单位内部劳务市场培训3个月方可重新上岗。

海尔各部门按月向人力资源管部填写《三工转换建议表》,提报符合转换条件的员工,经人力资源管理部审核后在全厂公布。海尔三工的比例保持在4:5:1,三工动态转换与物质福利待遇相挂钩。在社会保障体系尚不完善的情况下,海尔允许有10年厂龄的员工不在辞退之列;对确有困难和老弱病残者给予照顾等。

海尔的"三工转换"制度,使员工的工作表现被及时加以肯定,解决了员工在短时期内得不到升迁、积极性受到影响的问题。

海尔内部还采用竞争上岗制度,空缺的职务都在公告栏统一贴出来,任何员工都可以参加应聘。海尔建立了一套较为完善的激励机制,包括责任激励、目标激励、荣誉激励、物质激励等,这对于处处感到压力的海尔员工来说,无疑是一种心理调节器,调动了工作积极性。

刚毕业的大学生首先到生产一线、市场一线部门锻炼,为期一年,一年中,都是试用员工。试用期满后,由人力中心公布事业部所需人数及条件,本人根据实际情况选择岗位。经考核合格,可以正式定岗,转为合格员工。在合格员工的基础上,历时3个月,如果为企业做出很大贡献,被评为标兵、获希望奖等,可以由部门填写《三工转换建议表》,提交到人力资源管理部审核,审核合格后,转为优秀员工,并在当月兑换待遇。

一位中年师傅曾获得国家专利和省、部级奖励,经自己的努力成为优秀员工,不久,由于一时疏忽,没将出口与内销冰箱的"跟单号"分开,致使冰箱重号而造成质量事故。于是,他被取消了优秀员工的称号。后经一年努力,他又发明了一项"发泡注料嘴"和一种新型焊枪,获国家专利,才又恢复为优秀员工。

任全晓原来是个农民合同工,他从工人、班长一步步扎扎实实做起,学习海尔文化和管理,终于成为海尔"赛马场"上的一匹"黑马",被聘为车间主任。任全晓认为,是企业文化把他们变为海尔人,当OEC、企业精神、合理化建议等新名词进入他的脑子时,他才知道,不单是埋头苦干就能干好工作,要动脑筋把工作干好、干巧。于是,他学会了"想",提合理化建议,进行小改小革,使冰箱壳体溢料指标下降了45%,确保了产品的精细化。于是,任全晓在一群农民合同工里脱颖而出。

"高质量的产品是高素质的人做出来的。"海尔广泛开展干部轮训、员工培训、竞争上岗、点数工资、计效联酬、双向选择、海豚式升迁等措施,全面提升员工素质,实施"人才战略",这是海尔最大的成功。

讨论问题：
1. 海尔的哪些管理体现了"以人为本"？
2. 结合你所在的企业或学校，请你列出"以人为本"的内容、方式和方法。

延伸阅读

◆ 管理中有趣的原理

一、墨菲定律

墨菲定律是指事情如果有变坏的可能，不管这种可能性有多小，它总会发生。比如你衣袋里有两把钥匙，一把是你房间的，一把是汽车的，如果你现在想拿出车钥匙，会发生什么？是的，你往往是拿出了房间钥匙。

"墨菲定律"产生于美国，据说事情发生在1949年，一位名叫墨菲的空军上尉工程师，认为他的某位同事是个倒霉蛋，不经意地说了句玩笑话："如果一件事情有可能被弄糟。"这句笑话在美国迅速流传，并扩散到世界各地。在流传扩散的过程中，这句笑话逐渐打破了它原有的局限性，演变成各种各样的形式，其中一个最通行的形式是："如果坏事有可能发生，不管这种可能性多小，它总会发生，并引起最大可能的损失。"

这就是著名的"墨菲定律"。

"墨菲定律"诞生于20世纪中叶，这正是一个经济飞速发展、科技不断进步、人类真正成为世界主宰的时代。在这个时代，处处弥漫着乐观主义的精神：人类取得了对自然、对疾病以及其他限制的胜利，并将不断扩大优势；人类不但飞上了天空，而且飞向太空；人类能够随心所欲地改造世界的面貌。这一切似乎昭示着，一切问题都是可以解决的，无论是怎样的困难和挑战，我们总能找到一种办法或模式战而胜之。

正是这种盲目的乐观主义，使我们忘记了对于亘古长存的茫茫宇宙来说，我们的智慧只能是幼稚和肤浅的。世界无比庞大复杂。人类虽很聪明，并且正变得越来越聪明，但永远也不能彻底了解世间的万事万物。人类还有个弱点，就是容易犯错误，并且永远会犯错误。正是因为这两个原因，世界上大大小小的不幸事故、灾难才会发生。

近半个世纪以来，"墨菲定律"曾经搅得世界人心神不宁，它提醒我们：我们解决问题的手段越高明，将要面临的麻烦就越严重。事故照旧会发生，永远会发生。"墨菲定律"忠告人们：面对人类的自身缺陷，我们最好还是想得更周到、更全面一些，采取多种保险措施，防止偶然发生的人为失误导致灾难和损失。归根到底，"错误"与我们一样，都是这个世界的一部分，狂妄自大只会使我们自讨苦吃，我们必须学会如何接受错误，并不断从中学习。

二、马太效应

《新约·马太福音》中有这样一个故事，一个国王远行前，交给3个仆人每人一锭银子，吩咐他们："你们去做生意，等我回来时，再来见我。"国王回来时，第一个仆人说："主人,你交给我的一锭银子,我已赚了10锭。"于是国王奖励他10座城邑。第二个仆人报告说:"主人,你给我的一锭银子,我已赚了5锭。"于是国王奖励了他5座城邑。第三个仆人报告说:"主人,你给我的一锭银子,我一直包在手巾里存着,我怕丢失,一直没有拿出来。"于是国王命令将第三个仆人的一锭银子也赏给第一个仆人,并且说:"凡是少的,就连他所有的也要夺过来。凡是多的,还要给他,叫他多多益善。"这就是马太效应。看看我们周围,就可以发现许多马太效应的例子。

朋友多的人会借助频繁的交往得到更多的朋友;缺少朋友的人会一直孤独下去。金钱方面更是如此,即使投资回报率相同,一个比别人投资多10倍的人,收益也多10倍。这是个赢家通吃的社会,善用马太效应,赢家就是你。

对企业经营发展而言,马太效应则告诉我们,要想在某一个领域保持优势,就必须在此领域迅速做大。当你成为某个领域的领头羊的时候,即使投资回报率相同,你也能更轻易地获得比弱小的同行更大的收益。而若没有实力迅速在某个领域做大,就要不停地寻找新的发展领域,才能保证获得较好的回报。

三、手表定理

手表定理是指一个人有一只表时,可以知道现在是几点钟,而当他同时拥有两只表时却无法确定。两只表并不能告诉一个人更准确的时间,反而会让看表的人失去对准确时间的信心。你要做的就是选择其中较信赖的一只,尽力校准它,并以此作为你的标准,听从它的指引行事。记住尼采的话:"兄弟,如果你是幸运的,你只需有一种道德而不要贪多,这样,你过桥更容易些。"

如果每个人都"选择你所爱,爱你所选择",则无论成败都可以心安理得。然而,困扰很多人的是,他们被"两只表"弄得无所适从,心力交瘁,不知自己该信任哪一个。还有人在环境、他人的压力下,违心选择了自己并不喜欢的道路,为此而郁郁终生,即使取得了受人瞩目的成就,也体会不到成功的快乐。

手表定理在企业经营管理方面给了我们一种非常直观的启发,就是对同一个人或同一个组织的管理不能同时采用两种不同的方法,不能同时设置两个不同的目标。甚至每一个人不能由两个人来同时指挥,否则将使这个企业或这个人无所适从。手表定理所指的另一层含义在于,每个人都不能同时挑选两种不同的价值观,否则,你的行为将陷于混乱。

四、不值得定律

不值得定律最直观的表述是:不值得做的事情,就不值得做好,这个定律似乎再简单不过了,但它的重要性却时时被人遗忘。不值得定律反映出人们的一种心理,即一个人如果从事的是一份自认为不值得做的事情,往往会保持冷嘲热讽、敷衍了事的态度,不仅成功率小,而且即使成功,也不会觉得有多大的成就感。

哪些事值得做呢? 一般而言,这取决于三个因素。

(1) 价值观。只有符合我们价值观的事,我们才会满怀热情地去做。

(2) 个性和气质。一个人如果做一份与他的个性气质完全背离的工作,是很难做好的,如一个好交往的人成了档案员,或一个害羞者不得不每天和不同的人打交道。

(3) 现实的处境。同样一份工作,在不同的处境下去做,给我们的感受也是不同的。例如,在一家大公司,如果你最初做的是打杂跑腿的工作,你很可能认为是不值得的,可是,一旦你被提升为领班或部门经理,你就不会这样认为了。

总结一下,值得做的工作是:符合我们的价值观,适合我们的个性与气质,并能让我们看到希望。如果你的工作不具备这三个因素,你就要考虑换一个更合适的工作,并努力做好它。

因此,对个人来说,应在多种可供选择的奋斗目标及价值观中挑选一种,然后为之而奋斗。"选择你所爱的,爱你所选择的",才可能激发我们的奋斗毅力,也才可以心安理得。而对一个企业或组织来说,要很好地分析员工的性格特性,合理分配工作,如让成就欲较强的职工单独或牵头来完成具有一定风险和难度的工作,并在其完成时给予及时的肯定和赞扬;让依附欲较强的职工更多地参加到某个团体中共同工作;让权力欲较强的职工担任一个与之能力相适应的主管。同时要加强员工对企业目标的认同感,让员工感觉到自己所做的工作是值得的,这样才能激发职工的热情。

五、彼得原理

彼得原理是美国学者劳伦斯·彼得在对组织中人员晋升的相关现象研究后得出的一个结论:在各种组织中,由于习惯于对在某个等级上称职的人员进行晋升提拔,雇员总是趋向于晋升到其不称职的地位。彼得原理有时也被称为"向上爬"原理。

这种现象在现实生活中无处不在:一名称职的教授被提升为大学校长后无法胜任;一个优秀的运动员被提升为主管体育的官员后无所作为。

对一个组织而言,一旦组织中的相当部分人员被推到了其不称职的级别,就会造成组织人浮于事、效率低下,导致平庸者出人头地,发展停滞。因此,这就要求改变单纯的"根据贡献决定晋升"的企业员工晋升机制,不能因某个人在某一个岗位级别上干得很出色,就推断此人一定能够胜任更高一级的职务。要建立科学、合理的人员选聘机制,客观评价每一位职工的能力和水平,将职工安排到其可以胜任的岗位。不要把岗位晋升当成对职工的主要奖励方式,应建立更有效的奖励机制,更多地以加薪、休假等方式作为奖励手段。有时将一名职工晋升到一个其无法很好地发挥才能的岗位,不仅不是对职工的奖励,反而使职工无法很好地完成工作,也给企业带来损失。

对个人而言,虽然我们每个人都期待着不停地升职,但不要将"向上爬"作为自己的唯一动力。与其在一个无法完全胜任的岗位上勉强支撑、无所适从,还不如在一个自己能游刃有余的岗位上好好发挥自己的专长。

六、零和游戏原理

当你看到两位对弈者时,你就可以说他们正在玩"零和游戏"。因为在大多数情况下,总会有一个赢、一个输,如果我们把获胜计算为得1分,而输棋为-1分,那么,这两人得分之和就是:1+(-1)=0。这就是"零和游戏"的基本内容:游戏者有输有赢,一方所赢正是另一方所输,游戏的总成绩永远是零。

零和游戏原理之所以广受关注,主要是因为人们发现在社会的方方面面都能发现与"零和游戏"类似的局面,胜利者的光荣后面往往隐藏着失败者的辛酸和苦涩。从个人到国家,从政治到经济,似乎无不验证了世界正是一个巨大的"零和游戏"场。这种理论认为,世界是一个封闭的系统,财富、资源、机遇都是有限的,个别人、个别地区和个别国家财富的增加必然意味着对其他人、其他地区和国家的掠夺,这是一个"邪恶进化论"式的弱肉强食的世界。

但20世纪人类在经历了两次世界大战,以及经济的高速增长、科技进步、全球化和日益严重的环境污染之后,"零和游戏"观念正逐渐被"双赢"观念所取代。人们开始认识到"利己"不一定要建立在"损人"的基础上。通过有效合作,皆大欢喜的结局是可能出现的。但从"零和游戏"走向"双赢",要求各方要有真诚合作的精神和勇气,在合作中不要耍小聪明,不要总想占别人的小便宜,要遵守游戏规则,否则"双赢"的局面就不可能出现,最终吃亏的还是自己。

七、华盛顿合作规律

华盛顿合作规律说的是,一个人敷衍了事,两个人互相推诿,三个人则永无成事之日。多少有点类似"三个和尚"的故事。人与人的合作不是人力的简单相加,而是要复杂和微妙得多。在人与人的合作中,假定每个人的能力都为1,那么10个人的合作结果有时比10大得多,有时甚至比1还要小。因为人不是静止的物体,而更像方向各异的能量,相互推动时自然事半功倍,相互抵触时则一事无成。传统的管理理论中,对合作研究得并不多,最直观的反映就是,目前的大多数管理制度和行业都是致力于减少人力的无谓消耗,而非利用组织提高人的效能。换言之,不妨说管理的主要目的不是让每个人做到最好,而是避免内耗过多。21世纪是一个合作的时代,值得庆幸的是,越来越多的人已经认识到真诚合作的重要性,正在努力学习合作。

八、酒与污水定律

酒与污水定律是指,如果把一匙酒倒进一桶污水中,你得到的是一桶污水;如果把一匙污水倒进一桶酒中,你得到的还是一桶污水。几乎在任何组织里,都存在几个难弄的人物,他们存在的目的似乎就是把事情搞糟。他们到处搬弄是非、传播流言、破坏组织内部的和谐。最糟糕的是,他们像果箱里的烂苹果,如果你不及时处理,它会迅速传染,把果箱里的其他苹果也弄烂,"烂苹果"的可怕之处在于它惊人的破坏力。一个正直能干的人进入一个混乱的部门可能会被吞没,而一个无德无才者能很快将一个高效的部门变成一盘散沙。组织系统往往是脆弱的,是建立在相互理解、妥协和容忍的基础上的,它很容易被侵害、被毒化。破坏者能力非凡的另一个重要原因在于,破坏总比建设容易。一个能工巧匠花费时日精心制作的瓷器,一头驴子一秒钟就能毁坏掉。即使拥有再多的能工巧匠,有这样一头"驴子"在,也不会有多少像样的工作成果。如果你的组织里有这样的一头"驴子",你应该马上把他清除掉;如果你无力这样做,你就应该把他"拴"起来。

九、水桶定律

水桶定律是指，一只水桶能装多少水，完全取决于它最短的那块木板。这就是说任何一个组织都可能面临一个共同问题，即构成组织的各个部分往往决定了整个组织的水平。构成组织的各个部分往往是良莠不齐的，而劣质部分往往又决定整个组织的水平。

"水桶定律"与"酒与污水定律"不同，后者讨论的是组织中的破坏力量，而"最短的木板"却是组织中有用的一个部分，只不过比其他部分差一些，你不能把它们当成"烂苹果"扔掉。强弱只是相对而言的，无法消除。问题在于你容忍这种弱点到什么程度。如果它严重到成为阻碍工作的瓶颈，就不得不有所动作。

如果你在一个组织中，你应该：（1）确保你不是最薄弱的部分；（2）避免或减少这一薄弱环节对你成功的影响；（3）如果不幸，你正处在这一环节中，你还可以采取有效的方法改进，或者转职去谋另一份工作。

十、蘑菇管理

蘑菇管理是许多组织对待初出茅庐者的一种管理方法，初学者被置于阴暗的角落（不受重视的部门，或打杂跑腿的工作），浇上一头大粪（无端的批评、指责、代人受过），任其自生自灭（得不到必要的指导和提携）。相信很多人都有这样一段"蘑菇"的经历，但这不一定是什么坏事，尤其是当一切都刚刚开始的时候，当上几天"蘑菇"，能够消除很多不切实际的幻想，让我们更加接近现实，看问题也更加实际，而对一个组织而言，一般对新进的人员都是一视同仁，从起薪到工作都不会有大的差别。无论你是多么优秀的人才，在刚开始的时候都只能从最简单的事情做起，"蘑菇"的经历对于成长中的年轻人来说，就像蚕茧，是羽化前必须经历的一步。所以，如何高效率地走过生命中的这一段，尽可能从中吸取经验，成熟起来，并树立良好的值得信赖的个人形象，是每个刚入社会的年轻人必须面对的课题。

十一、奥卡姆剃刀定律

如果你认为只有焦头烂额、忙忙碌碌地工作才可能取得成功，那么，你错了。

事情总是朝着复杂的方向发展，复杂会造成浪费，而效能则来自于单纯。在你做过的事情中可能绝大部分是毫无意义的，真正有效的活动只是其中的一小部分，而它们通常隐含于繁杂的事物中。找到关键的部分，去掉多余的活动，成功并不那么复杂。

12世纪，英国奥卡姆的威廉对无休止的关于"共相""本质"之类的争吵感到厌倦，主张唯名论，只承认确实存在的东西，认为那些空洞无物的普遍性要领都是无用的累赘，应当被无情地"剃除"。他主张，"如无必要，勿增实体"。这就是常说的"奥卡姆剃刀"。这把剃刀曾使很多人感到威胁，被认为是异端邪说，威廉本人也受到伤害。然而，这并未损害这把刀的锋利，相反，经过数百年，它越来越快，并早已超越了原来狭窄的领域而具有了广泛的、丰富的、深刻的意义。

奥卡姆剃刀定律在企业管理中可以进一步深化为简单与复杂定律：把事情变复杂很简单，把事情变简单很复杂。这个定律要求我们在处理事情时，要把握事情的实质，把握主流,解决最根本的问题。尤其要顺应自然,不要把事情人为地复杂化,这样才能把事情处理好。

十二、钱的问题

当某人告诉你,"不是钱,而是原则问题"时,十有八九就是钱的问题。

关于金钱的本质、作用和功过,从古到今,人们已经留下了无数精辟深刻的格言和妙语。我们常会看到,人们为钱而兴奋,努力赚钱,用财富的画面挑逗自己。金钱对世界的秩序以及我们的生活产生的影响是巨大的、广泛的,这种影响有时是潜在的,我们往往意识不到它的巨大作用,然而奇妙的是:它完全是人类自己创造的。致富的驱动力并不是起源于生物学上的需要,动物生活中也找不到任何相同的现象。它不能顺应基本的目标,不能满足根本的需求——的确,"致富"的定义就是获得超过自己需要的东西。然而这个看起来漫无目标的驱动力却是人类最强大的力量,人类为金钱而互相伤害,远超过其他原因。

照一般的说法,金钱是价值的尺度、交换的媒介、财富的贮藏。但是这种说法忽略了它的另一面,它令人陶醉、令人疯狂、令人激动的一面,也撇开了爱钱的心理。

马克思说,金钱是"人情的离心力",就是指这一方面而言。

◆ 案例情景

人本管理的内涵、精髓和机制[①]

一、人本管理的内涵

所谓人本管理,不同于"见物不见人"或把人作为工具、手段的传统管理模式,而是在深刻认识人在社会经济活动中的作用的基础上,突出人在管理中的地位,实现以人为中心的管理。具体来说,主要包括以下几层含义:

1. 依靠人——全新的管理理念

在过去相当长的时间内,人们曾经热衷于片面追求产值和利润,却忽视了创造产值、创造财富的人和使用产品的人。在生产经营实践中,人们越来越认识到,决定一个企业、一个社会发展能力的,主要并不在于机器设备,而在于人们拥有的知识、智慧、才能和技巧。人是社会经济活动的主体,是一切资源中最重要的资源。归根到底,一切经济行为,都是由人来进行的;人没有活力,企业就没有活力和竞争力。因而必须树立依靠人的经营理念,通过全体成员的共同努力,去创造组织的辉煌业绩。

2. 开发人的潜能——最主要的管理任务

生命有限,智慧无穷,人们通常都潜藏着大量的才智和能力。管理的任务在于如何最大限度地调动人们的积极性,释放其潜藏的能量,让人们以极大的热情和创造力投身于事业之中。解放生产力,首先就是人的解放。

---

① 选自 http://wiki.mbalib.com/wiki。

3. 尊重每一个人——企业最高的经营宗旨

每一个人作为大写的人,无论是领导人,还是普通员工,都是具有独立人格的人,都有做人的尊严和做人应有的权利。无论是东方或是西方,人们常常把尊严看成是比生命更重要的精神象征。我国是社会主义国家,理所当然地应当使人受到最大的尊重,使人的权利得到更好的保护;不允许任何侮辱人格、损害人权的现象存在。一个有尊严的人,会对自己有严格的要求,当他的工作被充分肯定和尊重时,他会尽最大努力去完成自己应尽的责任。

作为一个企业,不仅要尊重每一名员工,更要尊重每一位消费者、每一个用户。因为一个企业之所以能够存在,是因为它被消费者所接受、所承认,所以应当尽一切努力,使消费者满意并感到自己是真正的上帝。

4. 塑造高素质的员工队伍——组织成功的基础

一支训练有素的员工队伍,对企业是至关重要的。每一个企业都应把培育人、不断提高员工的整体素质作为经常性的任务。尤其是在急剧变化的现代,技术的生命周期不断缩短,知识的更新速度不断加快,每个人、每个组织都必须不断学习,以适应环境的变化并重新塑造自己。提高员工素质,也就是提高企业的生命力。

5. 关注人的全面发展——管理的终极目标

改革的时代,必将是亿万人民精神焕发、心情舒畅、励精图治的时代;必将为人的自由而全面发展创造出广阔的空间。进一步地说,人的自由而全面的发展,是人类社会进步的标志,是社会经济发展的最高目标,从而也是管理所要达到的终极目标。

6. 凝聚人的合力——组织有效运营的重要保证

组织本身是一个生命体,组织中的每一个人都是有机生命体中的一分子,所以,管理不仅要研究每位成员的积极性、创造力和素质,还要研究整个组织的凝聚力与向心力,形成整体的强大合力。从这一本质要求出发,一个有竞争力的现代企业,就应当是齐心合力、配合默契、协同作战的团队。如何增强组织的合力,把企业建设成现代化的、有强大竞争力的团队,也是人本管理所要研究的重要内容之一。

二、人本管理的精髓

1. 点亮人性的光辉

顺应人性的管理,才是最好的管理。从一定意义上说,人类文明的历史,就是更人性化的过程,是人的本性不断升华的过程。人有光辉的一面,也有懒散、消极、阴暗的一面,问题在于如何引导。点亮人性的光辉,是管理的首要使命,即激发人对真善美的追求。所谓真,就是要做一个真实的人、真诚的人、真正的人。既真实地对待自己,说真话、办真事、追求真理,也真诚地对待别人。所谓善,就是要有一颗善良之心、仁爱之心;不仅自尊自爱,而且爱别人、爱企业、爱国家;关心人、关心集体、关心大局。所谓美,即对美好的理想、愿望、事物和事业的追求。真善美的统一,是人的本性的最高境界,也是人的追求的最高层次。

2. 回归生命的价值

对于人生的价值,不同的人有不同的理解。金钱、官位、奢侈、淫欲,可能是有些人的

追求,但绝不是有意义的人生。人生的真正价值,可以归纳为:

(1) 回归生命的尊严。尊严被看成是人性重要的特征之一,每一个员工,都是具有独立人格的人,理应受到尊重。当一个人被尊重、被肯定时,会产生一种自尊的意识,会尽最大努力去完成自己应尽的职责。

(2) 合理的人生定位。社会是由许多人构成的,他们分别扮演着不同的角色,每个角色都是不可缺少的。谁活得更有价值,取决于他是否尽职尽责地去演好那个角色。对于企业与员工关系来说,首先,员工不是工具,而是人,是大写的人,是应当受到尊重的人;其次,精心设计每一名员工最能发挥其专长的岗位,使人尽其才,各得其所。

(3) 实现自身的价值。把自己融入工作与事业之中,干出一番成就。有这种追求的人,常常是视事业为生命,视工作为乐趣的。

(4) 积极奉献于社会。人生不仅应追求个人需求,追求自身的生存和发展,而且更应积极回报社会,为社会、为别人奉献自己的力量。生命的最高价值在于奉献,生命的最大快乐也在于奉献。正如著名作家萧伯纳所说:"生命中真正的喜悦,源自于你为一个自己认为至高无上的目标,献上心力的时候。"

3. 共创繁荣和幸福

企业是人的集合,企业是由全体人员共同经营的。在一个企业里,如果每个员工都有一种"这是我们的公司"的意识,如果企业经营者把员工看成同舟共济的伙伴并"以感恩之心创造和谐",那么,这个企业必定是一个成功的企业,是一个共同创造繁荣和幸福的企业。

一个团队能否把个人生命价值与企业价值融为一体,首先取决于企业领导者本身的品格、才能和形象。首先,勤奋、正直、真诚待人、受人尊敬的领导者,本身就是一种动力,它能使员工心甘情愿地努力工作;其次,应通过各种方式,让员工了解公司的目标和产生的种种问题,使每一名员工和总经理一样,思考并寻求解决问题的途径,不仅为企业贡献劳动而且贡献智慧,形成"千斤重担千人担,千人工厂千人管"的管理格局;最后,让员工与企业共生共长,让员工能够分享企业的经营成果,真正形成命运共同体,在共同创造的繁荣中获得共同幸福。

点亮人性的光辉,回归生命的价值,共创繁荣和幸福,这三者是一个整体,全面地体现了人本管理的目标和宗旨。

三、人本管理的机制

有效地进行人本管理,关键在于建立一整套完善的管理机制和环境,使每一个员工不是处于被管的被动状态,而是处于自动运转的主动状态,激励员工奋发向上、励精图治的精神。人本管理主要包括相互联系的如下一些机制:

1. 动力机制

旨在形成员工内在追求的强大动力,主要包括物质动力和精神动力,即利益激励机制和精神激励机制。二者相辅相成,不可过分强调一方而忽视另一方。

2. 压力机制

包括竞争压力和目标责任压力。竞争经常使人面临挑战,使人有一种危机感;正是这种危机感和挑战,会使人产生一种拼搏向前的力量。因而在选人、用人、工资、奖励等管理工作中,应充分发挥优胜劣汰的竞争机制。目标责任制在于使人有明确的奋斗方向和责任,迫使人去努力履行自己的职责。

3. 约束机制

包括制度规范和伦理道德规范,使人的行为有所遵循,使人知道应当做什么、如何去做以及怎样做是对的。制度是一种有形的约束,伦理道德是一种无形的约束;前者是企业的法规,是一种强制约束,后者主要是自我约束和社会舆论约束。当人们的精神境界进一步提高时,这两种约束都将转化为自觉的行为。

4. 保证机制

包括法律保证和社会保障体系的保证。法律保证主要是指通过法律保证人的基本权利、利益、名誉、人格等不受侵害。社会保障体系主要是保证员工在病、老、伤、残及失业等情况下的正常生活。在社会保障体系之外的企业福利制度,则是作为一种激励和增强企业凝聚力的手段。

5. 选择机制

主要指员工有自由选择职业的权利,有应聘和辞职、选择新职业的权利,以促进人才的合理流动;与此同时,企业也有选择和解聘的权利。实际上这也是一种竞争机制,有利于人才的脱颖而出和优化组合,有利于建立企业结构合理、素质优良的人才群体。

6. 环境影响机制

人的积极性、创造性的发挥,必然受环境因素的影响。主要指两种环境因素:一是指人际关系。和谐、友善、融洽的人际关系,会使人心情舒畅,在友好合作、互相关怀中愉快地工作;反之,则会影响工作情绪和干劲。二是指工作本身的条件和环境。人的大半生是在工作中度过的,工作条件和环境的改善,必然会影响到人的心境和情绪。提高工作条件和环境质量,首先是指工作本身水平方向的扩大化和垂直方向的丰富化;其次是指完成工作任务所必备的工具、设备、器材等的先进水平和完备程度;最后则指工作场所的宽敞、洁净、明亮、舒适程度,以及厂区的绿化、美化、整洁程度等。创造良好的人际关系环境和工作条件环境,让所有员工在欢畅、快乐的心境中工作和生活,不仅会促进工作效率的提高,也会促进人们文明程度的提高。

第四章

计 划 管 理

情境任务设计
- 情境案例
- 任务描述

必备知识技能
- 计划概述
- 预测
- 计划实施方法
- 目标管理

能力训练
- 能力测评
- 思考练习
- 工作任务
- 案例分析

延伸阅读
- 创业企划书模板
- 某机床厂的目标管理

情境任务设计

◆ 情境案例

杨总经理的一天[①]

胜利电子公司是一家拥有200多名员工的小型电子器件制造企业。除了三个生产车间之外,企业还设有生产技术科、供销科、财务科和办公室四个部门。总经理杨兴华任现职已有四年,此外还有两个副总经理张光和江波,分别负责生产技术、经营及人事。几年来,公司的经营呈现稳定增长的势头,职工收入在当地遥遥领先。

今天已是年底,杨总经理一上班就平息了两起"火情"。首先是关于张平辞职的问题。张平是一车间热处理组组长,也是公司的技术骨干,工作积极性一向很高,但今天一上班他就气呼呼地来到总经理办公室递上了一份辞呈。经过了解,张平并非真的想辞职,而是觉得受了委屈。原因是头一天车间主任让他去参加展览中心的热处理新设备展销会,而未能完成张副总交办的一批活,受到了张副总经理的批评。经过杨总说服后,张平解开了疙瘩,收回了辞呈。

张平刚走,又来了技术科的刘工。刘工是厂里的技术"大拿",也是技术人员中工资最高的一位。刘工向杨总抱怨自己不受重视,声称如果继续如此,自己将考虑另谋出路。经过了解,刘工是不满技术科的奖金分配方案。虽然技术科在各科室中奖金总额最高,但科长老许为了省事,决定平均分配,从而使自认为为企业立下汗马功劳的刘工与刚出校门的小李、小马等人所得一样。结果是小李、小马等欢天喜地,而刘工却感到受到了冷落。杨总对刘工进行了安抚,并告诉刘工明年公司将进一步开展和完善目标管理活动,"大锅饭"现象很快就会克服的。事实上,由于年初制订计划时,目标定得比较模糊和笼统,各车间在年终总结时均出现了一些问题。

送走了张平和刘工后,杨总经理开始翻阅秘书送来的报告和报表,结果上个月的质量情况令他感到不安,不合格品率上升了6个百分点。车间和生产技术科在质量问题上的相互推诿也令人恼火。他准备在第二天的生产质量例会上重点解决这个问题。此外,用户的几起投诉也需要格外重视。

处理完报告和报表后,杨总经理决定到车间巡视一下。在二车间的数控机床旁,他

[①] 杨文士、焦叔斌等:《管理学原理》第二版,中国人民大学出版社2004年版,第53—55页。

发现青工小王在操作时不合乎规格要求,当即给予了纠正。随后他又到由各部门人员协作组成的技术攻关小组,鼓励他们加把劲,争取早日攻克这几个影响产品质量和生产进度的拦路虎,并顺便告知技术员小谭,公司将会尽量帮助解决他妻子的就业问题。此外,杨总又透露了公司已做出的一项决定:今后无论是工人还是技术人员,只要有论文发表,公司将承担其参加学术会议的全部费用。大家感到备受鼓舞。

中午12点,根据预先的安排,杨总同一个重要的客户共进了午餐。下午2点主持了公司领导和各部门主管参加的年终总结会,会上除了生产技术科科长与购销科科长为先进科室的称号而又一次争得面红耳赤之外,基本顺利。散会以后,他同一个外商进行了谈判,签下了一份金额颇大但却让两位副总忐忑不安的订单,因为其中的一些产品本公司并没有生产过,短时期内也没有能力生产。但杨总经理心中自有主意,因为他知道,有一家生产这类产品的大型企业正在四处找米下锅,而这份订单不仅会使这家大企业愁眉轻展,也将使胜利电子公司轻轻松松稳赚一笔。

下班的时间到了,但杨总经理丝毫没有回家的意思。年底将至,他得想想明年的事情了。

问题思考:

杨总经理为什么繁忙?请从管理职能的角度对杨总经理一天的活动进行评价。

◆ 任务描述

1. 请你查阅资料,仔细研究一下企业的销售计划或学校每学期的课程表,然后列出计划的构成要素。

2. 请你制订6个月的工作计划或学习计划。

必备知识技能

◆ 计划概述

计划是管理的首要职能,任何管理活动都必须制订计划。古人所说的"运筹帷幄",就是对计划职能的形象概括。所谓计划,就是对未来活动要达到的目的和结果所进行的事先安排和部署。由于计划是预先制订的行动方案,而客观环境不仅事先难以准确把握,还有可能随时发生变化。这就要求计划既要具有一定的预见性,同时还要根据环境的变化不断进行更新和调整。

一、计划工作的任务

计划工作是以企业经营决策为起点,通过计划的编制、执行和控制,挖掘内部潜力,把企业的生产经营活动科学地组织起来,把企业的经营目标落实到各有关部门及职工,使企业的生产经营活动协调地、有节奏地进行,保证计划任务的全面完成。计划工作的基本任务,就是通过系统分析,按照企业目标与外部环境,根据内部条件动态平衡的原则,选择最佳方案,编制先进合理的计划,并通过计划的执行、检查、控制和调整,充分调动广大职工的积极性,保证企业的人力、物力、财力和各种资源得到充分、合理的利用,以实现全面的经济效益。具体来说,计划的任务主要表现在以下几个方面:

1. 确定工作目标

为协调全体职工的行动,明确努力方向,就要在分析外部环境和内部条件的基础上,确定企业在不同时期的经营目标,并激励职工为实现目标而奋斗。企业的目标还要进一步分解为内部各单位乃至每个职工的目标,以使企业目标具体化。提出切实可行的目标是计划工作的主要任务。

2. 选择最佳方案

为实现一定的目标,往往有多种不同方案可供选择。为促进企业经济效益的提高,计划工作要在进行技术经济评价的基础上,比较各方案的经济性,权衡利弊,选择在本企业条件下经济效益最好的方案,作为安排计划的依据。这一步是通过计划保证提高经济效益的关键,是计划的中心工作。

3. 分配各种资源

计划的实施需要一定的条件,包括人力、物力,财力、信息、时间等。在计划工作中,要充分挖掘内部潜力,使各种资源得到充分、合理的运用,并要按照"不留缺口"的原则,根据各单位承接任务的大小和轻重缓急,合理地分配各种资源,落实实现计划的保证措施,这是计划工作的又一重要任务。

4. 搞好综合平衡

企业的生产经营过程是一个复杂的过程,既有人与人之间的分工协作关系,又有人与物的关系,既有企业内部各生产环节之间的关系,又有企业与外部环境的关系,只有各方面的工作都协调地进行,才能使企业生产经营活动获得较好的效果。所以,要通过计划安排,正确处理各方面的关系,使其保持合理的比例,就是说,要搞好综合平衡,这是计划工作的重要任务和核心内容。

5. 计划实施

编制计划是手段,实现计划才是目的。为此,应在计划执行的过程中,充分调动广大职工的积极性,结合目标管理方法,落实经济责任制,并注意加强统计分析工作,及时发现实际进度与计划目标之间的偏差,深入分析产生的新情况和出现的不平衡,采取有效措施加以解决,促进各单位、各部门都能按计划进行工作,保证各自计划的实现。如确系客观条件变化较大,不能按原计划进行,则应对计划做出调整。

二、计划的分类

计划的种类很多,从不同的角度可以将计划划分为不同的类型。

(一) 按计划的具体形态分类

根据计划的具体形态不同,可以将计划分为宗旨(使命)、目标、政策、程序、规则、预算等。

1. 宗旨

组织的目的或使命称为宗旨,它是组织存在的意义,是组织的根本任务。也就是说,宗旨旨在表明组织是干什么的、应该干什么。例如,企业的基本宗旨是向社会提供有经济价值的商品或劳务;大学的宗旨是提供教育,培养高级人才;福利机构的宗旨是提供社会福利。

2. 目标

一定时期的目标或各项具体目标是在宗旨的指导下提出的,它具体规定了组织及其各个部门的经营管理活动在一定时期要达到的具体结果。目标从确定开始到目标分解,直到最终形成目标网络,不仅本身是一个严密的计划过程,而且是构成组织全部计划的基础。

3. 政策

政策是表现在计划之中的文字说明或协商一致的意见,以此来指导或沟通决策过程中的思想和行动。政策把所要拟定的决策限制在一定的范围内,以保证决策和目标的一致。既然政策是决策时考虑问题的指南,它就必须允许有某些斟酌决定的自由,否则它就成了规则。在某些情况下,政策处理问题的余地很宽,但多数是很狭窄的。因此,应该把政策看成是鼓励自由处理问题的进取精神的一种手段,但也必须有一定的限度。

4. 程序

程序是对所要进行的活动规定时间顺序,因此,程序也是一种计划。它规定了处理那些重复发生的例行问题的标准方法。程序还是一种经过优化的计划,它是对大量日常工作过程及工作方法的提炼和规范化。组织中所有重复发生的管理活动都应当有程序。管理的程序水平是管理水平的重要标志,制定和贯彻各项管理工作的程序是组织的一项基础工作。

5. 规则

规则就是根据某种具体情况所做出的采取或者不采取某种行动的规定。规则与程序有关,但它不规定时间顺序。事实上,可以把程序看成是一系列的规则,但规则可以是也可以不是程序的组成部分。比如"禁止吸烟"是一个与任何程序都无关的规则。规则与政策也有不同,政策的目的是指导在决策过程中如何去考虑问题,并留有自由处理的余地。规则虽然也起指导作用,但它在应用中不准留有自由处理权。就其本质而言,规定和程序旨在抑制思考、照章办事,所以规则和程序自然只有在管理者不希望组织中的人们运用自由处理权的情况下才被采用。

6. 预算

预算是用数字表示预期结果的一种报告书。预算有各种类型,如有关于经营方面的费用预算,有反映资本支出的基本建设预算,也有说明现金流动情况的现金预算,等等。

预算也是一种控制手段,但制定预算属于计划的内容,它是计划的一个基本工作。一个预算也可能包括整个企业的规划,因为它是以数字的形式出现的,所以它能使计划工作做得更加精确。

(二) 按计划制订的层次分类

根据计划制订的层次不同,可以将计划分为战略计划、战术计划和行动计划。

1. 战略计划

战略计划是由高层领导机构制订,并下达到整个组织执行和负责检查的计划。它是对本组织事关重大的、带有全局性的、时间较长的工作任务的筹划。比如远景规划,就是对较大范围、较大规模的工作,较长时间的总方向、大目标,主要步骤和重大措施的设想蓝图。这种设想蓝图虽然有重点部署和战略措施,但并不具体指明有关的工作步骤和实施措施;虽然有总的时间要求,但并不提出具体的、严格的工作时间表。企业单位的战略计划一般叫经营战略。

2. 战术计划

战术计划是中层管理机构制订、下达或颁布到有关基层执行并负责检查的计划。战术计划一般是专业计划或业务计划。专业计划或业务计划是实现战略计划的具体安排,它规定基层组织和组织内部各部门在一定时期内需要完成什么、如何完成,并筹划出人力、物力和财力资源等。

3. 行动计划

行动计划是基层执行机构制订、颁布和负责检查的计划。行动计划一般是执行性的计划。主要有作业计划、作业程序和规定等。行动计划的制订首先必须以计划的要求为依据,保证战术计划和战略计划的实现。同时,行动计划还应在高层计划许可的范围内,根据自身的条件和客观情况的变化灵活地做出安排。

总之,战略计划、战术计划和行动计划强调的是组织纵向层次的指导和衔接,它们应在统一计划、分级管理的原则下,合理划分管理权限,既要充分发挥战略计划对战术计划和行动计划的指导作用,又要通过战术计划和行动计划的实施保证战略计划目标的实现。

(三) 按计划的期限分类

根据计划的期限不同,可以将计划分为长期计划、中期计划和短期计划。

1. 长期计划

长期计划的期限一般在 10 年以上,又称为长远规划和远景规划。长期计划期限的确定主要考虑以下因素:一是为实现一定的战略任务大体需要的时间。二是人们认识客观事物及其规律性的能力、预见程度,制订科学的计划所需要的资料、手段、方法等条件具备的情况。三是科技的发展及其在生产上的运用程度等。长期计划一般只是纲领性、轮廓性的计划,它只是一个比较粗略的远景规划设想。由于计划的期限较长,不确定的因素较多,况且有些因素人们事先也难以预料,它只能以综合性指标和重大项目为主,还必须有中、短期计划来补充,把计划目标加以具体化。

2. 中期计划

中期计划的期限一般为 5 年左右,由于期限较短,可以比较准确地衡量计划期内的各种变动及其影响。所以,在一个较大的系统中,中期计划是实现计划管理的基本形式。它一方面可以把长期的战略任务分阶段具体化,另一方面又可以为年度计划编制基本框架,因而成为联系长期计划和年度计划的桥梁和纽带。随着计划工作水平的提高,五年计划也应列出分年度的指标,但它不能代替年度计划。

3. 短期计划

短期计划包括年度计划和季度计划,以年度计划为主要形式。它是中、长期计划的具体实施计划、行动计划。它根据中期计划具体规定本年度的任务和有关措施,内容比较具体、细致、准确。有执行单位,有相应的人力、物力、财力的分配,为贯彻执行提供了可能,为检查计划的执行情况提供了依据,从而使中、长期计划的实现有了切实的保证。

值得注意的是,一些外部环境变化很快、本身发展迅速的企业,长期计划、中期计划和短期计划的时间界限会短些,甚至年度计划就是长期计划。

长期、中期、短期计划的有机协调和相互配套,是每一个组织生存和发展的保证。在实践的过程中,一般的经验是,长期计划可以粗略一些、弹性大一些,而短期计划则要具体、详细些。同时,还应注意编制滚动式计划,以解决好长期计划与短期计划之间的协调。

三、计划的要求

1. 目的性

计划是人类主观能动性的表现,而人类主观能动性首先就表现为行为的目的性,因此制订计划首先必须明确目的:要解决什么问题?最终要获得什么?计划要规定一定时期的目标、任务、政策和资源预算,它们都要紧紧围绕目的展开。例如,有一家企业鼓励青年自学成才,这本是件好事,但没有明确其目的是什么,结果一些青年职工上电视大学选修文秘、法律等,与本职工作无关,学成后纷纷离职,使企业受损。

2. 预见性

计划是为未来行动提供依据的,因此计划必须反映未来的需求,预见可能的困难和风险,并有相应的对策。例如,20世纪80年代后期,正当全国冰箱热销时,合肥电冰箱厂厂长预见到一般冰箱已供大于求即将出现滞销,于是根据许多家庭需要大冷冻室的实际情况,立即组织力量开发大冷冻室冰箱。结果,当1989年许多冰箱厂陷入困境时,这个厂的订货却创了历史新纪录。这就是计划有预见性的范例。

为使计划具有预见性,计划期应当与人们的预见能力相适应,预见能力强,计划期可以长一些。若超过预见能力制订计划,则容易造成失误。

3. 指导性

计划是人们行动的依据,它必须告诉人们做什么、怎样做、何时做,成为人们行动的"锦囊妙计"。企业计划要有明确的指导性,必须做到:第一,目标明确、可计量,有实现目标的时限,如某一时期的销售收入、利润、市场占有率等;第二,任务明确、内容具体、可执行,如为提高市场占有率要做哪几件事等;第三,政策及策略明确,使人们在遇到问题时知道如何处理,如对付全款的客户和分期付款的客户是否一样对待等;第四,重点明确,使人们在目标和资源配置方面出现矛盾时知道如何取舍,如利润和市场占有率有矛盾时,优先保证哪个目标,质量和成本有矛盾时,优先保证哪个指标等;第五,责任明确,对所制订的计划归哪个部门、哪个人负责,应有明确规定。

4. 全面性

计划的全面性首先表现为计划内容的全面性,计划要覆盖企业生产经营的全过程和所有单位、部门及全体员工,不仅整个企业有计划,而且企业内部各单位、各部门乃至各个岗位都应当有计划,生产经营活动的各环节也应当有严密的衔接协调计划。各级计划既要有明确的目标,又要有具体的指标和可靠的措施;做到以措施保指标,以指标保目标,以下级目标保证上级目标。其次表现为计划时间的全面性,既要有长期计划、中期计划,也要有短期计划,做到"以短保长"。最后表现为计划过程的全面性,既要制订好计划,又要执行好计划,还要根据情况的变化及时修订好计划,做到以控制保计划的执行,以执行保计划任务的完成。

5. 可执行性

计划是未来一定时期的行动指南,必须切实可行,否则就必须修改。一项可行计划至少应满足以下几点:不与国家法律抵触,不严重损害公共利益;有实施计划的资源保证;有足够的实施时间;获得执行计划的有关方面的理解和支持;有备用方案和应变措施。

四、计划的作用

随着生产技术的日新月异,生产规模的不断扩大,分工与协作的程度空前提高,每一个社会组织的活动不但受到内部环境的影响,还要受到外部多方面因素的制约,组织要不断地适应这种复杂的、多变的环境,只有科学地制订计划,才能协调与平衡多方面的活动,求得本组织的生存与发展。具体地说,计划的作用可以归纳如下:

1. 计划是实现决策目标的保证

计划是为了实现一定的决策目标,而对整个目标进行分解、计算并筹划人力、财力、物力,拟定实施步骤、方法和制定相应的策略、政策等一系列管理活动。任何计划都是为了促使实现某一个决策目标而制订和执行的。计划管理的一个重要功能就是把注意力时刻集中于决策目标,如果没有计划,实现目标的行动就会成为杂乱无章的活动,那样决策目标就很难实现。计划能使目标具体化,为组织或个人在一定时期内需要完成什么、如何完成提出切实可行的途径、措施和方法,并筹划出人力、财力、物力资源等,因而能保证决策目标的实现。

2. 计划是应对变化、降低风险的手段

将来的情况是变化的,特别是当今世界正处于一种剧烈变化的时代中,社会在变革,技术在发展,人们的价值观念也在不断变化,市场形势更是瞬息万变,如果没有预先估计到这些变化,就可能导致组织的失败。计划是针对未来的,这就使计划制订者不得不对将来的变化进行预测,研究这些变化将对达成组织目标产生何种影响,在变化确实发生的时候应该采取什么对策,并制订出一系列的备选方案。一旦出现变化,就可以及时采取措施,不至于无所适从。实际上,有些变化是无法事先预知的,而且随着计划期的延长,这种不确定性也就相应增大,但通过计划工作,进行科学的预测,可以把将来的风险减少到最低程度。

3. 计划是减少浪费、提高效益的重要途径

计划工作要对各种方案进行技术经济分析,选择最适当的、最有效的方案来达到组织目标。此外,由于有了计划,组织中成员的努力将合成一种组织效应,这将大大提高工作效率从而带来经济效益。计划工作还有助于用最短的时间完成工作,减少迟滞和等待时间,减少盲目性所造成的浪费,促使各项工作均衡稳定地发展。计划将组织活动在时空上进行分解,来对现有资源进行合理分配,通过规定组织的不同部门在不同时间应从

事何种活动、告诉人们何地需要多少数量的何种资源,从而为组织资源筹集和供应提供依据,使组织的可用资源充分发挥作用,并降低成本。总之,计划能够协调各方面的关系,合理利用一切资源,有效地防止可能出现的盲目性和紊乱,使管理活动取得最佳的效益。

4. 计划是管理活动的实施纲领

任何管理都是管理者为了达到一定的目标对管理对象所实施的一系列的影响和控制活动,这些活动包括计划、组织、指挥、控制等。计划是管理过程中一切实施活动的纲领,是组织企业生产经营活动的依据,也是实施监督与控制的依据。只有通过计划,才能使管理活动按时间、有步骤地顺利进行。离开了计划,其他职能的作用就会减弱甚至不能发挥,当然也就难以进行有效的管理。

计划的编制是一种协调过程,将企业的目标活动在时间和空间上进行详细的分解,从而为科学分工提供了依据,给每个管理者和非管理者指明方向。这样,就能保持各项活动的有序性,使人们知道该做什么、不该做什么,给每个员工提供发挥积极作用的舞台,使全体员工统一思想、统一步调,共同为实现企业计划目标努力奋斗。

5. 计划是联结当前目标与未来目标的桥梁

计划是勾画未来发展蓝图的过程,不仅要通过改变内部条件、适应外部环境,来寻求实现企业目标的途径,安排近期的具体活动计划,而且要高瞻远瞩,预测未来,粗略安排未来一定时期的生产经营活动,编制长远发展规划。这样,就能使人们把近期目标与长远目标联系起来,放眼未来,立足当前,在做好当前工作的同时,为将来的发展创造条件、积蓄力量,加快企业发展速度,创造更加美好的明天。

五、计划的编制步骤

计划是企业的管理者通过对过去和现在的资料的分析,对将来可能发生的情况进行估计,以确定实现预定目标的行动方案。计划领先于其他职能,是所有企业管理活动的基础。计划最重要和最基本的作用在于使员工了解他们所面临的目标和应完成的任务,以及为实现目标和任务所应遵循的指导原则。归纳起来,编制计划有以下几个步骤:

1. 估量机会

虽然机会的选择要在编制实际计划之前进行,严格地讲,不属于编制计划过程的一个组成部分。但是,时刻留意外部环境和企业内部潜在的机会是编制任何一个计划的真正起点。企业应该首先分析将来可能出现的机会,并清楚而全面地了解这些机会;应该知道企业自身的优点和弱点、企业所处的环境;还应该知道企业目前期望得到的是什么。企业要确立切合实际的目标,取决于对上述种种情况的认识。编制计划,需要实事求是地对影响机会的各种因素进行分析判断,结合企业的优势和劣势,避开威胁,抓住机遇。

2. 确立目标

编制计划的第二步是确定企业的整体目标,然后确定每个下属工作单位的目标,包括长期的和短期的目标。企业目标指明主要计划的方向,而主要计划又根据反映企业目标的方式,规定各个主要部门的目标。而主要部门的目标,又依次控制下属各部门的目标,沿着这样一条线依次类推,形成企业完整的目标体系。

目标规定预期结果,说明要完成哪些工作,工作重点应放在何处,要取得怎样的成果。企业所有的努力和活动都是为了实现目标,目标指明了企业努力的方向,是控制过程的重要依据。为全体员工制定目标,可以协调整个企业的活动,使员工保持高度的积极性,促使他们去实现自身目标和企业目标。

3. 拟定前提条件

计划的前提条件就是计划在未来实施时预期的内外部环境。编制计划,必须弄清计划对象的实际情况,才能做到有的放矢,提高计划的科学性。要通过周密的调查研究,全面积累数据,充分掌握资料,经过认真的分析,掌握客观过程发展变化的规律性,据以预测其未来发展的趋势及其数量表现,拟定编制计划的关键性的前提条件。这包括:产品将面临怎样的市场,市场总体销售量有多大,什么样的价格,市场需要什么样的产品,技术开发处于怎样的一个层次,成本有多高,政策环境和社会环境如何,如何才能筹集到足够的资金,中长期趋势将会怎样,等等。

由于计划涉及的条件十分复杂,要想把一个计划的未来环境的每个细节都做出假设,将会是徒劳的或者说是不切实际的。因此,对于一个实际问题,前提条件是限于那些对计划来说是关键性或具有战略意义的假设条件,也就是说,限于那些最能够影响计划贯彻实施的假设条件。

4. 制订可行方案

实现目标的途径多种多样,可能的工作方案有很多,编制计划的第四个步骤是寻求可供选择的行动方案,特别是那些不是马上就能够看得清的行动方案。经常会出现这样的情况,编制一个计划而没有几个看起来非常合理的可供选择的方案,而实际上一个不是很显眼的方案,最后往往被证明是最佳的。在实际工作中,要注意剔除那些可以证明不可行的方案,以便分析最有希望的方案。计划工作者通常必须进行初步检查,以便为执行者挑选出最有成功希望的方案。

5. 评价选择可行方案

在找出了各种可供选择的方案并了解了它们的优缺点后,下一步就是根据前提条件和目标,权衡彼此的轻重,对方案进行评价。如果唯一的目标是要在某项业务里取得最大限度的当前利润,而且未来环境是确定的,公司的现金是充裕的,大多数因素可以转化成确定数据,那么评估将是相对容易的。但是,由于计划工作者通常都要面对很多不确定因素、资金短缺问题以及各种各样的干扰因素,评估工作通常是很困难的。甚至看似简单的问题也是如此。在方案评价的基础上,可以通过比较,从中选择较好的方案作为计划采用的方案。

6. 综合平衡,确定计划

工作方案确定之后,主体计划已经形成,而主体计划肯定需要派生计划的支持。而且,不平衡的计划必然使系统的无序性与内耗增加,在制订企业计划时,必须对计划的各个组成部分、计划对象与相关系统的关系进行统筹安排,不仅要兼顾各方面的利益,还要考虑产出与投入的平衡,人、财、物等各种资源的平衡,研究开发、生产、销售等各项活动能力的平衡以及时间的衔接等。也就是说,只有经过综合平衡,才能形成一个相互配套、相互保证的计划体系。

在确定计划后,还要把计划转变成预算,使计划数量化。企业的全面预算要求体现出该计划所涉及的收入和支出的总额、所获得的利润以及主要资产负债表项目的预算(如现金支出与资本支出的预算)。如果预算编得好,预算就成为汇总各种计划的一种手段,同时也就制定了可以衡量计划实施好坏的重要标准。

◆ 预测

预测就是指,根据事物的有关资料,通过一定的科学方法,找出事物发展的内在规律,预见或推断其未来发展的趋势。换言之,就是根据过去和现在估计未来,根据已知推断未知。现代企业外部市场环境千变万化,竞争十分激烈,内部条件复杂多变,企业为了生存和发展,必须对市场形势和生产条件进行科学的预测,制定相应的经营战略和市场营销计划,以便掌握市场竞争的主动权。

一、预测的基本原理

1. 连贯性原理

事物发展的各阶段具有连续性,它的现在是从过去变化而来的,未来的变化又是以现在和过去为基础的。因此,在预测中需要把事物的未来同它的过去和现在联系起来,根据预测对象过去的统计资料和现在的实际状况,并考虑事物发展的偶然性因素影响而产生的随机性,利用历史数据进行统计分析,科学地分析研究其发展的趋势,推测未来发展状况的可能结果。

一般地说,事物的发展过程有两种倾向:一是继承性,即事物的某些特性在相当长的时期内会保持不变,持续地发生作用;二是变异性,即某些特性在短期内突然变化,发生转折。当继承性占主导地位时,事物的发展呈现平稳状态,其主流趋势将会延续下去;如果变异性占主导地位,则各种因素的内在联系就会重新组合,形成支配事物发展的新机制。正确区分两种不同的状态,是成功地进行预测的必要条件。

2. 类推性原理

科学研究表明,当事物的内部结构具有相似或相同特征时,它们的发展变化也会表现出类同性。类推性原理就是根据事物间的相似性或类同性,由一事物推断另一事物的发展趋势;同样,也可以把正在发展中的事物同历史上的"先导事件"相类比,来预测该事物的未来情景。这样,就使得人们有可能对处于突变状态的市场进行预测。比如,在社会文化构成相似的地区之间,以经济发达地区的消费水平类推相对落后地区未来的市场状况,是预测这些地区市场变化方向的有效方法;在预测新产品扩散的过程时,也可以从类似产品的发展变化中总结出有借鉴意义的结论。

3. 相关性原理

事物变化往往牵涉到许多因素,它们之间存在着相互依存、相互推动或相互制约的联系。这些联系在一定时期内是相当稳定的,并且在逻辑上表现为因果关系,在数量上表现为函数关系。相关性原理就是把各种因素之间的关系作为预测的依据,根据一些因素的已知形态对另一些因素的未知形态进行推测。如果能够从错综复杂的现象中找出各种因素的关系,测定它们相互作用的程度和范围,就可以使用定量的方法推断事物未来的发展趋势。在数据资料完备的情况下,运用相关性原理进行预测,能够得到比较准确的数值结果。如预测中所用的因果分析法就是根据相关性原理而来的。

4. 系统性原理

在预测中应用系统性原理,就是要求从系统的观点出发,把预测对象作为系统来考察,始终把握住系统的目的,从整体与部分之间,整体与外部环境之间的相互联系、相互作用、相互制约的关系中,综合地、准确地考察预测对象,从而进行有系统的分析和预测。例如,在市场预测中,可以用系统的观点,把顾客、购买力、购买动机与行为、销售渠道以及企业促销情况等影响市场需求量的因素综合起来,进行有系统的分析和预测,从而达到最佳的预测效果。

二、预测的程序

1. 找出问题,分析差异,提出设想

预测问题是客观事物发展的矛盾表现,它是指客观事物发展的实际状态和应有状态之间的差距。这种差距,有些是事物本身的发展由于某种原因偏离了常规和惯例,是客观方面的因素造成的;有些是人们为了谋求某种期望的状态而与实际状态发生偏离,是主观方面的因素造成的。要对预测问题给予确切的说明,划定问题本身同周围事物的关系,初步分析造成这种差距的原因,提出预测的基本设想。

2. 确定预测目标,明确预测内容

明确规定预测目标,首先要明确预测的具体目的,对预测问题进行系统分析,说明问题的重点与范围。在此基础上,即可着手确定预测目标,即预测达到什么要求,解决什么问题,预测对象是什么,预测的范围、时间、指标、精度等。

企业预测主要是市场预测,可以根据经营管理的需要,把市场预测目标分为产品层次目标、空间层次目标和时间层次目标。

3. 收集与分析资料数据

开展预测必须掌握大量适用的数据和资料。要按照预测目标,广泛收集影响预测对象未来发展的可控与不可控的一切资料,即内部与外部环境的历史资料与现状资料。包括国家统计部门的资料、本系统公司、企业的统计资料与情报、国内外各种有关的技术、经济研究资料、情报部门整理的参考资料、本企业的历史统计资料等。

对已有的资料要进行周密的检查,如对统计指标的口径、指标核算方法、统计时间、计值价格以及计量单位等,必须检查其前后是否一致。如果发现不可比,就要适当做出调整。对于历史资料,要检查其是否完整,如发现有残缺,就要通过调查研究,采用估算、换算和查阅有关档案资料等方法进行填平补齐,保持资料的完整性和连续性。

对占有的资料进行检验后,还必须进行综合分析,也就是要对占有的资料进一步加工、整理、筛选、归纳,检验资料的可靠性,去粗取精,去伪存真,并经过判断、推理,使感性认识上升为理性认识,由事物的现象深入到事物的本质,从而预计事物未来的发展变化趋势。

4. 选择预测方法,得出预测结果

这是预测程序的核心。在确定预测值时,一般要经过以下的过程:

第一，选择预测方法，要根据预测的目的、对象特点、占有资料的情况、预测费用以及预测方法的应用范围等条件来决定。例如，对新产品的短期预测，由于缺少有关数据，一般运用判断分析方法，通过分析判断来确定预测值；对数据比较全的老产品的中长期预测，则要用数量分析方法，通过数量分析来确定预测值。

第二，确定预测模型。凡是运用数量分析方法进行预测的，都必须根据预测目标和历史数据的变化类型来选择数学模型，确定各变量之间可能存在的联系，并通过对有关数据的运算，求得各有关参数，建立预测模型。为提高预测的准确性，要利用已有数据进行试算，检验模型与预测对象变化规律的符合程度，也可同时采用两种以上方法，以比较和鉴别预测结果的可信度。必要时，应对预测模型进行修改和完善。

第三，确定预测值。这是运用预测模型的过程。只需将有关数据代入方程，进行求解，便可求出预测值。

5. 对预测结果进行分析和评价

预测是依据过去和现在推测未来，由于客观事物的动态性和多变性，预测值同未来的实际值往往会有一定误差。预测误差产生的原因主要有：预测方法不当，建立的预测模型与实际变动规律不相符；历史统计资料不完整，或有虚假因素；外部的政治、经济、技术条件发生了重大变化；预测人员的经验、分析判断能力的局限性等。因此，一般要对预测结果进行分析和评价，即分析各因素的变化对预测结果可能发生的影响，并测定预测误差，确定预测的可信度，对产生误差的原因做出分析和判断。

6. 修正预测结果

在上述分析的基础上，要根据误差大小及其产生的原因，对预测值进行必要的修正，以便提高预测的精度。随后，应将预测结果和趋向性意见用报告的形式向决策机构反映。

三、预测方法

由于预测的目的、内容和期限不同，出现了多种多样的预测方法。目前，预测方法已达150多种，其中广泛使用的有30种，经常使用的只有十几种。尽管预测方法多种多样，但大体上可归结为定性预测法和定量预测法两大类。

（一）定性预测法

1. 专家预测法

也叫直观预测法，或判断分析预测法。它是由预测者根据已有的历史资料和现实资料，依靠个人经验和综合分析能力，对事物未来的变化趋势做出判断，以判断为依据做出的预测。这种方法一般是在历史资料缺乏，或影响因素复杂又难分清主次，或对主要影响因素难以定量分析的情况下使用的。这类方法包括：

（1）综合判断法。指由不同层次（或类型）的预测人员就某一预测问题分别提出自己的经验性的判断意见，然后由预测负责人员对这些意见加以综合，形成最终预测结果。

（2）德尔菲法。这是一种反馈性的函询调查方法。它是将要预测的问题和有关资料用通信的方式向专家们提出，得到答复后，把各种意见归纳、整理，再反馈给专家，进一步征询意见。如此反复多次，直到预测的问题得到较为满意的结果。采用德尔菲法进行预测需注意以下几个问题:一是搞好调查表的设计。预测调查表的设计要合理,调查问题必须明确,问答形式应尽量简单。发给专家的第一轮调查表不要带任何框框,只提出预测任务,以便于专家们各自独立地思考问题。二是合理地选择专家。在对某一项目进行预测时,选取的专家通常应是在这方面有丰富经验的专业人员,同时也要适当选择一些与预测项目有关的相关学科的人员。专家人数一般选择在10—15人为宜。三是做好专家意见的汇总和整理工作。做好专家意见的汇总和整理工作是取得最后预测结果的关键一环。在对专家意见进行汇总和整理时,应采用一些统计处理方法,即根据一些统计原理,对专家的意见进行表述。

(3) 主观概率法。就是先请预测专家对预测事件发生的概率做出主观估计,然后计算它们的平均值,以此作为对事件预测的结论。

2. 典型分析法

这是根据典型调查结果分析,来推测事物发展趋势的方法。应用此法时,要选择具有代表性的典型。所选择的典型,可以是重点单位、重点地区、主要用户、某目标市场或国际市场。这要根据预测的目的和要求而定。例如,把市场的销售量划分为高、中、低三种标准后,要了解市场平均销售量时,需选中等销售量的几个市场作为典型来分析;要了解产品销售量的发展趋势时,则选销售量最高的几个市场作为典型来分析;要全面掌握市场情况时,则从高、中、低三部分市场中各选出几个市场作为典型来分析。

在应用典型分析法时,应注意以下几个问题:一是选择典型时,应先确定典型的标准。是选高水平的典型,还是选低水平的典型。二是选典型的多少,应视所要解决问题的难易程度和涉及范围的大小而定。三是在典型分析中要实事求是,既要保证调查材料的真实性,又要保证分析的正确性。

(二) 定量预测法

1. 时间序列预测法

时间序列预测法,就是以历史时间序列数据为基础,运用一定的数学方法使其向外延伸,来预测事物未来的发展变化趋势。因而也称为趋势外推法或历史延伸法。因为时间序列法是以过去的时间序列统计资料为基础,花费不大,简便易行,所以在国内外普遍受到重视和应用。这类方法主要包括以下几种:

(1) 简单平均法。这种方法假设某种事物的发展变化是平稳的,因此可以用资料期各实际值的平均值作为下一期的预测值。

(2) 加权平均法。由于近期数据对预测值的影响大,远期数据对预测值的影响小,为了区别对待,对历期实际数据赋予不同的权数,然后算出加权平均数作为下一期的预测值。

(3) 指数平滑法。指数平滑法是根据近期资料对预测值影响大而赋予较大权数的原则,只需最近一期的实际数据和预测值并确定平滑系数,便可计算下一期的预测值。

(4) 季节指数法。反映季节变动的指数可以用几种方法计算,其中最简单的方法是根据若干年的统计数据计算出时间序列中每一季度的平均值和年度平均值,然后将每季度的平均值和年度平均值的比例作为该季度的季节指数。当已知年度预测值时,使用季节指数乘以年度预测值就可以得到相应季度的预测值。

2. 直线趋势法

直线趋势法也称直线回归法，它是一种指数外推方法。将预测结果以一条直线斜率来表示增长趋势。其预测方程式为：

$$Y = a + bX$$

系数 a、b 的计算公式为：

$$a = \frac{\sum y_i}{n}, \quad b = \frac{\sum x_i y_i}{\sum x_i^2}$$

3. 回归分析预测法

根据事物变化的因，预测事物变化的果，就是因果预测。因果预测最主要的方法是回归分析预测。

运用回归分析法，需要先从变量的历史数据或实验数据统计资料中找出其内在联系，建立变量之间的经验公式（回归方程），再用自变量数值的变化去有效地预测因变量未来可能的取值范围。

回归分析法主要有一元线性回归分析和多元线性回归分析。运用回归分析法的关键在于建立回归方程，通过求解方程，得到回归系数的值，然后就可以利用回归方程进行预测。

◆ 计划实施方法

一、滚动计划法

所谓滚动计划，是按照"近细远粗"的原则制订一定时期内的计划，然后根据计划的执行情况和条件的变化，调整和修订未来的计划，并逐期向前移动，把短期计划和长期计划结合起来的一种计划方法。滚动式长期计划的基本原理如图4-1所示。

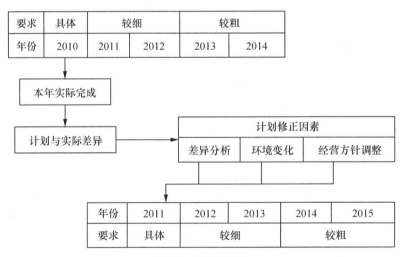

图4-1 滚动计划

滚动计划是一种比较灵活、机动、有弹性的计划形式。运用滚动计划法，可以变静态计划为动态计划,根据外界环境的变化、企业生产发展的实际情况和各方面条件的变化,不断地对计划进行调整和修订。保证计划期内的衔接性和连续性,使企业始终有一个切合实际的长、中、短期计划来指导生产经营活动,在适应外界环境变化的同时保持生产稳定和均衡的计划管理,做到在新的情况下,各生产环节、各项工作都能协调起来,有节奏、有秩序地工作,从而加强计划的严密性和灵活性。采用滚动计划的方法,还可以对生产条件的变化规律逐步加深认识,既可以保证计划的衔接,又可以使计划符合客观条件的变化,具备可靠性。

应用滚动计划的工作程序主要包括以下步骤:

第一,确定滚动期和编制间隔期。滚动期是编制滚动式计划的时间长度,即编制多长时间的滚动式计划。长期滚动计划的滚动期一般要和国家长远计划衔接,短期滚动计划的滚动期一般要和企业主导产品的生产周期相衔接,建设项目和施工企业的滚动期应与项目建设周期相衔接。

间隔期多与计划期相一致,按年、季、月考虑,长期计划为一年,年度计划为季,短期计划为月。

第二,编制初始滚动计划并组织实施。按照编制计划的程序和方法,遵循近细远粗的原则,制订一定时期的计划,并用于指导企业的生产经营活动。应注意建立完善的信息反馈系统,掌握积累生产经营中的各种信息,作为控制计划实施和编制下期计划的依据。

第三,找出差距,分析计划修正因素。当一个计划执行期终了时,搞清计划执行的结果。要进行以下三方面的分析:一是差异分析,即整个计划中的执行计划部分的实际完成情况同计划的对比分析,应找出差距,查明原因,总结经验,提出措施。二是分析客观条件变化,即企业的外部环境和内部条件的变化,要通过调查和预测,搞清近期变化程度,掌握未来变化趋势。三是经营方针调整,即企业的经营目标、方针、策略发生了怎样的变化。

第四,编制下一期滚动计划。在上述分析的基础上,对原计划进行必要的调整和修订,并将最近一期计划具体化,补充最后一期的粗线条计划,将计划向前滚动一个计划期。

二、备用计划法

所谓备用计划,国外称之为应急计划,是针对经营环境的变化,预先假定发生的几率比较高,而且对企业经济效益影响很大的所谓意外事态,做好应付变化的准备,做出相应的计划并编入经营计划之中。也就是说,对于发生变化可能性最大的预测环境,根据预测制订基本计划。对于发生可能性比较大、影响程度也很大的情况,虽说不一定会发生这种变化,但要提出一旦发生这种意外事态,适合这种预测的行动计划——应急计划。在计划执行过程中,若意外事态不发生则执行基本计划,一旦意外事态发生则停止执行基本计划,迅速启用应急计划,如图4-2所示。

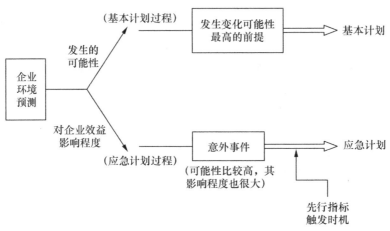

图 4-2 应急计划示意图

制订应急计划的程序是：

第一，选定意外事态。在对经营环境进行调查研究和预测的基础上，将发生可能性较大但不一定发生，对企业经济效益影响显著的事态确定为意外事态，并预测其发生的概率。

第二，编制应急行动计划。假定意外情况发生，为保持企业经营稳定，最大限度地减少损失、增加盈利，应采取的对应行动计划，包括经营方针调整、计划目标修订、调价策略、节能降耗措施等。

第三，确定实施应急计划的时机。虽然预先制订了应对意外事态的计划，但对某些情况而言，如果意外事态发生后再觉察就晚了，有必要事先觉察意外事态发生的前兆，在事态发生前采取解决措施。为此，需要确定能够早期发现异常事态的先行指标和执行应急计划的触发时机。在实际工作中，随时关注先行指标的变化，一旦到达触发时机，则应开始采取应急措施。

第四，测定对经营结果的影响程度，即执行应急计划后与执行基本计划的结果相比较，通过预测影响程度，为企业较长期的计划调整提供依据。

三、盈亏平衡分析法

量本利分析是业务量—成本—利润分析的简称，又称盈亏平衡分析、保本点分析、盈亏临界分析等。它是根据业务量、成本及利润之间相互依存的关系，研究业务量、成本的变化对目标利润额的影响，从而帮助企业采取正确的经营决策，确定最佳的经济规模，以促进企业目标利润的实现。

量本利分析既直观又方便，已成为技术经济分析的一项重要内容，也是企业经营管理中一种应用范围很广的管理方法。概括地说，主要应用领域有以下几个方面。

（一）判断企业的经营状况

为正确判断企业经营状况的好坏，可从以下三方面进行分析。

1. 确定实际业务量（产量或销售量）在量本利分析图中所处的位置或区域

首先找出企业的盈亏平衡点,确定保本点销售额与销售量。若实际的业务量大于保本点业务量,则实际业务量处于盈利区;反之,则在亏损区;等于保本点的业务量时不亏不盈。

2. 计算企业的盈亏平衡点作业率

计算公式为：

$$盈亏平衡点作业率 = 盈亏平衡点业务量/实际业务量 \times 100\%$$

企业的生产经营负荷超过盈亏平衡点的作业率时,企业才可能有盈利。

3. 测算企业经营安全率

经营安全率是反映企业经营状况的一个重要指标,它是指可获得利润的业务量与全部业务量的比值,用公式可以表示为：

$$经营安全率 = (现实业务量 - 盈亏平衡点业务量) \div 现实业务量 \times 100\%$$

经营安全率越大,表明企业经营状况越好;反之,则表明经营状况越差。一般可根据表 4-1 来判断企业经营的安全状态。

表 4-1　经营安全率等级

经营安全率	30%以上	25%—30%	15%—25%	10%—15%	10%以下
经营安全状态	安全	较安全	不太好	要警惕	危险

(二) 成本和利润预测

预测产品成本和利润是企业经营预测的重要内容,有利于正确分析企业的经营前景,发现成本管理的问题,寻求降低成本的途径,为企业经营决策提供依据。

运用量本利分析法进行成本利润预测,是通过把产品成本划分为固定成本与变动成本,分析企业外部环境和内部条件变化对成本的影响,测算产量、质量等指标变动对产品成本的影响,并据以预测产品成本和利润。

1. 固定成本变化的影响

导致固定成本升降的因素很多,如工资水平高低、固定资产增减、折旧率调整、制造费用的变化等。在产销量、价格、变动成本不变的条件下,若固定成本变化量为 ΔF,则：

$$产品成本总额变化额\ \Delta C = \Delta F$$

$$单位产品成本变化额 = \Delta F/X\ (X\ 为预计产销量)$$

$$企业利润变化额\ \Delta P = -\Delta F$$

2. 变动成本变化的影响

单位产品的变动成本也会随着企业内外部条件的变化而升降,影响因素主要是原材料、辅助材料、燃料动力的价格变化和消耗定额调整,计价工资单价的增减,产品质量合格率的变化等,也会对单位产品的变动成本产生影响。在产销量、价格、固定成本不变的情况下,若单位产品变动成本的变化量为 ΔCv,则：

$$单位产品成本变化额 = \Delta Cv$$

$$产品成本总额变化额 = \Delta Cv \cdot X$$

$$企业利润变化额 = -\Delta Cv \cdot X$$

3. 业务量变化的影响

业务量的变化对固定成本和变动成本均有直接影响。确切地说，它会导致单位产品固定成本和变动成本总额的变化。在成本水平和销售价格不变的条件下，若根据市场预测，业务量的变化量为 ΔX，则：

$$\text{变动成本总额变化额 } \Delta V = \Delta X \cdot Cv$$

$$\text{单位产品固定成本变化额 } \Delta Cp = F \cdot (1/X_2 - 1/X_1)$$

式中，X_1，X_2 为变化前后的业务量。

$$\text{企业利润变化额 } \Delta P = \Delta X \cdot (W - Cv)$$

4. 销售价格变动的影响

产品售价由社会必要劳动时间和市场供需形势所决定，它是企业营销的调节手段之一。价格变化不仅直接影响企业的销售收入，也会对销售量产生影响，从而导致销售收入的变化。在成本水平不变的情况下，若产品售价变化量为 ΔW，由此导致销售量变化为 ΔX，则：

$$\text{企业利润变化额 } \Delta P = W_2 \cdot X_2 - W_1 \cdot X_1 - \Delta X \cdot Cv$$

（三）目标成本决策

增加企业盈利是现代企业管理的主要目标之一，增加企业盈利的途径很多，这里借助量本利分析，可以从增加产销量和降低产品成本两方面来考虑。在目标利润已经确定，而预测的销量和成本水平又不足以保证目标利润实现时，可以采取的措施有以下五种。

1. 增加产销量

在产品成本水平不变的条件下，依靠产销量的增加来保证目标利润的实现，又有两种情况：

（1）产品销售价格不变，依靠营销手段增加销售量。实现目标利润的产销量用下式计算：

$$X = (F + P_m) \div (W - Cv)$$

式中，P_m 为目标利润。

（2）采用降价方法，促进销售量提高。应调查分析降价幅度与销量增长的关系，谋求较高的销售收入和盈利水平。实现目标利润的销售收入可用下式计算：

$$S = (F + P_m) \div (1 - Cv/W)$$

2. 减少固定费用

在产销量和产品价格保持不变的情况下，如果固定成本降低，则盈亏平衡点向低产量方向移动，企业可以增加盈利。若单位产品变动成本不变，则保证目标利润实现的固定成本可用下式计算：

$$\begin{aligned} F &= X \cdot (W - Cv) - P_m \\ &= S - V - P_m \\ &= B_m \cdot X - P_m \end{aligned}$$

式中，B_m 为单位产品的边际收益。

3. 降低变动费用

在产销量、价格和固定成本不变的情况下,降低单位产品的变动成本,同样可以使盈亏平衡点向低产量区移动,增加企业盈利。保证企业目标利润实现的单位产品变动成本可用下式计算:

$$Cv = (W \cdot X - F - P_m)/x$$
$$= W - (F + P_m)/X$$
$$= W/X(S - F - P_m)$$

4. 在增加固定费用的同时,降低可变费用

企业有时要进行设备更新改造,这会使固定成本有所上升,但新技术的采用会带来单位产品成本的下降。在这种情况下,为保证目标利润的实现,必须使单位产品的变动成本大幅度降低,应达到的水平同样可用上述降低变动成本的公式计算,只是固定成本应考虑增加额部分,即:

$$Cv = W - 1/X \cdot (F + \Delta F + P_m)$$

5. 在减少固定费用的同时,可变费用略有增加

从量本利分析的原理可知,当可变费用略有增加时,只要固定成本下降的幅度足够大,即可超过变动成本增加的总额,同样可使企业增加盈利。如当企业生产规模较小时,减少生产设备占用量,或变自动化生产线为机械化生产,就可能达到这样的目的。这时,保证目标利润实现的固定成本为:

$$F = X(W - Cv - \Delta Cv) - F_m$$

以上五种情况,都可用来测算实现目标利润的条件,帮助企业做出增加产销量或确定目标成本的决策。

(四) 生产方案决策

在生产管理中,应用量本利分析法,可以进行多方面的决策分析,如生产品种的选择、剩余生产能力的利用、零部件自制或外购的选择、产品出售或深加工的决策分析、亏损产品是否继续生产的决策分析、接受特殊订货的决策分析、设备处置方案的选择、确定最佳效益规模,等等。

应用量本利分析法进行决策分析,需要有思想观念上的转变,牢固树立边际贡献观念。例如,按照传统观念,亏损产品只要不是政策性亏损,就不宜继续生产。实际上,只要这种产品尚有边际贡献,就可以分担一定的固定成本,在没有其他有利产品接替的条件下,继续生产对企业是有利的。

由于量本利分析法的应用范围十分广泛,这里仅以生产品种选择为例,说明量本利分析在生产方案决策中的应用。

对于多品种生产企业来讲,各种产品的临界收益可能是不同的,临界收益率也会有一定的差别,从尽可能增加企业利润的角度来看,临界收益率高的产品对企业是有利的。因此,在以销定产和充分利用企业生产能力的前提下,应尽可能优先安排临界收益率高的产品生产。根据这样的思路,企业生产品种选择的步骤如下:① 收集各种产品的销售价格和成本资料。② 将产品成本划分为固定成本和变动成本。③ 分别计算不同产品的临界收益和临界收益率。④ 按临界收益率由高到低的原则,排定生产顺序。⑤ 根据以

销定产原则,安排各种产品的生产量,直至生产任务饱满。⑥ 对于局部过剩的生产能力,安排适宜产品的生产(若有多种产品可以安排,同样按上述原则优选)。

（五）销售价格决策

在市场竞争中,价格是一个最活跃的因素。它对企业的销售量和销售收入都有直接的影响。企业的销售价格决策包括两个方面。

1. 确定最低售价

利用量本利分析制定价格的方法有以下三种：

（1）按目标利润定价,计算公式为:

$$W = (F + P)/X + Cv$$

在产销量、成本不变的情况下,这样确定的价格可保证目标利润的实现,但不一定被用户接受。可用于竞争力强的短线产品定价。

（2）按盈亏平衡点定价,计算公式为:

$$W = F/X + Cv$$

（3）按临界收益定价,计算公式为:

$$W = M/X + Cv$$

（2）（3）两种定价方式多用于竞争力较弱的长线产品,即通过降价的方式促进销售。单一品种生产的企业,常把盈亏平衡价格作为最低售价。多品种生产的企业接受利用剩余生产能力的追加订货;经营艰难的单一品种生产企业,也可以按临界收益定价。临界收益的多少视具体情况而定,但最低限度是接近于零,即无论如何,不能接受低于变动成本的售价。

2. 确定保证目标利润的竞争价格

企业经营的目标是保证利润目标的实现,但可能因为价格偏高而降低竞争力。那么,能否通过降低价格、促进销量增长来保证目标利润的实现呢？可按下述步骤进行研究：① 结合市场调查预测,弄清不同降价幅度可能导致的销售量增长。② 测算不同价格下销售量的盈利额,取其中能保证目标利润实现的价格为竞争价格。③ 若所有价格下的销售量均不能保证目标利润的实现,则取其中可望盈利最高的价格为竞争价格,同时寻求降低成本的途径和目标,以保证目标利润的实现。

◆ 目标管理

美国管理大师彼得·德鲁克于1954年在其名著《管理实践》中最先提出了"目标管理"的概念,其后他又提出"目标管理和自我控制"的主张。德鲁克认为,并不是有了工作才有目标,而是相反,有了目标才能确定每个人的工作。所以"企业的使命和任务,必须转化为目标",如果一个领域没有目标,这个领域的工作必然被忽视。因此管理者应该通过目标对下级进行管理,当组织的最高层管理者确定了组织目标后,必须对其进行有效分解,转变成各个部门以及各个人的分目标,管理者根据分目标的完成情况对下级进行考核、评价和奖惩。

目标管理最为广泛的应用是在企业管理领域。企业目标可分为战略性目标、策略性目标以及方案、任务等。一般来说,经营战略目标和高级策略目标由高级管理者制定;中级目标由中层管理者制定；初级目标由基层管理者制定；方案和任务由职工制定，并同每一个成员的应有成果相联系。自上而下的目标分解和自下而上的目标期望相结合，使经营计划的贯彻执行建立在职工的主动性、积极性的基础上，把企业职工吸引到企业经营活动中来。

目标管理方法提出以后，美国通用电气公司最先采用，并取得了明显效果。其后，在美国、西欧、日本等许多国家和地区得到迅速推广，被公认为是一种加强计划管理的先进科学管理方法。我国20世纪80年代初开始在企业中推广，目前采取的干部任期目标制、企业层层承包等，都是目标管理方法的具体运用。

一、目标管理的特点

目标管理的具体形式各种各样，但其基本内容是一样的。所谓目标管理乃是一种程序或过程，它使组织中的上级和下级一起协商，根据组织的使命确定一定时期内组织的总目标，由此决定上、下级的责任和分目标，并把这些目标作为组织经营、评估和奖励每个单位和个人贡献的标准。

目标管理在指导思想上是以Y理论为基础的，即认为在目标明确的条件下，人们能够对自己负责。具体方法上是泰勒科学管理的进一步发展。它与传统管理方式相比有鲜明的特点，可概括为：

1. 重视人的因素

目标管理是一种参与的、民主的、自我控制的管理制度，也是一种把个人需求与组织目标结合起来的管理制度。在这一制度下，上级与下级的关系是平等、尊重、依赖、支持的，下级在承诺目标和被授权之后是自觉、自主和自治的。

2. 建立目标体系

目标管理通过专门设计的过程，将组织的整体目标逐级分解，转换为各单位、各员工的分目标。从组织目标到经营单位目标，再到部门目标，最后到个人目标。在目标分解过程中，权、责、利三者已经明确，而且相互对称。这些目标方向一致，环环相扣，相互配合，形成协调统一的目标体系。只有每个人员完成了自己的分目标，整个企业的总目标才有完成的希望。

3. 重视成果

目标管理以制定目标为起点，以目标完成情况的考核为终结。工作成果是评定目标完成程度的标准，也是人事考核和奖评的依据，是评价管理工作绩效的唯一标志。至于完成目标的具体过程、途径和方法，上级并不过多干预。所以，在目标管理制度下，监督的成分很少，而控制目标实现的能力却很强。

二、目标管理的类型及功能

目标管理是超前性的管理、系统整体的管理和重视成果的管理以及重视人的管理，具有以下功能：

（1）克服传统管理的弊端。传统管理主要有两大弊端：一是工作缺乏预见和计划，没事的时候，尽可悠闲自得，一旦意外事件发生，就忙成一团，成天在事务中兜圈子；二是不少组织中的领导信奉传统官僚学的理论,认为权力集中控制才能使力量集中、指挥统一和效率提高。

（2）提高工作成效。目标管理不同于以往的那种只重视按照规定的工作范围和工作程序及方法去工作的做法,而是在各自目标明晰、成员工作目标和组织总目标直接关联的基础上,鼓励组织成员完成目标。同时,目标同客观的评价基准和奖励相配套。这有利于全面提高管理的绩效。

（3）使个体的能力得到激励和提高。在管理目标建立的过程中,成员可以各抒己见,各显其能,有表现其才能、发挥其潜能的权利和机会;工作成员为了更好地完成其职责和个人目标,必然加强自我训练和学习,不断充电,提高能力;目标管理的确定,既根据个人的能力,又具有某种挑战性,要达到目标,必须努力才有可能。

（4）改善人际关系。根据目标进行管理,组织的上下级沟通会有很大的改善,原因在于:第一,目标制定时,上级为了让员工真正了解组织希望达到的目标,必须和成员商量,必须先有良好的上下沟通并取得一致的意见,这就容易形成团体意识。第二,目标管理理念是每个组织成员的目标,是为组织整体完成并且根据整体目标而制定的。

三、目标管理的程序

目标管理的具体做法分三个阶段:第一阶段为目标的设置;第二阶段为实现目标过程的管理;第三阶段为测定与评价所取得的成果。

（一）目标的设置

这是目标管理最重要的阶段,这一阶段可以细分为四个步骤:

第一,高层管理预定目标。这是一个暂时的、可以改变的目标预案。既可以先由上级提出,再同下级讨论;也可以先由下级提出,再经上级批准。无论哪种方式,必须共同商量决定。领导必须根据企业的使命和长远战略,估计客观环境带来的机会和挑战,对本企业的优劣有清醒的认识,对组织应该和能够完成的目标心中有数。

第二,重新审议组织结构和职责分工。目标管理要求每一个分目标都有确定的责任主体。因此预定目标之后,需要重新审查现有组织结构,根据新的目标分解要求进行调整,明确目标责任者和协调关系。

第三,确立下级的目标。首先明确组织的规划和目标,然后商定下级的分目标。在讨论中上级要尊重下级,平等待人,耐心倾听下级意见,帮助下级发展一致性和支持性目标。分目标要具体、量化、便于考核;分清轻重缓急,以免顾此失彼;既要有挑战性,又要有实现的可能。每个员工和部门的分目标要和其他的分目标协调一致,支持本单位和组织目标的实现。

第四,上级和下级就实现各项目标所需的条件以及实现目标后的奖惩事宜达成协议。分目标制定后,要授予下级相应的资源配置的权力,实现权责利的统一。由下级写成书面协议,编制目标记录卡片,整个组织汇总所有资料后,绘制出目标图。

（二）实现目标过程的管理

目标管理重视结果,强调自主、自治和自觉。但并不等于领导可以放手不管,相反,由于形成了目标体系,一环失误,就会牵动全局。因此领导在目标实施过程中的管理是不可缺少的。首先进行定期检查,利用双方经常接触的机会和信息反馈渠道自然地进行;其次要向下级通报进度,便于互相协调;最后要帮助下级解决工作中出现的困难问题,当出现意外、不可测事件严重影响组织目标实现时,也可以通过一定的手续,修改原定的目标。

（三）总结和评估

达到预定的期限后,下级首先进行自我评估,提交书面报告;然后上下级一起考核目标完成情况,决定奖惩;同时讨论下一阶段目标,开始新循环。如果目标没有完成,应分析原因总结教训,切忌相互指责,以保持相互信任的气氛。

四、目标管理的实施原则

目标管理是现代企业管理模式中比较流行、比较实用的管理方式之一。它的最大特征就是方向明确,非常有利于把整个团队的思想、行动统一到同一个目标、同一个理想上来,是企业提高工作效率、实现快速发展的有效手段之一。

搞好目标管理必须遵循以下四个原则:

1. 目标制定必须科学合理

目标管理能不能产生理想的效果、取得预期的成效,首要取决于目标的制定,科学合理的目标是目标管理的前提和基础,脱离了实际的工作目标,轻则影响工作进程和成效,重则使目标管理失去实际意义,影响企业发展大局。

2. 督促检查必须贯穿始终

目标管理,关键在管理。在目标管理的过程中,丝毫的懈怠和放任自流都可能危害巨大。作为管理者,必须随时跟踪每一个目标的进展,发现问题及时协商、及时处理、及时采取正确的补救措施,确保目标运行方向正确、进展顺利。

3. 成本控制必须严肃认真

目标管理以目标的达成为最终目的,考核评估也是重结果轻过程。这很容易让目标责任人重视目标的实现,轻视成本的核算,特别是当目标运行遇到困难可能影响目标的适时实现时,责任人往往会采取一些应急的手段或方法,这必然导致实现目标的成本不断上升。作为管理者,在督促检查的过程当中,必须对运行成本加以严格控制,既要保证目标的顺利实现,又要把成本控制在合理的范围内。因为,任何目标的实现都不是不计成本的。

4. 考核评估必须执行到位

任何一个目标的达成都必须经过一个严格的考核评估。考核、评估、验收工作必须选择执行力很强的人员进行,必须严格按照目标管理方案或项目管理目标,逐项进行考核并得出结论,对目标完成度高、成效显著、成绩突出的团队或个人按章奖励,对失误多、成本高、影响整体工作的团队或个人按章处罚,真正达到表彰先进、鞭策落后的目的。

五、实行目标管理的基本条件

1. 推行目标管理要有一定的思想基础和科学管理基础

要教育员工树立全局观念和长远利益观念,正确理解国家、公司和个人之间的关系。

因为推行目标管理容易滋长急功近利的本位主义倾向,如果没有一定的思想基础,设定目标时就可能出现不顾整体利益和长远利益的现象。科学管理基础是指各项规章制度比较完善,信息比较畅通,能够比较准确地度量和评估工作成果。这是推行目标管理的基础。而这个基础工作需要长期的培训和教育才能逐步建立起来。

2. 推行目标管理关键在于领导

领导对各项指标都要心中有数,工作不深入、没有专业的知识、不了解下情、不熟悉生产、不会经营管理是不行的,因而对领导的要求更高。领导与下属之间不是命令和服从的关系,而是平等、尊重、信赖和相互支持。领导要改进作风、提高水平、发扬民主、善于沟通,在目标设立和执行过程中,要善于沟通,使大家的方向一致,使目标之间相互支持,同时领导还要和下级就实现各项目标所需要的条件以及实现目标的奖惩事宜达成协议,并授予下级以相应的支配人、财、物和对外交涉的权利,充分发挥下属的个人能动性,使目标得以实现。

3. 目标管理要逐步推行、长期坚持

推行目标管理有许多相关配套工作,如提高员工的素质,健全各种责任制,做好其他管理的基础工作,制定一系列的相关政策。这些都是企业的长期任务,因此目标管理只能逐步推行,而且要长期坚持、不断完善,才能达到良好的效果。

4. 推行目标管理要确定好目标

一个好的目标是切合实际的,通过努力可以实现的(不通过努力就可以实现的目标,也不能算好目标)。而且一个好的目标,必须具有关联性、阶段性,并兼顾结果和过程,还需要数据采集系统、差距检查与分析、及时激励制度的支撑。这些量化管理方法与目标管理相辅相成,可以帮助经理人在激发员工的主动性和创造性的同时,及时了解整个团队的工作进度,不折不扣地完成任务。从而在更大程度上促进员工的主动性,为在日常工作中提高员工领导力,提供了良性循环的基础。

5. 推行目标管理要注重信息管理

目标管理体系中,信息的管理扮演着举足轻重的角色,确定目标要以获取大量的信息为依据;展开目标需要加工、处理信息;实施目标的过程就是信息传递与转换的过程。信息管理是目标管理得以正常运转的基础。

六、目标管理的优缺点

目标管理在全世界产生了很大影响,但实施中也出现了许多问题。因此必须客观分析其优劣势,才能扬长避短,收到实效。

(一)目标管理的优点

(1)目标管理对组织内易于度量和分解的目标会带来良好的绩效。对于那些在技术上具有可分解性的工作,由于责任、任务明确,目标管理常常会起到立竿见影的效果,而对于技术不可分解的团队工作,则难以实施目标管理。

(2)目标管理有助于改进组织结构的职责分工。由于组织目标的成果和责任力图划归一个职位或部门,容易出现授权不足与职责不清等缺陷。

(3)目标管理有助于调动职工的主动性、积极性、创造性。目标管理强调自我控制和自我调节,将个人利益和组织利益紧密联系起来,提高了士气。

(4)目标管理有助于促进意见交流和相互了解,改善人际关系。

(二)目标管理的缺点

在实际操作中,目标管理也存在许多明显的缺点,主要表现在:

(1)目标难以制定。组织内的许多目标难以定量化、具体化;许多团队工作在技术上不可分解;组织环境的可变因素越来越多,变化越来越快,组织的内部活动日益复杂,使组织活动的不确性越来越大。这些都使得组织的许多活动要制定数量化目标是很困难的。

(2)目标管理的哲学假设不一定都存在。Y理论对于人类的动机做了过分乐观的假设,实际中的人是有"机会主义本性"的,尤其在监督不力的情况下。因此许多情况下,目标管理所要求的承诺、自觉、自治气氛难以形成。

(3)目标商定可能增加管理成本。目标商定要上下沟通、统一思想,这是很费时间的;每个单位、个人都关注自身目标的完成,很可能忽略了相互协作和组织目标的实现,滋长了本位主义、临时观点和急功近利倾向。

(4)有时奖惩不一定都能和目标成果相配合,也很难保证公正性,从而削弱了目标管理的效果。

鉴于上述分析,在实际中推行目标管理时,除了掌握具体的方法以外,还要特别注意把握工作的性质,分析其分解和量化的可能;提高员工的职业道德水平,培养合作精神,建立健全各项规章制度,注意改进领导作风和工作方法,使目标管理的推行建立在一定的思想基础和科学管理基础上;要逐步推行、长期坚持、不断完善,从而使目标管理发挥预期的作用。

七、目标管理的技巧

(一)制定目标

1. 制定依据

根据企业的经营战略目标,制定公司年度整体经营管理目标。

2. 目标分类

根据不同的标准,有不同的分类。企业通常主要制定三类目标:

(1)按照作用不同,分为经营目标和管理目标。经营目标包含销售额、费用额、利润率等指标;管理目标包含客户保有率、新产品开发计划完成率、产品合格率、材料报废控制率,安全事故控制次数等。

(2)按照管理层级,分为公司目标、部门目标和个人目标。

(3)按评价方法的客观性与否,分为定量目标和定性目标。定量目标包含销售额、产量等,定性目标包含制度建设、团队建设和工作态度等。

这些目标往往有交叉,如公司年销售额是经营目标、公司目标、定量目标,也是客观目标、关注结果的目标;人力资源制度完善是管理目标、部门目标、定性目标,也是主观指标、关注过程的指标。因此,应根据企业发展的成熟程度不同,选择合适、可行、有效的目标。一般中小型公司主要选择销售额、费用率、利润率等来设计经营目标,以经销网络拓展、采购成本控制、新产品开发成功率、产品质量合格率、制度建设、团队建设等来设计管理目标。

3．制定方法：符合 SMART 原则

S(Specific)是指目标要具体明确,尽可能量化为具体数据,如年销售额 5 000 万元、费用率 25%、存货周转一年 5 次等;不能量化则尽可能细化,如对文员工作态度的考核可以分为工作纪律、服从安排、服务态度、电话礼仪、员工投诉等。

M(Measurable)是指目标可测量,要把目标转化为指标,指标可以按照一定标准进行评价,如主要原料采购成本下降 10%,即在原料采购价格波动幅度不大的情况下,同比去年采购单价下降 10%;完善人力资源制度可以描述成"1 月 30 日前完成初稿并组织讨论,2 月 15 日前讨论通过并颁布施行,无故推迟一星期扣 5 分"等。

A(Attainable)是指目标可达成,要根据企业的资源、人员技能和管理流程配备程度来设计目标,保证目标是可以达成的。

R(Relevant)是指目标具有相关性,各项目标之间有关联,相互支持,符合实际。

T(Time-based)是指目标有完成时间的期限,各项目标要有明确的完成时间或日期,便于监控评价。

4．沟通一致

制定目标既可以采取由上到下的方式,也可以采取由下到上的方式,还可以两种方式相结合。上下级要全面沟通,一致认可。公司总经理要向全体员工宣讲公司的战略目标,向部门经理或关键员工详细讲解重要的经营目标和管理目标,部门之间相互了解、理解、认可关联性的目标,上司和下属要当面沟通、确认下属员工的个人目标。

（二）分解目标

公司整体目标分解为部门目标,部门目标分解为个人目标,并量化为经济指标和管理指标。企业首先可以在营销部门、生产部门、采购部门实施全员目标管理,其他后勤支持部门先推行部门级目标管理。如把公司销售额目标分解为销售大区、省、市、县的销售额目标成本;公司成本下降目标分解为采购成本下降指标、生产成本下降指标、货运成本下降指标和行政办公费用下降指标等;采购成本下降指标又可以再分解为原料成本下降指标、包材成本下降指标、促销助材成本下降指标等。这样,建立起企业的目标网络,形成目标体系图,通过目标体系图把各部门的目标信息显示出来,就像看地图一样,任何人一看目标网络图就知道工作目标是什么,遇到问题时需要哪个部门来支持。

（三）实施目标

要经常检查和监控目标在实施过程中的执行情况和完成情况。如果出现偏差,应及时从资源配置、团队能力和管理系统等方面分析原因,及时补充或强化,确有必要的前提下才调整目标。

（四）信息反馈处理

在考核之前,还有一个很重要的问题,即在进行目标实施控制的过程中,会出现一些不可预测的问题。如目标是年初制定的,年中产品的主要销地发生了地震,那么年初制定的目标就不能实现。因此在考核时,要根据实际情况对目标进行调整和反馈。

（五）检查实施结果及奖惩

按照制定的指标、标准对各项目标进行考核,将目标完成的结果和质量与部门、个人的奖惩挂钩,甚至与个人升迁挂钩。

八、目标管理的八个过程

1. 从战略制定到战略目标的过程

企业经营战略为首,没有战略就没有发展。目标管理首要的是目标的制定,而这个目标必须围绕战略需要进行科学设定。从战略到目标是一个从意图到明确的过程,没有这个过程,战略只能是一种意图、一种打算,在一定程度上没有目标支撑的战略也只能是设想。有了目标,战略就有了清晰的目的和方向。因此,制定目标的依据必须是战略。没有脱离战略的目标,也没有没有目标的战略。两者既是从属的关系,又是相辅相成的关系,缺一不可。

2. 从战略目标到战略计划的过程

一般来说,凡是战略目标都有简单明了的特点。作为战略目标,还只是一个"纲"。要想"纲举目张",还必须把简单的战略目标用计划的形式将其具体化。这个具体的过程就是战略计划的制订。计划相比目标而言更加具体、有组织、有时间、有步骤、有途径、有措施甚至有方法。这是一个把目标"翻译"成"实施"的过程。没有战略实施计划,目标再明晰,也只是砧板上的鲜肉,不可能自动变成美味佳肴。这一过程要考虑的事情很多,最重要的是资源配置。离开资源问题,计划再详细也是无法实施的。

3. 从战略计划到目标责任的过程

计划有了,谁来执行?这是计划实施的关键,但是,有人执行没有责任也是枉然。因此,最关键的还是目标责任以及目标责任人的问题。目标责任就是对目标达成与否的功过承载,责任人就是承载这种功过的具体的人。没有责任体系和责任保障,再好的计划也会落空。因此,计划一旦制订,随之而来的就是一定要落实责任人。这个责任体系应该是全员、全方位、全过程的。正所谓:千斤重担人人挑,人人身上有指标。

4. 从目标责任到目标实施的过程

责任落实到位以后,就是带着责任进行目标的实施了。应该引起高度注意的是,在责任——实施的转换过程中,要讲求把责任量化成一个个可操作、可实现、可考量的具体目标,这种目标的设定和实施,一定要突出如下要点:目标是具体的,可以衡量的,可以达到的,具有相关性的,具有明确的截止期限的。

5. 从目标实施到目标督导的过程

在目标实施过程中,为了确保目标的达成,还必须加强实施过程的督导。"督",就是对实施情况予以监督;"导",就是在实施过程中予以必要的指导。要相信实施部门和人员的自主管理,但是,没有必要的监督、大撒手、放任不管也是不行的。监督的目的在于督办、督察、督促,在于催办、帮办、协办,在于强化对目标管理的执行力度。要知道,一个由数百人、数千人的个人行动所构成的公司,经不起其中1%或2%的行动偏离目标。光有监督也不行,还必须有指导,指导的目的在于实现途径的引导、思想情绪的疏导、不佳行为的训导、偏执行为的劝导、知识能力的教导。一句话,就是要最大限度地挖掘潜力、激发热情,使管理过程、人员、方法和工作安排都围绕目标运行,进而发挥人的积极性、主动性和创造性。

6. 从目标督导到目标实现的过程

目标的实现,按组织层级分类可以划分为整体目标、部门目标、班组目标、个人目标。按专业系统分类可以划分为管理目标、生产目标、营销目标、财务目标、技术目标等。按时间阶段分类可以划分为愿景目标、长期目标、中期目标、短期目标、突击目标等。如果说督导的过程是"以人为本"的目标管理,那么,目标实现的过程分类就是客观实际的科学保证。

7. 从目标实现到目标评价的过程

目标实现并不等于过程的完结,还必须进行另一个过程——从目标实现到目标评价。这里有三点必须进行评价:一是评价实现目标的各种资源使用情况,比如多少、优劣等;二是实现的目标是否还有弹性空间,比如是否可以当作基准、是否可以更加先进、是否可以保持相对稳定等;三是实现的目标对于可持续发展能否带来推动和促进。

8. 从目标评价到目标刷新的过程

以终为始是目标管理的最高境界。因此,从成果评价到目标刷新,也是一个自我超越的过程。经过评价的目标成果,正是新的目标管理的开始。它是依据,是基准,是下一个目标的平台。能否超越原来已经实现的目标,这在很大程度上反映了一个企业、一个领导者的雄心。当然,"跃进"是不客观的,"冒进"更是危险的,但是,"不进则退"也是必然的。所以,哪怕是百分之几或者百分之零点几的超越都是企业的进步。或增加,或递进,都要根据企业的实际来进行选择性的刷新。

能力训练

◆ 能力测评

测评1　你的工作有计划性吗?

现代管理者应该是高效率、有经验、有计划的。下列各题,请选择一个最能表达你自己想法或做法的答案。

1. 你发现助手记日记以半小时为单位。对此你有何反应?
(a) 假如能坚持,这是个好主意。
(b) 也许他只是偶尔记一记。我曾记过,但后来没有坚持。
(c) 我认为这是浪费时间。事情的变化太快,记不胜记。
(d) 真可笑。这样就不能私下做什么事了。

2. 你使用日历吗?
(a) 我只用它来看看今天是几号。
(b) 使用,我也有明年和后年的日历。

(c) 我只挂当月的日历,其余的不保留。

(d) 我连日历都没有!

3. 你计划去访问另一家公司,但又没有道路图指示如何到达那里。通常你会怎么办?

(a) 我寻找详细的指南,并在道路图上做出标记。

(b) 我按照自己的记忆驱车到那里去,但常常会迷路。

(c) 我在中途停几次车,询问方向。

(d) 我的方向性很好,在陌生的地方几乎不会迷路。

4. 你计划在某一特定的日期或星期完成某件工作。

(a) 我通常会按计划做事。

(b) 我的计划几乎不起作用,总会出差错。

(c) 我在计划时总会留有余地,以防发生变化。

(d) 我几乎没做过计划。

5. 你需要完成下述任务,请做出安排,以便在最短的时间内完成所有的工作,并且不出差错。

(a) 取包裹。包裹很重,取货时间到上午 11 点。

(b) 买冰激凌带回家。

(c) 中途去银行取钱。

(d) 中途在加油站停车加油。

(e) 修理眼镜。假如按时取,眼镜商保证在 1 小时内修好。

(f) 去火车站接朋友,火车中午到达。

(g) 取眼镜。

得分和评价:

1. (a) = 3   (b) = 2   (c) = 4   (d) = 1
2. (a) = 2   (b) = 1   (c) = 4   (d) = 3
3. (a) = 2   (b) = 1   (c) = 4   (d) = 3
4. (a) = 3   (b) = 2   (c) = 4   (d) = 1
5. (a) (b) (c) (d) (e) (f) (g) = 1   (a) (e) (g) (c) (d) (b) (f) = 7
   (a) (c) (d) (b) (e) (f) (g) = 3   (a) (c) (d) (b) (e) (g) (f) = 4
   (a) (b) (c) (d) (e) (g) (f) = 2   (e) (g) (a) (c) (d) (b) (f) = 5
   (e) (g) (a) (d) (c) (b) (f) = 6

根据上述答案所给的分数计算出你的得分。

如果你的得分在 16—21 分之间,说明你的工作有很强的计划性,能够做到有条理、效率高。

如果你的得分在 10—15 分之间,说明你工作的计划性较为一般。

如果你的得分在 9 分以下,表明你没有计划性,工作随意性很大。

测评 2　你善于处理问题吗?

控制、厌恶感、时间。你善于处理这些问题吗? 如何处理这些因素,以及在这些因素导致情况恶化后如何应付,做下面的小测试,然后再看一看这些因素对你有什么影响。

下列各题,选择一个最能表达自己想法或做法的答案。

控制

1. 把自己所在的公司看成一个金字塔。下面的图形哪一个正确地表达了你的处境?

2. 回忆一下上个月的工作。
   (a) 我总是提前完成任务。
   (b) 我勉强按时完成工作。
   (c) 工作似乎越积越多。
   (d) 在大多数情况下,我完成了所有的工作。

3. 想一想你与工作的关系:一个正方形代表你自己,另一个代表你的工作。

厌恶感

4. 下述句子中,哪一个最能表达你对待工作的感情。
   (a) 每天像有 16 个小时。
   (b) 一天工作结束时我感到十分高兴。
   (c) 为完成每天的工作,我感到工作时间不够用。
   (d) 我总能发现有激励性的工作。

5. 这里有几个能使你的下属对职业和工作更加感兴趣的方法。你可能选择哪一种方法?
   (a) 给他们一些时间去做额外的工作。
   (b) 给他们紧张的工作日程表。
   (c) 开展竞赛活动。
   (d) 用有趣的事情使他们吃惊。

时间

6. 在安排时间时,你常常采用哪种原则?
   (a) 我先做最难的,或最令人不快的事情。
   (b) 我先做最喜欢做的事情。
   (c) 我交替处理简单的和令人不快的事情。
   (d) 我先做最先出现的事情。

7. 在上星期的正常工作时间中,你浪费了多少时间?
(a) 一分钟也没有浪费。
(b) 每日一小时处理无意义的琐事。
(c) 半日或更多的时间从事令人愉快的闲谈或消遣。
(d) 我做一些无用之事,但不认为是在浪费时间。

8. 根据自己的分析,你最经常使用哪种规则来安排管理时间?
(a) 我总是先列出应先处理的事情,但只是当天的安排。
(b) 我列出应先处理的事情,但先做那些能尽快完成的事。
(c) 我努力安排日程。我在电话机旁放一只手表,在办公室设有备忘录。
(d) 我随意安排自己的时间,不愿置身于严格的时间安排之下。

9. 在时间日程表上你同意加入哪一项?
(a) 一小时幻想。
(b) 一小时留给自己,不做事情。
(c) 每天利用一小时或更多的办公室工作时间进行体育锻炼。
(d) 置时间于不顾,和下属们闲聊天。

得分和评价:

控制

1. (a) = 3   (b) = 1   (c) = 2
2. (a) = 4   (b) = 2   (c) = 1   (d) = 3
3. (a) = 2   (b) = 1   (c) = 3

根据上述答案所给的分数计算出你的得分。最佳得分为 10 分,最低得分为 3 分。

如果你的得分在 8—10 分之间,表明你很少失去控制。

如果你的得分在 5—7 分之间,表明你和大多数人一样,在大多数情况下能符合要求。

如果你的得分仅在 3—4 分之间,表明你既不能很好地组织时间(见时间测试),也不是对工作很有兴趣(见厌恶感测试)。

厌恶感

4. (a) = 1   (b) = 2   (c) = 3   (d) = 4
5. (a) = 4   (b) = 1   (c) = 3   (d) = 2

按上述答案所给的分数计算出你的得分。最佳得分为 8 分,最低得分为 2 分。

如果你的得分在 6—8 分之间,特别是当控制测试也得到高分时,表明你工作热情高。

如果你的得分在 3—5 分之间,表明你需要更多的工作热情。

如果你的得分在 1—2 分之间,表明你的工作可能对你吸引力不足。

时间

6. (a) = 4   (b) = 3   (c) = 2   (d) = 1
7. (a) = 2   (b) = 3   (c) = 1   (d) = 4

8. (a) = 2　　　　(b) = 3　　　　(c) = 4　　　　(d) = 1
9. (a) = 3　　　　(b) = 4　　　　(c) = 2　　　　(d) = 1

根据上述答案所给的分数计算出你的得分。最佳得分为 16 分，最低得分为 4 分。

如果你的得分在 13—16 分之间，表明你存在浪费时间的现象。

如果你的得分在 7—12 分之间，表明时间安排得比较合理，既不紧张也不悠闲。

如果你的得分在 4—6 分之间，表明你的时间安排过于紧张，常常受时间束缚。

◆ 思考练习

1. 计划工作的任务有哪些？
2. 企业的计划有哪些类型？
3. 计划的作用有哪些？
4. 计划的编制步骤是怎样的？
5. 滚动计划和备用计划的作用是什么？
6. 简要说明开展目标管理的工作程序。
7. 某机械厂甲产品的售价为每件 125 元，单位变动成本为 75 元，每年固定成本总额 60 万元。若年销售量为 15 000 件，试据此判断企业的经营状况。
8. 红星采油厂某年目标原油产量 40.5 万吨，计划原油商品量 36.5 万吨，若原油单价为 120 元/吨，年固定成本总额为 1 851 万元，单位变动成本为 60 元/吨，目标利润 424 万元，请计算盈亏平衡点产量并确定单位变动成本控制值。

◆ 工作任务

以小组为单位，拟订一份计划书，主题及内容自定，要求计划书应包括以下要素：计划的目的，计划的内容，计划的时间地点，参与人员，计划实施的条件，计划的有关要求或措施。

◆ 案例分析

顾军的打算

进入 12 月份后，宏远实业发展有限公司的总经理顾军一直在想两件事：一是年终已到，应好好总结一年来的工作。二是好好谋划一下明年怎么办，更远的是该想想以后 5 年怎么干，甚至以后 10 年怎么干。上个月顾军抽出身来，到省工商管理学院去听了三次关于现代企业管理知识的讲座，教授精彩诙谐的演讲对他触动很大。公司成立至今，转眼已有 10 多个年头了。10 多年来，公司取得了很大的成就，其中有运气、有机遇，当然也有自身的努力。仔细琢磨，公司的管理全靠经验，特别是顾军自己的经验，遇事都是由他拍板，从来没有公司通盘的目标和计划。可现在公司已发展到几千万元资产，300 多人，再这样下去可不行了。顾军每当想到这些，晚上都睡不着觉，到底该怎样制定公司的目标和计划呢？

宏远公司是一家民营企业，是改革开放的春风为宏远公司的建立和发展创造了条件。15年前，顾军三兄弟来到省里的工业重镇滨海市，借了一处棚户房落脚，每天出去找营生。在一年的时间里，他们收过废旧物资、贩过水果、打过短工。兄长顾军经过观察和请教，发现滨海市的建筑业发展很快，但建筑材料如黄沙和水泥却很紧缺。他想到，在老家镇边上，他表舅开了家小水泥厂，由于销路问题，不得不减少生产。三兄弟一商量，决定做水泥生意。他们在滨海市找需要水泥的建筑队，讲好价，然后到老家租船借车把水泥运出来，去掉成本每袋水泥能赚几块钱。利虽然不厚，但积少成多，一年下来他们赚了几万元。3年后，他们从家乡组建工程队开进了城，当然水泥照样贩，算是两条腿走路了。

一晃15年过去了，顾军三兄弟已经成为拥有几千万元资产的宏远公司老板了。公司现有一家贸易公司、一家建筑装饰公司和一家房地产公司，有员工300多人。兄长顾军当公司总经理，两个弟弟做副经理。顾军妻子的叔叔任财务主管，表舅的儿子做销售主管，顾军具有绝对的权威。去年，顾军代表宏远公司拿出50万元捐给省里的贫困县建希望小学，这使顾军名声大振。不过，顾军心里明白，公司近几年的日子也不太好过，特别是今年。建筑公司任务还可以，但由于成本上升，只能勉强维持，略有盈余。贸易公司今年做了两笔大生意，挣了点钱，其余的生意均没有成功，而且仓库里的存货很多，无法出手，贸易公司的日子也不好过。房地产公司更是一年不如一年，生意越来越难做，留着的几十套房子把公司压得喘不过气来。

面对这些困难，顾军一直在想如何摆脱这种状况，如何发展。发展的机会也不是没有。上个月在省财经学院工商管理学院听讲座时，顾军认识了滨海市一家国有大公司的老总，得知这家公司正在寻找在非洲销售他们公司当家产品——小型柴油机的代理商，据说这种产品在非洲很有市场。这家公司老总很想与宏远公司合作，利用民营企业的优势去抢占非洲市场。顾军深感这是个机会，但该如何把握呢？10月1日，顾军与市建委的一位处长在一起吃饭，这位老乡告诉他，市里规划从明年开始着手江海路拓宽工程，江海路两边都是商店，许多大商店都想借这一机会扩建商厦，但苦于资金不够。这位处长问顾军，有没有兴趣进军江海路，如果想的话，他可牵线搭桥。宏远公司早就想进军江海路了，现在诱人的机会来了，但投入也不少，该怎么办？随着住房分配制度的变化，顾军想到房地产市场一定会逐步转暖，而宏远的房地产公司已经有一段时间没正常运作了，现在是不是该动了？

总之，摆在宏远公司老板顾军面前的困难很多，但机会也不少，新的一年到底该干什么、怎么干？以后的5年、10年又该如何干？这些问题一直盘旋在顾总的脑海中。

讨论问题：
1. 你如何评价宏远公司？如何评价顾总？
2. 宏远公司是否应制订短、中、长期计划？为什么？
3. 如果你是顾总，你该如何编制公司发展计划？

延伸阅读

◆ 创业企划书模板

拟创办的公司或项目名称：

经营地址：

联系人及职务：

联系电话：

电子邮箱：

QQ 或 MSN：

时间：　　年　月　日

目　　录

第一部分：摘要　……………………………………………………………第×页

第二部分：项目介绍　………………………………………………………第×页

第三部分：市场分析　………………………………………………………第×页

第四部分：利润分析　………………………………………………………第×页

第五部分：营销策略　………………………………………………………第×页

第六部分：风险防范　………………………………………………………第×页

第七部分：发展前景　………………………………………………………第×页

第一部分：摘要

描述所要经营的是什么行业，卖什么产品（或服务），谁是主要的客户，目前市场情况怎么样，竞争是否激烈，是个人独资、合伙经营还是有限公司的形式，需要多少钱的投资，赢利空间多大，目前进展到什么阶段，有什么样的经营管理措施等。

第二部分：项目介绍

1. 企业、项目地点（你的经营地点在哪里）

华东师范大学闵行校区樱桃河商业楼二楼。

2. 产品和服务（你准备经营的产品、项目或服务的介绍）

专卖情侣饰品，包括银饰、服饰及其他情侣饰品。

3. 创业企业的宗旨（经营的目的是什么）

4. 市场优势（你的项目在目前市场上有什么优势）

目前大学校园的这片市场还是空白，竞争压力小。

5. 发展计划（你准备怎样发展自己的企业或项目的，如怎样打开市场、怎样销售自己的产品、怎样进行推广以及开创企业后准备怎样去经营等）

第一，店面的装潢；

第二，宣传；

第三,营销。

第三部分:投资和利润分析

你准备给你的项目总投资多少资金,这些资金是怎样分配的,如前期推广包括广告、人员推销费用等,你准备投入多少钱;公司的流动资金有多少,留为预防应急的资金又有多少;你的产品价格与利润是怎样的;如你开一个书吧,一本书的价格为20元,那么你的成本是多少,利润又是多少,等等。

成本:装潢费,采购费

价格:方案

利润

第四部分:市场分析

1. 市场定位、市场规模(市场结构与划分)

核心顾客有哪些、大学情侣产品服务范围、全面价格等,你所经营的行业目前的市场情况是怎样的,已有多大的规模;它们都有哪些类别。比如说你开一家服装店,在你所在的地段中已存在多少家服装店,他们都经营些什么服装,这些店铺在地段中是怎样的情况,等等。

2. 目标市场

目标市场就是指你的创业企业在市场细分之后的若干"子市场"中,所运用的企业营销活动之"矢"而瞄准的市场方向之"的"的优选过程。例如,现在我国城乡居民对照相机的需求,可分为高档、中档和普通三种。那么你是选择他们中的哪一个层次的消费群体呢?

3. 产品消费群体、消费方式、消费习惯及影响市场的主要因素分析

你准备经营的项目是面向哪些人群,他们有什么特性,他们一般的购物地点是哪里,都喜欢买些什么价格的商品,他们的消费方式是怎样的,什么最能影响他们的消费方向及数量,等等。

4. 目前公司产品市场状况,产品所处市场发展阶段

空白/新开发/高成长/成熟/饱和。

产品排名及品牌状况。

就是指你的产品现在还在设想阶段还是已经开始实施,到了哪个阶段,你的产品在你所经营的市场中占有多大的份额,以及你在这个市场里的信誉是怎样的。

5. 市场趋势预测和市场机会

你的产品在目前的市场中还有没有份额,如果你投入了,能不能赚钱,将有多少利润可赚等。

6. 竞争对手分析

在你的经营范围内,你的竞争对手是怎样的,他们都经营哪些产品,都有什么优势,有多大的消费群,都有哪些人买他们的产品或服务,等等。

第五部分：营销策略

1. 概述营销计划（区域、方式、渠道、预估目标、份额）

你准备在多大的地方内开展、销售你的项目、产品，以什么方式进行，都有哪些渠道及路子，能有多大的利润，等等。

2. 销售政策的制定（以往/现行/计划）

你的产品或服务是怎样进行买卖的？

3. 销售渠道、方式、行销环节和售后服务

你的产品或服务目前都有哪些渠道路子，你的产品或服务目前以什么方式进行买卖，其中有什么环节，你的售后服务是怎样的？

4. 主要业务关系状况

你和哪些单位、个人的业务关系是怎样的，他们有什么特点及优势。

5. 产品价格方案

你的产品或服务的价位是怎么定的，都在什么范围内？

6. 销售资料统计和销售记录方式

指你的产品或服务目前的销售情况的汇总，以及你是怎么记录这些数据的。

7. 市场开发规划，销售目标（近期、中期），销售预估（3—5年），销售额、占有率及计算依据

你的项目或产品在近期、中期有什么目标，在以后的几年内销售额将可达到多少，以及你是怎么预测这些目标能否实现的，依据是什么。

第六部分：风险防范

1. 创业企业组成形式

指你的创业企业是怎样组成的，比如是个人还是合伙，是集资还是个人投资等，目前有多少人与你共事或有多少员工，他们的教育水平如何，等等。

2. 人事管理

要考虑现在、半年内、未来3年你的企业将需要多少人加入，并且具体考虑需要引进哪些专业技术人才、全职或兼职、薪水如何计算、所需的成本如何，等等。

3. 财务需求与运用

考虑融资款项，投资的资金是怎样运用的，平时经营的资金是怎样周转的，并预测未来3年你的利润、负债和现金是多少，等等。

4. 日常管理

平时你的企业是怎样管理的，都有哪些制度，等等。

5. 风险分析及应对方法

你的投资都有哪些风险，你准备怎样应对这些风险，比如说当你的资金不足时你会怎么做，你的产品出现了质量问题你会怎么办，等等。

第七部分：成长与发展

成长与发展：下一步要怎么样，3年后如何，等等。

你的企业或项目的发展前景如何，在未来几年将朝什么方向发展，发展到什么程度，等等。

◆ 某机床厂的目标管理

某机床厂从1981年开始推行目标管理。为了充分发挥各职能部门的作用,充分调动一千多名职能部门人员的积极性,该厂首先对厂部和科室实施了目标管理。经过一段时间的试点后,逐步推广到全厂各车间、工段和班组。多年的实践表明,目标管理改善了企业经营管理,挖掘了企业内部潜力,增强了企业的应变能力,提高了企业素质,取得了较好的经济效益。

按照目标管理的原则,该厂把目标管理分为三个阶段进行。

第一阶段:目标制定阶段

1. 总目标的制定

该厂通过对国内外市场机床需求量的调查,结合长远规划的要求,并根据企业的具体生产能力,提出了201×年"三提高""三突破"的总方针。所谓"三提高",就是提高经济效益、提高管理水平和提高竞争能力;"三突破"是指在新产品数目、创汇和增收节支方面要有较大的突破。在此基础上,该厂把总方针具体化、数量化,初步制订出总目标方案,并发动全厂员工反复讨论、不断补充,送职工代表大会研究通过,正式制定出全厂201×年的总目标。

2. 部门目标的制定

企业总目标由厂长向全厂宣布后,全厂就对总目标进行层层分解、层层落实。各部门的分目标由各部门和厂企业管理委员会共同商定,先确定项目,再制定各项目的指标标准。其制定依据是厂总目标和有关部门负责拟定、经厂部批准下达的各项计划任务,原则是各部门的工作目标值只能高于总目标中的定量目标值,同时,为了集中精力抓好目标的完成,目标的数量不可太多。为此,各部门的目标分为必考目标和参考目标两种。必考目标包括厂部明确下达的目标和部门主要的经济技术指标;参考目标包括部门的日常工作目标或主要协作项目。其中必考目标一般控制在2—4项,参考目标项目可以多一些。目标完成标准由各部门以目标卡片的形式填报厂部,通过协调和讨论最后由厂部批准。

3. 目标的进一步分解和落实

部门的目标确定了以后,接下来的工作就是目标的进一步分解和层层落实到每个人。

(1) 部门内部小组(个人)目标管理,其形式和要求与部门目标制定相类似,拟定目标也采用目标卡片,由部门自行负责实施和考核。要求各个小组(个人)努力完成各自目标值,保证部门目标的如期完成。

(2) 该厂部门目标的分解是采用流程图方式进行的。具体方法是:先把部门目标分解落实到职能组、任务级再分解落实到工段,工段再下达给个人。通过层层分解,全厂的总目标就落实到了每一个人身上。

第二阶段:目标实施阶段

该厂在目标实施过程中,主要抓以下三项工作。

1. 自我检查、自我控制和自我管理

目标卡片经主管副厂长批准后，一份存企业管理委员会，一份由制定单位自存。因为每一个部门、每一个人都有了具体的、定量的明确目标，所以在目标实施过程中，人们会自觉、努力地实现这些目标，并对照目标进行自我检查、自我控制和自我管理。这种"自我管理"能充分调动各部门及每一个人的主观能动性和工作热情，充分挖掘自己的潜力，因此，完全改变了过去那种上级只管下达任务、下级只管汇报完成情况，并由上级不断检查、监督的传统管理办法。

2. 加强经济考核

虽然该厂目标管理的循环周期为一年，但为了进一步落实经济责任制，及时纠正目标实施过程中与原目标之间的偏差，该厂打破了目标管理的一个循环周期只能考核一次、评定一次的束缚，坚持每一季度考核一次和年终总评定。这种加强经济考核的做法，进一步调动了广大职工的积极性，有力地促进了经济责任制的落实。

3. 重视信息反馈工作

为了随时了解目标实施过程中的动态情况，以便采取措施、及时协调，使目标能顺利实现，该厂十分重视目标实施过程中的信息反馈工作，并采用了两种信息反馈方法。

（1）建立"工作质量联系单"来及时反映工作质量和服务协作方面的情况。尤其当两个部门发生工作纠纷时，厂管理部门就能从"工作质量联系单"中及时了解情况，经过深入调查，尽快加以解决，这样就大大提高了工作效率，减少了部门之间的不协调现象。

（2）通过"修正目标方案"来调整目标。内容包括目标项目、原定目标、修正目标以及修正原因等，并规定在工作条件发生重大变化需修改目标时，责任部门必须填写"修正目标方案"提交企业管理委员会，由该委员会提出意见交主管副厂长批准后方能修正目标。

由于该厂在实施过程中狠抓了以上三项工作，不仅大大加强了对目标实施动态的了解，更重要的是加强了各部门的责任心和主动性，从而使全厂各部门从过去等待问题找上门的被动局面，转变为积极寻找和解决问题的主动局面。

第三阶段：目标成果评定阶段

目标管理实际上就是根据成果来进行管理的，故成果评定阶段显得十分重要。该厂采用了"自我评价"和上级主管部门评价相结合的做法，即在下一个季度第一个月的10日之前，每一部门必须把一份季度工作目标完成情况表报送企业管理委员会（在这份报表上，要求每一部门自己对上一阶段的工作做恰如其分的评价）。企业管理委员会核实后，也给予恰当的评分。如必考目标为30分，一般目标为15分。每一项目标超过指标3%加1分，以后每增加3%再加1分。一般目标有一项未完成而不影响其他部门目标完成的，扣一般项目中的3分，影响其他部门目标完成的则扣5分。加1分相当于增加该部门基本奖金的1%，减1分则扣该部门奖金的1%。如果有一项必考目标未完成则扣至少10%的奖金。

该厂在目标成果评定工作中深深体会到：目标管理的基础是经济责任制，目标管理只有同明确的责任划分结合起来，才能深入持久，才能具有生命力，达到最终的成功。

第五章

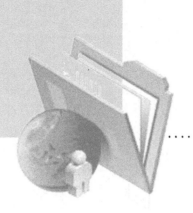

组织管理

情境任务设计
- 情境案例
- 任务描述

必备知识技能
- 组织设计
- 非正式组织
- 组织创新的主要形式

能力训练
- 能力测评
- 思考练习
- 工作任务
- 案例分析

延伸阅读
- 斯隆创立事业部制
- 某公司的考勤制度

情境任务设计

◆ 情境案例

东原公司的组织问题

东原公司是一家新兴企业,6年前以房地产开发业务起家,公司初创时只有几个人,资产1 500万元,发展到现在的1 300多人,5.8亿元资产。业务拓展为以房地产开发为主,集娱乐、餐饮、咨询、汽车维护、百货零售等业务的多角化经营格局。

随着公司的不断发展,人员开始膨胀,部门设置日益复杂。如总公司下设五个分公司及一个娱乐中心,娱乐中心下设嬉水、餐饮、健身、保龄球、滑冰等项目。另外,总公司所属的房屋开发公司、装修公司、汽车维修公司和物业公司又都自成体系。管理层次也不断增加,总公司有三级,各分公司又各有三级以上的管理层,最突出的是娱乐中心,管理层次多达七级。职能部门重叠设置,总公司有人力资源部,而下属公司也相应设立人力资源部门,管理混乱。事实表明,在多角化经营的复杂业务格局下,原有的直线职能制已不适应公司的发展了。

此外,财务管理也很混乱,各个分部独立核算后,都有自己的账户,总公司可控制的资金越来越少。因此,有必要在财务上实行集权。但是,组织变革意味着利益的重新分配,可能引起管理层的震荡。因此,东原公司的领导层面临考验。

1. 产生当前问题的最重要的原因是什么?
   A. 机构重复设置,职能和工作任务不平衡。
   B. 原有的组织结构不适应复杂业务和快速膨胀的规模。
   C. 多角化经营的范围过于广泛。
   D. 公司的管理者能力不足,造成层次过多。
2. 东原公司当前管理的中心应该是:
   A. 进行组织变革。
   B. 收回各分部的财务权,进行集中管理。
   C. 培训管理人员,提高能力。
   D. 对各项业务进行评价,退出某些领域。
3. 多角化经营是目前企业广泛采用的一种经营方式,结合案例信息,你认为下面几种看法中哪个最有道理?

A. 多角化经营可降低风险,因此是一种很好的经营方式。
B. 多角化经营可以使企业进入更有收益的领域。
C. 多角化经营会使企业快速膨胀,从而难以控制,因此不宜轻易采用。
D. 多角化经营要尽可能地围绕企业拥有核心竞争力的领域。

4. 本案例中导致管理层次过多的原因可能是:
A. 企业规模过大。 B. 管理者能力不足。
C. 组织结构不合理。 D. A和B。

5. 直线职能制组织形式一般适应于
A. 跨国或跨地区的企业。 B. 大型企业。
C. 中小型企业。 D. 新技术企业。

参考答案:
1. B; 2. A; 3. D; 4. C; 5. C

◆ 任务描述

1. 新学期开始了,新生报到入学要组建一个新的班级,请你设计出该班的组织结构。根据班级组织结构,请你制定出每个班委会成员的主要职责。

2. 假设你是公司某一部门经理,请你制定一套管理本部门人员的管理制度。

必备知识技能

◆ 组织设计

一、组织的含义及功能

(一) 组织的基本内涵

在现代社会里,每一个人几乎都属于特定的组织。所以,就一般意义而言,组织是指在一定环境下,为实现共同的目标,在分工与协作的基础上按照一定的职权制度构成的有机整体。这里包含以下含义:

(1) 组织是由人群构成的有形实体。在这一群体内按照一定的分工与协作原则划分权责关系,以确定组织成员与项目活动间的关系。

(2) 有共同的目标。目标是组织存在的理由,也是维持组织凝聚力的纽带。无论哪一类组织,都必须围绕既定目标进行资源配置活动,以是否达到目标为衡量组织绩效的标准。

(3) 一定的职权关系与责任制度。这是组织职能特有的内容,是由分工与协作原则决定的,是达成组织目标的重要保证。

应当强调的是,组织在不同层面、不同意义上的表述和理解多种多样,有时是代表"机构",有时则是代表某种活动的过程。

(二) 组织的功能

组织是由人群构成的有形实体,而事实上作为独立个体的人与作为组织成员的人在行为特征上有极大的差别,所以不能将组织功能简单地理解成个体行为的累加,例如作为军队中的士兵,勇猛杀敌立战功是共同的追求,但这并不意味他们每个人都有类似的勇猛性格,并且喜欢做这类事情,对于许多人而言,那也许只是在特定的组织氛围下的截然不同的表现。而这正是组织所追求的特殊功效:利用一定的制度和文化,通过对个体力量的有效整合,寻求一种放大效应。具体功能表现为:

1. 简单聚合功能

这是组织形成初期的功能。在早期分工条件下,当人们由于个人能力的局限性而无法达到目的时,即产生将分散的个体聚合成集体,实行协作的要求,于是组织便应运而生。如作坊手工业时代,人们聚集在工场共同劳动,一来可以学习、掌握专门技艺,二来可以提高工具的利用效率。这种简单聚合功能表现为分工日益深化和规模日益扩大。可见,聚合功能是组织的基本功能。

2. 力量放大功能

在简单聚合功能的基础上,通过进一步的职权关系与责任制度的设置,还可以产生比简单聚合更大的力量,即实现产出大于投入的效应,这就是组织的力量放大功能。随着时代的发展和生产力的进步,这种能量的显示日益充分、巨大,进而推动社会生产力的进步。所以力量放大功能是组织发展壮大的核心功能。

二、组织设计的程序

组织设计就是对组织活动和组织结构的设计,是把任务、责任、权力和利益进行有效组合和协调的活动过程。

组织设计的核心是组织结构设计,基本功能是进行组织内部横向的管理部门设置、纵向的管理层次划分,协调与整合组织中人与事、人与人之间的关系,以最大限度地发挥组织效率,完成组织目标。

(一) 组织设计的程序

第一,确定组织目标。围绕组织工作任务确定组织总目标。

第二,围绕组织目标确定业务内容,对管理业务流程进行总体设计。如将企业的业务工作划分为产品开发、质量管理、市场营销等。

第三,确定组织结构。选择组织结构的具体类型,确定具体的管理幅度与管理层次,实施部门化、层次化分工。

第四,定岗定编。针对每一岗位进行工作分析,描述其工作规范与合理的管理操作程序,并明确其岗位名称与职责、权限。

第五,制定各部门工作规范和各部门间的沟通与协调制度,保持组织结构的整体性。

(二) 组织设计的原则

1. 分工明晰原则

分工过程就是为实现一定的组织目标,对必要的组织工作或组织职能进行细化,并确定不同的职位及其承担者。分工的实质是将一项工作细分为若干单元,分别由不同的人去完成。

组织内的分工有两种类型:一种是纵向分工,将组织划分为不同的层次;另一种是横向分工,将组织划分为不同的职能部门。对于企业,这样做的好处是,一方面可以提高每一岗位的操作熟练程度,减少因工作变化而损失的时间,带来更高的工作效率;另一方面可以区分不同岗位的熟练程度,把具备不同技能的人员放在适当的岗位,这样既可以发挥其专长,还可以适当降低成本。因为在具体工作中,往往有些岗位要求高技能的操作者,而有些则未经训练者即可完成。如果不加区分,就会出现高工资雇佣的熟练工人做简单工作的现象,产生无谓的高成本,而分工可以帮助企业解决这一问题。

毋庸置疑,作为组织设计的重要原则,合理的专业化分工可以提高生产效率,但同时也要注意分工过于细化带来的人性不经济造成的副作用。分工过于细化造成的工作单调、无聊,累积的疲劳和压力最终可能抵消它带来的好处,这已成为现代企业在考虑专业化的经济性时必须注意的问题。

2. 指挥链原则

在组织设计中关于指挥链有两方面要求:一是统一指挥。法约尔指出,无论什么工作,一个下级只能接受一个上级的指挥。如果两个或两个以上的上级同时对一个下级或一件工作行使权力,组织就会出现越级指挥、越级请示现象,长此以往,会导致中间管理层的消极、混乱的局面。二是连续分级。为避免多头指挥状态的出现,要求组织中自上而下每一个职位的职权线必须是清晰和连续的,禁止越权指挥。这意味着组织中同时还必须有决策的权责对等原则。

3. 权责对等原则

权责对等原则指在进行组织的职位设计时,应赋予管理者自主完成任务所必需的职权和相应的对等的职责。职权指赋予某种管理职位的特定的资源整合的指挥权。职责指该职位对完成相应的组织目标所负的责任。它们是组织的产物,是组织力量的来源。但是当某种职位设计只有职权没有职责,或两者不对等时,即可能造成滥用权力或是根本无法完成任务的后果。事实上,大量出现的相关事件均说明组织设计存在漏洞,所以在组织设计中必须强调权责对等原则。在实际操作中,应在组织结构图中明确展示具体职位的职权、职责规范,章程,使每个担任此职务者有遵从的依据。

4. 目标明确原则

目标是组织存在的理由。组织设计必须有利于组织目标的实现。为此,应当围绕组织工作任务确定组织总目标及派生目标,实施目标的层层分解,直至每一个岗位。目标体系完善、明确的设计可以为组织建立相互协调的层级制度打下良好基础。

5. 层幅适当原则

层幅适当原则是指在组织设计中要处理好管理幅度与管理层次之间的关系。

管理幅度是指每一个领导者能够直接指挥和监督的下属人员的数量。其中,领导者与每个下属的沟通程度与其直接领导的下属人员的数量成反比,这一规律决定了管理幅度的有限性。一般而言,管理幅度的宽窄受上级与下级双方的素质高低、外部环境的稳定与否、组织内部的授权是否充分等因素的影响。

管理层次是指企业从最高层至最低层的纵向等级数量。正是由于存在管理幅度的有限性,当组织规模不断扩大时,组织就会选择不断增加管理层次。但是在同等规模下,管理幅度与管理层次成反比。

三、组织的职能设计

（一）组织职能设计应解决的问题

1. 确定组织的基本职能

凡是组织总体战略目标所必需的职能均属于基本职能，例如作为工业企业，它的基本职能可以分为生产、物流、市场、人事、财务、公共关系等。组织根据基本职能划分、设置管理部门。确定组织基本职能时应注意做到界限明确，否则容易使部门间职能混淆，产生互相推诿、扯皮的现象。

2. 确定各种职能间的关系

确定各种职能间的关系要解决的是每一个部门内部包括哪些职能。这样进行职能设计要先判断组织的工作性质，应将工作目标、工作技能相似的工作划归同一部门，不宜分开，再将有相互制约关系的职能坚决分开，防止产生职责不清的现象。

3. 确定各种职能中的关键职能

这一问题要解决的是每一个部门、部门中的每个岗位在组织结构中的地位，承担关键职能者即为关键部门、关键岗位，其他部门、其他岗位则处于配合与辅助地位。明确关键职能有助于防止形成组织结构的多中心。

（二）职能设计的步骤

第一，基本职能的细分化。对于某些工作差异较大，且输出、输入活动频繁的基本职能，必须进一步实施职能细分，以便有明确的管理层次划分和部门设置。例如一些大型联合企业中的生产部门，涉及复杂的能源、生产原材料、半成品、成品及外部协作调配等综合协调、生产、运输职能，涉及范围广、工作量大，因此，应将原料和产成品管理、能源管理、运输管理、设备管理等设置为相关的独立职能，形成部门内分工。

第二，各项职能的归类。将基本职能细化之后，为了防止不必要的复杂化，可以考虑将那些虽分属于不同部门，但工作性质接近或业务量很少的工作予以归类、合并至相关部门。例如热电厂，由于其客户具有特定性，销售职能相对简单，因此一般将这一职能直接归入生产或财务部门中。

四、部门设计

部门是将组织内的工作进行专业分工并加以归类而设置的特定的工作范围。部门设计就是按照不同专业分工标准将组织内的工作加以区分、归类并设置相应的管理部门。以下是一些按常用的部门设计标准划分部门的方式。

（一）按人数、时间划分部门

1. 按人数划分部门

这是最简单、最原始的划分部门的方法。适用于单纯的劳动密集型企业和军队等组织类型，其特点是组织活动的结果直接受人数多少的影响，效率差别较小。在现代企业中，这种划分方式仍用于基层生产组织。

2. 按时间划分部门

这也是一种古老的划分部门的方法。一些工作需要长期实行轮班制，因此要按时间划分部门。这种组织或是因为服务的要求必须连续地、不间断地全天候营业,例如一些公共服务部门如医院、公共交通企业;或是因为设备和工艺的要求必须连续生产,例如一些大型化工联合企业、钢铁联合企业等。在这类组织中,应该按轮班制的班次(两班制或三班制)设置相应的部门。

(二) 按产品、地区、顾客划分部门

1. 按产品划分部门

实行多角化经营的大型企业组织往往采用按产品或产品系列划分组织部门的方式,如事业部制。

按产品或产品系列划分组织部门的方式是组织规模的扩大受到管理幅度限制后进行变革的结果,当实行多角化经营的大型企业组织的职能部门无法通过增加直接下属的方式对不同产品进行职能管理时,进一步按产品或产品系列重新设计组织部门、增加新的管理层次就成为提高效率的最好方式。其好处在于,首先,在产品制造、市场营销方面的专业化优势更强,有利于产品和服务业绩的发展;其次,有利于培养高级管理人才,因为各产品部门经理可以熟悉与产品有关的生产、销售、财务等有关业务。其局限性则在于,造成部门重叠,导致管理人员增加、管理费用提高;同时,提高部门独立性也意味着增加组织最高管理部门对产品部门的管理难度。

如果是服务类组织,可以按照所提供的服务类型划分部门,如银行可以按照储蓄、信贷、理财及咨询、银行卡等业务项目设置部门。按产品或产品系列划分后的部门成为新的经营单位,在每一个部门内部再进一步划分具体职能,形成与产品相关的制造或服务组织。

2. 按地区划分部门

按地区划分部门的方式适用于跨国或跨地区分布的组织。与按产品划分部门的方法类似,按地区划分组织部门的方式是组织规模的扩大受到管理幅度限制后进行变革的结果,只是增加的新的管理层次是按地区来划分的。其好处在于产品制造、市场营销的区域针对性更强,有利于获得本土化经营优势,这一点对跨区域组织尤其重要;同时,还有利于培养高级管理人才。而其局限性则在于造成部门重叠,导致管理人员增加、管理费用提高;同时,也意味着增加组织最高管理部门对区域部门的管理难度。

3. 按顾客划分部门

对于从事商业服务的企业组织,按照客户类型选择服务方式可以提高服务效率。例如对于大型律师事务所,按公司客户或个人客户区分业务是其重要的部门划分方式,因而将其作为部门设置的又一依据。

按照顾客划分组织部门的最大优点在于,按照不同客户群的特殊需求做专业化的服务资源分工,可以提高服务针对性,增加顾客满意度。

(三) 按设备、工艺阶段或技术划分部门

按设备、工艺阶段或技术划分部门是一般生产制造类企业常用的形式,即将同种产品的制造设备、工艺阶段或技术作为划分部门的依据。如钢铁联合企业按生产工艺划分为炼铁厂、炼钢厂、轧钢厂,医院里按设备划分的放射科、CT室等。

这种划分部门的好处是可以较为充分地发挥设备效率,便于实施专业化设计、维修和管理;缺陷是会相应地增加原材料或产成品的搬运量。

除以上划分方式外,还有按市场销售渠道划分、按序列划分等。总之,上述各种方法在实践中应根据组织的自身条件灵活运用。事实上,在很多组织中常常同时采用混合方式划分部门。例如一个商业服务企业中,按照职能划分为人事部、财务部、市场部、计划部等;在市场部内可以按照服务对象划分为零售部、大客户部、政府机构部等;按具体物流顺序还可以分成采购部、销售部、储运部等。从本质上看,部门设计是为了克服管理幅度对组织规模扩大的限制,所以在实际操作中应结合组织内外部情况灵活掌握,以尽量避免部门间的不协调带来的消极影响。

五、组织结构形式设计

组织结构是部门划分、确定管理幅度和管理层次间的恰当关系、具体的职权关系划分与配合等一系列管理决策的结果,而在组织所处环境、组织规模、战略、组织所处发展阶段、采用的技术等因素的综合作用下,组织关于组织结构的选择会显现出不同的形式。

(一) 直线制

组织结构的形式是不断演变的,而直线制结构是最古老、最简单的形式,如图5-1所示。

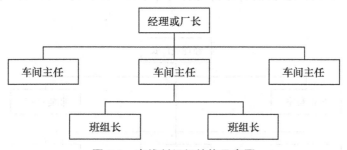

图5-1 直线制组织结构示意图

直线制组织结构的特点是:组织按自上而下的垂直体系领导,上级对下级统一指挥,每个下级只接受一个上级的领导;不设专门的职能机构。这种组织结构的优点是:结构简单、权力集中、决策迅速、行动快捷。缺点是:高层管理者负担较重、工作繁忙,管理简单粗放,不专业。直线制组织结构只适用于规模较小、业务、技术单一的小型组织。

(二) 职能制

职能制组织结构是由泰罗倡导的"职能工长制"演变而来。职能制组织结构设计的初衷是实行职能分工,通过设置职能部门的办法来弥补直线制的缺陷,其最大特点是让专业管理者分担直线领导者的工作,起参谋作用,即在各级领导层之下设置专业职能部门并授予相应的职权(见图5-2)。这意味着职能部门的领导者在各自的职权范围内有向下级发布命令的权力。在职能制结构下,每一个下属要接受上级主管和职能部门的双重领导。

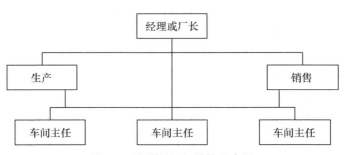

图 5-2 职能制组织结构示意图

职能制组织结构的优点是利用专业分工的优势去适应管理、技术的复杂化趋势。但是,其突出缺点就是多头领导。多头领导往往造成组织职责不清、相互扯皮,形成内耗。因此在实践中,单纯的职能制结构适用性较差。

（三）直线职能制

针对职能制组织结构的明显缺陷,直线职能制结构实现了进一步改进（见图5-3）。直线职能制以直线制组织为基础,将组织机构及人员分成两类:一类是直线职权及其管理者,对实现组织目标负直接责任并按照统一指挥原则,拥有监督、指挥下级的权力;另一类是参谋职权和职能机构,他们对实现组织目标负协助责任,对组织工作有建议权,但无指挥权。

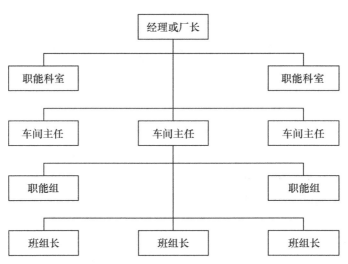

图 5-3 直线职能制结构示意图

直线职能制结构的特点是既保留了直线制结构的指挥统一、权力集中的优点,又为各级直线领导者配备了参谋和助手,强化了专业化管理,呈现出更高的组织效率和稳定性。缺陷表现为组织结构的复杂化使各部门间的横向沟通效率低,上级主管的协调工作量加大,下级部门积极性的发挥受到一定限制,导致组织弹性降低。

直线职能制结构目前在我国应用较为广泛,主要适用于环境变化及业务活动并不复杂的中小型企业。

(四) 事业部制

事业部制结构由通用汽车公司前总裁斯隆首创于1920年,所以又称"斯隆模式"。如今已成为大型企业普遍采用的组织结构模式(见图5-4)。

事业部制结构的本质是在产品部门化基础上建立起来的分权组织,强调集中决策、分散经营。其主要特点是:第一,将企业组织按产品、地区划分部门,设立事业部;第二,重大决策权集中于总公司,各事业部实行独立经营、自负盈亏、单独核算,是一种高度自治的分权化组织;第三,每一个事业部都是上一级公司经营目标下单独的"利润中心",承担完成各自经营目标的全面责任。

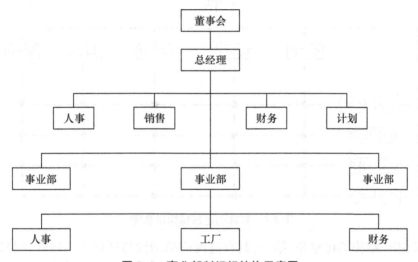

图5-4 事业部制组织结构示意图

事业部制的优点是:第一,在高度自治的分权化条件下,公司总部与各事业部的权责明确,有助于战略管理与日常管理的分工与结合,也更能发挥各事业部的积极性;第二,在产品制造、市场营销方面的专业化优势更强,有利于产品和服务业绩的发展;第三,事业部经理必须对本事业部产品或服务的经营负全面责任,有利于培养高级管理人才。其缺点是:部门设置重叠,导致管理人员增加、管理费用提高,如每个事业部都要设置市场营销部门,而不是集中设置;提高部门独立性也意味着增加组织最高管理部门对各事业部的管理难度,容易出现削弱组织内部横向联系和协作关系的倾向。

事业部制结构一般适用于经营规模大、产品品种多而且差异性较大、市场变化快、需求较复杂,因而对适应性要求较高的企业。针对事业部制结构的缺陷,进行事业部制结构设计时应注意:第一,并非所有符合上述条件的企业都宜实行事业部制结构。鉴于事业部制较强的独立倾向,在组织设计中应适当考虑整体性联系,如应当具备在产品结构、工艺过程或功能上的互补性、依存性,这样才能在公司各事业部间维持适度竞争,又避免组织内部的过度竞争。第二,实施事业部制的企业,其内部管理机制设计应力求多样化,避免单一使用行政手段。

(五) 矩阵制

按职能进行的组织结构设计可以带来分工的好处,但往往忽略组织整体的适应性与最佳效益;事业部制可以更好地解决这个问题,但又产生资源重复配置的问题。而能够将两种优势结合在一起的组织结构形式就是矩阵制。

矩阵制结构体现了一种组织设计的二维思考方式,也有人将其称为"非长期固定性组织"。它将组织划分为纵向、横向两个系列,即把按职能划分的部门和按产品(服务、项目)划分的项目结合成为一个矩阵(见图5-5),形成项目小组。项目小组是为完成一定的管理目标或某种工作项目而临时设立的,其人员从各职能部门中抽调组成,接受项目经理领导,同时与原职能部门保持业务联系,待任务完成之后,他们仍回到各自的部门。

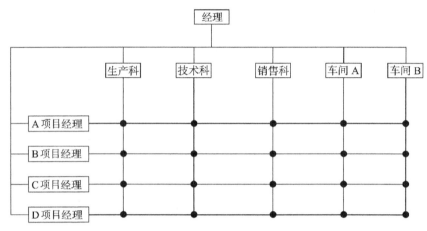

图 5-5　矩阵制组织结构示意图

矩阵制组织结构的优点是:第一,具有高度的机动性与适应性。矩阵制打破了传统组织的一贯模式,人员归属与组合的机动性创新地解决了组织结构稳定性和业务多变性的矛盾,增加了组织的横向沟通能力。第二,提高组织效率。设立项目小组,将项目在各职能部门间的协调转化为项目小组内部的协调,大大降低了协调成本;同时,设立项目小组也使资源利用有更强的针对性。第三,项目成员决策参与程度高,是执行一些临时性、跨专业、高水平攻关项目的良好组织管理模式。

矩阵制组织结构的缺点是:第一,项目小组与职能部门双重领导问题,如果处理不好会造成相互推诿、责任不清,影响效率。第二,组织关系复杂而且不稳定,对项目管理者及小组成员的适应性要求更高,如果处理不好,会造成项目成员的临时任务观念,影响其工作责任心。因此在执行中应注意,对项目经理应完整授权,加强项目小组与职能部门的沟通,强化人的激励因素。

矩阵制结构特别适合于工作任务变动较频繁,且各类技术人员密集的大规模的特殊工程项目,有利于把组织的各项活动分隔成在人才与资源分配上彼此竞争的项目,绩效方面均能获得较好的平衡。还可以作为正常组织中安排临时性任务的补充形式。矩阵制结构在目前的企业管理中相当流行。

(六) 立体多维组织

立体多维组织又称立体组织,是系统论在组织结构设计方面的具体运用,它是对矩阵制结构的进一步发展。"多维"是借用数学概念,意指多种因素、立体形态的组织结构形式。立体多维组织结构一般包括三个维度(见图5-6):

（1）以产品划分的事业部——产品利润中心；
（2）以职能划分的专业参谋机构——专业成本中心；
（3）以地区划分的管理机构——地区利润中心；

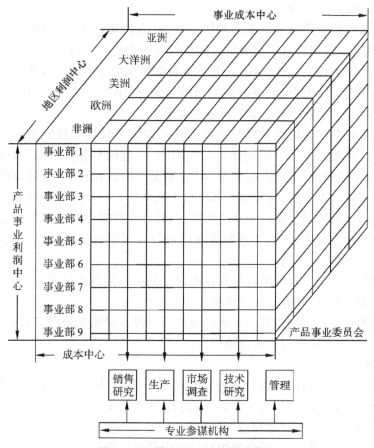

图 5-6 立体多维组织结构示意图

立体多维组织结构最大的特点是：在这种结构形式下，任何机构都不能单独决策，而要由三方面代表组成的产品事业委员会共同协商进行，这一方面从制度的规定性上要求以产品或地区划分的，并且以利润为中心的管理部门必须与以成本为中心的职能管理部门相结合；同时，促使组织中的每一部门必须从整体利益协调的角度提出问题、解决问题，尽量减少摩擦。

立体多维组织结构由美国道·科宁化学工业公司于1967年首先采用，是适合于大规模的跨国或跨地区公司的组织结构形式。

六、职权设计

职权是指特定的管理职位所规定的采取行动或指挥别人行动的权力。职权属于正式权力，是与组织中特定的职位相关的权力。例如，我们经常发现组织中的下级有时会被迫执行不利于自己或本人不同意的命令，这就是职权的力量。所以一个没有职位的管理者就失去了相应的力量和作用。

组织的职权设计就是关于组织内不同职位间的职权关系的设计,涉及每一职位的权力来源与权力大小等问题。

(一) 直线职权与参谋职权

组织分工将组织机构划分为纵向与横向两类,我们将纵向的、由管理层次形成的体系称为直线组织,直线组织对实现组织目标负有直接职责。与直线组织中每一层次的职位相对应的权力即为直线职权,指上下级之间的指挥与命令权力。直线职权体现出组织内自上而下的指挥链的关系,它遵循统一指挥原则,是组织中管理人员的主要关系。组织设计的主要内容之一便是规定和规范这种关系。

参谋职权是指对实现组织目标负协助责任的权力。参谋职权的职责是协助直线职权有效地工作。为此派生出的职能称为参谋职能,它遵循专业化原则,如计划、财务、人事等,随着现代企业规模扩大化、战略复杂化,参谋机构日益扩大,地位日趋重要。参谋职权作为直线职权的助手,只有筹划、建议权,不具备指挥权。实践中区分组织内的直线部门与参谋部门一般也是从职权关系的角度,看其是否拥有指挥权和命令权。

在组织的职权设计中,能否处理好直线职权与参谋职权的关系直接决定组织效率,为此,应做到以下两点:

(1) 明确权责划分。直线职权与参谋职权是两种不同性质的职权,但又必须相互配合。只有明确职责及各自的地位,才能更好地配合。

(2) 必要的授权。直线主管为了更好地调动参谋人员的积极性,同时也为了减轻自己的负担,应向参谋人员进行有限度地授权。

(二) 授权

授权是指领导者将自己的部分决策权转移给下级的过程。授权是形成指挥链的手段,随着组织规模的扩大,授权会不断地进行;授权可以减轻领导者的过重负担;授权还可以成为激励因素,调动下级的积极性。

授权的原则包括:第一,应符合组织目标。包括是否授权、授权的方式、权限大小等。第二,权责对等。当授权不完整或权责不对等时,可能出现滥用权力或根本无法完成任务的后果。第三,授权的绝对性原则。权力下授而责任不可下授,这也避免了上级随意授权的行为。

授权的方式有两种:一种是按照授权程度,分为充分授权与不充分授权,这主要视上级对下级能力的认可程度和所授权力的重要性而决定,信任度越高,授权越充分。另一种是制约授权方式,即将所授职权加以分解,分别授予不同的下级,以产生权力制约来形成相互监督,避免失误,如财务管理中的会计与出纳间的制约关系。

授权过程中应注意的问题主要是对下级的信任程度:一方面要避免因对下级不信任而造成的缩手缩脚,不敢或不愿放权;另一方面也要避免因过于放任而造成失控。

(三) 集权与分权

集权与分权是用于描述决策权在组织中的不同管理层次上的集中程度的概念。集权是指决策权在组织中的较高层次上的相对集中;分权则是指决策权在组织中的较低层次上的相对分散,分权同时也是授权的过程。

集权与分权是相对概念。一般意义而言,集权至少有两个好处:一是保持组织整体决策的一致性;二是可以保证雷厉风行地执行决策。因此,集权成为组织普遍追求的倾向。但是过分集权也具有明显的弊端:首先,导致决策质量降低。权力过分集中于高层致使信息传递失真和传递不及时,影响决策质量。其次,权力过分集中于高层会影响员工积极性,进而降低工作热情。实践证明,集权程度与员工满意度密切相关,集权程度低的组织员工决策参与程度高,满意度相对高;反之亦然。上述弊端的存在,最终会降低组织的活力和进取心。

正确掌握集权与分权程度、适度分权对组织运行的有效性有重要影响。首先,在现代组织中,对规模经济的追求导致组织规模扩大,要求增加管理层次,使分权倾向日益明显;其次,组织活动的分散性也使分权成为必要,尤其那些跨国、跨地区的部门主管要求自主决策的意愿更加强烈;再次,组织的创新性也同样要求组织的分权化;最后,现代计算机和信息技术的发展也使分权成为可能,因为现在即便是普通员工也能迅速获取从前只有高层管理人员才能得到的信息。当然,集权与分权是相对概念,分权程度本身也会受到集权优越性的限制,超过一定限度的分权会破坏组织的统一性。不仅如此,组织内是否拥有足够数量的、受过良好训练的基层管理者也是限制分权程度的决定性因素,不具备相应素质的管理者可能会使分权的效果适得其反。所以要提高员工的工作绩效和满意度,就必须全面考虑员工素质与组织性质间的关系。

七、人员配备

(一) 人员配备的必要性

人员配备是为了配备合适的人员去充实组织中的各个职位,以保证组织活动的开展和达成组织预定目标。它的任务是对人员进行恰当而有效的选拔、培训和考评,为各个岗位配备合适的人员。

在企业管理中,人员配备是关系到企业经营目标能否实现的重要内容。曾经有一位企业家,经营很成功,于是决定跨地区开分公司。但开了几家之后,有一个现象令他感到很困惑:分公司有他坐镇的时候,能够赢利,一旦他撤回总公司后,分公司就开始亏损。事实上,这个问题的根源在于他没有充分意识到当企业发展到一定阶段时,人员配备水平必然会影响到整个公司的运作水平。一个成功的企业家应该通过恰当的人员配备将自己的成功经验转化为公司一批人的经验。

人员配备的必要性表现在,人员配备尤其是企业管理层的人员配备是实现组织目标的保证。人员配备通过选拔、培训、储备人才为组织发展做准备。企业通过选拔、培训、储备人才维系成员对企业的忠诚度。

(二) 人员配备的内容

1. 确定人员需求数量

人员需求数量主要是根据组织规模、组织结构的复杂程度、组织设计的要求等因素来确定的,同时,还要综合考虑环境变化、人员流动等动态因素。

2. 人员的招聘与选拔

人员的招聘与选拔主要有两种方式:一种是外部选拔、招聘,即所谓"空降兵"模式,另一种则是从企业内部产生。后者的好处是企业与选拔对象相互了解,能够迅速开展工作,有较高的企业忠诚度,但有时选拔的范围较窄。"空降"模式进行人员配备选拔的范围较广,可以带来企业管理新思路,避免近亲繁殖,但是也会面临与企业原有利益结构、组织文化相冲突的问题。然而不管采用哪种模式,企业在进行人员的招聘与选拔时,必须客观、公正地考察其个人能力并赋予相宜的工作责任。这一点对调动组织成员的工作积极性是非常重要的。

3. 人员考评

人员考评是为了确定各个职位的工作人员是否符合组织要求的标准,以便为组织确定是否进一步培养以及确定薪酬、奖惩提供依据,同时,人员考评也是组织内部沟通的过程。人员考评的方式可以按照贡献大小进行能力考评,也可以根据考评主体的不同进行自我考评、上级考评、群众考评。

4. 人员培训

人员培训一方面是为了提高企业员工素质和个人能力,另一方面也是企业内部信息沟通、针对某些具体问题改变员工态度、更新观念的需要。具体培训内容包括政治思想教育、管理业务知识、管理技巧等。培训方法有理论培训、职务轮换、晋升、在副职岗位上培训等。具体形式有在职学习、脱产学习。

美国管理学家卡茨认为,管理者至少应具备三大技能:技术技能、人事技能和概念技能。其中,概念技能是一种综合技能,即认识问题、分析问题以及做出正确决策的能力。它要求管理者能够敏锐地觉察到环境的细微变化,并深刻体会其中的意义,做出正确的决策。虽然三种技能对不同层次的管理者都很重要,但是由于职责不同,所需技能的侧重也有所不同,所以在培训中,应注意有针对性地进行。

◆ 非正式组织

组织设计的结果是形成正式组织,它具有正式的组织结构形式、社会地位、职责与法定权限。而与之相对应,非正式组织是存在于正式组织之中,与其共生的一种组织形式,它没有法定的社会地位,但有自己的目标、行为规范和权力体系。

一、非正式组织的含义及特点

(一)非正式组织的含义

所谓非正式组织,是指那些由共同兴趣和爱好自发形成的人的群体,如酒友、棋友、舞友、球友等。非正式组织由情趣一致或爱好相仿,利益接近或观点相同,以及彼此需要等原因把人们联结在一起,并且依靠心理、情感的力量来维持。非正式组织对正式组织既具有积极的作用,也具有消极的作用。研究非正式组织的目的,在于对非正式组织进行正确引导,发挥其积极作用,抑制消极作用,避免破坏作用。

(二)非正式组织的特点

(1)非正式组织是自发形成的。

非正式组织是相对正式组织而言的,它不是由正式组织组建的,而是自然或自发形成的,一般来说,非正式组织没有章程,没有确定的权利和义务。

(2) 非正式组织靠爱好、情感来维持。对于非正式组织来说，维系群体存在的主要原因，不是来自外部，而是来自成员间的情趣一致或爱好相仿，以及彼此需要的心理、情感上的原因及力量等。

(3) 非正式组织的领导者具有极大的吸引力。非正式组织一般都有自己的"领袖"人物。这样的"领袖"人物不是由组织任命的，而是自然形成的。或者是"领袖"本身的力量把成员"吸引"到自己身边，或者是群体在形成过程中自然拥戴出"领袖"人物。因此，非正式组织的"领袖"常常比正式组织的领导者更具权威性，对成员的影响更大。

(4) 非正式组织有自己的群体规范。非正式组织一般都有自己的群体规范。这种规范主要是从非正式组织成员的共同利益、共同需要、共同情趣和爱好出发，来规范非正式组织成员的行为，调节非正式组织内部的关系。虽然它是不成文的、无形的，但对非正式组织成员却具有很大的约束力。

(5) 非正式组织的凝聚力较强。非正式组织是因成员情趣一致或爱好相仿，利益接近或观点相同，以及彼此需要等形成的，所以一般来说有较强的凝聚力，容易出现"抱团"现象，并且具有自卫性和排他性。

(6) 非正式组织的内部信息传递畅通。非正式组织具有明显的情感色彩，它以共同的感情为基础，以感情作为判断是非好恶的标准，这使得非正式组织的内部信息传递具有渠道畅通和传递快的特点。

二、非正式组织的类型

(一) 按非正式组织的形成原因分类

(1) 利益型。这类非正式组织因成员利益的一致性而形成，凝聚力最强，作用明显，是否是非正式组织也容易判定。

(2) 信仰型。因其成员有共同的信仰和价值观而形成，凝聚力较强，但由于是思想上的结合，在信仰、价值观以外的问题上，组织作用并不十分明显。

(3) 目的型。因其成员要达到一定的目的而形成，这种目的和动机可能各不相同，但一旦达到目的，非正式组织就可能解体。

(4) "需要互补"型。因其成员在某些方面，譬如品质、性格有相似或相近之处，同类相聚；或虽不相同，但能互补。这样的非正式组织比较松散。

(5) "压力组合"型。因外在压力的作用而形成，如果外力消失或改变，组织本身也就可能发生变化。

(6) "家族亲朋"型。因其成员有家庭亲朋关系而形成，凝聚力强，内部相互帮助和对外自卫的作用明显。

(7) "娱乐"型。因兴趣、爱好相同而形成，凝聚力不是很强，组织作用也不明显。

(二) 按非正式组织的群体作用性质分类

(1) 积极型。对组织目标、正式组织的建设及成员的成长起积极作用。

(2) 消极型。对组织目标、正式组织的建设及成员的成长起消极作用。

(3) 中间型。对组织目标、正式组织的建设及成员的成长没有明显的积极作用或消极作用。

(4) 破坏型。对组织目标、正式组织的建设及成员的成长有明显的破坏、干扰作用。

这里需要指出两点：一是非正式组织的群体作用性质不是固定不变的，可以发生转化。比如，起积极作用的非正式组织，如果引导不当，或对其采取不正确的态度，可能导致其作用发生转化；同样，起消极作用的非正式组织，经过适当的工作，也可能转变为起积极作用的非正式组织。二是非正式组织的作用往往不是绝对地积极或绝对地消极，比如有些非正式组织对其本身内部是不利的，但可能对正式组织却有一定积极作用。

三、非正式组织的积极作用与消极作用

（一）非正式组织的积极作用

非正式组织有可能帮助正式组织完成大量的工作，可以作为"补丁"来弥补正式组织的缺点和不足，还能为正式组织成员提供社会与心理方面的满足，有利于保持良好的气氛；此外还能促进积极的信息沟通。具体来说，非正式组织的积极作用主要表现在以下几方面：

1. 满足职工情感方面的需求

非正式沟通的产生可以说是人们天生的需求。例如人们出于安全感的需求，乐于去刺探或传播有关人事调动或机构改革之类的消息，而好友之间彼此交流和沟通则意味着相互的关心和友谊的增进，由此更可以获得社会需求的满足。

2. 弥补正式组织的不足

任何一个组织机构无论其政策与规章制度定得如何严密，总难巨细无遗，好朋友之间的相互关心是任何组织机构也代替不了的，非正式组织则可与正式组织相辅相成，弥补正式组织的不足。尤其是非正式沟通在做后进转化工作上有特殊功效，因为非正式组织本身的特点，特别是其"领袖人物"的影响力，在做后进转化工作上往往有正式组织达不到的功效。此外，非正式组织可使员工在受到挫折或遭遇困难时，有一个"排气阀"，即发泄的通道，从而获得社会的安慰与满足。

3. 了解员工真正的心理倾向与需求

通过非正式渠道进行沟通，员工可以畅所欲言地吐露内心的看法和真实思想，而不会像在正式沟通中那样心存戒备，从而让管理者可以从不同侧面捕捉到职工的真实需求。虽然非正式组织有时也可能传播一些小道消息，这些小道消息具有蛊惑人心、混淆视听的副作用，但某些小道消息也从一个侧面"折射"出某些员工的真实心态和想法。

4. 有利于加强沟通，提高工作效率

在非正式组织中，成员之间或者兴趣爱好相同，或者性格脾气相投，因此，成员之间不仅沟通渠道通畅、无话不谈，而且能够建立起相互信任与关心，从而更好地调动非正式组织成员的积极性，提高工作效率。

（二）非正式组织的消极作用

非正式组织的消极作用，往往发生在与正式组织发生冲突的时候，其消极影响主要表现在以下几个方面：

第一，目标冲突。非正式组织的利益或目标与正式组织的利益或目标发生冲突时，非正式组织会对正式组织的利益和目标起破坏和干扰作用，有碍正式组织目标的实现。

第二，抵制变革。非正式组织往往变成一种力量，他们为了维护自身既得的利益，会刺激非正式组织成员产生抵制改革的心理。

第三，滋生谣言。谣言在非正式组织中，极易牵强附会，以讹传讹，把错误的东西辗转传开来，令人信以为真。

第四，阻碍努力。某些人员在其工作上特别尽力，必然受到非正式组织中其他成员的讥讽，于是使人不敢过分努力。

第五，操纵群众。非正式组织中的领袖往往可以利用其地位，对群体成员施以压力、从中操纵，易形成小集团、小圈子，影响人心稳定与团体的凝聚力。尤其是非正式组织的"领袖"人物与正式组织的领导者发生冲突时，这种冲突可能是个人的成见或摩擦，也可能是工作上的分歧。

四、对非正式组织的管理策略

非正式组织的存在具有客观必然性，就像冰山有水上和水下部分，正式组织与非正式组织是组织存在状态的两种形式，管理者不可能凭借好恶废除非正式组织，但可以学会与之共处并对之施加影响。

1. 思想上要正确对待非正式组织

对非正式组织要坚持实事求是的态度，既不能夸大非正式组织的作用，也不能对非正式组织持漠视态度，要敢于正视、承认非正式组织的存在，并把它与"小宗派""小集团"区分开来。对非正式组织的积极作用要进行鼓励和支持，对其消极作用要进行积极引导，争取把非正式组织的作用引导到正式组织的目标上来。

2. 对非正式组织进行目标引导

对于非危害性的非正式组织，领导者不必对其限制过严、事事干预，应该尊重他们的集体性，实行目标管理。如领导者可以根据与非正式组织的关系，为非正式组织分配具体的工作任务，为它们不断提供更高层次的目标，并引导它们逐步向更高的目标发展。但需要注意的是，引导不是妥协、退让、迁就，引导的目的是要把非正式组织引导到有利于组织目标、任务的实现及完成，有利于正式组织建设的轨道上来。引导是要使非正式组织的积极因素得到发挥，消极因素转化为积极因素。

3. 对非正式组织进行感情维系

领导者应尊重员工的感情，沟通正式组织与非正式组织之间的信息，不断消除二者之间的矛盾，使二者保持平衡。在制定工作目标和标准时，不能只顾效率、不顾感情，要使领导者与职工之间平等相待，密切协作。

4. 对非正式组织进行核心控制

非正式组织的"核心人物"会对非正式组织的结构、性能和行为方式产生至关重要的影响。控制非正式组织的"核心"是控制非正式组织的关键。因此，领导者应作好"核心人物"的工作，在实现正式组织目标的过程中取得他们的支持，调动他们的积极性，利用他们的影响力、威信和能量来引导非正式组织。

◆ 组织创新的主要形式

一、扁平化组织

受管理幅度的限制,企业传统的金字塔形组织结构是一种趋于多层次的高耸结构,但是其无法适应现代多变的市场环境对企业管理效率及创造性的要求。因此,自20世纪90年代以来,西方企业掀起"企业流程再造"运动,意在打破传统的自上而下、重视层级体系和部门界限的管理模式,将这种金字塔结构扁平化。

企业组织结构扁平化具体表现为减少管理层次,加大管理幅度,提高组织信息传递的有效性。具体形式是将大企业分割成许多规模较小、承担独立经济权责的单位,各单位独立运营,各自负责某一特定的市场或产品的经营活动。在这种分权体制下,高层管理工作以协调各单位关系为主,改变以往那种层层发号施令、效率低下的状况。

扁平化要求组织具备一定的基本条件:一是具备现代化管理控制技术,迅速、有效地实施信息处理与传输,能够有效取代被减少的管理层次;二是员工具备一定的独立工作及自我控制能力,以承担相应的授权责任。

扁平化组织的好处是:首先,减少管理层次可以改进沟通效率;其次,减少管理层次可以减少管理人员的数量并因此而降低管理费用;最后,加大管理幅度要求管理者提高分权程度,客观上激励员工提高自我控制水平。但扁平化相应地也提高了对组织控制能力的要求。这种组织的适用面较广,在现代化管理控制条件下,即便是传统企业也可以实行不同程度的扁平化组织变革。

二、虚拟组织

虚拟组织,也称虚拟企业或虚拟经营,是指企业在组织上突破有形的界限,虽有设计、生产、营销、财务等功能,但企业内部却没有完整的执行这些功能的组织机构,组织机构有实有虚。也就是说,企业在有限的资源条件下,为了取得竞争优势,只保留企业中最关键的功能组织,而将其他的功能虚拟化,通过各种方式借助外界力量进行整合弥补,其目的是在竞争中发挥企业有限的资源优势。

虚拟组织的兴起,与当今市场激烈竞争、科学技术飞速发展有着密切的关系。随着科学技术的快速发展,新产品的技术含量不断扩大,产品的生命周期不断缩短,新产品与多种科学技术的综合趋势不断扩大。在这种形势下,企业单靠自己的资金和技术力量,迅速推出系列化、多样化和复杂化的新产品就显得力不从心,难以达到快速占领市场的目的。而获得利润的机会是稍纵即逝的。因此,一些企业采用联盟的形式,将各自的资源优势、技术优势和资金优势结合起来,便拥有了市场竞争优势。虚拟组织在国外早已十分普遍,像著名的耐克、锐步运动鞋根本就没有自己的工厂,其产品却畅销全球。而我们所能见到的多数进口电器,也都是以这种方式经营和生产的。分析起来,正是由于国外虚拟组织将一些劳动密集型产业的生产部分虚拟化,并把它转移到劳动力成本比较低的发展中国家生产,才有了"三来一补",也才有了许多企业的发展。实际上,许多世界名牌产品,都是由发展中国家的一些企业生产出来的。

虚拟组织突破了传统管理只重视企业自身拥有的资源的管理方式,而将管理的重点转移到对整个社会资源的整合和调动上来,其基本精神在于突破企业自身的行政界限,拓宽资源配置的思路和空间,借用外力加速自身的发展。

（一）虚拟组织的基本形式

传统的组织是实体组织,即组织功能与机构之间存在一一对应的关系,组织有什么样的功能,就设置什么样的机构,由此形成的组织是"大而全""小而全"。实践证明,这样的实体组织不仅没有增强功能,反而背上了沉重的负担,比较优势更难显现。而虚拟组织则打破了功能与机构之间的一一对应的关系,即组织机构有实有虚。也就是说,在虚拟组织中,可能并没有某些机构,但却具有该机构的功能。虚拟组织注重企业内部资源与外部资源的有效整合,是一种把优势做大做强的资源配置思路。

虚拟组织在运作过程中具有多种多样的虚拟形式,其中最常用的形式有虚拟生产、策略联盟、虚拟营销、虚拟后勤。

1. 虚拟生产

虚拟生产是虚拟组织的初级形式,其主要方式是外包加工。在虚拟生产条件下,企业只掌握产品生产的核心部分,如关键配方和关键工艺等,而将一般生产环节运用承包或租用生产车间的方式虚拟出去。这样,企业就可以在没有生产设备、厂房投资的情况下实现强大的生产功能。如珠海天年素高科技公司,1992 年自筹资金 1 000 万元,瞄准国际尖端技术、国内空白的功能纤维,开发出改善人体循环的系列产品,自己只掌握产品的核心部分——技术配方,而生产环节则采用租用车间的方式,分布到全国各地,产品就地销售,既节约了生产设备和厂房投资,又降低了运输费用和市场壁垒,只用了 3 年的时间,产值就达到了 2 亿元。这种以科技为核心、实现快速发展的运作模式,体现了少量复杂劳动等于多量简单劳动的市场交换法则。再如著名电器生产商飞利浦在相当程度上也采用了虚拟生产的方式,它虽创造了世界品牌,企业却不拥有生产线。这使得企业不同产品的调整成本很低,可以很快地适应市场变化,创造了企业高弹性的竞争优势。

2. 策略联盟

策略联盟是指几家企业拥有不同的关键资源,而彼此的市场又存在某种程度的区隔,为了彼此的利益,进行策略联盟。其基本思想在于创造更大的竞争优势,通过资源共享实现利益共同扩张。如世界著名的康柏电脑公司,为迅速进入不熟悉的个人电脑市场,一开始就与数十家知名的软硬件公司（如微软等）进行策略联盟,再加上康柏电脑的大部分零件均采用外包加工的方式生产,本身仅掌握快速的研究和开发能力以及营销网络,使得康柏电脑迅速攻进个人电脑市场,最终成为个人电脑市场的第一品牌。策略联盟按照组织接触程度和潜在竞争程度的不同,可以分为四种类型:一是亲竞争性联盟。指在产业和价值链中有纵向关系的企业之间的联盟,如生产商与供应商、分销商之间的联盟。此种联盟的目的在于实现价值链的增值。二是非竞争性联盟。指在同一产业内相互不存在竞争关系的企业之间的联盟,此种联盟的目的在于同业之间的相互学习。三是竞争性联盟。指联盟者之间存在直接的竞争关系,此种联盟的目的在于保护和增强联盟双方的核心竞争优势。四是潜竞争性联盟。指为了开发新技术,在互不关联的企业之间结成的联盟,此种联盟的主要目的是获取超前竞争优势。

3. 虚拟营销

虚拟营销,是指企业仍具有营销的功能,但却不具有营销机构或使原有的营销机构功能弱化。其常用方法有两种:一种是改变企业与下属营销机构的隶属关系,即将下属营销机构的"产权"关系解放出去,使其成为具有独立法人资格的营销公司。营销公司作为独立的利润中心直接面向市场,既要承担原有企业的营销业务,又要开拓其他营销业务市场,这样,既能节约总公司的精力与费用,又能激活原有营销机构的行为。但企业采用这种形式必须具备这样的前提,即企业拥有的产品市场前景广阔,并能以自身的品牌与技术更新优势保持其稳定性,否则就会失去对营销公司的吸引力,导致营销公司另择他路。另一种是借用外部已有的营销网络来实现自身的营销功能,即企业只制定营销规划和营销策略,而具体的营销活动则由大量的经销商和代理商来进行。在这种形式中尤以传销形式最具代表性。

4. 虚拟后勤

虚拟后勤,就是企业将后勤辅助、服务部门社会化。其常用方法有两种:一是分离企业后勤行政部门,使其成为独立的服务公司,变原来的隶属关系为平等的业务关系。二是将后勤行政业务对外发包,由市场中独立的服务公司来承担,企业与外部服务公司之间既是利益共同体,又是一种松散的联合关系。

虚拟组织的精髓,是将有限的资源集中在附加值高的功能上,而将附加值低的功能虚拟化,其目的是以高弹性化来适应市场的快速变化。有专家预言,虚拟组织将成为21世纪企业资源优化配置的潮流和企业竞争制胜的有力武器。

(二)虚拟组织的实施要点①

虚拟组织的核心在于通过借力和借智来弥补自身资源的欠缺,从更广阔的空间来优化配置社会资源。为了保证虚拟策略的成功运用,在实施过程中还要注意把握以下要点:

第一,建立并不断增强自身的核心竞争优势。任何虚拟形式都是建立在自身核心竞争优势基础之上的,企业只有以本身的核心优势为依托,通过虚拟化获取外界资源和力量的配合,才能达到优势互补的目的。如果企业本身一无所长,虚拟策略则很难奏效,即使实现了某种形式的虚拟也难以取得理想的虚拟效果。

第二,准确定位虚拟方向,发现并识别合适的虚拟对象。企业在实施虚拟策略时,不是漫无目的地胡乱虚拟,必须详细分析自身所处的内外环境,弄清自己的优势及外界资源状况。一般来说,企业内部劣势之所在往往成为可考虑的虚拟方向,即企业通过借用外力来改善或弥补;而外部环境中技术标准、生产规范较稳定的成熟产业则适宜选作虚拟对象。

第三,了解虚拟对象的真实需求,选择恰当的虚拟方式。虚拟方式是多种多样的,只有当虚拟方式适合企业本身及虚拟对象的现实要求时,虚拟策略才能取得满意的效果。选择正确的虚拟方式,其中最关键的是要掌握虚拟对象的真实需求,弄清虚拟对象所期望达到的目标。只有这样,才能准确地判断虚拟对象是否适合企业自身的需要,并选择

---

① 施礼明、汪星明:《现代生产管理》,企业管理出版社1997年版,第13页。

恰当的虚拟实施方式。

第四,重塑文化基础,消除企业内部的抵触感。企业不管是借力还是借智,在引进外部资源的同时,都会伴随外来文化的输入,这样在企业内部极易产生一种对外来文化的消极抵触感。因此,重塑企业文化,努力减少各种文化的摩擦并使之互相融合,也就成为实施虚拟策略的成功保证。

第五,要建立强有力的信息支持系统。将同一公司的不同部门以及不同公司的资源优势迅速集成一个虚拟组织系统,为此要掌握本公司和相关公司的产品市场情况、销售渠道、人员素质、研究和开发能力、产品结构、工艺特征、设备情况、制造能力等大量信息。该系统除及时提供上述有关信息外,还应该提供一个快速选择虚拟对象的方法。

三、世界型组织

世界型组织于20世纪90年代中期兴起,被认为是迈向21世纪的主导模式。它是一种以持续不断创新、力求最佳目标为特征的组织形式。世界型组织以一些企业走出学习型组织并迈向新阶段为特征,不仅注重企业内部的创新发展,而且更加关注企业所在领域领导地位的确立。概括起来,世界型组织主要具有如下特征:

1. 以顾客为根本的定位

世界型组织最重要的特征是以市场为导向,以顾客为中心,组织不仅将顾客放在质量方案的中心位置,而且所有部门及员工必须组织起来服务于直接或间接的顾客。世界型组织结构高度扁平化,这样,组织内每个人都能与顾客保持尽可能近的距离,并能经常收集顾客当前或未来的需求信息。这种以顾客为中心的指导思想,奠定了组织认知、策略、结构和工作设计的基础,其结果是,企业对自身的要求比顾客的要求更严格,并不断创造新的产品来服务顾客需求、引导市场消费。

2. 不断改进工作

世界型组织的精神是不断改进,追求卓越,它着眼于全球,充分利用全球网络化的合作关系、联盟及信息共享等战略,努力比竞争对手做得更快和更有效率。世界型组织不断改进的主要方面包括:使工作趋于规范化,积极采用标准模式或最佳模式,业务流程重组,对员工授权,制定有关企业知识财产的长远发展规划,合理利用外部资源,形成以创新为核心的激励机制。

3. 灵活多变的组织形式

世界型组织对环境变化反应敏捷、果断且明智、行动及时,这与其经常采取灵活多变的组织形式有关。世界型组织主要依靠外部资源并与外部组织结成临时联盟,因而具有及时把握时机、降低成本、结盟抗敌以及与其他企业共担风险等优势。这种联盟通常是暂时的、有期限的,当联合体对现实不再有价值时即宣告解散。世界型组织也通过培养员工掌握多种技能以增加组织的灵活性。其主要特征有虚拟组织、标准化组织、矩阵式组织、多功能组织、并行工程、多技能工人、分权与授权、交叉培训、工作轮换制、工作扩大化等。

4. 全面、合理地管理人力资源的各种方法

世界型组织中的人力资源管理所具有的显著特征有:协同解决问题,管理层的积极

贯彻和参与,所有管理层及职能部门通过交流形成一致目标,奖励与表彰措施的积极运用等。此外,世界型组织还强调不断地激励全体员工的积极性,从而打破全面质量管理型组织与学习型组织的局限性。

5. 平等的企业文化氛围

世界型组织的另一特点是营造平等的氛围,它是指对组织及其参与者的公平回报,尊重组织内部的每位员工以及他所服务的顾客与社会。平等的氛围具有以下重要特征:共享远景或信息,公开交流,行为准则明确,尊重企业内各类团体的独立性,促成友好相处的机制,培养员工间的合作精神,员工参与,结成公共团体,形成个人、团体间的良好关系,促成利益一致的发展规则。

6. 强大的技术支持

大多数有创意、创新且有效的世界型组织都离不开计算机辅助设计和计算机辅助制造、电子信息网络、专家决策系统、统计数据库系统、交叉组织信息系统、多媒体系统以及决策支持系统等先进技术的支持。在当今全球范围的市场竞争中,速度、信息、差异特点及灵活性是取得竞争优势的最本质因素,此时技术上的支持显得尤为重要。

从世界型组织的以上特点可以看出,触角敏锐、行动快捷、积极创新的世界型组织将会成为 21 世纪企业组织创新的首选。

四、学习型组织

自人类进入 20 世纪 90 年代以来,随着信息技术革命和知识经济的兴起,企业所处的环境日益动荡和复杂,未来的不可预知性、环境的不确定性、技术的日新月异、经济的全球化、竞争的国际化等,所有这一切都充分表明,传统管理理论已越来越不能适应环境急剧变化的需要,企业迫切要求建立一种能适应周围环境急剧变化的一整套管理理论和行为模式。在这种背景下,美国麻省理工学院的彼得·圣吉(P. M. Senge)教授与其同事,在系统动力学的创始人福瑞斯特(J. W. Forrester)教授的指导下,将系统动力学与组织学、创造原理、认知科学、群体深度对话与模拟演练相融合,创造出了一种崭新的企业管理模式——学习型组织。

(一) 学习型组织的特点

所谓学习型组织,是指通过培养弥漫于整个组织的学习气氛,充分发挥员工的创造性思维能力而建立起来的一种有机的、高度柔性的、扁平化的、符合人性的、能持续发展的组织。与传统组织相比,学习型组织具有如下特征:

1. 组织成员拥有共同的愿景

圣吉认为,"愿景"是指一个特定的结果、一种期望的未来景象或意象。它是人们真心追求的终极目标,而非达到目的的手段;它源自人们的内心,而非外在的强制。组织的共同愿景来自员工个人愿景而又高于个人愿景,它是组织中所有员工共同愿望的景象,是他们的共同理想,它能使不同个性的人凝聚在一起,朝着组织共同的目标前进。

2. 组织由多个创造性团体组成

在学习型组织中,团体是最基本的学习单位,团体本身应理解为彼此需要他人配合的一群人。组织所有的目标都是直接或间接地通过团体努力来达到的。

3. 善于不断学习

这是学习型组织的本质特征。所谓"善于不断学习",主要有四层含义:一是强调"终身学习",即组织中的成员只有养成终身学习的习惯,才能形成组织良好的学习气氛,促使其成员在工作过程中不断学习;二是强调"全员学习",即企业组织的决策层、管理层、操作层都要全心投入学习,尤其是经营决策层,他们是决定企业发展方向和命运的重要阶层,因而更需要学习;三是强调"全过程学习",即学习必须贯彻于组织运行的整个过程之中,不是把学习和工作分割开,而是强调必须边学习边准备,边学习边计划,边学习边推行,突出从干中学,从用中学;四是强调"团体学习",即不但重视个人学习和个人智力的开发,更强调组织成员的合作学习和群体智力的开发。学习型组织正是通过这种不断学习,及时铲除发展道路上的障碍,不断突破自身的成长极限。

4. 结构扁平化

传统的企业组织是金字塔形的科层结构,其突出特点是机构重叠,效率低下,官僚主义严重。决策层与操作层之间由于层次众多,难以直接互通信息,更难以互相学习和整体互动思考。学习型组织则最大限度地将决策权下放到离最高管理层或公司总部最远的地方,即决策权向组织机构的下层移动,让最下层拥有充分的自主权,并对产生的结果负责,从而形成扁平化的组织结构。在这样的组织里,由于组织机构大为减少,下层能够直接体会上层的决策思想和意图,上层能够亲自了解下层的动态,吸取第一线的营养。这样既实现了高层与基层之间的快速、高效沟通,又实现了企业内部的相互学习和整体互动。目前发达国家的一些大企业,随着内部交换网络的建立,已将中间层取消,建立了决策层、管理层、操作层在同一平面上的"扁平化"管理模式。

5. 自主管理

学习型组织理论认为,每个人都是一个充满智慧而又完整的实体,都愿意为崇高的生命发挥出自己的精神力量。但遗憾的是人们常常忽视这种精神力量,或者轻率地切断了组织与这种精神力量之间的联系。通过自主管理,员工能够自觉地挖掘出这种创造未来的精神力量,形成组织不断创造未来的能量源泉。其具体做法是让组织成员自己发现工作中存在的问题,自己选择伙伴组成团队,自己选定改革进取的目标,自己进行现状调查,自己分析原因,自己制定对策,自己组织实施,自己检查效果,自己评定总结。这种"自主管理"模式,能使团队成员形成共同的愿景,以更加开放求实的心态互相切磋学习,不断追求创新,从而增加组织快速应变、创造未来的能量。

6. 员工家庭与事业的平衡

学习型组织认为,家庭和事业不是矛盾的,而是统一的,完全能够使丰富的家庭生活与充实的工作生活相得益彰。所以,学习型组织支持每位员工充分地自我发展,同时员工也要以对组织的发展尽心尽力作为回报。这样个人与组织的界限将变得模糊,工作与家庭的界限也将逐渐消失,两者之间的冲突必将大为减少。由此,家庭和事业就能融为一体,员工的家庭生活质量就能不断提高。

7. 领导者的新角色

在学习型组织中,领导者是设计者、仆人和教师。领导者的设计工作是一个对组织要素进行整合的过程,它不只是设计组织的结构和组织政策、策略,更重要的是设计组织和个人发展的基本理念。领导者的仆人角色表现为他对实现愿景的使命感,并自觉地接受愿景的召唤。领导者作为教师的首要任务是界定真实情况,协助人们对真实情况进行正确、深刻的把握,提高他们对组织系统的了解能力,促使组织和个人不断学习。

就本质而言,学习型组织是一个具有持久创新能力的创造未来的组织。它就像具有生命的有机体一样,在内部建立起完善的"自学习机制",将成员与工作持续地结合起来,使组织在个人、工作团队以及整个系统三个层次上得到共同发展,形成"学习——持续改进——建立竞争优势"这一良性循环。

(二) 建立学习型组织的"五项修炼"

圣吉在进行大量实证研究和深入思考的基础上,发现在许多团体中,每个成员的智商都很高,在120以上,而团体的整体智商却很低,只有62,原因是这些团体正遭受着一系列的学习障碍,使组织被一种看不见的巨大力量所侵蚀,从而在竞争中丧失了机遇。如何使这些学习不力的组织变为学习型组织,使其保持优势并得到创新性的发展,圣吉提出了以系统思考为核心的"五项修炼"。

第一项修炼:自我超越

自我超越是个人成长的学习修炼,是学习型组织的精神基础。这种修炼是通过学习不断厘清与加深个人的真正愿景,培养组织中的个人不断追求自己终极目标的能力,向自我的极限挑战。由于整个组织的学习意愿与能力建立在每个员工的学习意愿与能力之上,组织应充分认识到个人成长对组织成长的重要性,积极创造鼓励个人学习和成长的组织环境。

第二项修炼:心智模式

所谓心智模式是指根深蒂固于心中,影响人们如何了解这个世界,以及如何采取行动的许多假设、成见、印象或图像。在管理过程中,有许多好的构想往往无法付诸实施,是因为它和人们根植于心中、对周围世界如何运作的看法和行为相抵触。因此,学习能转变人们的心智模式,有助于改变人们对于周围世界如何运作的既定认识。对于建立学习型组织而言,这是一项重大的突破。不仅个人存在着心智模式,而且组织内部也存在一种共有的心智模式,心智模式影响人们如何认识世界以及如何采取行动。改善心智模式的修炼,要求组织对通常表现为局部或静态思考方式的心智模式进行检查和修正,并向以注重互动关系与动态变化的思考方式为主的共同心智模式转变。要把"镜子"转向自己,发掘内心的图像,并以开放的心灵接纳别人的意见。

第三项修炼:共同愿景

所谓共同愿景,是指组织成员共同拥有的愿望和景象,它源于个人愿景并高于个人愿景,是个人愿景的汇聚和融合。共同愿景能够把组织成员凝聚在一起,将组织的共同目标转化为个人奋斗的目标,并成为组织成员为之奋斗的强大精神动力。为此,管理者必须注意与员工进行广泛的交流,支持鼓励个人愿景,并努力将个人愿景转化为能够鼓舞组织的共同愿景。这样才能使员工以主人的心态投入到共同愿景的实现之中,进而达到工作和生活的和谐。一旦组织成员拥有了共同愿景,就能够极大地激发他们追求卓越和主动献身的热忱,从而造就组织的强大生命力。组织成员有了衷心渴望实现的目标,才会努力学习,追求辉煌。不是因为他们被要求这样做,而是因为他们衷心想要如此。

第四项修炼:团体学习

在现代组织中,团体学习是非常重要的,因为现代企业的基本单位就是工作团体。因此企业不仅要注重个人学习,更要注重团体学习,只有组织拥有众多的会学习的团体,才可能发展成为善于学习的组织。团体学习的修炼要求团体成员能超越自我,克服防卫心理,学会如何工作和相互学习,形成共同的思维。真正的学习型团体能够使其成员更快地成长。

第五项修炼:系统思考

人们往往习惯于把自己与周围的世界分隔开来,把产生问题的原因归咎于他人或别的因素。圣吉指出,组织成员必须转变这种片面的、割裂的思维方式,把自己与周围世界连成一体。系统思考的修炼要求人们能综观全局,形成系统思维模式,使人们能思考影响我们的诸因素之间的内部关系,而不是把这些因素割裂开来。系统思考是学习型组织的核心技能,它能融其他各项修炼为一体,从而使组织的整体功能大于各局部功能之和。

(三) 组织学习机制的建立

组织的学习能力是谋求可持续竞争优势的源泉,要不断提高组织的学习能力,就必须建立组织的学习机制。有了这种机制,才能使组织学习变成一种自觉的内功修炼,从而达到真正的学习;而缺乏学习机制的组织,虽然也在学习,但学习往往变成一种形式,不仅无法达到应有的学习效果,更无法提高组织的学习能力。

学习机制是一种不断追求自我超越的内在学习机制,其学习动力不来自外在的强制,而是来自组织内在的学习冲动,是一种自觉、自愿的主动学习机制。具有学习机制的组织都有一种永不满足的精神,它能够不断汲取人类知识宝库中的精华,充实自我,并超越自我。它不仅擅长于创造、吸收和传播新知识、新观念和新方法,而且更注重在实践中将这些新知识、新观念和新方法进行创造性的应用,以及时影响和改变个人与组织的行为。一般说来,具有学习机制的组织在实践中应该具有以下特征:

1. 良好的学习环境

学习环境是个人和组织学习的土壤,它直接影响个人和组织学习的热情和效果。良好的学习环境包括领导的高度重视、良好的学习风气、优美的学习环境以及融洽的人际关系等,它是提高组织学习能力的催化剂,能够使组织成员实现由"让我学"到"我要学"的转变,从而使学习变成组织成员的一种自觉、主动的愿望。

2. 重视培训和交流

培训是个人和组织学习的重要途径,要把培训当成一项系统工程,不仅要注重对员工劳动技能、学习和工作方法的培训,更要注重对管理人员管理思想、管理理念的培训;不仅要注重全员理论素养的提高,更要注重理论和实践的结合,做到学以致用。不仅如此,还要注意运用多种形式进行工作和学习交流,如实地调研、参观考察、岗位轮换等,以提高组织成员"听中学""看中学"和"干中学"的能力。

3. 勇于揭示问题

问题是组织存在的差距,只有正视问题才能解决问题、缩小差距。要用科学的方法来分析问题、解决问题,用数据事实而不是用假设作为决策依据,要使组织成员在分析思考方面变得更加训练有素,更愿意追根问底以探明事实细节和问题真相。

4. 敢于试验

试验是探索机会、拓展视野的重要途径。其目的在于使人们对某一事物的了解从表面进入到深度理解层次,即从知道"是什么"到知道"为什么"。知道"是什么"只是知识的一部分,它根植于行为规范、操作规程、业务流程等;知道"为什么"则更为根本,它基于认识事物深层次的因果关系,以及例外、变异和其他不可预见的因素等,如业务流程设计的依据、影响组织成员积极性与创造性的原因等。可见,试验的实质在于行动,在于从试验中学习,在学习中完善。

5. 善于对经验教训进行反思

经验教训是组织撰写的历史,虽然历史不可能改写,但对历史进行认真反思则能够为现在或未来提供有益的借鉴,只有真正弄清过去成功和失败的原因,才能使过去的成功成为今天的鞭策,使过去的错误不再重犯。

6. 积极学习别人的成功经验

学习、吸收和借鉴别人的成功经验,是组织学习的重要组成部分,它要求组织成员在学习过程中,不仅要树立正确的学习观念,还要掌握科学的学习方法,要以开放的心态进行学习,既不能一概拒绝,也不能照抄照搬,要根据变化了的情况和自身实际,创造性地加以吸收和借鉴。学习的对象非常广泛,既可以是同行业的市场领先者和领先顾客,也可以是其他行业的优秀企业。

7. 善于"借脑""集智"

知识和智慧已经成为企业的最重要资源,很多企业已经认识到"借钱"不如"借脑","集资"不如"集智"。"借脑"与"集智"的主要方式是聘请外部咨询专家进行咨询,提出整改建议。实践表明,企业通过与咨询专家合作,不仅可以得到咨询专家比较客观公正的整改建议,而且还能够从咨询专家那里学到许多新知识、新观念、新方法以及分析问题的思路和技巧等。因此聘请咨询专家也是组织学习的一个重要途径。

(四)建立学习型组织的方法和步骤

相对于传统组织理论和组织形式而言,学习型组织是一种彻底性的革命。这种革命的彻底性表明,学习型组织不是对传统组织理论和组织形式的改良,而是按照新的理论、理念和思路对原有组织的重新认识和再造。这就决定了建立学习型组织必然是一项复杂的系统工程,是一项长期艰巨的任务,它不是一朝一夕就能完成的,更不是简单地举办几次培训班就能实现的,它需要企业长期不断地探索和实践。而且从本质意义上说,学习型组织其实并不是一种具体的组织形式,而是基于组织整体的一种管理理念和模式,所以,即使那些已经建立了学习型组织的企业,也必须随着环境的变化及时充实其内容、丰富其内涵。这样,才能使学习型组织能够在动态变化的环境中不断提高、发展和完善。虽然学习型组织没有统一不变的固定模式,但经过人们的理论研究和实践探索发现,建立学习型组织仍具有共同的规律可循,仍具有共同的方法和步骤可供借鉴。概括来说,建立学习型组织需要遵循以下方法和程序:

第一,评估组织的学习情况。这是建立学习型组织的前提和起点,只有正确认识和了解组织的学习情况,才能有针对性地解决组织在学习过程中存在的问题,为进一步建立学习型组织奠定现实基础。

评估的内容主要包括:一是组织愿景。包括有无组织愿景,个人愿景与组织愿景是否冲突,能否使个人愿景融入组织愿景之中,个人能否主动适应组织愿景的需要等。二是组织学习规划。包括组织有无学习规划,学习规划能否得到正确实施,组织是否愿意在学习方面投资等。三是员工学习的动机。包括员工是否有主动学习的意识,有无学习的愿望和热情,是要我学习还是我要学习等。四是组织学习氛围。包括组织学习理念和价值观能否被成员接受,成员之间能否自觉地分享学习成果,能否在沟通的同时组织大家学习等。

第二,建立学习机制。学习型组织强调以系统整体的观念,来培养和提升组织的学习能力和创新能力,这是创造组织强大生命力的不竭源泉。而提高组织学习能力和创新能力的关键在于建立学习机制。但圣吉认为,个人学习与组织学习在某种程度上是无关的,即使个人始终都在学习,也并不表明组织也在学习。因此,要建立学习型组织,不仅要鼓励个人学习,更要鼓励组织学习,只有将个人学习融入组织学习之中,才能建立起整个组织一起学习的风气与氛围,而这一切又取决于组织学习机制的建立。

一般来说,有效的学习机制主要包括以下内容:一是动力机制。组织要有学习的动力,这种动力或者来自外在环境的压力,或者来自组织对经济利益的追求,或者来自组织强烈的发展冲动。只有组织有了强烈的学习动力,才能唤醒个人的学习热情和积极性,进而影响和改变个人的行为。二是激励机制。个人和组织的学习动力来自必要的激励,尤其是对于个人而言,有效的激励措施、激励方式和手段,是激发个人积极学习、努力进取的必要条件,因为激励反映着组织的导向,体现着组织的价值观和管理理念,只有通过激励,才能将组织文化贯彻到个人的头脑之中,进而转化为个人自觉学习的内在动力。三是竞争机制。竞争不仅是实现技术、资本等有形资源合理配置的主要方式,也是实现学习、知识等无形资源合理配置的主要途径。虽然学习型组织所倡导的学习是一种自觉的、主动性的学习,这种学习不是用高压与逼迫的方式,而是以关心与引导的方式动员员工学习,但是,在企业向学习型组织转变的初期,采取一定的方法和措施,强调竞争意识、危机意识,对于建立学习机制还是十分必要的。

第三,营造学习氛围。宽松与和谐的学习氛围既是建立学习型组织的前提条件,也是学习型组织正常运行的基本"土壤"。只有努力营造出适应学习型组织产生的"土壤"环境,才能使学习型组织健康成长,并不断发展、壮大。要营造这样的"土壤"环境,不仅需要组织以开放的心态接纳员工的不同意见,做到兼收并蓄,而且还要努力使员工成为重要的学习资源,通过对员工学习资源的挖掘,来实现组织和个人的共同发展。要在组织中建立冒险文化、倡导冒险精神,鼓励员工在学习的基础上,敢于去想、勇于挑战。要把学习引入工作之中,通过教育使员工掌握获得成功的方法,要将重点放在提高员工解决问题的能力上,而不是帮助员工做事。要引导员工通过学习来共同勾画组织发展愿景,并将组织愿景融入个人工作和生活,这样才能使组织愿景转化为员工个人的自觉行动。要教育员工学会系统思考,用动态、整体的观念来看待周围的一切,要从看部分转变为看整体,从看结果转变为看过程,从看别人转变为看自己。这样才能使人们从对现状的被动反应,转变为主动地创造未来。

能力训练

◆ 能力测评

测评1　你的合作能力与组织能力如何？

下列各题，请选择一个最能表达你自己想法或做法的答案。

1. 一位合作伙伴提出了一种新的想法，这个想法和你将要提出的想法相似，但你还没有信心将它公开提出。根据你以往的情况，这时你最可能说什么话？

　（a）"这很有趣，我正准备提出一个极其相似的想法。"

　（b）"这个想法很好，但是无法像所介绍的那样得到贯彻。还有许多工作要做，还要对它进行认真考虑才行。"

　（c）关于我有类似想法的事我只字不提，向提出者表示祝贺。

　（d）我鼓励全体与会者来研究新的想法，或提出一些可能与之相反的新建议。

2. 每个人都在参加讨论，但有一个人保持沉默。对其沉默你最可能做出什么反应？

　（a）最好不去管他，并非人人都爱说话。

　（b）我直接向他提个问题，引他发言。

　（c）就他的沉默我开句玩笑，比如我说："某某人恐怕不愿将他的伟大思想贡献出来。"

　（d）我对他说任何想法都是有价值的，即使一些想法起初听起来有些荒唐。

3. 你负责在会议室里为下次会议安排座位。几个窗口处光线耀眼，拐角处座位要受来来往往的人的影响。分析一下你的动机，看看你最经常用哪一项？

　（a）我肯定坐在一个背对耀眼窗口的位子上。

　（b）我暗地里讨厌比尔，有意给他分配窗口或拐角的座位。

　（c）约翰是新来的，有些害羞，我把最舒适的座位分配给他。

　（d）弗兰克和谢利总是支持我的发言，我把他们的座位安排在我的左右。

4. 一位与会者总是打乱别人的发言，对此你感到不快。如何解决这一问题？请回答。

　（a）告诉他闭嘴让别人发言。

　（b）用他提出的想法来反驳别人的想法，以此让大家打倒或接受他。

　（c）要求扰乱者进一步展开自己的想法。

　（d）限制每人的发言时间。

5. 组成一个团队的最好方法是什么？选择一项回答。

　（a）邀请有同样兴趣的来自同一部门的人。

　（b）邀请来自公司不同部门和工作岗位的人。

　（c）将各类反对者放在一起。他们中有保守派、革新者、"刺儿头"、幻想家和求实者。

　（d）该队的成员有技术人员、销售人员、组织人员和制订长期计划的人员。

6. 你来组织一个团队去解决公司的一项问题。除你外只能选择 5 个人。你将选择哪 5 个人?

(a) 一位技术人员,他是该领域的行家。

(b) 一位生产专家,他知道如何把事情办妥。

(c) 一位懂得市场和竞争的人。

(d) 一位富有创造性的人。

(e) 一位对整个工程都提出怀疑,并认为公司根本不应牵涉进这一项目的人。

(f) 公司会计。

(g) 公司律师。

(h) 一位计算机和数据专家。

7. 你就职的公司计划新开一家海外办事处。已有一份备忘录散发下来,要求对新办事处有兴趣的人参加一个会议。你对此邀请最可能做出什么样的反应?

(a) 我会无言可发,我对调动不感兴趣。

(b) 我去参加会议,弄不好这还是一次有趣的机会。

(c) 虽然我对调动不感兴趣,但我觉得我能提一些很好的建议。

(d) 会议将有很多人发言,什么也谈不出。如果受到特别邀请我就去,但不积极。

(e) 我不知道还有谁去参加会议。在决定参不参加之前我要先打听一下。

得分和评价:

1. (a) = 1   (b) = 3   (c) = 4   (d) = 2
2. (a) = 2   (b) = 3   (c) = 1   (d) = 4
3. (a) = 1   (b) = 2   (c) = 4   (d) = 3
4. (a) = 1   (b) = 4   (c) = 3   (d) = 2
5. (a) = 1   (b) = 3   (c) = 4   (d) = 2
6. (a)(b)(c)(d)(e) = 4   (c)(d)(e)(f)(g) = 3   (a)(b)(c)(e)(f) = 2
7. (a) = 1   (b) = 5   (c) = 4   (d) = 2
   (e) = 3

根据上述答案所给的分数计算出你的得分。

第 1、3、6、7 题测试你的合作能力。这 4 道题的最高分是 17 分。

第 2、4、5 题测试你的组织能力。这 3 道题的最高分是 12 分。

你可以将两组测试分开,看看每一道题的得分情况。整个测试的最高分为 29 分,最低分为 8 分。

如果你的得分在 22—29 分之间,说明你的合作能力和组织能力都很出色。

如果你的得分在 15—21 分之间,说明你的合作能力和组织能力较高。

如果你的得分在 15 以下,说明你的合作能力和组织能力都比较低下。

测评 2　你有官僚作风吗?

下列各题,请选择一个最能表达你自己想法或做法的答案。

1. 你管理一家保险公司,你建议雇员们参加一门由一位哲学教授讲授的伦理课的学习。据你估计,雇员们大部分将会有什么样反应?
(a) 真是个荒唐的主意,我们有更重要的事要做。
(b) 如果我们不参加,上级将会拿它来整我们。
(c) 这将耗费时间,我们希望在上班时间进行。
(d) 这个想法好极了,我们应不断学习新知识。

2. 在欧洲,一位年轻妇女买了一辆摩托车,她想骑着它去做一次地中海旅游,但必须有销售商的签字同意才行。于是她被人差遣着在政府部门间跑来跑去。最后有人说,"傻瓜,你为什么不自己在(文件)上面签个字?"于是她这样做了。对此你可能有什么反应?
(a) 这是非法的,假如人人都这么做该怎么办?
(b) 终于有独立自主做事的人了。
(c) 我们需要更多一些像这样打破常规的人。
(d) 这是可以的。但你发现这种人有多少次了?如果人人都这样,事情就乱套了。

3. 你接到一份投诉书,说一位雇员越级报告。你对此的反应是,这种行为可能没什么错,但是……
(a) 如果这种事形成惯例的话,事情就乱套了。
(b) 应先通过正常的顺序来进行,虽然这一次是属于不得已的情况。
(c) 应建立一些规章制度来保证雇员有意见可以向上反映而不受干涉。
(d) 这个人有胆量,应予提升。

4. 你指示一位下属,要他改变所下达命令中的某些程序。对下列情况你最喜欢哪一种?
(a) 下属坚持要你将指示以书面形式给他。
(b) 下属要求对改变做出确切的、分步骤的说明。
(c) 下属称赞你做出的改变。
(d) 下属提出一些新建议来补充你的指示内容。

5. 你刚刚长途旅行归来,一位助手主动将办公程序做了重新安排。对此你最可能有什么反应?
(a) 对改变我很高兴。
(b) 事先未和我商议,我很生气。
(c) 我感到妒忌,自尊心受到伤害。
(d) 我接受了改变,对其作了微小的调整。

得分和评价:

1. (a) = 1   (b) = 2   (c) = 3   (d) = 4
2. (a) = 1   (b) = 3   (c) = 4   (d) = 2
3. (a) = 1   (b) = 2   (c) = 3   (d) = 4
4. (a) = 1   (b) = 2   (c) = 3   (d) = 4
5. (a) = 4   (b) = 1   (c) = 2   (d) = 3

根据上述答案所给的分数计算出你的得分。

如果你的得分在 16—20 分之间,说明你给了下属充分的自由。

如果你的得分在 10—15 分之间,说明你常常创造一种官僚作风,尽管你可能称之为纪律。

如果你的得分在 5—9 分之间,说明你是位独裁者,你的命令必须得到执行,否则你就会有受到威胁之感。

◆ 思考练习

1. 简述组织的含义与功能。
2. 组织结构的基本类型有哪些?各有什么优缺点?
3. 简述管理幅度与管理层次的关系。
4. 人员配备的内容有哪些?
5. 什么是非正式组织?它有哪些特点?
6. 非正式组织的积极与消极作用有哪些?
7. 简述虚拟组织的基本形式及实施要点。
8. 学习型组织具有哪些特征?
9. 你认为怎样才能建立学习型组织?

◆ 工作任务

鼎立建筑公司

鼎立建筑公司原本是一家小企业,仅有 10 多名员工,主要承揽一些小型建筑项目和室内装修工程。创业之初,大家齐心协力,干劲十足,经过多年的艰苦创业和努力经营,目前已经发展成为员工过百的中型建筑公司,有了比较稳定的顾客,生存已不存在问题,公司走上了比较稳定的发展道路。但仍有许多问题让公司经理胡先生感到头疼。

创业初期人手少,胡经理和员工不分彼此,大家也没有分工,一个人顶几个人用,拉项目,与工程队谈判,监督工程进展,谁在谁干,大家不分昼夜,不计较报酬,有什么事情饭桌上就可以讨论解决。胡经理为人随和,十分关心和体贴员工。由于胡经理的工作作风以及员工工作具有很大的自由度,大家工作热情高涨,公司因此得到快速发展。然而,随着公司业务的发展,特别是经营规模不断扩大之后,胡经理在管理工作中不时感觉到不如以前得心应手了。首先,让胡经理感到头痛的是那几位与自己一起创业的"元老",他们自恃劳苦功高,对后来加入公司的员工,不管在公司的职位高低,一律不看在眼里。这些"元老"们工作散漫,不听从主管人员的安排。这种散漫的作风很快在公司内部蔓延开来,对新来者产生了不良的示范作用。在公司里再也看不到创业初期的那种工作激情了。其次,胡经理感觉到公司内部的沟通经常不顺畅,大家谁也不愿意承担责任,一遇到事情就来向他汇报,但也仅仅是遇事汇报,很少有解决问题的建议,结果导致许多环节只要胡经理不亲自去推动,似乎就要"停摆"。另外,胡经理还感到,公司内部质量意识开始淡化,对工程项目的管理大不如前,客户的抱怨也逐渐增多。上述感觉令胡经理焦急万分,他认识到必须进行管理整顿。但如何整顿呢?胡经理想抓纪律,想把"元老"们请出公司,想改变公司激励系统……他想到了许多,觉得有许多事情要做,但一时又不知道从何处入手,因为胡经理本人和其他"元老"们一样,自公司创建以来,一直一门心思地埋头苦干,并没有太多地琢磨如何让别人更好地去做事,加上他自己也没有系统地学过管理知识,实际管理经验也欠丰富。出于无奈,他请来了管理顾问,并坦诚地向顾问说明了自己遇到的难题。顾问在做了多方面调研之后,首先与胡经理一道分析了公司这些年取得成功和现在遇到困难的原因。归纳起来,促使鼎立建筑公司取得成功的因素主要有:① 人数少,组织结构简单,行政效率高;② 公司经营管理工作富有弹性,能适应市场的快速变化;③ 胡经理熟悉每个员工的特点,容易做到知人善任,人尽其才;④ 胡经理对公司的经营活动能够及时了解,并迅速决策。对于鼎立建筑公司目前出现问题的原因,管理顾问归纳为:① 公司规模扩大,但管理工作没有及时跟进;② 胡经理需要处理的事务增多,对"元老"们疏于管理;③ 公司的开销增大,资源运用效率下降。对管理顾问的以上分析和判断,胡经理表示赞同,并急不可耐地询问解决问题的"药方"。这里就请你代替这位管理顾问向胡经理提出具体可行的改进建议。

任务内容:

这是一个典型的小企业从创业向成长转型过程中所遇到的管理问题。请你根据鼎立公司目前存在的问题,设计一套适合该企业的管理体系。

◆ 案例分析

王教授的建议

宏力股份有限公司的主业是保健品,在其组织结构图中,共有21人向张总经理汇报工作,这些人包括负责人力资源、生产、营销、物流、财务、研发、资本运作业务的7名副总经理,11个保健品部的产品经理,以及公司秘书、法律顾问和投资顾问。公司董事会有3名独立董事,现任职于某财经大学管理学院的王教授就是其中之一。在一次交谈中,王教授希望张总经理通过缩小自己的管理幅度来对公司组织结构进行重新安排。

张总经理说:"我并不太相信管理幅度原理,国外理论未必适用于我国的管理实践,更何况我们公司拥有一支受过良好教育和培训的工作团队,他们有一流的业务素质,知道自己该做什么。我的下属将会得到我的明确授权,能有效处理各类问题。只有他们有例外或无法解决的问题时,才需要向我汇报。因此,我们公司的组织结构是合理的,管理幅度也是有效的、可行的。"

讨论问题:

1. 你怎样看待张总经理对王教授所提建议的回答?
2. 如果宏力公司要调整组织设计,请你提出具体方案。

延伸阅读

◆ 斯隆创立事业部制

1916年,随着联合汽车公司并入"通用",艾尔弗雷德·斯隆出任通用副总裁。作为通用副总裁的斯隆,发觉到通用管理上存在的问题。他先后写了3份分析通用内部管理弱点的报告。但是,总裁杜兰特只是赞赏,不予采纳。到了1920年下半年,迅速扩张的"通用"在经营管理上的问题彻底暴露出来了。公司危机四伏,摇摇欲坠。这时杜兰特引咎辞职,皮埃尔·S.杜邦兼任总经理。

以杜邦为总裁的通用汽车公司新的行政班子,与杜兰特所信奉的管理理念截然不同,迫切需要一种高度理性而客观的运营模式。斯隆先前进行的组织研究正好符合这样的要求。斯隆认为,大公司较为完善的组织管理体制,应以集中管理与分散经营二者之间的协调为基础。只有在这两种显然是相互冲突的原则之间取得平衡,把两者的优点结合起来,才能获得最好的效果。由此,他认为,通用公司应采取"分散经营、协调控制"的组织体制。根据这一思想,斯隆提出了改组通用公司的组织机构的计划,并第一次提出了事业部制的概念。

1920年12月30日,斯隆的计划得到公司董事会的一致同意。次年1月3日,这个计划开始在通用公司推行。

在之后的10年中,斯隆改组了通用汽车公司。他将管理部门分成参谋部和前线工作部(前者是在总部开展工作,后者负责各个方面的经营活动),这一做法很为大家所熟悉,这种分组在19世纪较大的铁路公司里已经成形。现代军队,特别是普鲁士军队也率先使用了这种组织形式。许多概念同时在工业公司里获得发展,斯隆也确实用过军事方面的例子来说明他正要在通用汽车公司里干什么。

斯隆在通用汽车公司创造了一个多部门的结构。他废除了杜兰特的许多附属机构,将力量最强的汽车制造单位集中成几个部门。这种战略现在已为人们所熟知,但在当时是第一流的主意并且出色地执行了。多年后斯隆这样说:"我们的产品品种是有缺陷的。通用汽车公司生产一系列不同的汽车,聪明的办法是造出价格尽可能各有不同的汽车,就好比一个指挥一次战役的将军希望在可能遭到进攻的每个地方都要有一支军队一样。我们的车在一些地方太多,而在另一些地方却没有。首先要做的事情之一是开发系列产品,在竞争出现的各个阵地上对付挑战。"

斯隆认为,通用汽车公司出产的车应从凯迪拉克开始往下安排到别克、奥克兰德,最后到雪佛兰。这是20世纪20年代早期的产品阵容。后来有了改变,即1925年增加了庞蒂亚克,以填补雪佛兰和奥兹莫比尔中间的缺口;奥克兰被淘汰了,增加了拉萨利,后来它也被淘汰了。

每个不同牌子的汽车都有自己专门的管理人员,每个单位的总经理相互之间不得不进行合作和竞争。这意味着生产别克的部门与生产奥兹莫比尔的部门都要生产零件,但价格和式样有重叠之处。这样,许多买别克的主顾可能对奥兹莫比尔也感兴趣,反之亦然。这样,斯隆希望在保证竞争的有利之处的同时,也享有规模经济的成果。零件、卡车、金融和通用汽车公司的其他单位差不多都有较大程度的自主权,其领导人成功则获奖,失败则让位。通用汽车公司后来成为一架巨大的机器,但斯隆力图使它保有较小公司所具有的激情和活力。

斯隆的战略及其实施产生了效果。1921 年,通用汽车公司生产了 21.5 万辆汽车,占美国国内销售的 7%;到 1926 年年底,斯隆将小汽车和卡车的产量增加到 120 万辆。1940 年,通用汽车公司产车 180 万辆,已达该年美国全国总销量的一半。相反,福特公司的市场份额在 1921 年是 56%,而到 1940 年是 19%,不仅远远落后于通用汽车公司,而且次于克莱斯勒公司而处于第三位。

今天,由理查德·瓦格纳领导的通用汽车公司一年生产汽车近 1 000 万辆,产品销往近 200 个国家和地区。仅在中国,通用汽车公司就有 5 家合资企业,员工人数超过 13 000 人,其别克、雪佛兰等著名品牌更是享有很高的声誉。

◆ 某公司的考勤制度

为加强考勤管理,维护工作秩序,提高工作效率,特制定本制度。

一、公司员工必须自觉遵守劳动纪律,按时上下班,不迟到,不早退,工作时间不得擅自离开工作岗位,外出办理业务前,须经本部门负责人同意。

二、周一至周六为工作日,周日为休息日。公司机关周日和夜间值班由办公室统一安排,市场营销部、项目技术部、投资发展部、会议中心周日值班由各部门自行安排,报分管领导批准后执行。因工作需要周日或夜间加班的,由各部门负责人填写加班审批表,报分管领导批准后执行。节日值班由公司统一安排。

三、严格请、销假制度。员工因私事请假 1 天以内的(含 1 天),由部门负责人批准;3 天以内的(含 3 天),由副总经理批准;3 天以上的,报总经理批准。副总经理和部门负责人请假,一律由总经理批准。请假员工事毕向批准人销假。未经批准而擅离工作岗位的按旷工处理。

四、上班时间开始后 5 分钟至 30 分钟内到班者,按迟到论处;超过 30 分钟以上者,按旷工半天论处。提前 30 分钟以内下班者,按早退论处;超过 30 分钟者,按旷工半天论处。

五、1 个月内迟到、早退累计达 3 次者,扣发 5 天的基本工资;累计达 3 次以上 5 次以下者,扣发 10 天的基本工资;累计达 5 次以上 10 次以下者,扣发当月 15 天的基本工资;累计达 10 次以上者,扣发当月的基本工资。

六、旷工半天者,扣发当天的基本工资、效益工资和奖金;每月累计旷工 1 天者,扣发 5 天的基本工资、效益工资和奖金,并给予一次警告处分;每月累计旷工 2 天者,扣发 10 天的基本工资、效益工资和奖金,并给予记过 1 次处分;每月累计旷工 3 天者,扣发当月基本工资、效益工资和奖金,并给予记大过 1 次处分;每月累计旷工 3 天以上,6 天以下者,扣发当月基本工资、效益工资和奖金,第二个月起留用察看,发放基本工资;每月累计旷工 6 天以上者(含 6 天),予以辞退。

七、工作时间禁止打牌、下棋、串岗聊天等做与工作无关的事情。如有违反者当天按旷工 1 天处理;当月累计 2 次的,按旷工 2 天处理;当月累计 3 次的,按旷工 3 天处理。

八、参加公司组织的会议、培训、学习、考试或其他团队活动,如有事请假的,必须提前向组织者或带队者请假。在规定时间内未到或早退的,按照本制度第四条、第五条、第六条规定处理;未经批准擅自不参加的,视为旷工,按照本制度第六条规定处理。

九、员工按规定享受探亲假、婚假、产育假、节育手术假时,必须凭有关证明资料报总经理批准;未经批准者按旷工处理。员工病假期间只发给基本工资。

十、经总经理或分管领导批准,决定假日加班工作或值班的每天补助20元;夜间加班或值班的,每天补助10元;节日值班每天补助40元。未经批准,值班人员不得空岗或迟到,如有空岗者,视为旷工,按照本制度第六条规定处理;如有迟到者,按本制度第五条、第六条规定处理。

十一、员工的考勤情况,由各部门负责人进行监督、检查,部门负责人对本部门的考勤要秉公办事,认真负责。如有弄虚作假、包庇袒护迟到、早退、旷工员工的,一经查实,按处罚员工的双倍予以处罚。凡是受到本制度第四条、第五条、第六条规定处理的员工,取消本年度先进个人的评比资格。

第六章

管 理 决 策

情境任务设计
- 情境案例
- 任务描述

必备知识技能
- 决策的构成要素
- 决策的类型与准则
- 决策的基本程序
- 决策的基本方法

能力训练
- 能力测评
- 思考练习
- 案例分析

延伸阅读
- 决策的思维方法
- 北内集团的管理决策

情境任务设计

◆ 情境案例

会议上的争执

万东公司是一家上市公司,主要产品是 X 光机等大型医疗设备。今天,公司召开部门负责人会议,会议的主要议题是检查销售的进展情况及缩减生产成本。

财务经理首先介绍了本年度计划完成情况,她认为目前要担心的是本年度销售额预计会减少 1.4 亿元,这将是公司 10 年历史上首次完不成年度财务目标,而且更严重的后果将是造成公司流动资金周转困难。因此,这次会议的主要目的一是督促营销部门努力完成年度销售计划,二是争取让生产部门降低成本。在公司财务经理汇报完以上情况之后,公司总经理讲了完成今年销售计划对公司的重要性。"我们不仅需要这笔钱来实现我们今后的发展计划,而且由于我们是上市公司,必须保持公司财务状况的稳定性。因此,我们一方面要力争完成今年的销售计划,另一方面要压缩所有可有可无的开支。下面请大家讨论一下,有什么困难没有?"

北方区营销总经理说:"困难很大。大家知道,今年的外资企业产品大举入侵已经对国内市场产生了严重影响,国内需求又增长缓慢,这是导致我们营销任务难以完成的最重要因素。另外,我们营销部门得到的支持太少了。例如,不管生产部门生产的质量好坏,我们都要销售出去,这有些太难为我们的销售人员了。"公司总经理追问北方一些主要大医院的采购和公关情况:"如果我们给他们更多一些折扣,是不是就会好一些呢?"北方区营销总经理认为作用很有限,对总经理接着提出的一些其他建议也都认为不可行。最后,经过施加压力,北方区营销总经理说,他们北方区或许可以填补上 1.4 亿元缺口中的 4 000 万元,再多就不行了。

西南区营销总经理随即成了下一个目标,他所说的更为糟糕,他似乎在西南地区遇到了较大的阻力,那个地区是本公司产品与其他公司产品竞争更激烈的地区,所以公司主要把最新开发的一些新产品拿到那儿去销售。他与总经理为此产生了争执,不肯承诺增加任何销售额,唯一的回答是回去与下属商量后再回答。会议气氛愈来愈凝重了。矛头于是转向了最后一个地区——东南区,这是一个在去年的销售中取得了不错业绩的地区。

总经理问:"你们东南区那儿情况还好吧?前一段时间,你刚好增加了几个销售员,能不能多接收一些订单呢?"

东南区营销总经理回答道:"现在也很难做,他们都还是新手、帮不上什么忙,根本无法与医院的高层人员接触。"

总经理:"你不是说那几个人是你从我们竞争对手那儿挖来的吗?"

东南区营销总经理:"可是他们刚来呀,何况他们自己也没有直接带客户过来。"

谈话又持续了十几分钟,直到董事长也施加了一些压力,东南区营销总经理才肯答应再增加5 000万。可是上午的时间快完了,任务还远未完成。接着又进行了下一个议题,但是生产部经理却对削减生产费用产生了很大意见。会议最后终于不欢而散了。这种情况在公司已经司空见惯了。董事长一开始以为是新班子需要磨合,可到现在还是这样,而且情况好像有继续恶化的趋势。在不得已的情况下,他想起了咨询公司,"也许他们有更好的办法"。

问题思考:
类似万东公司这样的争执是否比较普遍?请你分析引发这种争执的深层次原因。

◆ 任务描述

1. 假如你准备在学校创办一个DIY工作室,请说出你的决策过程和方法。
2. 请设计出你购买大件商品(电脑、电视机、住房、轿车等)的主要决策过程。

必备知识技能

◆ 决策的构成要素

一、决策的含义

决策是人类活动最基本的特征,小至个人、家庭,大到组织、国家,无时无刻不在进行着决策。例如:我们每天要根据天气情况做出穿什么衣服的决策;一个即将高考的人需要对报考院校和专业做出决策;企业需要对生产什么、生产多少以及原料采购、营销策略等问题做出决策;国家为了宏观调控经济,需要对财政政策、货币政策等各种经济政策做出决策;等等。以西蒙为代表的决策理论学派甚至认为,管理就是决策。

决策是行动的基础,正确的行动来自正确的决策。所谓决策,就是对达到目标的各种可行方案所进行的选择。在企业中,只要存在着选择,就必然要进行决策。可以说,管理的关键在于决策,决策贯穿于企业生产经营活动的各个方面。如在计划工作中无论是确定发展方向和发展速度,还是规定产品构成与产品质量,都需要做出周密的决策。在计划的执行、检查和控制过程中,一旦发现偏离原定要求,必须采取合理措施加以纠正,这就要求及时做出决策。建立什么样的组织机构,制定什么样的规章制度,是否需要改进等,也都需要决策。日常指挥中人力、物力、财力的合理调配,进度的掌握等,也需要灵活机动地随时做出决策。不论管理人员的职位如何,决策都是工作中经常面临、不可回避的重要组成部分,而且职位越高,决策的作用就显得越重要,其影响面就越广。

二、决策的基本要素

(一)决策对象

决策对象是指要解决的问题。凡是人的行动能够施加影响的系统,都可以成为决策的对象,大而言之如自然、社会和精神领域,小而言之如组织内部的人、财、物等方面。决策对象对其他决策要素有决定性影响,不同的问题有不同的决策标准,需要不同的信息,应由不同的人采用不同的方法来决策。

(二)决策标准

决策要实现什么要求?这就是决策标准。一般来说,决策标准包括三种:

(1)效益标准,即以投入产出效果(即盈余最大化)为行动方案的取舍标准。例如采购决策、营销决策等。

(2)效率标准,即以迅速解决问题为行动方案的取舍标准。例如抢险救灾、投标拍卖等,因为机遇转瞬即逝,环境不允许仔细评价各种方案的投入产出。

(3)相关利益者满意标准。有些决策对组织绩效影响不大,但是涉及复杂的利益平衡,这时就以能否使相关利益者满意,从而获得必要的社会支持作为行动方案的取舍标准。例如企业福利基金的使用、轮流休假的安排、社会捐助等。

不同的决策标准要求选择不同的决策者,强调效益标准的决策要多听取专家的意见;强调效率标准的决策只能由主管做出;强调相关利益者满意标准的决策要耐心与有关方面协商。另外,不同的决策标准,决定参考信息的性质和详略,也影响决策方法的选择。决策标准主要由决策问题的性质决定,同时也与决策者的价值观有关。

(三)决策信息

信息是决策的基础,决策实际上是一个信息处理的过程,一个科学的决策一定是在占有充分信息的基础上进行的。决策信息状况对决策的其他要素如决策者、决策方法、决策结果有显著影响。决策信息的占有情况决定或影响决策者定位并影响决策方法的选择。如果信息丰富、准确,可考虑采用定量决策方法;反之,只能更多地依靠经验做定性决策。决策信息越丰富、准确,决策失误率越低,这也是不言而喻的。

(四)决策者

决策者是整个决策活动的核心,决策者的价值观、知识、能力和权力,对决策的标准和方法,甚至对决策问题的选择都有直接的影响。决策者的价值观影响决策标准的取舍。例如,股东追求当前利润,经营者追求企业发展,员工倾向于福利最大化。有的经营者成就欲强,敢于冒风险;有的则求平安,达到"过得去"的标准就可以了。决策者的知识和能力影响决策问题和决策方法的选择。知识和经验丰富的决策者善于把握机遇,抓主要矛盾,问题选得准,方法用得好;而不成熟的决策者往往只在枝节的决策问题上忙忙碌碌,由于知识和能力不足,决策方法只能限于传统经验。

(五)决策方法

决策方法是指用什么方法来选择方案,一般可分为定性决策方法和定量决策方法两种。应用不同的决策方法直接影响决策结果,如以先进的计算机网络技术为基础的电子会议法比传统的面对面会议决策时间快一倍以上。如广东科龙公司利用 MRP Ⅱ 系统帮助企业进行生产决策,计划时间由以前的十几天缩短到 7 分钟,零部件库存由以往月结算改为日结算,3 年累计节约资金 2 600 万元。决策方法当然会对决策信息与决策者提出要求,如科龙公司采用 MRP Ⅱ 系统决策,前提是企业管理基础信息齐全、准确、及时,管理人员会利用这个先进的系统。

◆ 决策的类型与准则

一、决策的基本类型

决策要解决的问题是多种多样的,分清决策问题所属的类型,并使其条理化、清晰化,是正确选择决策方法的前提。我们可以从不同角度对决策进行分类。

(一) 常规决策与非常规决策

1. 常规决策

常规决策又叫程序化决策,是指能够运用理性的方法解决重复性问题的决策。企业在生产经营中面临的问题十分繁多,但有许多问题是管理者经常碰到的,如对质量不合格的产品处理问题、设备正常检修问题、原材料采购问题等。不少管理者在处理这类重复出现的问题时得心应手,凭经验感觉就能找出问题的症结并提出解决问题的办法。如果把这些经验和解决问题的过程,用程序、规范、标准、制度等文件规定下来,并作为指导以后处理类似问题的依据和准则,会大大提高企业的工作效率。

有证据表明,在企业中,大量的决策是程序化决策,而且不同的管理层所面对的程序化决策的数量也不同:高层管理者所做出的程序化决策至少有 40%,中层管理者可达 60%—70%,基层管理者或操作者则高达 80%—90%。对于企业来说,应尽可能用程序化决策方法解决重复性问题,并有意把处理烦琐管理事项的工作交给下一层管理者,以提高管理效率。

2. 非常规决策

非常规决策又叫非程序化决策,是指为解决偶然出现的、一次性的、无前例的问题所做的决策。如新产品开发问题、组织机构变革问题、战略选择问题等,对于它们一般没有固定的决策规则和通用模型可依,决策者的主观行为(学识、经验、直觉、判断力、洞察力、个人偏好或决策风格)对各阶段决策效果有相当程度的影响。对于企业来说,应对偶然出现的问题加以辨别,确定这些问题的确是偶然的问题,还是第一次出现的重复性问题。如果是后者,应加以注意,当这类问题再次出现或出现频率增加时,要及时制定出程序文件,加以控制,并把它归到程序化决策范围内。另外,现实中还有一类决策问题,其特性介于常规决策与非常规决策之间,即有所了解但不全面,有所分析但不确切,有所估计但不确定,我们把它称为半常规决策或半程序化决策,如生产计划的安排决策、广告费用预算决策等。

(二) 战略决策与战术决策

1. 战略决策

战略决策是有关组织全局利益和长远利益的决策。这类决策对组织的生存与发展将产生决定性影响,并作用于一个较长的时期。企业的产品立项、技术革新、巨额投资、企业转向、多种经营、人力资源的开发等,都是战略决策的内容。

2. 战术决策

战术决策是有关实现战略目标的方式、途径、措施等的决策,它比战略性决策更为具体,其作用范围比较小,影响的时间也要短一些。企业原材料采购数量的确定、产品库存量的控制等,都是战术决策的内容。

战略决策和战术决策密切相关,互为补充。战略决策为战术决策规划了远景,战术决策则是战略决策的具体化,是实现战略的保证。一般来说,越是高层的管理者所做的决策越重大,战略性越强,而中层、基层领导者主要做战术决策。

(三) 确定型决策、风险型决策与非确定型决策

1. 确定型决策

确定型决策需要解决的问题非常明确,解决问题的过程以及环境也一目了然,几种不同的可行方案的结果也是清楚的,决策过程、环境、结果都是已知的,所以决策者能做出理想而精确的决策。如某人有一笔钱,有三种处理方案可供选择,一是放在家里,二是存到银行,三是购买国债。假设这三种方案都没有风险,那么只要比较一下各自收益就能准确做出决策。事实上,在企业中,确定型决策并不多,特别是对高层管理者来说,这是一种理想化的决策活动。

2. 风险型决策

风险型决策面临的问题是明确的,解决问题的方法是可行的,可供选择的若干个可行方案是已知的,这些方案执行后会出现几个不同的结果,而且这些结果和结果出现的概率也是可知的。既然知道了结果和概率,就可以通过公式,进行量化决策。但是,这样的决策有一定的风险。如冷饮的销量和天气有很大关系,天气晴好时,销量多,应该多进货,天气不好则应该少进货,但天气到底如何,我们只能通过天气预报知道概率情况,据此做出的进货数量决策就有一定风险。

3. 非确定型决策

非确定型决策解决问题的方法大致可行,供选择的若干个可行方案的可靠性程度不是很高,决策过程的环境是模糊的,方案实施的结果是未知的,或靠他人的经验推断,或靠主观判断。如企业准备开发一种新产品,很难估计未来市场的好坏,决策者只能通过综合分析判断来做出决策。

(四) 单目标决策与多目标决策

1. 单目标决策

单目标决策是指判断一项决策的优劣,只考查某一重要目标就可得出结论的决策。例如有一笔资金,三年后才用,那么是把资金以三年定期方式存到银行,还是购买三年期国债呢?评价方案优劣的指标只要利息率一个即可。人们一般注重单目标决策,因为它问题单一,容易掌握和做出决策。但单目标决策往往带有片面性,强调一点,容易以偏概全。

2. 多目标决策

多目标决策是指决策中包含两个或两个以上目标的决策。实际上,不论组织还是个人,所确定的目标往往是多个而非单一的,即使是组织的主要目标,一般也是多种多样

的。如就企业来说,生存、盈利和发展三个目标同时存在,相辅相成,缺一不可。任何一个方案都对这三个目标产生影响,只是程度不同。又如企业投资决策中,不仅要看企业的盈利能力,还要考虑偿债能力、风险大小等指标。只有盈利能力强、风险小的方案才是理想方案。一般来说,多个目标之间是相互联系、相互制约的。在对问题进行决策时,应分清目标的主次,不能目标太多,没有中心。

(五) 个人决策与群体决策

1. 个人决策

个人决策是指决策过程是由某一个人独立做出的。这种决策适用于日常性事务决策或程序化决策。个人决策的优点是可以明显地提高决策效率,在瞬息万变的市场中抓住机会。但决策结果是否有效取决于决策人的经验、智慧、阅历等综合素质。

2. 群体决策

群体决策是指由多人组成一个决策小组进行决策,该决策小组中一部分人从事信息收集、处理、分析、归纳和综合工作,同时,小组中还需要富有决策经验的密切合作的领导者和各方面的专家,这些人组成决策机构智囊团,并发挥整体功能作用,以制订决策方案,合理而及时地做出决策。群体决策适用于所有的决策活动,特别是对企业有重大意义的关键性问题的决策,如企业的大政方针、战略目标、资产运作、高层人事变动等。

群体决策有很多优点:可以有效地利用集体智慧,可以提供更完整的信息,产生更多的方案,提高合理性,增加对方案的可接受程度等。群体决策的缺点也是明显的:消耗的时间长,有可能屈从小组中某一权威或领导的压力,职责不清。群体决策和个人决策不仅反映了管理者的领导风格,也在很大程度上反映了企业的文化背景和组织制度。例如,与美国企业相比较,日本的企业决策者更喜欢采用群体决策。从总体上说,群体决策优于一般的个人决策,但群体决策不比优秀的个人决策好。就决策耗时而言,个人决策优于群体决策。

(六) 单项决策和序贯决策

单项决策亦称静态决策,它所处理的问题是某个时点的状态或某个时期总的结果,它所要求的行动方案只有一个。例如我们要决定今年某项产品的产量,决策结果的回答只有一个,即产量计划应达到多少。

序贯决策是对某一决策问题做出一系列相互关联的决策。这就是说序贯决策不是一个而是一串决策,而且这一串决策彼此相关,前一项决策直接影响后一项决策。例如某个企业准备开发一种新产品投放市场,如果决策者要决定的仅仅是该产品的生产规模,即应该选择大规模生产还是选择小规模生产,那么这就是典型的单项决策问题。但是如果有人提出新的方案:为了降低风险,头两年先用较小投资做小规模生产试销,两年后再根据市场销售情况决定是否扩建。这样的决策问题,包含了现在的规模选择决策和两年后的是否扩建决策,就是序贯决策。因为序贯决策考虑了时间先后的动态变化,所以也称为动态决策。

二、决策的条件和准则

（一）正确决策的条件

能否做出正确的决策并不取决于决策者的主观愿望,而是取决于是否具备正确决策的条件。一般来说,要做出正确的决策,至少应具备以下条件:

1. 明确的决策目标

目标是决策的前提和基础,目标明确才有可能做出正确的决策,目标不明只能导致决策的盲目。因此在进行决策之前,必须弄清楚为什么要进行决策,决策要达到什么目的和结果。这就要求决策者必须对现状、目标及实现目标的方向、方式、方法进行系统分析,从而勾画出决策目标的基本思路。

2. 较高的决策者素质

决策的正确与否与决策者自身的素质密切相关,决策者只有具备较高的素质,才能做出正确的决策。这就要求决策者必须敢于决策但不盲目,善于决策但不优柔寡断。但这种素质不是天生就有的,它来自决策者平时的学习和修炼,只有通过学习理论和学习实践,才能不断提高自身的决策能力。

3. 充足的信息

决策的关键是选择,是对实现目标的各种可行方案的选择。而可行方案的数量和质量与信息占有的数量和质量密切相关,只有具备较充足的信息,才能发现并找到实现目标的多种可行方案,并提高可行方案的质量,从而有助于决策者做出较为满意的选择。从这个角度说,信息就是企业决策的神经和耳目,有信息则决策灵,没有信息则会导致决策的盲目。如果决策者不能占有大量真实有用的信息,即使想做出正确的决策,到头来也只能以失败告终。

4. 科学的理论与方法

应用科学的理论与方法对实现决策的科学化是至关重要的,我们在管理决策中出现的各种失误,多数是由于经验决策或感性决策造成的,如果我们在决策过程中能够掌握并运用科学的理论与方法,就可以使这样的决策失误减少许多。但是,在管理实践中,不少决策者往往认为,由于决策时间紧、可变因素多,往往找不到相应的科学理论和方法。其实,这完全是经验决策者的一种借口,只要我们有意识地运用科学的理论与方法,许多决策问题都能够找到相应的理论和方法加以解决,能否运用科学的理论与方法,关键不是理论与方法问题,而是决策者是否具有利用科学的理论与方法的观念和思路。

（二）正确决策的准则

要做出正确的决策,仅仅具备正确决策的条件是不够的,还必须遵循正确决策的基本准则。所谓决策的准则,就是只要采取某项决策之后的情况比采取该项决策之前有所改善,采取这项决策就是正确的。这既是正确决策的基本原则和要求,同时也是检验决策正确与否的标准。

这里需要说明的是,决策准则中所说的情况与决策的目的相联系。如果决策的目的是降低成本,就要考虑决策之后的成本能否低于决策之前的成本;如果决策的目的是增加销售收入,就要考虑决策之后的销售收入能否好于决策之前的销售收入;如果决策的目的是增加利润,就要考虑决策之后的利润水平能否好于决策之前的利润;等等。但是,不少决策者认为,刚刚选择了决策方案,还没有来得及实施,怎样才能知道决策之后的情况是否好于决策之前呢?这就要求决策者在决策之前必须进行超前策划,只有这样,才能对决策方案实施的结果做到心中有数,避免由于决策方案实施结果不明而给企业带来的风险,否则,就有可能导致决策的失误。

决策准则所阐述的道理很好懂,但它所涵盖的思想却非常深刻,它所反映的实际上是一种不断上台阶的发展思路,即只要企业能够连续不断地做出正确的决策,使企业的情况不断好转,不管这种好转的程度高低,都会促进企业一步一步地迈上新的台阶,促进企业连续不断地发展壮大。

需要指出的是,尽管决策准则所阐述的道理浅显易懂,但在实际生活中,人们并不一定能够理解它的真正含义。如有这样两个人甲和乙,他们的条件是不同的,甲有能力但没有资本,一直找不到施展能力的场所;乙正好与甲相反,他有资本但没有能力,一直找不到资本增值的途径。在甲乙两个人没有认识之前,甲每月的收入是1 000元,乙每月的收入也是1 000元,后来一个偶然的机会两个人认识了,由于两个人优势互补,他们决定合伙做生意。由于乙有资本,乙就负责出资,从资产关系的角度说,乙从出资的那一刻起就成了真正的老板;由于甲有能力,甲就负责经营,甲的经营管理才能确实非常出色,一年后,不仅把乙投入的资本全部收回来了,而且还赚了10万元利润。由于乙是出资者,乙就负责对利润的分配,乙的分配方法是将所赚利润全部分完,结果是分给甲3万元,分给自己7万元。假定两个人合作的基础是"人合"而不是"资合"。在这种"人合"方式下,就会产生以下三个问题:一是甲乙两个人做出的合伙做生意的决策是否是正确的?二是甲乙两个人对这种分配的结果是否满意?三是甲乙两个人是否会继续合作下去?请大家结合决策准则对上述问题加以讨论。

◆ 决策的基本程序

决策并非主观武断或盲目"拍板"。科学的决策,应当通过认真的研究,实事求是的分析,去粗取精,去伪存真,把握住事物变化的规律,从而做出合理、可行的决策。一般来说,一个科学的决策过程应包括六个基本步骤。

一、发现问题

决策是为了解决一定问题所进行的管理活动,所以,决策必须围绕一定的问题来展开。当然一个组织中总是有许许多多的问题。在一个企业中,就有企业如何在市场竞争中发展自己、开发什么样的新产品、开发新产品的资金如何筹措等问题需要解决。在一个具有两个或两个以上层次的组织中,仅仅将问题提出来是不够的,还必须在提出问题的基础上,对众多的问题进行分析,以明确各种问题的性质,弄清楚哪些是涉及组织全局的战略性问题,哪些只是涉及局部问题,哪些是非程序性的问题,哪些是程序性问题。由此确定解决问题的决策层次,避免高层次决策者被众多的一般性问题所缠绕而影响对重大问题的决策。

另外,在寻找问题时,应当明确造成问题的原因,即要把现象和原因区分清楚。现象是指首先引起人们注意到问题存在的某种特征或事态发展,如公司出现亏损。然而,亏损并不是该公司的问题所在,而是问题的现象或后果。那么,该公司的问题到底是什么?答案可能有很多,例如有可能是产品质量不好、产品定价太高、广告宣传不够等。

并不是说决策者就只好坐等问题发生,等下级将发生的问题呈报在自己的面前。对决策者特别是高层决策者来说,清楚地认识到潜在的问题,对事物的发展做出超前的、正确的预测尤为重要。这就要求决策者必须主动地深入实际调查研究,及时发现新问题、提出新问题进而解决问题,以保证组织的健康发展。

发现问题的方法主要有两种:一是横向分析法,即同国内外同行业企业经营状况进行比较,分析企业所处地位,寻找差距;二是纵向分析法,即分析比较企业经营活动的各项技术经济指标的变化趋势及幅度来发现问题。发现问题的过程如图6-1所示。

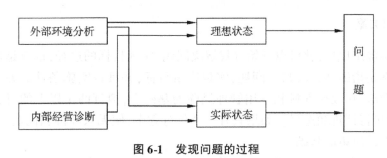

图 6-1　发现问题的过程

二、确定目标

决策是为了解决问题,在所要解决的问题明确以后,还要指出这个问题能不能解决。有时由于客观环境条件的限制,管理者尽管知道存在着某些问题,也无能为力,这时决策过程就到此结束。如果问题在管理人员的有效控制范围之内,是能够加以解决的,则要确定应当解决到什么程度,明确预期的结果是什么,也就是要明确决策目标。

决策目标是指在一定的环境和条件下,根据预测,所能希望得到的结果。同样的问题,由于目标不同,所能采用的决策方案也会大不相同。如在定价决策中,当以利润为目标时,应以产品的价格弹性系数为基础,选择最优价格;当以市场占有率为目标时,应根据竞争对手的情况,选择较低的价格。因此,决策目标必须十分明确,目标过分抽象或不唯一,决策将无所遵循,决策目标的实现程度也无法衡量。明确决策目标要达到三个要求。

第一,目标必须是单义的。这就是说,目标只能有一种解释,不能有多种解释或各人有各人的解释,否则,就是目标不明确。例如,"在短期内把设备修好"就不是目标,因为"短期"可以是一天、十天、一个月或更长时间,"修好"也没有具体标准,好到什么水平,每个人都可以有不同的解释。把目标改写成"在十天内把设备修复达到原定的技术标准"则要明确得多。

第二,目标必须是可以衡量的。这就是说,能够有一个具体标准来衡量达到目标的程度。对于数量指标来说,可以规定一个要求达到的数量界限,如成本降低10%,10天内完成等。对于定性指标来说,也要尽可能使之量化,或转换为相关数量指标来反映它的要求。例如,防止环境污染这个指标,可以转换为排放的废气、废水、废渣的数量,或净化程度、减少有害物质含量等指标来反应。

第三,目标必须分清主次。一项决策可能涉及多项指标。如设备更新决策的目标可以有几个:效率高、耗能低、维修方便、价格便宜等,这就要分清主次,确定各目标的先后顺序,以保证主要目标的实现。

确定目标的思路主要是回答四个问题:一是为什么要选定这些目标,即建立目标的必要性和可能性;二是选定哪些目标,即要分清目标的主次、先后和大小;三是要求实现目标的程度,即制定评价目标的标准;四是实现目标的保证程度,即实现目标的把握,需要具备的条件,具体的保证措施。

三、拟订方案

决策目标确定以后,就可以开始寻找解决问题、实现目标的途径,也就是拟订可行方案。可行方案是指能够解决某一问题,实现决策目标,并具备实施条件的方案。决策者应根据目标要求,在收集资料和运用管理经验的基础上,拟订两个以上的可行方案。只有这样,才能进行评价和选择。如果只有一个可行方案,便无从评价和优选。因此,拟订多个可行方案是决策的基础。

(一)拟订可行方案时应遵循的原则

(1)创新原则。决策面临的常常是新情况、新问题,在解决办法上没有先例可循,这就需要寻求新的解决办法。因此,在拟订方案时必须勇于创新、善于创新。

(2)详尽原则。拟订可行方案应当认真调查研究,听取各方面意见,全面考虑各种可能,尽可能把所有有价值的方案都列举出来,以免漏掉某些好的方案。

(二)拟订各种可行方案

拟订可行方案的过程是一个开动脑筋、积极思维、大胆创新的过程。这一过程分为大胆设想、精心设计两个阶段。

第一,大胆设想。这一阶段的主要目的是保证各可行方案的详尽性和新颖性,要求从不同的角度和多种途径,大胆设想出各种可能的方案,以便提供尽可能广阔的思考和选择的余地。其关键在于发挥勇于创新的精神,而能否创新是由人们的知识和经验的丰富程度、思想方法的正确与否和精神状态决定的,还与拟订方案时有无畅所欲言、互相启发的气氛有直接关系。

第二,精心设计。在广泛寻求决策方案的过程中,有些方案经过初步可行性分析就被逐步筛选掉了,剩下的一些各有特点的方案设想,则需要进一步设计与可行性分析论证,这就是精心设计阶段。精心设计阶段的任务是充实每一方案的具体内容,使好的设想转化成具体的行动规划。这就需要对大胆设想的各种方案进行反复计算:一是确定方案的细节;二是估计方案的实施后果。拟订可行方案的过程如图6-2所示。

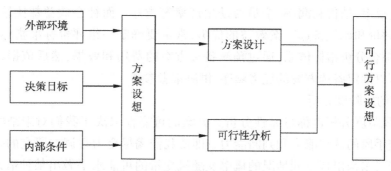

图 6-2 拟订可行性方案的过程

每一个用于决策的备选方案在主体内容之外还必须包含以下内容：

（1）潜在问题，如未来可能发生哪些情况影响决策的实施，发生问题的可能原因是什么。

（2）应变措施，即在妨碍决策实施的情况出现时应采取的应对办法。

（3）"报警"方法，即在决策实施遇到困难时，借助什么办法自动报告"警情"，为"警情"的排除提供预报。

四、选择方案

选择方案是指对几个可行备选方案进行评价、比较和选择，形成一个最佳行动方案的过程。选择要有标准，但在应用标准的过程中，如何掌握评估分寸和决策者的价值取向，选择代价最小、收效最大、最能实现决策目标的方案，则存在着弹性。到了这一步，决策的艺术性与科学性的结合就显得十分重要。

（一）评价和比较方案的内容

1. 可行性分析

备选方案在技术上的先进性、经济上的合理性、实施执行的可能性是方案可行性的三个标准。其中，实施执行的可能性是基本要求，否则，技术再先进、经济再合算也是枉然。技术先进性和经济合理性两个标准则是备选方案可行性优劣的体现。一般情况下，方案的技术先进性和经济合理性是对立统一的。方案可行性分析主要是分析备选方案是否根据企业条件将两者统一起来，使技术、经济两者都处于较合理的地位，既有经济效益，又无技术问题和潜在问题。

2. 方案的价值分析

备选方案的价值分析是以价值工程的基本思想——以最小的费用获得必要的、足够的功能，来对方案的有益程度进行分析。在企业管理中，方案的价值分析不能单纯追求降低成本，也不能片面强调功能提高，而应从实际出发，辩证地处理好功能与成本之间的关系，研究分析实现决策目标所必须具备的功能是否具备，比较方案的价值。

3. 方案的效益分析

通常情况下，效益被认为是成果与耗费的比较。方案的效益可以认为是备选方案实施所消耗的一定资源与在此基础上所取得的经济、政治、社会、心理等收益的比较。它包括经济效益和社会效益。大多数情况下，经济效益可以用一个公认的、客观的尺度去衡量,如资金利税率、销售利润率、全员劳动生产率等指标。而社会效益却比较难以衡量。为了全面地评价和比较备选方案效益的优劣,常常要确定一组评价标准指标,构成方案费用—效益综合分析指标体系,通过预测备选方案的费用和效果,然后依据评价标准进行综合,就可以确定备选方案的优劣顺序,供决策者参考。

4. 方案的风险度分析

方案的风险度分析也称可靠性分析。方案的可靠性取决于我们对未来经营环境条件、各种措施手段的认识能力和判断能力。即使我们竭尽全力在调查研究的基础上做好预测,也只能对未来出现不同情况的概率及随机变量的可能水平做出某种估计。方案风险度分析是对备选方案中可能存在的不确定性因素进行深入分析,了解这些不确定因素对决策目标的影响程度,借助一定方法估计风险程度。常用的方法有标准离差、变异系数、系统分析、敏感度分析等。

(二) 选择方案的方法

在方案抉择准则明确的条件下,对需要评价比较、分析的备选方案做出选择的方法一般分为三类。

1. 经验判断法

这是一种传统的选择方法,一般采用淘汰制。根据选择方案的标准(决策目标),对备选方案进行筛选、淘汰,逐步缩小备选方案的选择范围,最后只剩下几个具有同等或相近价值而难以进一步抉择的方案,此时,再采用补充选择标准的方法或排队法、优缺点比较法进行选择。

2. 数学分析法

这类分析法是通过对那些可以用数量表示的因素进行分析,探讨这些因素的规定性和数量关系,建立数学模型,进行数学运算,加以比较而选出最优方案的方法。

3. 实验法

实验法是对备选方案进行实验,选出效果最好的方案。除实地模拟法外,还有利用电脑模拟的实验法,即当我们所研究的决策问题可以部分规格化,且借助决策者补充有关信息进行决策时(如半程序化决策问题),利用电脑作为备选方案存储和加工信息的手段,通过人机"对话"最终形成一个满意的方案。

(三) 选择方案应注意的问题

方案选择是关键性的一步。在方案选择时应注意以下几点:一是把注意力集中在方案间的差异上;二是选择战略方案时要结合策略手段进行考虑;三是重视信息的质量,要尽可能全面、精确;四是决策要有一定的伸缩性和灵活性,做出必要的敏感度分析,了解补救措施的价值和代价。此外,在方案选出之后,有必要做一次全面检查,包括决策的研究设定是否成立、逻辑推理的严密性、数学运算的精确性、资料的可靠性及不同意见等,经过最后的全面检查后,形成最优方案(或满意方案),提交决策权力机构或决策领导者审定核准,就成为能进入方案实施的决策方案。

五、执行方案

决策所确定的方案须得到正确的贯彻执行,否则再好的决策也是无用的。有人认为,一个好的决策可能会被无效的执行所抵消,而一个不好的决策也有可能因为有效的执行而获得改善。这是很有道理的。为了使一个好的决策方案得到正确的实施,不仅要制定切实可行的决策执行计划、挑选和培训合格的决策执行人员,而且要做好人的工作,善于采取正确的政策和方法激励下属在执行决策时充分发挥积极性和主动性。

六、追踪检查

在开始执行决策以后,要对决策的执行进行有效的控制和评价。所谓控制,就是把决策的执行情况与预期目标进行比较,看是否存在偏差。如果存在偏差就要分析原因,采取校正措施。所谓评价,就是通过检查和分析决策执行的结果,对过去决策的重要性做出评价。这种评价不仅是为了当前的工作,而且能总结决策过程的经验和教训,以利于未来的决策。

决策过程是一个动态过程,每一步骤都要解决一些具体问题,各步骤之间的先后顺序关系比较复杂,不一定要机械地按上述顺序一步步地进行,有时应根据某一步骤的具体问题,决定是按部就班地进行,还是返回到前面某一步骤,再进行下去,从而构成决策过程中大大小小的反馈环,如图 6-3 所示。

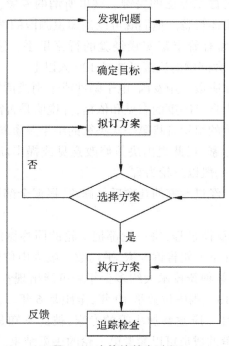

图 6-3 决策的基本过程

◆ 决策的基本方法

一、定性决策法

定性决策法,又称"软"方法。是一种直接利用决策者本人或有关专家的智慧来进行决策的方法。管理决策者运用社会科学的原理并根据个人的经验和判断能力,充分发挥各自丰富的经验、知识和能力,从对决策对象本质特征的研究入手,掌握事物的内在联系及其运行规律,对企业的经营管理决策目标、决策方案的拟订以及方案的选择和实施做出决断。这种方法适用于受社会经济因素影响较大的、因素错综复杂以及涉及社会心理因素较多的综合性战略问题,是企业界常用的决策方法。具体来说,常用的定性决策方法主要有以下几种:

(一) 德尔菲法

德尔菲法是由美国兰德公司于 20 世纪 50 年代初发明的一种方法,最早用于预测,后来推广应用到决策中来。德尔菲是古希腊传说中的神谕之地,城中有座阿波罗神殿,相传这里的人可以预卜未来,因而借用其名。这种决策方法的大体过程是:

第一,拟订决策提纲。就是确定决策目标,准备与决策有关的背景资料和设计出回答问题的调查表,对答案的要求是:标明概率大小,对问题做出肯定回答"是"或"不是";对判断的依据和判断的影响程度做出说明;对决策问题熟悉程度做出估计。

第二,选择专家。这是德尔菲法的关键。这里所谓的专家,一般是指多个专家或专家集体,即要利用专家的集体智慧。他们既可以是知识渊博的学者或学术上造诣很深的权威,也可以是对某一方面有着丰富实践经验的行家里手。选择专家的人数,一般以 10—50 人为宜。但一些重大问题的决策可选择 100 人以上。

第三,分别让专家独立决策。用发函、电子邮件或个别谈话等方式,把资料传送给所选专家,要求每位专家提出自己决策的意见和依据,并说明是否需要补充资料。

第四,修改决策。决策的组织者将第一次决策的结果及资料进行综合整理、归纳,使其条理化,再反馈给有关专家,据此提出决策修改意见或提出新的要求。这一决策的修改,一般可进行三至五轮,一般以三轮为宜。

第五,确定决策结果。经过专家的几次反复修改,根据全部资料,确定出专家趋于一致的决策意见。

德尔菲法是个反复的反馈过程,每一轮都把上轮的回答做统计和综合整理,计算所有回答的平均数和离差,在下一轮告诉专家,平均数一般为中位数,离差一般用全距或分位数间距。例如,问题是:某种新技术大约多少年后可能出现?10 个专家的回答分别是7、7、8、9、9、10、11、12、12、13。则中位数是 10 年,全距是 6 年。由此可见,德尔菲法具备以下三个特点:一是匿名性。应邀参加决策的专家,彼此不知是谁。这就消除了"权威者"的影响,同时,参加决策的成员可以参考第一轮的决策结果。二是价值性。由于不同领域的专家参加决策,各有专长,考虑问题的出发点不同,会提出很多事先没有考虑到的问题和有价值的意见。三是决策结果的统计性。为了对决策进行定量估价,采用统计方法对决策结果进行处理,最后得到的是综合统计的评定结果。但是,德尔菲法也存在缺点:受专家组的主观制约,决策的准确程度取决于专家们的观点、学识和对决策对象的兴趣程度;专家们的评价主要依靠直观判断,缺乏严格的论证。

(二) 头脑风暴法

头脑风暴法也称智力激励法,是美国 BBDO 广告公司的奥斯本(A. F. Osborn)提出的一种创造性技术,后来逐渐发展成为一种决策方法。头脑风暴原是精神病理学上的术语,指精神病患者精神错乱时的胡思乱想,这里转意为无拘无束、自由奔放地联想。具体地说,头脑风暴法是针对一定问题,召集由有关人员参加的小型会议,在融洽轻松的会议气氛中,与会者敞开思想、各抒己见、自由联想、畅所欲言、互相启发、互相激励,使创造性设想起连锁反应,从而获得众多解决问题的方法。

这种会议由十个左右的有关专家参加,设一名记录员。主持人应该对要解决的问题十分了解,并头脑清晰、思路敏捷、作风民主,既善于营造活跃的气氛,又善于启发诱导。其他人当中最好有几名知识面广、思想活跃的,以防会议气氛沉闷。会议时间一般不超过一小时。布置会场要考虑到光线、噪音、室温等因素,做到环境适宜,给人以轻松舒适的感觉。

与会者要严格遵守下述规则:
(1) 讨论的问题不宜太小,不得附加各种约束条件;
(2) 强调提新奇设想,越新奇越好;
(3) 提出的设想越多越好;
(4) 鼓励结合他人的设想提出新设想;
(5) 不允许私下交谈;
(6) 与会者不分职务高低,一律平等相待;
(7) 不允许对提出的创造性设想做判断性结论;
(8) 不允许批评或指责别人的设想;
(9) 不得以集体或权威意见的方式妨碍他人提出设想;
(10) 提出的设想不分好坏,一律记录下来。

会议结束后,将提出的设想方案分析整理,分别进行严格的审查和评价,从中筛选出有价值的决策方案。

头脑风暴法有两条基本原则:一是推迟判断,即不要过早地下断言、做结论,避免束缚人的想象能力,熄灭创造性思想的火花;二是"数量提供质量",人们越是提出更多的设想,就越有可能走上解决问题的轨道。

以奥斯本头脑风暴法为基础,在实践的过程中又出现了一些改进的头脑风暴法,如直接头脑风暴与质疑头脑风暴相结合的"两会议"头脑风暴法、默写式头脑风暴法、卡片式头脑风暴法等。各种头脑风暴法在探寻、选择决策方案等方面得到了广泛应用。

(三) 方案前提分析法

方案前提分析法是通过注重对方案的前提假设进行分析,来确定方案前提假设是否成立的决策方法。如果前提假设不成立,方案也不存在可行性。此方法的产生是为了克服目前决策中常见的两个缺点:第一,参加方案选择讨论会的很多专家通常就是某些备选方案的提出者,他们在讨论会上往往希望通过讨论以证明自己的方案正确,结果讨论会上就很难客观地分析问题;第二,现在广泛采用"参与决策"的办法,吸收很多人参加决策过程,但由于人多、意见杂,很难解决意见分歧,结果决策往往变成意见的折中妥协,而不是真正集中众人的有益想法。

方案前提分析法因为不直接讨论方案本身而讨论它们的前提假设,所以对于决策方案的正确选择没有影响,但却可以避免上述缺点。例如,某企业今年试产了一批新型洗衣机并投放市场,虽然不是十分畅销,但都卖出去了。那么明年怎么办?这是企业生产方向问题的战略决策。已提出三个备选方案供选择:方案一是按试产的洗衣机原设计,马上正式投产;方案二是为了要在今后较长时期内生产洗衣机,应该否定不算畅销的原设计,集中力量改进设计,待新设计成功后再大量投产;方案三是放弃此产品,改为生产其他产品。这三个方案都有其理由和根据,可归纳如表6-1所示。

表 6-1 各方案的前提假设

方案名称	方案内容要点	前提假设
方案一	正式投产	1. 洗衣机需求量会迅速增加 2. 几年内用户对洗衣机质量和性能的要求不会有明显变化
方案二	改进设计后再大批投产	1. 洗衣机需求量会迅速增加 2. 用户对洗衣机的质量和性能的要求会迅速提高 3. 本企业有能力在短期内设计出满足用户需求的新产品
方案三	放弃生产此洗衣机,改为生产其他产品	1. 洗衣机需求量会迅速增加 2. 用户对洗衣机的质量和性能的要求会迅速提高 3. 本企业没有能力在短期内设计出有竞争力新产品

这里虽然有三个备选方案,但其理由根据都是从需求量、用户对质量要求的变化和本企业设计能力这三个方面考虑的。需求量会迅速增加是三个方案的共同前提,没有差别,故可不必讨论。余下有四个前提假设需要讨论:

前提1:用户对洗衣机的质量和性能的要求会迅速提高。
前提2:用户对洗衣机的质量和性能的要求在几年内不会有明显变化。
前提3:本企业有能力在短期内设计出满足用户需求的新产品。
前提4:本企业没有能力在短期内设计出有竞争力的新产品。

前提1和2是一个问题的两个相反假设,前提3和4也是同一个问题的两个相反假设。所以只要让与会者讨论用户对洗衣机的质量和性能的要求是否会迅速提高,以及本厂有没有能力做出新设计这两个问题即可,不必让大家直接讨论那三个方案。讨论时要着重用事实作为前提假设的论据。如果讨论结果是前提1和3成立,则当然采用第二方案,如果是前提1和4成立,则应选第三方案,如果前提2成立,则选第一方案。

(四) 5W1H 分析法

5W1H法是美国陆军首创的一种方法。它对所面临的决策问题从目的(Why)、对象(What)、时间(When)、场所(Where)、人员(Who)、手段(How)六个方面入手,探求可行方案并最终找到解决问题的办法。若以企业产品开发与生产管理为例,其逐步提问的过程如表6-2所示。

表 6-2　5W1H 法提问过程

方面	现状	原因	改善	决定
目的	为什么要进行产品开发	为什么是这样	有无其他原因和要求	对产品开发有什么样的要求
对象	开发什么产品	为什么开发该产品	可否开发其他更好的产品	到底应开发哪种产品
时间	何时开发该产品,何时投产	为什么这样安排	有无调整的必要与可能	应有什么样的时间安排
场所	产品的市场及原料供应地在哪里	为什么在这些地方	有无其他市场及更好的原料来源	划分市场和选择原料来源的结果如何
人员	产品开发与生产的任务由谁来承担	为什么由他们来承担	有无更好的承担者	应该由谁来承担
手段	怎样开发与生产该产品	为什么要这样做	有无更好的方式或手段	应采取什么样的开发与生产方式

二、定量决策法

定量决策法,又称"硬"方法,其核心是把同决策有关的变量与变量、变量与目标之间的关系,用数学关系表示,即建立数学模型,然后,通过计算求出答案,供决策参考使用。近年来,计算机的发展为数学模型的运用开辟了更广阔的前景。现代企业决策中越来越重视决策的"硬"方法的运用。因此,学会运用数学方法进行企业决策是非常重要的。

(一) 风险型决策方法

风险型决策方法是研究怎样根据决策事件的各种自然状态及其概率,做出合理决策的问题。这类决策方法主要有决策表和决策树。

风险型决策所依据的标准主要是期望值标准。所谓"期望值"就是在不同自然状态下决策者期望达到的数值。基本计算公式为:

$$E(A_i) = \sum P_j \cdot W_{ij}$$

其中,A_i 为第 i 个可行方案;$E(A_i)$ 为第 i 个可行方案的期望值;P_j 为第 j 个自然状态的概率;W_{ij} 为第 i 个可行方案在第 j 个自然状态下的收益或损失值。

1. 决策表法

决策表又称决策损益矩阵。该表包括可行方案、自然状态及其概率、各方案的损益值等数据。运用决策收益表决策的步骤如下:

(1) 确定决策目标。
(2) 根据经营环境对企业的影响,预测自然状态,并估计其发生的概率。
(3) 根据自然状态的情况,充分考虑本企业的实力,拟订可行方案。
(4) 根据不同可行方案在不同自然状态下的资源条件,运用系统分析方法计算损益值。
(5) 列出决策收益表。
(6) 计算各可行方案的期望值。
(7) 比较各方案的期望值,选择最优可行方案。

例 1　某商业企业销售一种新产品,每箱成本 80 元,销售单价 100 元,如果商品当天卖不出去,就会因变质而失去其使用价值。目前对这种新产品的市场需求情况不十分了解,但有去年同期类似产品的日销售量资料可供参考(见表6-3),现在要选择一个使企业获利最大的日进货量的决策方案。

表6-3 产品销售资料

日销售量(箱)	去年完成天数(天)	完成天数的概率(%)
25	20	0.1
26	60	0.3
27	100	0.5
28	20	0.1
总计	200	1.0

解 (1)决策目标是安排一个使企业利润最大的日进货计划。

(2)根据去年同期类似商品销售资料的分析,可确定今年商品的市场自然状态情况,并计算出各种状态下的概率,绘制决策收益表(见表6-4)。

(3)根据去年的销售情况,经分析可以拟定新商品销售的可行方案。

(4)计算各方案在各状态下的损益值(见表6-4)。

(5)计算各可行方案的期望值。

$E(25 箱) = 500 \times 0.1 + 500 \times 0.3 + 500 \times 0.5 + 500 \times 0.1 = 500(元)$

$E(26 箱) = 420 \times 0.1 + 520 \times 0.3 + 520 \times 0.5 + 520 \times 0.1 = 510(元)$

$E(27 箱) = 340 \times 0.1 + 440 \times 0.3 + 540 \times 0.5 + 540 \times 0.1 = 490(元)$

$E(28 箱) = 260 \times 0.1 + 360 \times 0.3 + 460 \times 0.5 + 560 \times 0.1 = 420(元)$

(6)进行最优决策。选择期望值最大的(510元)所对应的计划方案,即每天进货26箱为最优。

表6-4 决策收益表

自然状态 概率 损益值 方案	市场日销售量				期望值
	25 箱	26 箱	27 箱	28 箱	
	0.1	0.3	0.5	0.1	
日购进 25 箱	500	500	500	500	500
日购进 26 箱	420	520	520	520	510
日购进 27 箱	340	440	540	540	490
日购进 28 箱	260	360	460	560	420

2. 决策树法

在风险型决策中,除了可以用决策表来进行决策外,还可以用决策树来进行决策,所不同的是决策树既可以解决单阶段的决策问题,还可以解决决策表无法表达的多阶段序列决策问题。它具有思路清晰、阶段明了、一目了然的特性,便于决策者集体讨论。这种方法在管理上多用于较复杂问题的决策。

(1)决策树的结构。决策树是以决策结点"□"为出发点,从它引出若干方案枝,每个方案枝都代表一个可行方案。在各方案枝的末端有一个状态结点"○",从状态结点引出若干概率枝,每个概率枝表示一种自然状态。在各概率枝的末梢注有损益值。决策树的一般结构如图6-4所示。

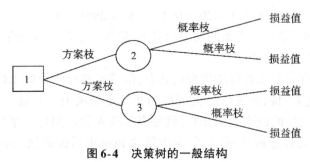

图6-4 决策树的一般结构

（2）决策步骤。

第一,绘制决策树。绘制决策树的过程是对决策事件未来可能发生的各种情况周密思考,逐步深入分析研究的过程。绘制的方法一般是从左向右,即从树根向树梢方向展开。

第二,计算期望值。期望值的计算应从决策树的右侧开始,即从树梢到树根逆向进行。

第三,修枝决策。对比各方案的期望值大小,进行修枝选优。在方案枝上将期望值较小的方案画"//"符号予以舍弃,仅保留期望值最大的一个方案,作为最优决策方案。

例2 某企业对产品更新换代做出决策。现拟订三个可行方案:第一,上新产品A,需追加投资500万元,经营期5年。若产品销路好,每年可获利润500万元;若销路不好,每年将亏损30万元。据预测,销路好的概率为0.7;销路不好的概率为0.3。第二,上新产品B,需追加投资300万元。经营期5年。若产品销路好,每年可获利润120万元。若销路不好,每年仍可获利润20万元。据预测,销路好或不好的概率分别是0.8和0.2。第三,继续维持原有产品生产。若销路好,今后5年内仍可维持现状,每年可获利润60万元;若销路差,每年仍可获利润20万元。据预测,销路好或差的概率为0.9和0.1。试用决策树选出最优方案。

解 该问题绘制的决策树如图6-5所示。

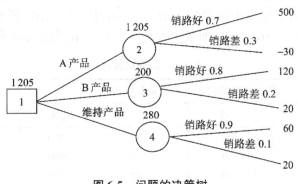

图6-5 问题的决策树

计算各节点期望值:

$$E(2) = [500 \times 0.7 + (-30) \times 0.3] \times 5 - 500 = 1205(万)$$
$$E(3) = (120 \times 0.8 + 20 \times 0.2) \times 5 - 300 = 200(万)$$
$$E(4) = (60 \times 0.9 + 20 \times 0.1) \times 5 = 280(万)$$

以上三个方案中,第一个方案的期望值最大,应选上新产品 A 为最优方案。

(二) 非确定型决策方法

某些决策问题存在着几种可能出现的状态,但没有充分的资料来确定每一种自然状态发生的概率,对这类问题所进行的决策称为非确定型决策。非确定决策时,由于决策者对各种自然状态发生的概率无从知晓,就要靠经验人为地制造一系列决策原则。非确定型决策常用的方法有悲观决策法、乐观决策法和最小后悔值法三种。现用一个实例说明:

例 3 某企业拟上一种新产品,由于缺乏资料,企业对这种产品的市场需求量只能大致估计为四种情况:较高、一般、较低和很低。对这四种自然状态下发生的概率无法预测。上此新产品企业考虑有 A、B、C、D 四个可行方案。各方案的损益情况如表 6-5 所示。

表 6-5 各方案损益情况 单位:万元

方案	在各种自然状态下的企业年收益值			
	较高	一般	较低	很低
A	600	400	-100	-350
B	850	420	-150	-400
C	300	200	50	-100
D	400	250	90	50

1. 悲观决策法

用这种方法的决策者,都是对未来事件结果估计比较保守的。它是力求在不利的情况下,寻求较好的方案,即从坏处着眼,向好处努力。

这种方法也称最小最大值收益法,即先找出各方案中的最小收益值,然后从最小收益值中选择最大收益值的方案为最优方案。

先从每个方案中选出最小值{-350,-400,-100,50}

然后从各方案的最小值中选择最大值(表 6-6 中 * 标出的)所对应的方案 max{-350,-400,-100,50}=50(万元)即最优方案应为 D 方案,如表 6-6 所示。

表 6-6 悲观决策法 单位:万元

方案	在各种自然状态下的企业年收益值				最小收益值
	较高	一般	较低	很低	
A	600	400	-100	-350	-350
B	850	420	-150	-400	-400
C	300	200	50	-100	-100
D	400	250	90	50	50*

2. 乐观决策法

用这种决策方法的决策者,都是对未来前景比较乐观,并有较大成功把握的。它们愿意承担一定风险去争取最大的收益。

这种方法与悲观决策方法正好相反,也称为最大值收益法。选择过程是,首先从每个方案中选择一个最大收益值,然后从这些最大收益值中选择一个最大值(表6-7中*标出的),这个最大值所对应的方案就为最优方案。此例中应选择 B 方案,如表6-7所示。

表 6-7 乐观决策法　　　　　　　　　　　　　单位:万元

方案	在各种自然状态下的企业年收益值				最大收益值
	较高	一般	较低	很低	
A	600	400	−100	−350	600
B	850	420	−150	−400	850*
C	300	200	50	−100	300
D	400	250	90	50	400

这种方法期待今后出现的情况是最有利的,往往过分乐观,容易引起冒进,或出现极不合理的现象。

3. 最小后悔值法

当某一种自然状态出现时,将会明确哪个方案最优,即收益值最大。如果决策者当初并未选择这一方案,而选择了其他方案,这时一定会感到后悔。后悔的程度大小可以通过后悔值来表示。每种自然状态下的最大收益值与其他各方案的收益值之差,称为后悔值,也称机会损失。

最小后悔值法的决策过程是,先确定各方案的最大后悔值,然后选择这些最大后悔值中的最小后悔值所对应的方案,即大中取小。计算过程如下:

第一,找出对应于各种自然状态的最大收益值,如表6-8中用*标出。

表 6-8 各自然状态的最大收益值　　　　　　　　　　　単位:万元

方案	在各种自然状态下的企业年收益值			
	较高	一般	较低	很低
A	600	400	−100	−350
B	850*	420*	−150	−400
C	300	200	50	−100
D	400	250	90*	50*

第二,将对应于每种自然状态的各项收益值从相应的最大值中减去,求出其他方案的后悔值(见表6-9)。

表 6-9 后悔值表   单位:万元

方案	在各种自然状态下的企业年收益值				最大后悔值
	较高	一般	较低	很低	
A	250	20	190	400	400*
B	0	0	240	450	450
C	550	220	40	150	550
D	450	170	0	0	450

第三,找出各个方案的最大后悔值,即{400,450,550,450}。

第四,从最大后悔值中选择最小值。其所对应的方案为最优方案。min{400,450,550,450}=400(万元)。A 方案是最优的决策方案。

对于上述三种决策方法,在理论上还不能证明哪一种是最合理的。因此,在实际经营决策中,要因时、因人而异。

能力训练

◆ 能力测评

测评1 你是理性决策者还是感性决策者?

对每一问题选择一个最能表达你自己想法或做法的答案。

1. 你从事优质烘烤食品的生产。一家软饮料公司研究出一种果汁的新加工方法,现在该公司被拍卖,人们只需要相当少的投资就可以将其买下。下面哪种观点最合乎你的想法?

(a) 既然两家公司都从事食品行业,如果购买它,我可以为自己的公司增加大量收益而无须大的花费。

(b) 我非常怀疑我和同事们是否会对果汁一类的软饮料感兴趣。

(c) 我可能雇用一位软饮料专家,来告诉我购买该公司的有关事宜。

(d) 花费时间考虑其他公司的事,我认为是对本公司不忠诚的表现。

2. 你的一位助手遇到了一连串个人方面的问题,这位雇员德才兼备,但却无法避免这种常会影响工作质量的麻烦。必须采取某种行动。

(a) 这是生意场,不是个人诊所,我将不得不解雇他。

(b) 假如他改正错误,我们的队伍中将会有一位很有价值的人。我建议提出一些参考性意见。

(c) 我将限定时间,假如这位雇员有了进步,过去的事就不提了。

(d) 也许是我们的环境引起的问题。我将让他辞职,但给他一份很好的推荐书。

3. 你的部门刚买了一些设备。事后你发现多付了钱,或者说是负责购买的人多花了钱。你要他对此做出解释。下列解释中你最可能接受哪一种?

(a) 销售人员确实无能为力了,我想帮助他们做成一笔生意。
(b) 我很遗憾。我将自己掏钱弥补差价。
(c) 我认为它确实是优质产品。
(d) 我相信,虽然销价偏高,但我们将得到更好的售后服务。

4. 你有一位最忠实的客户,他的妻子喜欢某种图案的盘子。但你的公司已经不生产这种盘子了。假如继续生产这种盘子很不合算,你将怎样处理此事?
(a) 我告诉这位客户,我不能只为满足他妻子的需求而继续生产这种图案的盘子。
(b) 我看到,假如不能配上这种图案的盘子,她将非常难过。所以我不顾成本专门为她做了这种产品。
(c) 我将这种图案的盘子的生产成本改写成促销费用。
(d) 我要求客户支付生产这种产品的额外开销。

5. 你的一位助手做了大手术。现在这位雇员对公司的价值变小了,因为他既不能长时间做办公室工作也不能出差办事。你将怎么办?
(a) 给他找件轻松的工作,让他继续工作。
(b) 我不情愿地让他辞职。
(c) 我为他提供退休金,并安排他提前退休。
(d) 我继续让他做职员,以鼓励其他雇员。

得分和评价:

1. (a) = 1　　　(b) = 2　　　(c) = 3　　　(d) = 4
2. (a) = 1　　　(b) = 4　　　(c) = 3　　　(d) = 2
3. (a) = 4　　　(b) = 1　　　(c) = 2　　　(d) = 3
4. (a) = 1　　　(b) = 4　　　(c) = 3　　　(d) = 2
5. (a) = 3　　　(b) = 1　　　(c) = 2　　　(d) = 4

根据上述答案所给的分数计算出你的得分。

如果你的得分在 16—20 分之间,表明你是感性决策者,常常用感情做决策。

如果你的得分在 5—8 分之间,表明你处于另一极端,你用理智做决策。在你的决策中理性决策占主导地位。

如果你的得分在 9—15 分之间,表明你的决策非常灵活,方法会因问题而异。

测评 2　你决策迅速果断吗?

对每一问题选择一个最能表达你自己想法或做法的答案。

1. 你被派往国外做海外分公司的经理。这一职位有很好的工作条件和升迁条件。你如何对待此事?
(a) 我要和我的家庭、朋友或亲属商量商量。
(b) 我将婉言谢绝。因为这意味着变动太大了。
(c) 我当然会去赴任。听起来这是个极好的机会。
(d) 这要看情况,我想考虑考虑。

2. 回想过去两年里你所做的一些决策。假如现在再做决策,你会改变几项?
(a) 1—3 项。　　　(b) 4—8 项。　　　(c) 9—12 项。　　　(d) 13 项以上。
3. 假如你或你的助手能知道下列事情的后果,在这些决策中最可能改变哪一项?
(a) 未雇用原计划雇用的人选。　　　(b) 未和其他公司合并。
(c) 未把钱借给某些客户。　　　(d) 未经营计划的产品。
4. 决策前你最可能做哪件事?
(a) 依靠直觉做出快速反应。
(b) 总是慢慢吞吞地做决策。
(c) 在头脑中或在纸上列出所有可能产生的后果。
(d) 和同事及密友讨论所有可能的情况。

得分和评价:

1. (a) = 2　　　(b) = 4　　　(c) = 1　　　(d) = 3
2. (a) = 4　　　(b) = 3　　　(c) = 2　　　(d) = 1
3. (a) = 1　　　(b) = 2　　　(c) = 4　　　(d) = 3
4. (a) = 1　　　(b) = 3　　　(c) = 4　　　(d) = 2

根据上述答案所给的分数计算出你的得分。

得分越高,说明决策越慎重;得分越低,说明决策越迅速。最高得分为 16 分,最低得分为 4 分。

如果你的得分在 12—16 分之间,表明你在决策时较为慎重。

如果你的得分在 8—11 分之间,表明你在决策时能较好地把握自己,该迅速则迅速,该慎重则慎重。决策速度把握较为得当。

如果你的得分在 4—7 分之间,表明你在决策时过于迅速了,有些决策可能没有经过认真思考,甚至有些武断。

测评 3　你决策拖延吗?

对每一问题选择一个最能表达你自己想法或做法的答案。

1. 你最终总算完成了那篇拖延很久的报告,你有什么感觉?
(a) 这有何大惊小怪?
(b) 好轻松啊!
(c) 我希望自己完成得更慢些。
(d) 我等待着做下一次灾难般的报告。
2. 一位好朋友说出了你拖延行动和决策的真实原因。这些原因哪一个最符合你?
(a) 我喜欢成为众人注意的中心。
(b) 我确实害怕解决这个问题。
(c) 假如我真的愿意改变,就能够做到。
(d) 我暗自希望其他人来解决这个问题。
3. 你必须做准备工作。在这几件难做的事中拖延哪一件会使你感到内疚?
(a) 财务报告。　　　　　　　　(b) 度假的准备工作。

(c) 召开一次董事会。　　　　　　(d) 解雇一个雇员。
4. 在你最终做完应做的事情后,你最可能有什么样的感觉?
(a) 有些失望。　　　　　　　　　(b) 欢欣鼓舞。
(c) 下次我不再拖延。　　　　　　(d) 下次我可能还会拖延。
5. 拖延的类型有几种。有些人喜欢做完所有的工作,使手头干干净净。还有些人则认为手头干净是不得不如此。请选择下面你最赞同的一个答案。
(a) 通过自己的观察,我认识到事情就该如此。
(b) 是这样,但我不能让这种做法统治我所有的行为。
(c) 通过一定的努力,我可以大大改变自己的性格。
(d) 这是骗人的鬼话,办事拖拉不过是种坏习惯而已。
6. 你不断地和一位同事斗。无论你留多少时间,他总是将工作拖延几天。这种拖延破坏了整个部门的和谐。你最可能接受哪一种解释?
(a) 我只能做这么多工作,我必须决定先做哪件工作。
(b) 我想,自己是害怕承担这项工作。
(c) 你完全正确,从现在起,我要努力做到按时完成任务。
(d) 这算不了什么大事,只要工作完成了,拖延几天又有什么关系?

得分和评价:

1. (a) = 2　　　(b) = 3　　　(c) = 4　　　(d) = 1
2. (a) = 3　　　(b) = 2　　　(c) = 1　　　(d) = 4
3. (a) = 4　　　(b) = 2　　　(c) = 3　　　(d) = 1
4. (a) = 1　　　(b) = 3　　　(c) = 2　　　(d) = 4
5. (a) = 4　　　(b) = 3　　　(c) = 2　　　(d) = 1
6. (a) = 3　　　(b) = 2　　　(c) = 1　　　(d) = 4

根据上述答案所给的分数计算出你的得分。

如果你的得分在 18—24 分之间,表明你是个使用种种方法和借口来为拖延辩护的拖延者。

如果你的得分在 12—17 分之间,表明你是多种类型的混合者。

如果你的得分在 6—11 分之间,表明你工作不太拖延。

◆ 思考练习

1. 什么是决策,决策一般包括哪几个要素?
2. 评价和选择方案时应从哪几个方面进行分析?
3. 简述德尔菲法的概念和步骤。
4. 运用头脑风暴式思考的原则是什么?它是如何激发人的创造力的?
5. 某报刊门市部门欲定购下一年度的挂历,据往年的统计资料可知,下一年度挂历的销售量可能为 0.5 万本,或 1 万本、1.5 万本,最多为 2 万本。已知定购成本为 15 元/本,售价为 25 元/本,每本可赢利 10 元,如过期后,剩余挂历处理价为每本 5 元。试用悲观决策法、乐观决策法、后悔值法来确定挂历定购数量。

6. 某公司为扩大市场,要举办一个展销会,会址打算选在甲、乙、丙三地,获利情况除与会址有关外,还与天气有关,天气可分为晴、普通、多雨三种。根据天气预报,估计三种天气情况可能出现的概率分别为 0.25、0.50、0.25,其收益情况如表 6-10 所示。试分别用决策表和决策树法进行决策。

表 6-10

自然状态 概率 损益值 方案	天气情况		
	晴	普通	多雨
	0.25	0.5	0.25
甲地	4	6	1
乙地	5	4	1.5
丙地	6	2	1.2

◆ 案例分析

安通公司的投资决策

安通公司是一家特种机械制造公司。该公司下设 10 个专业工厂,分布在全国 10 个省份,拥有 20 亿资产,8 万员工,其中本部员工 200 人。本部员工中 60% 以上是技术管理人员,基本都是学特种机械专业的。该公司所属企业生产的产品由政府有关部门集中采购,供应全国市场。

改革开放以来,安通公司的生产经营呈现较好的局面,在机械行业普遍不景气的情况下,该公司仍保持各厂都有较饱和的产品。但是,进入 20 世纪 90 年代以后,国内市场开始呈现供大于求的趋势。政府有关部门的负责人曾透露,如果三年不买安通公司的产品,仍可维持正常生产经营。面对这样的新形势,安通公司领导连续召开两次会议,分析形势,研究对策。

第一次会议专门分析形势。刘总经理主持会议,他说,安通公司要保持良好的发展趋势,取得稳定的效益,首先必须分析形势,认清形势,才能适应形势。我们的产品在全国市场已经趋于饱和。如果不是有政府主管部门干预和集中采购,我们的生产能力一下子就过剩 30%,甚至更多。我们应该对此有清醒的认识。负责经营的李副总经理说,改革开放以来,全公司的资金利润率达到了 8% 左右,居全国机械行业平均水平之上。但是现在产品单一,又出现供大于求的趋势,今后再保持这样的发展水平很难。目前,公司本部和各厂都有富余资金和富余人员,应该做出新的选择。分管技术工作的赵副总经理说,总公司和各厂的产品特别是有一部分产品通过近几年引进国外先进技术,基本上能满足国内市场目前的需要,总公司和各厂的专业技术力量很强,如果没有新产品持续不断地开发出来,单靠现有老产品很难在本行业有较大发展,专业人员也要流失。其他的副总们也都从各自的角度分析了安通公司所面临的形势,大家都感到这次会议开得及时,开得必要。

第二次会议仍由刘总主持。他说,我们上次会议全面分析了形势,使我们大家的头脑更清醒,认识更一致,这就是总公司要适应新形势,必须研究自己的发展战略。分管经营的李副总说,我们应该充分利用富余人员和富余资金,寻找新的门路,发展多种经营。要敢于进入机械行业以外的领域。现在,国家不是提倡发展第三产业吗,我们应该利用国家的优惠政策,开展多种经营,取得更好的经济效益。分管技术的赵总谈到,安通公司的产品虽然经过引进国外先进技术,已经升级换代,但是和国际先进水平比还有相当差距。我们现在应该充分利用技术力量和资金,进一步引进技术,开发新产品,为国内市场做一些储备,以适应未来市场的需要,同时争取把产品打到国际市场上去。其他各位老总也都一致认为,安通公司必须发展,不能停滞不前。大家认为,安通公司是一个专业化很强的企业,虽然现在主打产品是供大于求的趋势,但现在特别是将来还是有比较稳定的市场的,这个主业绝不能放松,但是单靠这个主业要想过得富裕是不够的,要不断地开辟新的经营领域,开展多种经营。基于这样的认识,安通公司提出了适应市场的新的经营战略:"一业为主,多种经营,立足本业,面向全国,走向世界"。

两次会议统一了思想,提出了新的经营战略,各个分厂和本部各个部门都积极行动起来,研究自己今后的发展方向和目标。这时,安通公司听到这样两条信息:一是山东省有一家饭店正在建设之中,由于缺乏资金,就要面临停工。该饭店投资100万元,地处市中心,据预测年利润率可达25%以上,4年就可全部收回投资,是一个投资少、见效快的项目。二是辽宁省有个年产40万吨的煤矿,正在筹资,寻求合作伙伴。该矿允诺投资回报率至少20%,目前煤炭正供不应求,市场前景也是很可观的。

听到这两条信息后,总公司派出两队人马分别到山东省和辽宁省了解情况。几天后,两队人马回到总部,证实了两条信息是真实可靠的,而且经营者都是国营单位,投资前景看好,并写了向山东省的饭店和辽宁省的煤矿分别投资50万元的请示报告。请示报告很快被批了下来,资金迅速划了过去。由于有了这笔资金的注入,山东省的饭店得以顺利施工,并于第二年开始营业,饭店开始营业以后,安通公司的有关领导出差路过,也到饭店看过,看上去饭店经营得还不错,也上档次。到第三年的年底,传来消息,山东省饭店全年亏损10万元,辽宁省煤矿亏损5万元,都没有利润可分。第四年也是这种局面,饭店和煤矿都是小亏,没有利润可分。安通公司对此感到很棘手,一下子拿不出有效策略。

讨论问题:
1. 安通公司的投资决策是否正确?如果存在问题,主要问题是什么?
2. 安通公司应对饭店和煤矿采取什么样的对策?

延伸阅读

◆ 决策的思维方法

采用何种思维方法,将直接影响到决策的有效性和科学性。科学的决策思维方法有很多,本节集中介绍三种思维方法。

一、概率思考

运用概率论进行思考决策,要求决策者对他们的预测和判断方法进行一次改革,他们必须抛弃完全因果关系的思维方式,根据这种思维方式,只有在收集到完全的信息时才能做出准确的、决定性的预见。而概率思考是完全与此不同的,概率思考强调未来的不确定性。用概率思考的思维方式进行决策,不仅要学会在"不确定"情况下进行决策,更重要的是决策本身要适应事物的"不确定性"本质。

概率思考的前提是,思考者在头脑中应该有概率的观念,即要懂得用概率表达事件的可能性。例如,当你问一个人:"这种新产品会不会受到消费者的喜欢?"他可能回答:"消费者喜欢这种新产品的概率为70%。"这种能够使用或习惯于使用数量化的主观概率值来表达事件可能性的人,即属于具有概率思维的人。但是,有些人没有这种思维习惯,他们对上述事件可能性的回答就不是从0到1的连续值中的某值,而是只有几个极端值,或是"很可能",或是"不可能",至多还有一个"可能性中等"(可能与不可能差不多)。这些人即属于非概率思维的人。在这里有必要说明的是:第一,把人划分为概率思维的人和非概率思维的人是相对的,即人们只有概率思维习惯和能力上的某些差异,并不是说有些人绝对地没有概率思维;第二,上述划分的依据仅仅是人们在头脑中有没有数量化主观概率的概念,并不是真正能否做概率统计这样的推理,也就是说,即使属于概率思维的人也不一定都会做严密规范的概率统计推理。但是,有一点却是可以肯定的,按照规范性决策论来看,具有概率思维的人其决策的科学性和有效性会更高一些。

人们的概率思维能力和习惯主要受个性差异和文化差异的影响。1972年,厄特尔研究了个性差异如何影响人们的概率思维能力,他从出版物的用语中来观察不同人格特征的人对于随机性事件的表达方法,从而了解他们对概率的思维特征。他发现,带有教条主义倾向的作者,多习惯于使用"总是""完全""必须""从不"等要么完全肯定要么完全否定的极端性的口吻,而那些非教条主义者则更多地采用"通常""一般地""可能"等不那么极端的说法。另外,菲力普斯与赖特从1977年开始研究概率思维的文化差异,他们曾对英国、中国香港地区与印度尼西亚的管理者专门做过问卷调查,他们调查了55名具有管理学位的英国公务员、31名中国香港地区中层管理者和39名在雅加达工作的经营者,其结果表明,英国管理者的概率思维特征要明显强于中国香港地区和印度尼西亚的管理者。西方人更习惯于概率思维而东方人更倾向于确定性思维即非概率思维,这种认识已为许多人所认同。但是,对于造成这种差别的原因,则有各种不同的分析。一种看法是,西方科学比较发达,随机性科学发展较早,在科学文化较为普及的条件下,概率思维自然成为了人们的思维习惯。另一种看法是,东西方在人生哲学上有差异。如东方人倾向于用宿命论的观点看待外在世界,认为世界有一种非人为所能驾驭的力量在起决定性作用,这种世界观当然很少能包容不确定性。相反,西方文化似乎更强调征服自然的精神力量的支配作用,强调对科学理性的服从,因而西方人比较多地使用概率思维方式。这些分析虽然不能说绝对正确,但也并非全无道理。

二、解析思考

当人们遇到难以决策的问题时,怎样才能找到正确的思路并抓住问题的实质进行正确的决策呢?解析思考的思维方法可以为人们提供有效的帮助。这一思维方法包含五个要点。

1. 思考

很多人常常将他们的大部分决策时间用于搜集和处理信息——与人谈论有关问题、阅读有关材料、制定复杂的模型和理论,以及进行煞费苦心的计算。尽管这些活动是有用的,但是,如果人们用更多的时间进行认真思考,努力找出面临的问题和症结所在,就可能做出更为明智的决定。在大多数情况下人们明白,至少要花一半时间用于思考。

许多有经验的决策专家都提出过同样的忠告:"模型要简单,思考要综合。"有些分析,特别是定量分析,其困难在于分析的过程很复杂,不少分析人员把大量时间用于建立精细的模型,进行冗长的计算,这是无益的。经验丰富的分析人员把不经过恰当的思考就进行复杂的计算说成是"无知的蛮干"。这种"蛮干"往往只会得出错误的答案。在分析决策问题时,应该根据面临的实际困难不断思考,以便明了所做的分析是否恰当。

在进行思考时,常常需要使用简单数据的能力,将几个数字加在一起,并理解它们的含义。在思考大多数决策问题时,都需要处理简单的数字的能力,即懂得数学的基本语言。

2. 分解

决策中的分析问题就是分解问题,把一个问题分成若干组成部分,这是解决难题的钥匙。将问题分解后,对每个部分进行单独处理,再将这些结果组合起来,就可以做出决策。难以理解的是,在进行决策时,很多人不愿意对其所决策的问题进行自觉的、系统的分析,一些人相信自己的大脑能以某种不可思议的方式,在任何时候都做出一贯的、明智的选择。事实上这是不可能的。

3. 简化

决策所面临的一些难题往往非常复杂,以至于不可能将问题进行完全的分解,但是,决策问题都要求必须在有限的时间内加以解决,因而不可能将与之有关的所有因素都考虑到,解决这种问题的方法就是使其简化。具体地,就是要找出真正重要的因素,略去无关紧要的因素。人们往往不能适应简化的思维逻辑,总是力图在有限的时间内考虑尽可能多的因素。然而,即使考虑上百个与决策有关的因素,决策的制定还是只能依据少数几个因素,因此对问题的简化是必须的。

4. 判断

判断就是对决策问题的各个不确定因素做出具体的说明,在做出决策时,判断得越具体就越有利于决策。在决策时,不应否认主观判断的重要性,相反,要十分强调它,没有一系列明确的主观判断,就不可能做出任何决策。

5. 再思考

由于时间、信息和认识能力限制了分析的范围和细节,可以说任何决策分析都是不完全的,最终是由主观判断决定的,正是由于这个原因,每做出一步决策分析时,都需要再次思考一下在这步分析中用到的判断值和在最初简化时被略去的因素,如果对决策还有疑惑,就应对它再思考,做出第二步、第三步甚至更多的分析。当然,这并不是说要无止境地对一个决策进行再思考,一般说来,应该考虑到这样的程度:从再思考得到的收益与进行再思考所花的代价相当。只要用于进一步分析预期的费用小于该分析预期得到的收益,就有理由"再思考"。

三、目标—手段分析

西蒙通过对人在决策中的思维过程的研究,提出了"目标—手段分析"的决策思维方法。这种方法的基本逻辑是,首先为要实现的总目标找到一些手段和措施,然后把这些手段和措施看成是新的、次一级的目标,再为完成这些次一级的目标,找出更详尽具体的手段和措施,如此逐步找下去,直到找到最终的解决办法为止。

其实,目标—手段分析的思维方法并无玄妙之处,人们可能经常用它来做出决策。例如,我们在森林里露营,需要一张桌子(这就是决策的目标),但森林中只有树木,而没有现成的桌子。这时候,我们会立即明白树木同桌子之间的差异:桌子的桌面是一块较小的、可以移动的平面木板,树木却是较大的、与地面相连的圆柱形木头。为了消除这些差异,我们会使用一些工具和程序,如用斧头把树砍倒,锯成合适的尺寸并拼成一整块将其刨光,再装上桌子的脚,就得到了一张桌子。在上述过程中,问题的解决开始于确定目标(需要一张桌子),接着是明了目前情况(有树木)与将来目标(要桌子)之间的差距,然后是根据记忆或通过寻找,弄来某种工具(斧头、锯子等)消除这种差别(砍树、锯木板等)。这就是通过"目标—手段分析"的思维方法所进行的一个典型决策过程,其原理可用于任何复杂问题的决策。

◆ 北内集团的管理决策

北内集团总公司的前身是北京内燃机总厂,该厂成立于1949年4月11日,是一个以生产发动机为主的专业厂。20世纪50年代,该厂曾生产出著名的"北京红犁"牌发动机。60年代,生产出4115柴油机和492汽油机。80年代,随着492发动机产量的不断扩大和质量的不断提高,492发动机享誉全国。其中492QA2汽油机和4115T柴油机双双获得国家银质奖。与此同时,该厂又先后引进和开发了原德国道依茨公司的FL912风冷柴油机、日本五十铃公司的4JB1柴油机、日本日产公司的475汽油机和美国GM2.0L汽油机,形成了以492汽油机和4115柴油机为主导产品的六大系列发动机,成为当时国内最大的发动机生产厂。此外,该厂还是全国首家引进全面质量管理(TQC)的国有大型企业。1987年获得国家质量管理奖和全国"五一"劳动奖章,是北京市的利税大户之一。

一、组建北内集团

80年代中期，北内在生产经营过程中遇到了令人惊喜又担忧的情况，惊喜的是北内生产的492发动机以其质量好、性能稳定而深受用户欢迎，尽管企业一再增加产量，仍然满足不了市场的需求；担忧的是492发动机是苏联50年代的产品，因设计落后，性能上没有新的突破，产品发展后劲明显不足。针对市场需求的良好前景和产品发展后劲的明显不足，北内提出了"生产一代、研制一代、开发一代"的发展战略。在生产492和4115发动机的同时，研制FL912、4JB1柴油机和475汽油机，与此同时，企业着手开发新产品，以保证北内能够在市场竞争中长盛不衰。

为了保持企业在轻型汽车发动机生产上的优势，北内决定引进美国GM2.0L发动机技术和机械加工、装配、试车自动生产线，作为492发动机的替代产品，并决定以引进GM2.0L发动机为重点，加速拳头产品的开发。

GM2.0L发动机是80年代初美国通用汽车公司开发的节能性产品，该发动机具有体积小、重量轻、耗油量低、废气排放污染低的特点，其技术水平在国内处于领先地位。

GM2.0L发动机国产化遇到的障碍

GM2.0L发动机的引进方式是购买该发动机的全部技术资料和生产该发动机所需的机械加工生产线、装配生产线、试车生产线以及剩余的零部件，总成交金额为3 800万美元。该引进项目于1987年12月开始实施，历时5年，于1992年9月全部引进完成，投资总额为6亿元。

GM2.0L发动机机械加工生产线，主要用于加工缸体、缸盖、曲轴、连杆和凸轮轴这5种零部件，发动机装配的其余零部件均需外协加工。GM2.0L发动机在设计和性能上都是比较先进的。当时，国内的加工水平达不到产品图纸设计的要求，即使能够加工出来，成本也较高，形不成批量生产的规模。而且外协厂家也不愿投入大量资金进行技术改造，只是停留在试制阶段。为了进行发动机的试生产，一些关键零部件不得不从美国进口。1992年12月，北内在付出了高昂的代价后，生产出了20台GM2.0L发动机，且多数发动机达不到图纸所规定的性能要求。在此期间，美国通用汽车公司看到北内已经把生产线建成，且经营形势较好，提出与北内合资生产GM2.0L发动机和2.2L"北美94"型发动机，并提出了合资的条件。北内出于各方面考虑，提出只与美方合资建造铸造中心。由于双方合资内容相差较大，合资谈判没有取得进展。

市场准备的不足

当时，国内生产的轻型汽车所采用的动力多数是492发动机。492发动机与这些车型是原设计匹配动力。如果改变发动机，那么这些车型的一些零部件也要做相应的改动。

GM2.0L发动机整体性能比较先进，但发动机的扭矩并不比492发动机优越，而且整机价格高，每台为2万元左右，而492发动机每台价格只有6 000元。因此，汽车生产厂家出于经济利益的考虑，尽管同意试配，但却不愿意在汽车上做较大的改动，并且提出最好通过改动发动机本身以适应汽车的要求。北内只好按照汽车生产厂家的意见，对发动机的部分零部件做出了相应的改动。这样又额外增加了外协厂的负担，从而制约了外协厂生产能力的提高和外协件成本的降低。

让"发动机长轮子"

新型发动机生产出来以后,必须经过台架试验、汽车匹配试验和路况试验,这样才能真正地反映并检验发动机的性能和使用寿命。要进行这些试验,就必须让"发动机长轮子"。为了让"发动机长轮子",北内决定脱离北京汽车工业联合总公司,单独组建企业集团。经过多次协商,浙江宁波汽车铸造厂、山东淄博重型汽车铸造厂成建制划入北内,与北内发动机配套的200多家生产厂和相关单位也进入北内集团。这样,一个跨省市、跨地区、跨行业的大型企业集团成立了。原北京内燃机总厂更名为北内集团总公司,于1993年7月1日正式挂牌。北内集团被国家列为特大型企业。

二、北内集团的转折

北内集团成立后,为了将引进的GM2.0L发动机尽快形成生产能力,采取了一系列措施。

(1) 投入巨资扩建宁波汽车铸造厂。宁波汽车铸造厂年生产汽车4 000辆,主要车型与北京产1041型汽车相同。由于年生产能力低,北内决定对宁波汽车铸造厂进行技术改造,扩大生产规模,增加车辆品种。计划投资1亿元,一期投资2 900万元,用于购买地皮和厂房建造。由于厂房选址有误,仅厂房地下基础施工就耗资1 500万元。

由于北内集团把大量资金投入到汽车厂的改造,致使企业正常生产经营所需的流动资金严重不足。为了筹集正常生产经营所需的资金,北内采取了一方面向银行贷款,另一方面拖欠配套厂货款的办法。这样,虽然暂时缓解了北内生产经营资金的困难,但由于配套厂不能及时得到货款,生产经营活动无法正常进行,致使配套产品生产不出来,有些配套产品即使生产出来,产品质量也无法得到保证,因此又反过来影响北内发动机装配和整机质量的提高。

(2) 引进西班牙二手铸造设备。GM2.0L发动机的缸体、缸盖均为铸造件,铸造难度大,北内现有的铸造能力和水平无法满足生产的要求,废品率相当高,造成了人力、物力和财力的大量浪费。如果建一条铸造线,其耗资大、周期长;如果外协铸造,国内又没有厂家能够生产。在这种情况下,北内把目光转向了国外。经过考察,北内决定购买西班牙二手铸造设备,并最终以900万美元的价格,买下了整条铸造线。

铸造设备拆运回北内集团后,又遇到了场地和安装改造的资金问题。为了给西班牙设备腾出厂房,集团决定将原有的铸造用砂的烘干设备全部拆除卖掉。计划将腾出的厂房用于西班牙铸造设备的安放,将所卖设备的货款用于西班牙铸造设备的安装改造。但是,此时北内的正常生产经营已经比较困难了,急需流动资金,于是集团决定暂将卖设备所得的货款用于填补生产经营所需的流动资金,以解燃眉之急。从此以后,北内集团再也没有能力和资金用于西班牙铸造设备的安装和改造,就这样,引进的这些设备只好长期闲置。

铸造用砂的烘干设备拆除卖掉后,为了维持生产,只得采用烘干好的袋装砂,这样不仅增加了铸造成本,而且影响了毛坯的铸造质量。若再想建起烘干设备,至少需要投资1 000万元,这时集团已无资金可投了。

(3) 回头寻找合资。GM2.0L 发动机是一个比较先进的机型,但是,在国内适应性较低,尤其在动力性能方面,满足不了多数汽车生产厂家的要求。为此,北内决定将 GM2.0L 改为 2.2L 发动机。由于当时引进发动机时,只关注了 GM2.0L 发动机而没有考虑其他机型,北内缺乏其他机型的有关技术资料。北内试图将 GM2.0L 改为 2.2L,但经过多次试制,耗费了大量资金,发动机关键的技术问题,如拉缸等,始终没有得到解决。面对 GM2.0L 发动机配套需求量小、2.2L 发动机的技术问题又难以解决的两难境地,北内集团又回过头来主动提出希望能与美国通用汽车公司合资生产 2.2L"北美 94"型发动机。以前,美方曾提出过与北内合资生产该型号发动机,但北内出于各方面的考虑而拒绝了。现在北内又主动提出合资的意愿,但此时的北内已经不是几年前的北内了,生产经营已十分困难,尽管在谈判中,美方提出了比以前更加苛刻的条件,北内也都做出了让步,但最终合资谈判还是以失败告终。

三、被迫实施"两分战略"

北内从引进 GM2.0L 发动机开始,向银行举借了大量贷款,本息加在一起,达 18 亿元,欠货款达 6 亿元,已是债台高筑。1996 年亏损 5 000 万元,1997 年亏损 9 500 万元,成为北京市第一亏损大户。

此后,北内的生产流动资金主要是靠银行贷款,如果没有银行贷款的支持,北内的生产经营早就难以为继了。面对企业的严峻形势,北内集团不得已采取了如下措施:(1) 停止宁波汽车铸造厂的改扩建工程,并积极研究宁波汽车厂与北汽福田合作的具体方案,加快合作进程。(2) 停止西班牙铸造线的安装与改造,与河北邯郸一家企业联营,北内以铸造线为投资股份,双方合作生产 GM2.0L 发动机铸造毛坯。(3) 终止对山东淄博汽车厂的管理。(4) 总公司内部实施"分兵突围,分灶吃饭"的"两分战略"。

"分兵突围,分灶吃饭"是将主要产品生产分厂实行委托法人权限、单独核算、独立纳税、自负盈亏、自行负担工资的封闭式管理,使分厂成为相对独立的经济实体,把有限的资金直接运用到生产最需要的地方。同时,让生产单位直接面向市场,使生产更加紧密地围绕用户转,不断提高产品质量,为用户提供更快捷、更优质的服务,争取使北内早日摆脱困境。

第七章

领导与激励

情境任务设计
- 情境案例
- 任务描述

必备知识技能
- 领导者的素质及能力
- 领导方式与领导艺术
- 激励与激励理论
- 激励方法与激励艺术

能力训练
- 能力测评
- 思考练习
- 案例分析

延伸阅读
- 六种领导风格,你属于哪一类?
- 负激励在企业管理中的运用

情境任务设计

◆ **情境案例**

两种不同的管理风格

某市建筑工程公司是个大型施工企业,下设一个工程设计研究所,三个建筑施工队,研究所由 50 名高中级职称的专业人员组成。施工队有 400 名正式职工,除少数领导骨干外,多数职工文化程度不高,没受过专业训练。在施工旺季还要从各地招收 400 名左右农民工补充劳动力的不足。

张总经理把研究所的工作交给唐副总经理直接领导、全权负责。唐副总经理是位高级工程师,知识渊博,作风民主,在工作中,总是认真听取不同意见,从不自作主张、硬性规定。公司下达的施工设计任务和研究所的科研课题,都是在全所人员共同讨论、出谋献策、取得共识的基础上做出具体安排的。他注意发挥每个人的专长,尊重个人兴趣爱好,鼓励大家取长补短、相互协作、克服困难。在他的领导下,科技人员积极性很高,聪明才智得到了充分发挥,年年超额完成创收计划,科研方面也取得显著成绩。

公司的施工任务由张总经理亲自负责。张总是工程兵出身的复员转业军人,作风强硬,对工作要求严格认真,工作计划严密,有部署、有检查,要求下级必须绝对服从,不允许自作主张、走样变形。不符合工程质量要求的,要坚决返工、罚款;不按期完成任务的扣发奖金;在工作中相互打闹、损坏工具、浪费工料、出工不出力、偷懒耍滑等破坏劳动纪律的都要受到严厉的批评、处罚。一些人对张总的这种不讲情面、近乎独裁的领导方式很不满意,背地里骂他"张军阀"。张总深深懂得,若不迅速改变职工素质低、自由散漫的习气,企业将难以长期发展下去,于是他亲自抓职工文化水平和专业技能的提高。在张总的严格管教下,这支自由散漫的施工队逐步走上了正轨,劳动效率和工程质量迅速提高,第三年还创造了全市优质样板工程,受到市政府的嘉奖。

张总经理和唐总经理这两种完全不同的领导方式在公司中引起了人们的议论。

问题思考:

你认为这两种领导方式谁优谁劣?为什么他们都能在工作中取得好成绩?

◆ 任务描述

1. 请查阅资料,总结不同领导类型的优点和缺点。
2. 请设计出工作或学习过程中你所希望的激励方式和方法。

必备知识技能

◆ 领导者的素质及能力

任何组织都有它的领导,无论这个领导是个人还是集体,它在组织中的地位和作用都大于组织中的其他成员,是关系着一个组织的绩效大小和生死存亡的关键人物,所以研究领导行为和其管理行为具有十分重要的意义。

一、领导的含义和作用

(一)领导的基本内涵

"领导"一词在现实生活中有着多方面的含义。最一般的理解是:领导(leader)作为名词指的是人,即领导者;领导(lead)作为动词指的是指引、引导和动员他人行为与思想的过程。要理解领导的基本内涵,需要注意把握以下几点:

(1)领导的本质是一种影响力。领导者通过其影响力来影响追随者的行为以达到组织目标。影响力是一种追随、自觉和认同,是非制度化的。

(2)领导是一种目的性很强的活动。领导的目的主要包括两个方面:一是影响被领导者为实现组织目标做出努力和贡献;二是使组织成员能在工作中得到发展和进步。

(3)领导者和组织其他成员在权利分配和地位上是不平等的。领导者拥有相对强大的权力和更高的地位,使他得以影响组织中其他成员的行为,而其他成员没有这样的权力和地位,所以他们心甘情愿地服从或者被迫无奈地屈服于该领导者的权力,使自己处于被领导者的地位。

(4)领导者一定要与所领导的群体或组织的其他人员发生联系。这些联系包括其直接命令、协商、说服、协调等多种形式。

(5)领导是在一定客观环境下实施的行为组合和过程。领导行为必然发生在一定的客观环境下,并且因为客观环境的不同而不同;领导行为不是孤立的,而是一系列领导行为组合而成的行为系统,这些领导行为之间相互影响、相互作用。

由此可见,领导工作包括三个必不可少的要素:领导者、被领导者和客观环境。这三个要素可用如下数学模型表示:

$$领导工作 = f(领导者,被领导者,客观环境)$$

(二)领导与管理的区别

领导不等于管理,但领导是管理工作中的一项重要而且具有独特性的职能。领导和管理既密切相关,又有明显的区别,是两个不同的概念。领导与管理的关系可用表 7-1

表示。

表 7-1 领导与管理的联系与区别

		领导	管理
共性	行为方式	两者都是一种在组织内部通过影响他人的协调活动,实现组织目标的过程	
	权力构成	两者都是组织层级的岗位设置的结果	
区别	本质	领导既可能是建立在合法的、有报酬的和强制性的权力基础上,也可能是建立在个人影响权和专长权以及模范作用的基础上,是"领"和"导",是"先导型"	管理是建立在合法的、有报酬的和强制性权力基础上的对下属命令的行为,是"驱赶型"
	范围	领导行为仍是管理活动的范畴,范围相对较小	管理活动包括领导行为,范围相对较大
	功能	1. 规划公司和组织发展的方向,设定中长期目标、创造组织发展成长的环境 2. 对组织的全局态势做一个把握,而不是去处理一些具体的事务性的工作 3. 强调鼓舞激励,使组织目标一致、荣辱与共、努力同心,以"处人为主" 4. 能带来跳跃式的发展和变革	1. 按照组织的既定目标,使用最有效的管理手段与方法,推动组织向既定目标前进 2. 对某些具体的事务做细致的部署,并控制其实施的过程按预期目标发展,使其高效完成 3. 重在管制和调理,重在对现存秩序的保护和捍卫,以"处事为主" 4. 能带来稳定的秩序,使企业高效运转
	对人的要求	领导者: 有远见的,着眼于未来 积极的,创造型 富于想象的思维方式 灵活的、大胆的、乐于尝试新事物 令人鼓舞的,影响力来自个人魅力	管理者: 务实的,着眼于现在 保守的,问题解决型 严谨分析的思维方式 固执己见的、顾虑重重的、偏爱稳定秩序 权威的,影响力来自职位
	需求环境	变化环境下的变化的组织需要领导者	稳定环境中的稳定的组织需要管理者

(三)领导的权力

领导者影响其下属的基础是权力,即指挥下属的权和促使下属服从的力。被领导者在多大程度上愿意服从领导者,根本上取决于领导者对权力的有效驾驭。

简单地说,权力就是拥有能够支配他人的力量。权力本身是一个中性的概念,它可以被利用来达到不良的目的,也可以帮助领导者更好地实现组织的目标。领导者的权力来源于两个方面:

(1)来自职位权力(又称为正式权力)。职位权力主要包括:一是法定权(合法权),是指领导者因为拥有组织中的地位而影响下属行为的能力;二是奖励权,是指领导者通过奖励他认可的行为来影响他人行为的能力;三是强制权(惩罚权),是指领导者通过惩罚他不满意的行为来影响他人行为的能力。很显然,职务权力是与职务连在一起的,随着职务的变动而变动,但不因任职者的变动而变动。

(2)来自个人权力(又称为非正式权力)。指来自领导者个人的素质,如道德品质、技术、个人魅力等,它的特点是权力不随职位的消失而消失。个人权力由两项内容构成:一是个人影响权(模范权、个人感召权),是指因为具有人们喜爱的某种特质而产生的影响,例如组织内热心帮助他人的成员往往拥有较高的号召力;二是专长权,是指因为具有某种技能或特殊知识而影响他人行为的能力。

领导者对下属的影响可以是来自以上五种权力,也可能是来自这五种权力中的几项。这主要与客观环境和领导者自身的状态密切相关。例如,一名软件开发部的经理尽管拥有法定权、奖励权和惩罚权,但这些权力很难对年轻气盛的软件工程师们产生很大影响,唯一真正能让他对其下属产生影响的方法是拥有比他们更精深的知识和更开阔的视野。

总之,要成为一个成功的领导者要注意做到:正式权力与非正式权力是不可或缺的;重视发挥、培育自己的个人影响权和专长权。

(四) 领导的作用

领导活动对组织绩效具有决定性的影响。从管理过程来看,领导的这种决定性作用表现在三个方面。

1. 指挥作用

在领导活动中,领导者最先要做的就是认清形势,指明组织的战略目标及达到目标的途径并指挥组织成员最大限度地实现目标。随着竞争日益激烈,组织的外部环境瞬息万变,战略意味着组织的生死存亡,领导必须随时注意内外环境动向,敏捷地捕捉信息,高瞻远瞩,把握关键,为组织选择正确的战略。组织活动必须服从集中统一的指挥,领导的指挥作用不仅体现在战略决策,更重要的是要优化组织结构、制定规则、指挥下属去执行决策,并对执行情况进行检查总结。

2. 激励作用

组织活动中人的因素是由具有不同的动机、需求、欲望和态度的个人所组成的,它蕴含着组织所需的生产力。领导工作是激发这一力量的关键。领导活动的一个重要部分就是要激励组织成员,表扬他们的贡献,在组织中创造出团结向上的企业文化。激励是一种艺术,领导必须能够最大限度地在工作中帮助组织成员达成各种愿望,提高对工作的满意度,同时,又要保证组织成员个人目标的满足与组织共同目标的实现相一致。

3. 协调作用

组织的目标是通过许多人的集体活动来实现的,而集体活动总是处于动态之中的,要使动态中的活动避免产生矛盾和冲突,或者产生后能及时处理,就需要领导者及时做好协调工作。协调工作搞得好,组织工作才能顺利进行。协调包括思想上的消除分歧、统一认识,和行动上的合理配置人、财、物、技术等组织内外部资源。协调往往与监督同时进行,通过监督,保证按照预定的行动计划工作,以保持组织活动的协调性。

二、领导者的素质及能力

领导者素质,指的是在一定时间和空间条件下存在于领导者身上,并在管理活动中对管理工作经常起作用的那些内在要素和能力,是领导者在先天禀赋的基础上通过后天的学习、实践而逐步形成的智能、品德等的总和。因为领导者素质与领导绩效的优劣直接相关并由此成为制约领导者权力大小的条件,所以领导者素质也被称为权力资本。

(一) 思想品德素质

思想品德素质体现了一个人的人生观、价值观、道德观和法制观念,是其他素质形成和提高的基础,决定着领导者的行为方式,制约着领导能力的发挥。正直、公正、信念、恒心、毅力、进取精神、强烈的领导意识等优秀的人格品质无疑会提升领导者的影响力和个人魅力,从而扩大其追随者队伍。"物以类聚,人以群分",领导者的个人价值观会吸引具有同类价值取向的人凝聚于组织,增加对组织的认同感和归属感。孔子说:"为政以德,譬如北辰,居其所而众星拱之。"领导者的人格和价值观还会潜移默化地影响组织成员,成为组织默认的行为标准。具备优秀价值观和人格的领导者使组织成员对其产生敬佩、认同和服从等心态,其影响力无疑会提高。

(二) 业务素质

领导者的业务素质是对领导效能起基础作用的因素。这种素质,概括地说,就是领导者完成领导活动所应具备的知识和能力。

1. 领导者应具备的知识

作为领导者,必须具备良好的知识结构,包括:

(1) 市场经济的基本运行规律和基本理论。社会主义市场经济已经在我国成功展开,任何组织都不能游离在其之外,掌握市场经济的基本运行规律和基本理论是保证领导活动在大环境下保持正确方向的基础。

(2) 组织管理的基本原理、方法。懂得组织管理的基本原理、方法是领导者驾驭领导活动的知识保障和源泉。

(3) 比较广的知识面。领导者不仅要懂得心理学、人才学、组织行为学、社会学等方面的知识,以便做好人的思想工作,激发团队成员的士气,协调好人与人之间的关系,充分调动人的积极性,还要有扎实的数学、地理等自然科学和历史、政治等人文科学基础。

(4) 所在领域的行业及其相关的知识。广泛的行业知识便于领导者准确把握本行业的市场、竞争、产品、技术状况,对于领导目标决策及其各方面管理的信服力有着重要的作用;同时,行业经验还可以使领导人拥有良好的组织内和行业内的人际关系及声望,从而提升影响力。

2. 领导者应具备的能力

作为领导者,还必须具备良好的能力结构,包括:

(1) 观察、分析、判断和概括能力。能够对复杂的社会现象进行科学的观察、分析、综合、概括和判断。

(2) 决策能力。能够在科学判断的基础上,选择满意方案,做出整体利益和局部利益相统一、长远利益和暂时利益相统一的决策。

(3) 组织指挥和控制能力。能够用适当的交流方式去激励和指导下属,使他们完成自己的工作和责任,支持和加强下属成员的知识和技能的发展,并使大家团结一致卓越地完成组织的任务目标。

(4) 沟通和协调能力。能够与组织成员平等交流、协商,更加准确地了解信息,共同开创良好的合作氛围和渠道,促进领导决策的实施。同时,通过沟通和协调增强组织成员的参与感和认同感，从而进一步增强领导的持续影响力。

（5）不断学习、探索和创新的能力。能够用开放的态度广泛地学习，并帮助整个组织逐渐向开放的学习型组织转变；能够在种种领导活动中，善于捕捉新事物的萌芽，提出新的设想、新的方案，创造性地开展工作。

（6）知人善任的能力。能够了解下属的长处和短处，因人施用，扬长避短，充分发挥他们的作用；公正地评价他们的成败功过，处理好各种矛盾，调动一切积极因素。

（三）身体素质

身体是一切人类活动的基础，领导者要经常承受巨大的压力和繁重的工作，因此良好的身体也是领导者要具备的素质。

三、领导集体的结构

领导是一个集体。一个具有合理结构的领导集体，不仅能使每个成员人尽其才，做好各自的工作，而且能通过有效的组合，发挥巨大的集体力量。领导结构一般包括年龄结构、知识结构、能力结构、专业结构和气质结构等。

1. 年龄结构

年龄结构是指领导集体应由不同年龄段的人所构成。因为不同年龄段的管理者有不同的长处，能起不同的作用。例如，年长者持重稳健，善于把握全局；年轻者朝气蓬勃，勇于探索创新。比较理想的年龄结构应该是由"老、中、青"三代领导者构成。

2. 知识结构

知识结构是指由职责、任务决定的，领导集体中各类专业人员的组成状况。合理的知识结构不仅意味着领导集体中的单个成员具有合理的知识结构，而且意味着领导集体在整体上也具有合理的知识结构，形成一个专业知识的立体结构，在总体上具备解决与不同专业相关的各种问题的能力。例如，很多组织的最高领导层都要包括一些有技术、法律、财务背景的成员。

3. 能力结构

领导集体要处理各种各样的工作，同上下左右发生各种各样的联系。因此，在领导集体中，需要具备各种能力的人才，并按一定比例结合成一个有机整体。在一个理想的领导集体中，应该有深谋远虑、远见卓识、当机立断的人；有坚毅果敢、沉着冷静、执行力强的人；有善于处理人际关系、协调矛盾、涵养良好的人。领导集体的能力结构因素主要是管理能力和专业能力。对于负责全面工作的主要领导者来说，重要的是应具备组织指挥能力和管理能力；对各个具体工作部门的领导来说，则应具备本行工作的专业能力和组织管理能力。

4. 专业结构

专业结构是指领导集体中所需各种专业的比例构成。合理的专业结构要求领导集体内拥有各种专长的领导者要有一个合理的比例。这是由企业组织的目标和领导集体的具体任务所决定的。由于领导成员所处的层次和所担负的具体任务不同，其专业结构的组合也不同。如基层领导成员主要履行执行职能，在专业上侧重技术要求和组织管理要求；中高层领导成员则要懂专业，侧重于决策和高层次管理要求。

5. 气质结构

在一个合理而完整的领导集体结构中,领导成员的性格、气质应当是协调的。不同人的气质和性格迥然不同,每一个人的气质和性格往往既具有积极的一面,又具有消极的一面。在建设一个领导者集体时,应该考虑和兼顾到人们气质间的差异,把具有不同气质的人协调地组合在一起,有助于领导者集体团结、协调、更好地发挥管理效能。一般来说,一个领导集体中应该有一个主导型人才。这种人才善于深刻认识自己,意志坚强,富于创造,在群体中是角色的传递者,是对立和矛盾的斡旋人,通过自己的行为影响其他人,进而影响集体。

◆ 领导方式与领导艺术

一、领导方式的基本类型

领导方式是指领导者为达到一定的领导目的,按照领导活动的规律而采取的各种方式、办法、手段、措施、步骤等的总和。领导者的领导才能是以领导方式为载体的。关于领导方式分类的模式有很多,归纳起来,大致有三类。

(一) 集权式、分权式和均权式领导

根据对权力的控制程度不同,可将领导方式分为集权式、分权式和均权式领导。所谓集权式,就是将一切权力集中于领导集体或个体手中,下属没有任何权力。所谓分权式,就是按照各个部门和岗位职责,把权力下放给各个部门和岗位,领导者只决定重大事情。所谓均权式,就是领导者掌握一些重大的权力,把一些处理事务的权力分给下属,领导者与其下属都有明确的职责权限。

(二) 重事式、重人式和人事并重式领导

根据领导活动的侧重点不同,可将领导方式分为重事式、重人式和人事并重式领导。

1. 重事式领导方式

这种领导方式主要关心组织效率,重视组织设计,明确职责关系,确定工作目标和任务。它注重任务的完成,而不注重人的因素,忽视人的情绪和需要,下属变成了机器。重事式领导方式是以领导者的工作行为作为中心的。

2. 重人式领导方式

这种领导方式是以人为中心进行领导活动的,表现为尊重下属意见,重视下属的感情和需要,把下属视为蕴涵丰富想象力、智力和创造力的动力源。领导者关心的是如何建立和发展人际间的关系,以建立一个宽松、和谐、相互信任的工作环境;如何有效满足人的社会需要,来调动人的积极性。

3. 人事并重式领导

在现实生活中,领导者只有将任务取向的领导方式和人员取向的领导方式实现有机的结合,才能保证领导目标的达成。任何偏重于单一方面的领导方式都只能导致领导的失败。由此产生了人事并重式领导,它的特点是:既要重视人,也要重视工作,两者不可偏废;既要改善工作条件和环境,充分发挥人的主观能动性,使下属有饱满的工作热情和主动负责的精神,又要对工作严格要求,赏罚分明,使下属保质保量地完成工作计划,创造出最佳成绩。

（三）独断式、放任式与民主式领导

根据领导者与被领导者的关系来划分，可将领导方式分为独断式、放任式与民主式领导。

1. 独断式领导

独断型领导以大权独揽、责任全包的方式对下属进行领导，将决策权高度集中在自己手中，组织领导活动完全由领导个人说了算，并主要依靠领导者个人的能力、经验和判断来进行，因而领导者行事效率较高。但下属完全处于被动地位，没有参与管理的机会，只能服从领导，屈从于权力的压力，主动性和积极性不易发挥，容易产生恐惧和挫折感，满意程度较低。

2. 放任式领导

这是一种注重"无为而治"的领导方式，领导者极少运用权力影响下属，给下属以高度独立性，以至放任自流。采用这一领导方式的领导者通常注重与下属进行感情交往，关心下属的需要，同下属维持着一种良好的人际关系，但是他们不对决策的执行过程及对下属进行有效的检查和监督，导致下属无人领导，缺乏目标，工作效率很低。

3. 民主式领导。这是一种居于以上两者之间的领导方式。其特点是：下属高度参与管理，被领导者经常参与决策过程，决策的执行采取分权方式进行；领导者既注重正式组织结构和规章制度的作用，能够运用个人的权力和威信使下属服从，又不大权独揽，而且领导者能够积极参加团体活动，与下属无心理距离。民主式领导使组织成员关系融洽，下属工作积极主动，富有创造性，因而工作效率很高。

上述几种领导类型，各有特点，也各有其不同的适应环境。当然，我们并不能说只有某一种领导方式才是科学的领导方式，在现代管理实践中，这几种领导方式都在为不同的组织所使用。一位高明的领导者要根据自己所处的环境和工作性质以及下属的具体情况，在不同时空条件下，针对不同的下属，恰当地选择运用合理的领导方式。

二、领导艺术

领导艺术是一种为达到某一领导目标，在一定知识和实践基础上，在领导过程中表现出的非模式化、富有创造性的才能与技巧。其实质是领导者内在素质、品德与行为、技巧在领导工作中富有创造性的表现。领导艺术一般可以分为三类：一是履行职能的艺术，主要包括沟通、激励和指导的艺术，以及决策艺术、用权艺术、授权艺术、用人艺术等；二是提高领导工作有效性的艺术；三是人际关系的协调艺术。

领导者的工作效率和效果在很大程度上取决于他们的领导艺术。领导艺术是一门博大精深的学问，其内涵极为丰富。一个企业的领导者如何掌握领导艺术、实现预期的目标，有五个方面需要注意。

第一，干好领导的本职工作。有些领导者事无巨细、事必躬亲，结果不仅浪费了自己宝贵的时间和精力，还挫伤了下属的积极性和责任感，反过来又会加重自己的负担。而高明的领导者只做领导要干的事，即决策、用人、指挥、协调与激励等，他们从不侵犯下属的职权，也不做不属于自己要做的事情。适当授权、领导下属有条不紊地办事是一种艺术。

第二，善于同下属沟通，倾听下属的意见。没有人际信息的交流，就不可能有领导。称职的领导者应该能够与下属一起讨论问题，征求下属意见，激发下属参政意识；抽时间与自己的下属沟通，进行工作或生活交流，关心下属工作生活；交给下属某一重要任务；重视下属建议，及时反馈信息。

第三，热爱下属、欣赏下属、激励下属。称职的领导者应该能够充分地调动自己下属的积极性、主动性与创造性，开发下属潜能，让他们有这样一种意识：领导很看重自己，对自己有很高的期望。这样，下属就倍感肩上责任重大，从而在工作中充满动力，处处留心，处处在意，处处具有与众不同的开拓心、创新心。

第四，争取众人的友谊与合作。领导者不能只依靠自己手中的权力使下属敬服，还必须取得同事和下属的友谊与合作，要建立这种关系，领导者要能够做到平易近人、信任下属、关心下属、对所有下属一视同仁。

第五，做自己时间的主人。时间是任何活动必需的资源。要做时间的主人，首先要科学地组织管理工作，合理地分层授权，把大量工作分给副手、助手、下属去做，以摆脱烦琐事务的纠缠，腾出时间来做自己应该做的事。学会管理时间有三个操作阶段：备忘录形式的时间管理、有规划和准备的时间管理和以自我效率为中心的时间管理。

◆ 激励与激励理论

一、激励的内涵和作用

激励贯彻于管理过程的各个环节。一切管理活动的首要任务，是促使人们发挥潜能，完成组织、部门或其中任何一个组织单位的任务和目标。因此，合格的管理者必须能够掌握和运用正确的激励手段，充分发挥激励的作用。

所谓激励，就是激发人的动机，使人产生动力的过程。激励的目的是调动组织成员的积极性，激发组织成员的主动性和创造性，以提高组织的效率和企业的效益。

（一）激励的基本过程

行为科学研究发现，人的行为具有目的性，目的源于一定的动机，而动机是由人的内在需求决定的，所以需求、动机这些来自个性心理特征上的诱导是人类行为的一般动力，也是激励得以发挥作用的构成因素，如图7-1所示。

图 7-1　人类行为模式图

需求是行为的内驱力，是行为的力量源泉，也是行为的终极目标。需求是指人类对其所依赖和索取的物质、能量、信息之类的东西的欲求。需求有两个主要层面：首先是人的生理状态引发的需求，如饥饿时想吃东西；其次是外界刺激引发的需求，如对荣誉地位的向往。动机是指推动人们从事某种活动并指引这些活动去满足一定需求的心理准备状态。在一般情况下，激励表现为外界所施加的吸引力与推动力，即通过多种形式对人的需求予以不同程度的满足或限制。而激励的实质是人内部的心理状态,即激发自身的动机,这一过程可以概括为:从外界推动力(要我做)到激发人内部自动力(我要做)。

由推动力所激发出的自动力与由此产生的行为积极程度成正比关系,而自动力的大小固然与推动力的强度有关,但也离不开人自身因素的影响。同样强度的推动力,对于不同的人可能产生强弱悬殊的自动力,从而对其行为产生极为不同的影响。

(二)激励的作用

第一,激励是提高员工积极性、主动性和创造性的重要途径。一般地说,在目标一致、客观条件基本相同的条件下,工作绩效与能力和激励水平之间可用一个数学公式来表示:

$$工作绩效 = f(能力 \times 激励)$$

即工作绩效取决于能力和激励水平的高低。能力固然是取得绩效的基本保证,但是,不管能力多强,如果激励水平低,就难以取得好的成绩。例如,哈佛大学威廉·詹姆士教授就曾发现,部门员工一般仅需发挥出20%—30%的个人能力,就足以保住饭碗而不被解雇;如果受到充分的激励,其工作能力可以发挥出80%—90%,这50%—60%的差距就是激励的作用所致。

第二,激励有利于提高组织成员的素质。从根本意义上讲,人的素质主要还是取决于后天的学习和实践。学习和实践的方式与途径是多种多样的,但激励是其中最能发挥效用的一种。通过激励来控制和调节人的行为趋向,会给学习和实践带来巨大的动力,从而导致个人素质的不断提高。

第三,激励有助于增强组织的凝聚力。行为学家们通过调查和研究发现,对一种个体行为的激励,会导致或消除某种群体行为的产生。也就是说,激励不仅仅直接作用于个人,而且还间接影响其周围的人。激励有助于形成一种和谐但富有竞争气氛的组织环境,这对促进组织内部各组成部分的协调统一有着至关重要的影响。

二、激励的代表理论

管理学家、心理学家及行为学科学家们从不同角度提出了各种激励理论,除了前面介绍的马斯洛的需求层次理论和赫茨伯格的双因素理论外,具有代表性的还有弗鲁姆的期望激励理论、亚当斯的公平理论、斯金纳的强化理论等。

(一)弗鲁姆的期望激励理论

期望激励理论是由弗鲁姆(Victor Vroom)在20世纪60年代提出的。该理论认为,人们在预期他们的行动会给个人带来既定的成果并且该成果对个人具有吸引力时,才会被激励起来去做某些事情以达到这个目标。从激励的角度看,这一理论可用下列公式表示:

$$激励力量 = 效价 \times 期望值$$

公式中的激励力量是指一个人所受激励的程度;效价是指个人主观做出的对某一预期成果或目标的吸引力(效用)的估价;期望值是指个人经主观认知估计出的通过其努力可以达到预期成果或目标的概率。期望理论说明,促使人去做某件事的激励大小同时取决于效价和期望值这两个因素,而且只有在效价和期望值都较高的情况下,人的激励力量才会高。因此,管理者应认识到,因为组织成员可以自觉地评价自己努力的结果和得到的报酬,所以报酬必须与组织成员为组织所做的贡献紧密相关,并且组织的特定报酬要与组织成员的愿望相符,这样组织成员才会真正受到激励。

(二) 亚当斯的公平理论

公平理论是美国的斯达西·亚当斯(J. Stacey Adams)在20世纪60年代提出的。亚当斯通过大量的研究发现:组织成员对自己是否受到公平合理的待遇十分敏感,组织成员总是要将自己所做的贡献和所得的报酬,与一个和自己条件相当的人的贡献与报酬进行比较,在比较的基础上,感受自己是否享受公平的待遇。如果一个人的内心感受是公平的,其工作积极性即激励水平就高;反之,人们会通过一些手段对其主观估计的自己和他人的所得与付出做出新的估价,然后再思考如何调整行为,以保持公平感。个人往往会过高估计自己的投入和他人的收入,而过低估计自己的收入和他人的投入。这一理论可用下列公式表示:

当 $\dfrac{自己的报酬}{自己的贡献} \geq \dfrac{别人的报酬}{别人的贡献}$ 时,个人的感受就是公平的。

该理论认为管理者的主要职责就是运用各种方法和手段,使下属组织成员处于拥有公平感的心理状态。

(三) 斯金纳的强化理论

强化理论是美国心理学家斯金纳(B. F. Skinner)提出的,该理论认为,人的行为是对其所获刺激的一种反应。如果刺激对他有利,他的行为就有可能重复出现;若刺激对他不利,他的行为就可能减弱,甚至消失。因此,在组织管理中,管理者可以通过强化的手段,控制、改造组织成员的行为,以使它们符合组织的目标。强化的具体方式有四种。

(1) 正强化。是指奖励那些符合组织目标的行为,以便使这些行为得以进一步加强,重复地出现。科学有效的正强化方法是,保持强化的间断性,强化的时间和数量也尽量不要固定,管理人员根据组织需要和职工行为状况,不定期、不定量地实施强化。

(2) 负强化。是指预先告知某种不符合要求的行为或不良绩效可能引起的不愉快的后果(如批评、惩罚等),使组织成员为了减少或消除可能会作用于自身的某种不愉快的刺激,从而使其行为符合要求或避免做出不符合要求的行为。

(3) 惩罚。当组织成员出现不符合组织目标的行为时,采取惩罚的办法,可以迫使行为少发生或不再发生。

(4) 忽视。是指对已出现的不符合要求的行为"冷处理",达到"无为而治"的效果。

三、激励的基本原则

正确的激励原则,能充分调动人们的积极性,促进组织目标的顺利实现。不正确的激励原则,尽管也能调动积极性,但容易偏离方向。因此,要在正确的激励原则指导下制定激励措施。

1. 物质激励与精神激励相结合,以精神激励为主的原则

对于调动组织成员的积极性来说,物质激励和精神激励都是必不可少的。在我国目前经济还不发达、人们生活水平还不高的情况下,物质激励仍然是激励的重要手段,它对

于调动组织成员的积极性有很大作用。精神激励是激励的另一重要手段,它主要激发人的积极性、主动性,积极性和主动性提高了,就可以长久地维持高涨的工作热情。因此,精神激励有激励作用大、持续时间长的特点。

物质激励和精神激励是对人们物质需求和精神需求的满足,而人们的这两种需求的层次和程度不是一成不变的,而是随客观情况的变化而变化的。一般来说,在社会经济和文化发展水平较低的情况下,人们的物质需求比较强烈,而在社会经济和文化发展水平较高的条件下,人们的精神需求比重会逐步加大。此外,文化程度、职业、思想境界、品德修养等因素也会对人的需求产生一定的影响。

但是,在任何情况下,都应尽可能地将物质激励和精神激励结合起来,使二者相辅相成,相得益彰。片面强调精神激励,忽视物质激励,把精神激励看成是万能的,这种倾向脱离了人们的实际需求,脱离了人们的实际生活水平;片面强调物质激励,忽视精神激励,把金钱看成是万能的,这种倾向会导致人们目光短浅、冷酷无情和斤斤计较。

2. 正激励和负激励相结合,以正激励为主的原则

正激励与负激励作为激励的两种不同类型,目的都是要对人的行为进行强化,不同之处在于二者的取向相反。正激励起正强化的作用,是对行为的肯定;负激励起负强化的作用,是对行为的否定。在激励中,还要坚持以正激励为主原则,因为正激励是主动性激励,负激励是被动性激励。就二者的作用而言,正激励是第一位的,负激励是第二位的。同时,惩罚只是手段,目的在于改变行为者的行为方向,使其符合社会需要,因此,即使进行负激励,往往也要伴随正激励的因素,即指明何种行为是组织所需要的,并鼓励其按正确方向前进。

正激励和负激励是激励中不可缺少的两个方面,它们之间存在着效应互补关系,因此,单纯地运用正激励或负激励,效果都不理想。只有把二者结合起来,才能形成一种激励的合力,真正发挥出激励的作用。"小功不奖则大功不立,小过不戒则大过必生"。在实际工作中,只有做到奖功罚过、奖优罚劣、奖勤罚懒、奖惩分明,才能在组织中建立公平、合理的环境,真正调动起组织成员的积极性。

3. 内激励与外激励相结合,以内激励为主的原则

按激励形式划分,激励又可分为外激励与内激励两种类型。外激励与工作任务不是同步的,如工资、奖金、福利、人际关系,均属于创造工作环境方面。内激励是指源自组织成员内心的激励,它与工作任务是同步的,指满足职工自尊和自我实现的需求。

美国关于内、外激励关系的最新理论是"感知理论",这一理论认为内、外激励是负相关关系,即外激励过弱,内激励会加强;外激励过强,内激励会减弱。感知理论的假设被大量的实验所证实。基于内、外激励呈负相关的认识,这一理论指出,由于外激励往往使活动变为指派的任务,使原有的兴趣荡然无存,自觉性消退,该理论主张应尽量利用提高内激励的一切手段,而必须谨慎控制外激励的使用。只有那些枯燥无味的工作,才主要采用外激励。

4. 公平原则

公平原则要求组织在实施激励时,首先应做到组织内部公平,即个人的所得与付出相匹配,与组织内其他成员相协调。但公平原则并非要求对所有的激励对象一视同仁,

而是针对具体的人和事,按贡献大小、重要性强弱和其他因素的综合标准,共同决定实施何种激励方案,体现出因人、因事而异的多样性和灵活性。因此,激励的实施,必须以考核的结果为客观依据,使奖励程度与贡献程度相当。重贡献者重奖,轻贡献者轻奖。对集体奖励要做到主要贡献者重奖,次要贡献者轻奖。

5. 适度原则

能否恰当地掌握激励程度,直接影响激励作用的发挥。

第一,激励量的大小要适度。从量上把握激励,一定要做到恰到好处,激励的量不能过大也不能过小。否则,不但起不到激励的真正作用,有时甚至还会起反作用。例如,过于吝啬的奖励会使人们产生不满情绪;而过分优厚的奖赏,会使人觉得奖赏来得轻而易举,用不着进行艰苦的努力。

第二,激励的方向要适度。激励方向是指激励的针对性,即针对什么样的内容来实施激励,它对激励效果也有显著影响。在不同的时期,不同人的身上,会存在不同的主导需求。在实施激励前,必须分析不同时期、不同组织成员的主导需求,对症下药,以满足主导需求,从而取得最大激励效果。

第三,激励的频率要适度。激励频率就是指一定时间内激励他人的次数。在激励工作中,一定时间内激励他人的次数要适度。激励频率与激励效果之间并不是完全简单的正相关关系,频率过高或过低,往往都收不到好的激励效果。一般来说,对于工作复杂程度高、比较难以完成的任务,激励频率应该较高些;对于工作比较简单、容易完成的任务,激励频率则应该低些。对于任务目标不明确、较长时间才见成果的工作,激励频率应该低些;对于任目标明确、短期可见成果的工作,激励频率应该高些。对于各方面素质较好的组织成员,不宜采用高频率激励,而对于把追求较低层次的需求作为自己工作动力的成员,则要采用高频率激励。当然,上述各种情况不是绝对的,在实际工作中,应根据具体情况进行具体分析,灵活地运用适当的激励频率。

◆ 激励方法与激励艺术

一、激励的方法

针对人的不同需求使用相应激励的方法,是激励得以有效实现的主要途径。激励的方法有很多,主要有以下几种:

(一)物质激励

在目前的社会经济条件下,物质激励是激励不可或缺的重要手段,它对强化按劳取酬的分配原则和调动组织成员的劳动热情有很大的作用。

运用物质激励时,应注意三个原则:一是绩效与报酬直接挂钩,工作业绩越大,所得报酬越多;二是工作业绩评价力求公正;三是在进行物质激励时,要辅之以精神激励,把人们的追求引向更高的思想境界。

特别应注意的是,为了提高物质激励的精神价值,发挥奖励的作用,颁发奖金、奖品应在良好的心理气氛下进行。这样,不仅能增强被奖励者的荣誉感、责任感、进取心,而且能够通过榜样作用、模仿作用、暗示作用等心理机制,对其他人产生良好的心理感染作用,从而激发他们的荣誉感与事业心,奋起直追,赶超先进。但如果授奖的心理气氛淡薄,或不举行授奖仪式,激励的效果就会大大减弱。

(二) 感情激励

感情激励是指领导者通过与其下属建立一种亲密、友善的情感关系,以情感沟通和情感鼓动为手段,激发下属的士气,从而达到提高工作效率的目的。感情激励的提出者是美国著名企业家玫琳·凯(Mary Kay),她认为,每一位领导者都应该知道,上帝在每个人的身上都种下了伟大的种子,每个人都是重要的。领导者的重要工作之一就是让下属感觉到自己的重要,这会鼓舞他们有更出色的表现,为组织的目标做出自己的努力。所以,一个善于应用感情激励的领导者应该具备这样一个条件:他能够使每位下属都感觉到自己在领导者心目中是最重要的。

要运用好感情激励,领导者应该尊重下属意见,重视下属的感情和需要,强调相互信任的气氛。领导者的关系行为包括建立情谊、互相信赖、意见交流、授权、让下属发挥智慧和潜力并给予感情上的支持。

(三) 榜样激励

俗话说,"榜样的力量是无穷的",大多数人不甘落后,但又不知从何做起,或者在困难面前举步不前。通过树立先进典型和领导者的率先垂范,可以使其他组织成员找到一个参照并自我鞭策,增添克服困难取得成功的决心和信心。榜样激励法主要有两条途径:一是树立先进的典型人物;二是领导者身先士卒,带头示范。

榜样激励对榜样者自己,以及对先进成员、一般成员、后进成员都有激励的心理效应。对自己是一个压力,对先进成员是一个挑战,对一般成员有激励作用,对后进成员能产生心理上的压力。以先进人物为榜样的激励应注意事迹的真实性和榜样的公认性和权威性。

(四) 领导者行为激励

领导以身作则,对全体组织成员影响巨大。古人云:"其身正,不令而行;其身不正,虽令不从。"可见,领导者的一个模范行动,胜过十次的一般号召。一个领导者,要想调动全体组织成员去实现组织目标,不仅需要职权,而且需要威信。而威信的树立,就需要其言行表现必须是其下属的榜样,使他们心悦诚服地接受领导,同心同德地去实现组织目标。"教育效也,上为之,下效也。"这条古训是永远适用的。

(五) 目标激励

目标激励是指确定适当的目标,诱发人的动机和行为,达到调动人的积极性的目的。目标作为一种诱因,具有引发、导向和激励的作用。一个人只有不断启发对高目标的追求,才能启发其奋发向上的内在动力。正如古代哲人所说:"目标和起点之间隔着坎坷和荆棘;理想与现实的矛盾只能用奋斗去统一;困难,会使弱者望而却步,却使强者更加斗志昂扬;远大目标不会像黄莺一样歌唱着向我们飞来,却要我们像雄鹰一样勇猛地向它飞去。只有不懈地奋斗,才可以飞到光辉的顶峰。"

在目标激励的过程中,要正确处理大目标与小目标,个体目标与组织目标,理想与现实,原则性与灵活性的关系。在目标考核和评价上,要按照"德、能、勤、绩"的标准对人才进行全面综合考察,定性、定量、定级,做到"刚性"规范,奖罚分明。

（六）奖励激励和惩罚激励

奖励是对人的某种行为给予肯定或表扬，使人保持这种行为。奖励得当，能进一步调动人的积极性，它是一种正强化手段，可以用于直接激励。奖励激励的心理机制是人的荣誉感、进取心，以及物质和精神的需要。为发挥奖励的作用，实行奖励激励时应注意几点：一是要把物质奖励和精神奖励结合起来；二是物质奖励要公平但不要平均，以提高物质奖励的精神价值；三是奖励要适时；四是奖励的方式要因人而异；五是要注意奖励方式的不断变化。

惩罚是对人的某种行为予以否定或批评，使人消除这种行为。惩罚得当，不仅能消除人的不良行为，而且能化消极因素为积极因素。惩罚是一种负强化手段，属间接激励。惩罚的心理机制是人的羞怯、过失心理，不愿受到名誉或经济上的损失。惩罚的形式也有多种多样，如批评、检讨、处分、经济制裁、法律惩办等。为发挥惩罚的作用，应注意以下几点：一是惩罚要合理，使受惩罚者心服，化消极因素为积极因素，否则易产生对立情绪；二是惩罚要与教育结合起来，达到惩前毖后、治病救人的目的；三是要掌握惩罚的时机，及时处理；四是惩罚时要考虑原因与动机。

（七）参与激励

参与激励是一种纯粹的精神激励的方法，就是通过合理化建议、沟通、对话、信息交流等民主管理方式，让组织成员参与管理，上下级平等地商讨企业管理中的问题。组织成员参与管理，可以提高组织成员的工作自觉性和责任感。同时，组织成员参与管理和决策，对工作中的重大问题发表见解，当其建议受到重视或被采纳后，可以满足组织成员受人承认的心理需求、成就感以及对企业的归属感，从而激发出更大的工作热情。

组织成员参与管理的主要途径是通过设立职代会、企业管理委员会、职工建议制度等参与管理决策，随时提出意见和看法。

（八）认同激励

大多数人在取得了一定成绩后，需要得到大家的承认，尤其是要得到领导的承认。所以，当某个组织成员取得一定成绩后，组织领导者应该在恰当的时间、场合，通过祝贺、表彰、认可、示意等方式，及时承认该成员所获得的成就，从而满足他的成就感，增强他不断进取的积极性。

领导者及时发现组织成员的成绩并及时表示认同，这是认同激励的关键。例如，许多饭店评选的"每月优秀组织成员"就属于认同激励。饭店管理者还会经常公开客人对服务人员的表扬信，并及时对这些服务人员予以表彰，从而形成对组织成员的激励。

（九）培训和发展机会激励

随着知识经济的到来，当今世界日趋信息化、数字化、网络化。知识更新速度的不断加快，使组织成员的知识结构不合理以及知识老化现象日益突出。他们虽然在实践中不断丰富和积累新知识，但仍需要对他们采取等级证书学习、进高校深造、出国培训等激励措施，通过这种培训充实他们的知识，培养他们的能力，给他们提供进一步发展的机会，满足他们自我实现的需要。

二、激励的艺术

激励原则和激励方法为开展激励工作提供了指导思想和必要手段，但是现实世界是复杂多变的,僵化地照搬激励原则和激励方法难以取得理想的激励效果,因此,如何灵活有效地运用激励的原则与方法,实现激励效能最大化,是一门值得研究的艺术。

(一) 对不同成员采取不同的激励方法

激励的起点是满足组织成员的需要,但组织成员的需要存在着个体差异性和动态性,因人而异,因时而异,并且只有满足最迫切需要的激励措施才是效果最好、强度最大的。因此,在管理实践中,对组织中的个人实施有效的激励,首先要建立在对人的认识的基础之上。通过对不同类型的组织成员进行分析,找到他们的激励因素,有针对性地进行激励,才能取得最佳的激励效果。

1. 合理激励先进、后进和中间层

根据组织成员的工作绩效,可以把组织成员分为先进、后进和中间层三类。

对工作先进成员的激励除了授予荣誉称号等精神奖励外,还要给予必要的物质奖励,并且在一定时期内,在其他方面也根据先进者贡献大小给予一定的照顾。与此同时,还必须对先进者严格要求,对他们的缺点和不足,要及时予以批评和帮助。此外,管理者要实事求是地评选"先进",这样才能增强评选先进的吸引力,在组织中形成你追我赶、力争上游的局面。

对中间层成员的激励,必须根据他们各自不同的特点采取适宜的办法。一是对那些与先进者差距不大的中间层成员,要帮助他们分析落后的原因,找出改进的措施,使其加入先进者行列;二是对于业务技术较强的中间层成员,要为他们提供充分施展自己才干的机会和场所,激发他们的荣誉感和责任心;三是对那些求知欲望强烈的中间层成员,应充分鼓励,为他们提供培训机会;四是对那些能力稍差的中间层成员,可考虑分配适宜他们的工作,让他们也有表现自己特长的机会。

对工作后进成员的激励就是要发现挖掘他们身上的闪光点,使之发扬光大。管理者要从尊重、爱护后进者的角度出发,努力观察和发掘他们身上的优点和长处,采用正强化为主、负强化为辅的激励方法。后进者一般自控能力较弱,管理者要注意对他们的行为进行超前引导,对于他们的每一点进步都要及时肯定,给予适当的鼓励。这样,才能促使他们不断成长进步,逐渐把他们的积极性调动起来。

2. 重视对知识型人才的激励

根据彼得·德鲁克的观点,知识型人才是"那些掌握和运用符号和概念,利用知识或信息工作的人"。现实中,知识型人才一般泛指大多数"白领"工作者。在知识经济的今天,组织之间的竞争,知识的创造、利用与增值,资源的合理配置,最终都要靠知识的载体——知识型人才来实现。因此,激发知识型人才的工作积极性是极端重要的。

根据知识管理专家玛汉·坦姆仆的研究发现,知识型人才比其他类型的组织成员更重视能够促进其自身发展的、有挑战性的工作,他们对知识的增加、对个体和事业的成长有着持续不断的追求;他们要求自主权,使之能够以自认为有效的方式开展工作,并完成组织交给他们的任务;获得一份与自己的贡献相称的报酬并使得自己能够分享自己创造的财富。因此,对知识型人才的激励,不能以金钱刺激为主,而应以其个人的发展、成就和成长为主;在激励方式上,应强调个人激励、团队激励和组织激励的有机结合;在激励的时间效应上,应把短期激励和长期激励结合起来,强调激励手段的长期效应;在激励报酬设计上,应突破传统的事后奖酬模式,转变为从价值创造、价值评价、价值分配的事前、事中、事后三个环节出发设计奖酬机制。

(二) 分配恰当工作,使组织成员实现自我激励

自我激励基于这样一个事实:每个人都对归属感、成就感、驾驭工作的权力感充满渴望;每个人都希望自己能够自主,希望自己的能力得以施展,希望自己受到人们的认可,希望自己的工作有意义。随着科学技术进步和信息时代的到来,人们的工作方式、价值观念和需求层次都在发生变化,人们对工作满意度的追求变得更加强烈。因此,工作作为一种强力的自我激励因素,被国内外管理者广泛用于激励活动中。

1. 工作岗位动态设计

工作岗位动态设计是指为了改变工作的枯燥乏味的状况,对工作内容进行再设计,使工作具有更高的挑战性,组织成员完成工作后,能够获得更高的成就感,工作本身成为一种乐趣,从而激励组织成员的工作积极性。工作岗位动态设计主要包括工作轮换,工作扩大化和工作丰富化。

工作轮换是指组织成员可以按照一定规定轮换岗位。工作扩大化是指横向增加任务范围,使工作多样化。工作丰富化是指纵向上赋予组织成员更复杂的工作,授予组织成员更大的控制权和自主权,扩大组织成员的工作自由度,使工作具有挑战性和成就感。

2. 合理设计、分配工作

实践证明,当一个人对某件事情感兴趣、爱上这项工作时,他会千方百计去钻研、去克服困难,努力做好工作。这就要求管理者在设计和安排工作时,要事先对每一个组织成员的才能结构和兴趣爱好有比较清楚的认识,这是合理利用人才的前提。然后,从"这位组织成员能做什么"的角度出发考虑问题,尽量做到"把适当的人员安排到适当的位置上"。因为一个人的工作业绩与动机强度有关,所以,设计和分配工作时,还要求在条件允许的情况下,尽可能地把一个人所从事的工作与其兴趣爱好结合起来。

(三) 表扬和批评的艺术

表扬和批评是管理者对组织成员进行激励工作的两项重要手段。如何使用好表扬和批评,关系到激励是否有成效以及成效的大小。

1. 表扬的艺术

第一,表扬要明确具体,切忌含糊其辞。因为含糊的表扬,常给人一种敷衍的感觉。而具体化的表扬,则说明管理者对被表扬者的长处和成就很了解、很敬重,会使被表扬者感到表扬是真心实意的,从而表扬的有效性就高。

第二,选择合适的时机。表扬的效果在很大程度上取决于能否把握住表扬的有利时机。一是"开头"表扬。"开头"表扬的侧重点是被表扬者的优良动机,以促进或激励他把这种优良动机转化为行动,并贯彻到底。二是"中间"表扬。表扬是为了激励被表扬者前进。一般地说,当组织成员的优良行为处在进行过程中且刚刚取得一点成绩的时候,要抓紧时机给予表扬。"中间"表扬是"加油站",有利于被表扬者趁热打铁、再接再厉。三是"结尾"表扬。当组织成员的优良行为告一段落,并取得一定成绩时,要给予总结性的表扬,来具体总结其整个成就,进一步指出继续努力的方向。"结尾"表扬尤为重要,因为在表扬时,切勿虎头蛇尾。

第三,选择合适的方式。表扬要根据不同对象的个性特征而选择不同的表扬方式。例如,对年轻人的表扬,在语气上应稍带夸奖的意味;对德高望重的长者的表扬,在语气上应带有尊重的意味;对思维敏捷的人,表扬可以抓住重点,三言两语;对于有疑虑心理的人,表扬应注意明显准确,避免曲解和误会。

第四,选择合适的方法。表扬也要针对不同对象选择不同的表扬方法。表扬的方法主要有:一是当面表扬法。这种方法适用于被表扬者不愿让更多人知道的"秘密"的东西,这样表扬能使对方感到表扬者对他的关心,很亲切。二是当众表扬法。心理学调查研究表明,如有必要或有条件时,当众表扬他人,其作用比个别表扬的作用更大。它使被表扬者的荣誉感增强,更能促使他巩固成绩并继续前进,同时也能起到教育和激励大家的作用。三是间接表扬法。这种方法就是当事人不在场,背后进行赞扬。运用这一方法有时比当面表扬能起更大的作用。一般来说,背后表扬无论在会议上还是在个别场合进行,都能传达到本人。这除了能起到表扬的激励作用外,还能使被表扬者感觉到对其表扬是有诚意的,从而更能增强表扬效果。所以,如果我们想表扬一个人,不便当面提出或没有机会向他提出时,就可以采用间接表扬法。四是集体表扬法。一般来说,相对个人的激励作用而言,集体表扬容易使荣誉分散,所以这种表扬往往不如表扬个人有效。但是,如果集体做出了值得表扬的成绩,也应给予表扬。因为表扬集体除了能起到表扬的作用外,还能增强集体的凝聚力。

2. 批评的艺术

第一,分清是否批评的界限。批评他人前,首先应分清是否批评的界限,斟酌一下是否必须运用批评这一手段。在现实生活中,往往有这样一些情况,例如,有些缺点和错误不运用批评的手段,而采取讨论、参观、教育等方式也能克服和纠正;本人无法防止的问题,诸如外人造成的人身事故,没有完成超出个人能力的任务等;或批评也解决不了问题,需要采取其他措施解决的。对这些情况,都不应给予批评。批评他人一定要有意义,不能随随便便地任意批评一个人。

第二,选择合适的时机。批评他人的时机有以下几种:一是及时批评,即在问题发生后马上向他提出所存在的不足或所犯的错误,切不可等问题成了堆,去"算总账"。二是冷静后批评。有些比较严重的问题发生后,当事人情绪可能不冷静,等他激动的心情平定下来,对问题仍然记忆犹新的时候提出批评,对方就容易接受。因为,这时提出批评,有利于他冷静地反思问题的经过,寻找问题出现的原因,权衡行为的后果。三是在他人主动征求意见时批评。一般来说,一个人只有当他反思自身,感到自己有某些不理想的地方时,才会去主动征求别人的意见。此时他已有思想准备,能够承受批评,因此是批评的合适时机。

第三,选择合适的方式。人的个性对人的需求和行为的影响很大。每个人由于气质、性格、知识、经历等条件不同,对批评的承受能力也有很大差异。所以,在批评他人时,应该根据不同人员的个性特征,选择其易于接受的、收效最大的批评方式和方法。

第四,选择合适的方法。批评他人,也要根据每个人的个性差异来选择不同的批评方法。批评的方法主要有:一是过渡法,即用称赞或真诚的欣赏开始,先表扬,后批评。这样,被批评者会觉得批评者是善意的,对问题的分析是全面的,不会有委屈感,批评意见也容易听进去。二是暗示法,即间接指出被批评者的错误。例如,在与被批评者谈话时,并不指出他的错误,而是告诉他正确的做法。三是引申法,即不仅要指出错误,还要帮助被批评者分析错误原因并寻找改正错误的办法。四是认同法,即在批评被批评者之前,先谈自己相似的错误。这样可以使批评者和被批评者之间产生"有共同之处"的认同,从而使批评容易被接受。

能力训练

◆ 能力测评

测评1 你如何激励自己和他人?

下列各题,请选择一个最能表达你自己想法或做法的答案。

1. 你如何提高身体素质?
(a) 我坚持锻炼。
(b) 我注意饮食。
(c) 我很健康,无须再特别去做什么。
(d) 我服用维他命,锻炼和注意体重,检查血压。

2. 你如何提高自己?
(a) 我学习一门新的语言以及一些新的技术。
(b) 我所学的已够我用一辈子,我用不完已经学到的知识。
(c) 我喜欢去发展我的爱好。
(d) 我很难有时间去干额外的事了,我阅读专业书籍。

3. 你和四邻及与工作无关的各种组织的关系如何?
(a) 我不是个爱联系的人,跟上述各方的关系没多大意思。
(b) 我是几个活动小组的成员。
(c) 我已积极发起了一个组织或运动。
(d) 我参加选举,还参加了一个俱乐部的活动,但我不参与政治,也不参与讨论社会问题。

4. 你手下的一位雇员把工作搞糟了,你必须在几种方法中做出选择,使下次工作搞得好些。你最可能采取什么方法?
(a) 我指出他犯了多少错误。
(b) 我一点也不提错误,我将做错的地方纠正过来。
(c) 我和他讨论为什么会出错误。
(d) 我说:"你肯定还没弄明白给你的指令。"

5. 你要求下属考虑改善销售的方法并在下次会议中提出建议。然而在会上他们未提出任何新的方法。你最可能做出什么反应?
(a) 我的指示是明确的,他们没有好好听。

(b) 这是我的错,我将更仔细地把任务给大家再讲一遍,使他们真正感兴趣。

(c) 我的下属创造性不够强,我要自己来干。

(d) 我将和他们讨论其他推销员的情况,谈谈他们开始遇到的困难,以及最终如何取得成功。

得分和评价:

1. (a) = 4　　(b) = 2　　(c) = 1　　(d) = 3
2. (a) = 4　　(b) = 1　　(c) = 2　　(d) = 3
3. (a) = 1　　(b) = 2　　(c) = 4　　(d) = 3
4. (a) = 3　　(b) = 4　　(c) = 3　　(d) = 1
5. (a) = 1　　(b) = 3　　(c) = 2　　(d) = 4

根据上述答案所给的分数计算出你的得分。

如果你的得分在 15—20 分之间,说明你是个很好的领导者,你既了解下属的能力,也知道该如何激励他们。

如果你的得分在 10—14 分之间,说明你在管理中常常指责下属,不太注意激励。

如果你的得分在 5—9 分之间,说明你太易于满足现状,认为不需要改进。

测评 2　你能虚心接受批评吗?

下列各题,请选择一个最能表达自己想法或做法的答案。

1. 你穿件红条纹衬衣去办公室,其颜色红得特别,下属都停下来盯着你看,并指指点点。你对此如何反应?

(a) 也许他们是对的,这件衣服太显眼。

(b) 这帮人看见一种好式样不知如何欣赏。我喜爱这件衬衣就要穿,不管别人会怎么想。

(c) 也许我应该先问问人家,听听他们对这件衣服的评价。

2. 在另一间办公室里,你的上司正在对你的一位同事发火,你听见后有何反应?

(a) 上司不管是对是错,都应把声音放低点才是。

(b) 同事应该为自己辩护。

(c) 这将会帮助同事,学会下一次做得好些。

3. 要求你制订一份销售计划,计划要反映你上司的思想意图。你对计划做了几处小小的改动,但是在呈交计划时,你的上司坚持要你按他原来的意思办。你会怎么想?

(a) 我将不改变立场。我做得对。

(b) 实在对不起,我重新制订计划。

(c) 稍加改动后计划要好得多,我将努力陈述其优点。

4. 下列哪一点最符合你的态度?

(a) 大体上说,我觉得我的缺点与一般人差不多。

(b) 我有许多缺点并希望人们给我指出来,这样我好改正。

(c) 我对自己的了解越少越好,否则我可能恨自己。

(d) 我觉得自己没有多少缺点,我倒觉得我这个人挺好。

5. 在一次聚会上,你犯了一个明显的错误——你说了句蠢话,被某人指了出来。对此你最可能做出什么反应?

(a) 我将批评驳回去,称其不公正,我说的话一点错也没有。

(b) 我本来就准备道歉的,别人没有必要再插进来。

(c) 我错了,讲话讲走口了,我不应这样说。

6. 你对某人谈到自己的成功并向他展示了你的作品(新产品、新包装或组织图表,等等)。听话者一句话也没有说,但似乎不同意你的意见。你对此有何反应?

(a) 我一句话也不说,但感到难过和受到了伤害。

(b) 我告诉他其他人怎么说以及他们是如何称赞我的。

(c) 我开始批评自己和贬低自己的作品。

得分和评价:

1. (a) = 3　　(b) = 1　　(c) = 2
2. (a) = 1　　(b) = 2　　(c) = 3
3. (a) = 1　　(b) = 3　　(c) = 2
4. (a) = 3　　(b) = 4　　(c) = 1　　(d) = 2
5. (a) = 1　　(b) = 2　　(c) = 3
6. (a) = 3　　(b) = 2　　(c) = 1

根据上述答案所给的分数计算出你的得分。

如果你的得分在 6—9 分之间,表明你不能接受批评,可能即使你错了也不会承认。

如果你的得分在 10—15 分之间,表明你能够接受批评——如果批评没有触及痛处。

如果你的得分在 16—19 分之间,表明如果批评符合实际并且公正,你可以接受并从中获益。但是通常你轻易不随便承认自己的错。

测评 3　你的批评能力如何?

根据提出批评的方式,完成下面的测试,然后根据自己的得分来判断你的批评能力如何。

1. 你是否小心谨慎地开始批评,并努力在批评他人之前了解对方的什么举动惹恼了你?

A. 一直是　　B. 有时是　　C. 从不是

2. 你是否将自己心里的话脱口而出,不管自己的话会对他人造成多大伤害?

A. 一直是　　B. 有时是　　C. 从不是

3. 你是否避免将对方置于防卫之地,并努力控制自己不以一种敌对、非难的方式抨击对方,同时做到不要过分直率和坦诚?

A. 一直是　　B. 有时是　　C. 从不是

4. 当你试图改善关系,或帮助某人改变不良行为时,你是否注重他人什么事情做得出色,并且以积极的方式提出否定的意见?

A. 一直是　　B. 有时是　　C. 从不是

5. 当你提出批评时,是否也考虑到了积极有效的解决办法?

A．一直是   B．有时是   C．从不是

 6．你是否能避免在自己生气、疲惫或愤怒的时候批评他人？或者是当事情发展到对他们比对你更有利时提出批评？

  A．一直是   B．有时是   C．从不是

 7．当你从他人身上看到一些你并不喜欢的特点，或者你父母有时会因为某些行为困扰你时，你是否能控制自己不要对别人过于挑剔？

  A．一直是   B．有时是   C．从不是

 8．你是否会找一个安静的、无人偷听的场所提出你的批评与谈话？

  A．一直是   B．有时是   C．从不是

 9．当别人觉得自己没有价值，没有希望和用武之地时，你是否能避免利用这些攻击对方？

  A．一直是   B．有时是   C．从不是

 10．你是否在事情发生后当即提出批评意见？

  A．一直是   B．有时是   C．从不是

 11．你是否能限制你批评的时间，并避免漫无边际的谈话？

  A．一直是   B．有时是   C．从不是

 12．你是否能精确、老练地讲话，并避免一般化？

  A．一直是   B．有时是   C．从不是

得分和评价：

  A＝5   B＝3   C＝1

 如果你的得分在45分以上，表明你在批评人时非常注意方法和技巧，批评能力较强。

 如果你的得分在36—45分之间，表明你的批评能力一般。

 如果你的得分在36分以下，表明你的批评能力较低，应加强批评技巧的训练。

◆ 思考练习

1．领导与管理有什么区别？
2．简述领导方式的基本类型。
3．领导者需要具备的素质有哪些？你认为哪项最重要？
4．激励应该遵循哪些原则？
5．常用的激励方法有哪些？
6．物质奖励能起到什么样的激励作用？实施物质激励时要注意什么问题？
7．简述批评的艺术。

◆ 案例分析

林肯电气公司的激励制度

 林肯电气公司总部设在克利夫，年销售额为44亿美元，拥有2 400名员工，并且形成

了一套独特的激励员工的方法。该公司90%的销售额来自生产弧焊设备和辅助材料。

林肯电气公司的生产工人按件计酬,他们没有最低小时工资。员工为公司工作两年后,便可以分享年终奖金。该公司的奖金制度有一整套计算公式,全面考虑了公司的毛利润及员工的生产率与业绩,可以说是美国制造业中对工人最有利的奖金制度。在过去的56年中,平均奖金额是基本工资的95.5%,该公司中相当一部分员工的年收入超过10万美元。近几年经济发展迅速,员工年均收入为44 000美元左右,远远超出制造业员工年收入17 000美元的平均水平,在不景气的年头里,如1982年的经济萧条时期,林肯电气公司员工收入降为27 000美元,这虽然相比其他公司还不算太坏,可与经济繁荣时期相比就差了一大截。

公司自1958年开始一直推行职业保障政策,从那时起,他们没有辞退过一名员工。当然,作为对此政策的回报,员工也相应要做到以下几点:在经济萧条时他们必须接受减少工作时间的决定;要接受工作调换的决定;有时甚至为了维持每周30小时的最低工作量,而不得不调整到一个报酬更低的岗位上。

林肯电气公司极具成本和生产率意识,如果工人生产出一个不合标准的部件,那么除非这个部件修改至符合标准,否则这件产品就不能计入该工人的工资中。严格的计件工资制度和高度竞争性的绩效评估系统,形成了一种很有压力的氛围,有些工人还因此产生了一定的焦虑感,但这种压力有利于生产率的提高。据该公司的一位管理者估计,与国内竞争对手相比,林肯电气公司的总体生产率是他们的两倍。自30年代经济大萧条以后,公司年年获利丰厚,没有缺过一次分红。该公司还是美国工业界中工人流动率最低的公司之一。前不久,该公司的两个分厂被《财富》杂志评为全美十佳管理企业。

讨论问题:
1. 你认为林肯电气公司使用了何种激励理论来调动员工的工作积极性?
2. 为什么林肯电气公司的方法能够有效地激励员工的工作?
3. 你认为这种激励制度可能给公司管理当局带来什么问题?

延伸阅读

◆ 六种领导风格,你属于哪一类?

一、强制型(命令型)领导风格

在大多数情况下,强制型领导风格是所有风格中最无效的一种。首先是在灵活性上,强制型领导极端的、完全服从的决策方式使组织中的新思想不能发挥作用,人们普遍感到没有受到重视,即使有想法也不愿说出来,灵活性受到很大的影响。人们不能按自己的意愿行事,责任感会逐渐失去,有些人会变得愤愤不平并采取不合作的态度。其次是报酬系统上,能激励大多数高绩效员工的是挣到更多的钱,他们追求的是完成工作时的满意感,而强制型风格会减少这种满意感。领导常常可以通过告诉员工,他们的工作对实现公司的目标有很大的作用,并让他们的成功来激励员工。但强制型风格却使得这种方式不能起到应有的作用。因此,这种风格会削弱组织的目的性和员工对组织的承诺,最终使员工偏离他们所从事的工作,并认为这是无关大局的。

虽然说这种风格有很多缺点,但并不是说它一无是处。当企业处于转型期、面临敌意收购或在经历了像地震、火灾等灾难的危急关头,这种风格往往可以起到意想不到的作用。它能够改变企业的一些不良习惯,并使人们意识到应该采用一种全新的工作方式,但使用时一定要加倍小心。如果领导仅仅依靠这一种风格,或在危机过去后仍然继续使用这种风格,而不关心其他员工的士气和感觉,它的长期影响将是毁灭性的。

二、权威型(愿景型)领导风格

在各种领导风格中,权威型领导风格也许是最有效率的,它能提升企业工作氛围的各个方面。确切地说,权威型领导是一个理想主义者,他通过让员工们认识到自己的工作是整个组织宏伟蓝图的一部分来激励他们。员工了解自己的作用以及为什么起作用。同时,权威型领导还能通过在一个宏伟的蓝图中构筑个人的任务,围绕蓝图明确定义各种标准,并根据员工的业绩是否有助于蓝图的实现,对其绩效情况进行反馈;使每个员工了解成功及报酬的标准,从而使员工对组织的目标和战略的认同达到最大化。而且权威型领导在确定目标时往往会给员工留下足够的空间保留自己的想法,并给予员工创新、体验和冒一定风险的自由,从而使企业能保持一定的灵活性。由于它对企业工作氛围的积极影响,这种风格在大多数企业中都能取得较好的效果。而当企业处于不确定状态下时,这种风格尤其有效。一个权威型的领导会设计一个新的方案,从而将他的员工带入一个新的长远规划中去。

但这种风格也并不是在任何情况下都起作用。当领导一个专家或比他更有经验的同龄人时,被领导者也许会认为领导的架子太大或不可靠近,这种风格就会失败。同时,如果一个管理者过于想成为权威,他必然会削弱一个高绩效团队所需要的人人平等的精神。即使这样,领导们也应该理智地充分利用权威这一规律。它也许并不能保证一次就达到目的,但从长期来看,这种风格的确是有帮助的。

三、合作型(关系型)领导风格

这种领导风格关注的是周围的员工,它更重视个人及其情感,而不是任务和目标。合作型领导努力使员工心情舒畅,并在员工之间创造和谐的气氛。同时合作型领导不会对员工完成自己工作的方式进行不必要的责难,能给予员工以最合适的方式完成工作的自由,这都有助于灵活组织风格的形成。从对工作的认识和奖励的角度来看,合作型领导会给予下属大量积极的评价,这对员工往往有很大的激励作用。合作型领导也是建立组织归属感的专家,他们会以一个蛋糕来庆祝一个小组的成功从而与员工分享成功的欢乐,他们是自然关系的建立者。合作型领导风格具有的积极作用使得它几乎可以用于任何情形,而当领导在努力建立团队内部的和谐、提高士气、改善沟通或修复受损的信任时,使用这种风格会更有效。

虽然合作型领导风格非常有用,但它不应该单独使用。因为它比较强调表扬,有可能使不好的业绩不能被及时改正,员工也可能认为做一个平庸的人在组织中是被允许的。由于领导很少在怎样改善方面提供建设性的建议,员工必须自己搞清楚应该怎么办。当员工面临复杂的困难而需要清晰的指导时,这种风格使他们面临无人指导的困境。如果过于依赖这种风格,可能会导致一个团队的失败,这大约就是许多合作型领导常使用权威型风格的原因。由权威型风格构建蓝图,建立标准,并让员工了解他们的工作是怎样推进组织目标的;再把这种风格换成合作型领导的关心、培养,就能把它们结合到一起了。

四、民主型领导风格

民主型风格的领导通过花费时间听取员工的意见和建议,从而建立起信任、尊敬和忠诚;通过让员工在影响自己的个人目标及工作方式的决策中发表意见,从而提升组织的灵活性和责任感;通过倾听员工所关心的问题,从而能够了解如何保持高昂的士气。员工处于一个民主的系统中,他们在决定自己的目标及衡量成功的标准方面享有发言权,并能清楚地了解什么是可以实现的,什么是不能实现的。这种风格在领导自己并不清楚应该怎么做,并需要有能力的员工的指导和建议时能发挥最大的作用。即使领导有很强的预见能力,民主型领导风格对实现目标的过程中新的意见和建议的形成也有很大的作用。

然而民主型领导风格也有自己的缺点,它的一个令人不能容忍的结果是无休止的会议,因为需要深思熟虑,而一致的意见又很难形成,唯一可以做的就是安排更多的会议。有一些民主型领导倾向于把一些关键问题推后讨论,希望经历一系列的失败后就能达到目的,而员工最终会感到迷茫及无人指导。这种风格在有些情况下甚至有可能导致冲突升级,它在员工不胜任或没有得到明确的建议时作用也不大。

五、方向制定型(领跑型)领导风格

方向制定型领导风格也经常被采用,但对它的使用应该有节制。在此种风格下,领导制定相当高的绩效标准,并以身作则,他希望能把事情做得又快又好,对周围其他人的要求也一样。如果下属不能很好地完成工作,他会用其他人代替他们,因此这种风格常常会破坏工作氛围。许多员工不能容忍方向制定者的过高业绩要求,员工士气会下降。也许在领导者的头脑中,工作的指导方向是明确的,但他往往不会把它清楚地表述出来,因此工作不再是朝着一个明确的方向发挥自己的最大潜力,而是猜测领导希望怎么做。同时,员工也感到领导并不相信他们的能力,不允许他们以自己的方式工作。结果是工作的灵活性和责任心下降了,工作成了集中性的任务,并以一成不变的形式进行下去。而且方向制定型领导一般不对员工的工作情况进行反馈,当他发现员工的工作滞后时所做的仅仅是跑过去替换他们。如果领导有事离开,人们会因为习惯于有专家制定规则而感到无人指导。因为人们不知道自己和工作是如何帮助实现组织目标的,他们的责任感将在方向制定型领导的统治下逐渐消失。

但方向制定型风格并不总是起到负面的作用。这种方法在所有员工自我激励、高度竞争及需要较少指导或协助的情况下(如研发小组或法律小组)能起到良好的作用。而且如果需要领导的是一个非常有能力的小组,这种风格能保证工作按时甚至提前完成。

但与其他领导风格一样,方向制定型领导风格也不能单独使用。

六、教练型领导风格

这种风格在改善工作氛围及企业绩效方面有显著的正面作用。教练型风格的领导能帮助员工发现自己的能力和自身的弱点,并能将它们与员工个人的职业发展联系在一起。教练型领导鼓励员工建立长期发展目标,并帮助他们制订实现目标的计划。他们在员工应扮演的角色及实现目标的方法方面与员工达成一致,并给予大量的指导和反馈。他们擅长指派工作任务,能给员工安排有挑战性的任务,即使这项任务不能很快完成。如果失败能对今后有利并能促进长期的学习,领导也愿意承受短期的失败。这种风格需要大量的对话,而对话能促进工作氛围的改善。当一个员工知道他的老板在关注着他并一直关心他的所作所为时,他会放心大胆地工作,因为他知道他能得到及时的指导和反馈。

如果员工不愿意学习或不愿意改变自己的工作方式,则这种风格就没有任何意义。如果领导缺少帮助员工的经验,这种方法也会失败。现实的情况是,一些公司已经意识到了这种风格的作用,并在试图运用它,他们想使用这种方法为员工提供持续的绩效反馈从而激励员工,但他们往往缺乏进行有效指导的能力。在六种领导风格中教练型风格是最少被采用的一种。许多领导说,他们在面临压力极大的经济环境时,根本没有时间去运用这种慢速而又乏味的方式来教育员工并帮助他们成长。但实际情况是,在第一次使用后,这种方法只会占用很少的时间或根本不占用额外的时间。当然,这种风格往往侧重于个人的成长而不是与工作相关的任务。虽然教练型领导风格也许并不能保证最终结果,但它的确能帮助实现这个目标。

许多研究表明,一个领导越能展现出多种风格,他将会越成功。如果一个领导能掌握四种以上的风格,尤其是其中的权威型、民主型、合作型和教练型风格,他将会得到最好的工作氛围和绩效。当然成功的领导还要学会根据情境灵活选用合适的领导风格。实际上,很少有领导能同时具备这些领导风格,能在正确的时间和场合恰当运用这些风格的人就更少了。补救方式可以是领导与具备他所欠缺风格的人共同组建团队,或者是扩展自己的领导风格。

◆ 负激励在企业管理中的运用

众所周知,激励制度是现代企业制度的核心内容之一,是确立企业核心竞争力的基石,是企业管理中的精髓。所谓激励,就是激发人的动机,诱导人的行为,使其产生一种内在的动力,朝着所期望的目标努力。所谓正激励,就是对员工个体符合组织目标的期望行为进行奖励,以使这种行为更多地出现;所谓负激励,就是对个体违背组织目标的非期望行为进行惩罚,以使这种行为不再发生,使个体积极性朝正确的目标方向转移,具体表现为纪律处分、经济处罚、降级、降薪、淘汰等。在现代企业管理中,企业家们非常重视正激励,而往往忽略了负激励的作用,事实上,正激励和负激励在企业管理中的运用是辩证统一的。

负激励是控制员工行为的一条隐性"止步线"。就像道德与法律的界线一样,逾越了法律的界线必然受到法律的惩处,负激励也是如此,企业一般都设有日常的员工行为准则、管理制度等,超出了这个准则、制度,必然受到一定的制裁。当然,负激励的措施和手段大部分存在于企业的相应管理制度和考核制度中。负激励作为一条"止步线",也许作为一名企业员工很少注意到,但实际上却对控制员工行为起到不可或缺的作用,在日常的潜移默化中,员工自觉或不自觉地已经接受了这种负激励制度的约束,无形之中给企业的管理行为带来一种持续良性循环效应。比如,在劳动纪律制度中规定"上班迟到、早退一次扣款 100 元","连续旷工 15 天可以除名",所有的员工都知道不能迟到、早退甚至旷工,否则会被处罚,正常情况下,员工自然而然地养成了按时上下班的习惯,管理者其实只应用了一条负激励的约束机制,就管住了整个企业的劳动纪律。可见,这条隐性"止步线"多么重要。

负激励可以起到以儆效尤的作用。当一些员工违章违纪时必然会遭到处罚,而这种处罚的性质是强制性的、威胁性的、起震慑作用的,往往可以起到杀一儆百的作用,真正使员工在心理上接受对企业管理行为的敬意,从而提高对自我行为的管理。例如,假设在一个企业中本月有 3 人次上班迟到,企业当月对此 3 人各扣薪 100 元,又如一名员工旷工连续 15 天,企业将其开除,并予公告,就会使员工意识到,这种负激励的手段不是摆设,谁违反了制度就会按相关制度办,员工就不会以身试法,从而很好地维护了企业的劳动纪律。

负激励对员工心理的影响经常大于正激励。正激励对员工的心理影响在逐步淡化,有调查表明,对于月薪高于 5 000 元的白领阶层,奖励额度在 10% 以下的激励,绝大多数人员表示"没感觉",原因是相对于其较高的薪酬总额来说,这一点奖励是微不足道的。而负激励的心理影响却是巨大的,并且具有双重性,从物质的角度看,本来正常情况下能得到的却没拿到还被处罚,损失是双倍的,更重要的是精神上受打击,心理上受影响,企业正是通过负激励的方式从心理上的影响达到影响其行为的目的。如一个员工迟到被扣薪 100 元并公告,此员工很担心同事对他的认识改变,对他的心理影响不是能以金钱来衡量的。

简单地从字面上理解,人们往往会想到负激励起到的是负作用,恰恰相反,我们在企业管理过程中就是要通过负激励起到正效应。上述谈到的"止步线"也好,以儆效尤也好,所有的负激励措施或手段无非都是为了规范员工行为,是为企业管理行为服务的。一份研究报告认为,人事管理工作中的"职务能上不能下、工资能增不能减,年度考核只有优秀、称职,没有或极少数不称职"等诸多现象的产生,源于没有负激励制度,最终导致整个集体缺乏激情与活力,创造性和积极性不高。运用负激励,可能一次处罚对当事人来说是负面的、消极的,但是应该看到,如果没有这些负激励的措施,对员工的错误行为放任自流,可想而知一个企业的命运将会如何。其实这只是对少数人的处罚,效果是使大多数人遵守企业的"游戏规则",正面效应远远大于负面效应,对于当事人来说,负面影响也只是一时的,只要他认识到错误并加以改正,最终的结果也是正面的。

第八章

管 理 控 制

情境任务设计
- 情境案例
- 任务描述

必备知识技能
- 控制与管理控制
- 管理控制的过程
- 管理控制的方法

能力训练
- 能力测评
- 思考练习
- 案例分析

延伸阅读
- 企业管理控制的关键环节
- 三九集团的财务危机

情境任务设计

◆ **情境案例**

张剑的目标与控制

张剑担任一家工厂的厂长已经一年多了。他刚看了工厂有关今年实现目标情况的统计资料,厂里各方面工作的进展出乎意料,他为此气得说不出一句话来。他记得就任厂长后的第一件事情就是亲自制定了工厂的一系列计划目标。具体地说,他要解决工厂的浪费问题,要解决职工超时工作的问题,要减少废料的运输问题。他具体规定:在一年内要把购买原材料的费用降低10%—15%;把用于支付工人超时工作的费用从原来的11万元减少到6万元;把废料运输费用降低3%。他把这些具体目标告诉了下属有关方面的负责人。

然而,他刚看过的年终统计资料却大大出乎他的意料。原材料的浪费竟占总额的16%,比上年更为严重;职工超时费用也只降低到9万元,远没有达到原定的目标;废料运输费用根本没有降低。

他把这些情况告诉了负责生产的副厂长,并严肃批评了这位副厂长。但副厂长争辩说:"我曾对工人强调过要注意减少浪费的问题,我原以为工人也会按我的要求去做。"人事部门的负责人也附和着说:"我已经为削减超时的费用做了最大的努力,只对那些必须支付的款项才支付。"而负责运输方面的负责人则说:"我对未能把运输费用减下来并不感到意外,我已经想尽了一切办法。我预测,明年的运输费用可能要上升3%—4%。"

在分别和有关方面负责人交谈之后,张剑又把他们召集起来布置新的要求,他说:"生产部门一定要把原材料的费用降低10%,人事部门一定要把超时费用降到7万元;即使是运输费用要提高,但也决不能超过今年的标准,这就是我们明年的目标。我到明年年底再看你们的结果!"

问题思考:

张剑就任后所制订的计划属于什么计划?你认为导致张剑控制失败的原因是什么?

◆ **任务描述**

1. 假设你是某公司的部门经理,请你设计一套管理控制部门员工的具体办法。
2. 作为学生,请设计一套控制办法来管理你每月的生活费用。

必备知识技能

◆ 控制与管理控制

一、控制的概念

"控制"一词在拉丁语中的意思是"把握航行的方向",指的是船长下达指令,确保航船不偏离航向,保持正确的航行路线,从而到达预定的目的地。

毫无疑问,控制在我们的日常生活中确实是极为常见的。比如,航行的船只需要牢牢把握前进的方向,才不会在茫茫大海中迷失;飞机需要精确的导航系统支持,才能保证飞行的安全;司机需要谨慎把握方向,随时做出调整,才能安全行驶。这些,都是日常生活中极为常见的控制实例。可以想象,如果失去了控制,结果会是怎样。

控制在管理中具有非常重要的意义。作为一项重要的管理职能,可以说,对任何组织而言,只要存在管理活动,就必然存在控制现象。控制是管理过程中不可分割的一部分,是管理的计划、组织、领导和控制四大职能中的重要一环。为此,我们常把管理过程中的控制称为管理控制,以区别于日常所说的其他的控制。

管理控制可以定义为:依据组织目标和既定计划,通过对组织实际工作的衡量与评价,针对出现的偏差,采取有效措施,确保组织目标实现的过程。我们可以从四个方面理解这一定义:第一,控制的目的是确保组织目标的顺利实现;第二,实际工作的衡量与评价、偏差的纠正是实现控制的主要手段;第三,控制是一个内容丰富的复杂过程;第四,控制与计划密不可分。

从定义中可以看出,管理控制既包括按照既定计划标准衡量和纠正工作中出现的偏差;同时,还包括在必要时修改计划标准,使计划更加适合实际情况。因此,从这个意义上讲,计划与控制就像是一个硬币的两面,是一个事物不可分割的两个方面。计划与控制的关系表现在:

第一,计划为控制提供了标准。没有计划,控制就失去了方向,人们就无从知道应该控制什么,也无从知道应该怎样进行控制。

第二,控制是计划工作能够得以实现的重要一环。没有控制,计划就失去了实现的根基和可能;没有控制,计划就成了无源之水、无本之木;没有控制,人们就无法知道自己干得怎样,无法知道需要在哪些地方做出改进。

第三,计划与控制互相依存,互相依赖。计划越是明确、可靠、完整,控制就越有依据,控制的效果就越好;控制越是科学、有效,计划就越容易得到实施。

第四,控制并不仅仅意味着纠正与计划相比出现的偏差,它还意味着要在某些特定情况下自觉打破原先制订的计划,并重新制订出新的计划,从而使实际工作更加符合客观实际的变化。否则,固守僵化的计划,反而会陷入困境,最终无法实现组织的目标。

二、管理控制的目标

在现代管理活动中,管理控制工作的目标主要有两个。

(一)"纠偏"

所谓"纠偏",指的是对工作出现的偏差进行纠正和处理。一般来说,工作中难免会出现一些偏差,难免出现一些与预期计划不相符的失误。虽然这些偏差和失误并不必然会给组织带来严重的损害,但如果放任偏差的积累和放大,组织运行一段时间后,偏差会越积越多,最终对计划目标的实现造成威胁,甚至会酿成灾难性的后果。防微杜渐,及早发现潜在的错误和问题,并采取果断措施加以处理,有助于确保组织按预定计划运行。有效的管理控制系统应当能够及时地获取偏差信息,及时采取措施纠正偏差,从而防止偏差的积累,防止偏差影响组织目标的顺利实现。因此,控制的首要目标是确保组织实际工作的运行能够符合既定的计划,符合预期的目标,随时对可能出现的偏差予以纠正和处理,限制偏差的积累。

(二)"调适"

所谓"调适",指的是组织在环境发生变化后,针对变化做出相应的调整措施,确保组织适应环境的变化,趋利避害,最终实现组织的根本目标。组织的计划和目标在制定出来后,要经过一段时间的努力才能实现。在这一目标实现的过程中,组织的内部条件和外部环境不可避免地会发生一些变化,这些内外环境的变化不仅会妨碍计划实施的进程,甚至可能会影响到计划本身的科学性和现实性。原先制订的科学合理的计划可能难以适应变化了的新情况、新环境,因此,组织需要建立有效的控制系统,科学、准确地预测和把握内外环境的变化,并对这些变化带来的机会和威胁做出正确而有效的反应,将组织调整到适当的状况,利用环境变化带来的机会,回避环境变化产生的风险,适应环境的变化,顺利实现组织的最终目标。就像我们开车去某地,在整个旅行途中,要根据天气、地形及自身情况随时调整车速、方向及心情,最终顺利到达目的地。

三、管理控制的特点

1. 目的性

控制是为了更好地实现组织的既定目标,更好地实现组织的既定计划,因此,从这个角度上来说,控制工作具有明确的目的性。控制工作的意义就体现在,监督组织各项活动的进展,把握组织各项活动的效果,促使组织更有效地实现根本目标。显然,控制必然是为了一个具体的目的、向着一个明确的方向进行的。没有目的的控制是不存在,目的不明确的控制也不会取得好的结果。就像开车一样,不管我们是纠正方向,还是调适速度,最终目的都是为了到达目的地。

2. 动态性

管理控制不同于机器设备系统中的自动控制,机器设备的自动控制是高度程序化的,具有较为稳定的特征,管理控制是在有机的社会组织中进行的。组织的外部环境和内部结构都在不断地变化,为提高管理控制的适应性和有效性,管理控制的标准和方法也不能一成不变,因此导致管理控制具有动态性。

3. 人本性

管理控制本质上是由人来执行的,而且主要是对人的行为的一种控制。与物理、机械、生物及其他方面的控制不同,管理控制不可忽视其中的人性因素。管理控制应该成为提高员工工作能力的工具。控制不仅仅是监督,更重要的是指导和帮助。管理者可以制订偏差纠正计划,但这种计划要靠员工去实施,只有当员工认识到纠正偏差的必要性并具备纠正能力时,偏差才会真正被纠正。通过控制工作,管理者可以帮助员工分析偏差产生的原因,端正员工的工作态度,指导他们采取纠正的措施。这样,既能达到控制的目的,又能提高员工的工作和自我控制能力。

4. 全局性

控制的全局性具有多方面的含义:首先,管理控制覆盖组织活动的各个方面。各个层次、各个部门的工作,都是管理控制的对象。其次,管理控制需要把整个组织的活动作为一个整体来看待,使组织各个阶段的工作都能得到充分的关注,从而对组织各个阶段的工作进行很好的控制,步步为营,最终确保组织整体目标的顺利实现。最后,管理控制是组织全体成员的职责。控制并不单单是管理人员的职责,它还需要发动全体成员参与到管理控制的工作中来。否则,组织的控制就会流于形式,根本无法得到贯彻和落实。惟有树立控制的全局观念,控制才能在组织的方方面面、在组织的各个发展阶段、在组织的各个层级上得到落实,从而实现组织"时时、事事、处处、人人"的全面控制,确保组织目标的实现万无一失。

四、管理控制的内容

控制什么是管理控制关注的一个核心话题。一般来说,控制的内容涉及组织内部人员的控制、组织财务的控制、组织具体作业过程的控制、组织信息的控制和组织绩效的控制五个方面。

(一) 人员的控制

人是组织最积极、最活跃的因素,对组织人员做到充分合理的控制,就等于抓住了控制的关键与核心。这样既可以充分调动员工的主观能动性,又能够克服员工某些惰性,引导、教育员工按照科学合理的计划做出行动,从而也就加强了对组织最终目标实现过程的控制。在具体实践中,这种人员的控制不仅表现在组织对员工个体的控制,最为重要的是,要对组织的整体行为进行引导和控制。一定要注意营造良好的组织文化,推动全体员工主动、积极地投入到组织目标的实现中,这样才能确保组织步调一致地向着既定的目标和方向做出努力。此外,对组织员工的控制,不仅仅需要对组织员工的某些量化指标进行控制,同时,也要注意对组织员工某些不能量化的指标进行控制,注意对组织成员精神层面的引导和管理,这样,才能引导员工全力以赴地投入到组织工作中。

(二) 财务的控制

财务控制是极为关键的,有人说组织的财务就是组织的根本命脉,影响着组织的生存与发展。一个健康的组织,必然需要良好的财务管理作为后盾,否则,组织就会失去良好的发展基础,面临极大的风险,甚至会失去赖以存在的基础。当今社会,由于财务管理的缺陷而导致企业倒闭的案例层出不穷,这从一个侧面印证了组织财务管理混乱带来的严重后果。只有保证组织良好的财务状况,才能从根本上保证组织发展的物质基础。从这一意义上来说,加强组织财务管理,加强组织财务控制,对组织的健康发展意义重大。

（三）作业过程的控制

在组织具体的运行过程中，从投入到产出的各个环节都需要认真细致的管理和严格的控制，否则，组织就难以做到用最低的投入得到最大的产出。在组织的作业过程中，要提高组织的生产效率，提高产出的质量，降低投入的成本，就必须对作业的过程予以严格的管理和控制。没有严格的过程管理，就难以取得出色的成果。因此，要对组织工作做到良好控制，就离不开对组织作业过程的管理和监控。

（四）信息的控制

当今时代，信息已成为组织生存与发展的一项极其重要的资源。信息是组织进行管理的基础，也是实行有效控制的基础。有效的控制要求对与组织生产经营及其环境状况有关的信息进行全面的收集，并做出正确的处理，以确保这些信息能够得到及时利用。对信息的控制需要建立科学合理的管理信息系统，为管理者实施控制这一管理职能提供支持和服务。信息就是金钱，信息就是生命，对组织而言，惟有把握变化、了解现状、预知未来，才能在竞争的浪潮中立稳脚跟，成功实现组织目标。而在这样一个信息爆炸的时代，如何科学地收集信息，如何科学地对收集到的信息进行加工整理，如何对有价值的信息进行有效利用，已经成为组织关注的一个重要话题。毫无疑问，成功属于那些能够从庞杂信息中发掘信息、利用信息的人。信息的管理和控制，已经成为组织竞争的一项基本要求。

（五）绩效的控制

组织最终的绩效状况是组织关注的核心。组织控制关心的是如何实现组织的根本目标，如何有效地完成组织的绩效目标。这不仅仅表现在组织短期绩效目标的完成上，还表现在组织长期绩效目标的考核上。组织的绩效目标是一个复杂而变化的体系。一些组织，在评价、考核和控制自身绩效目标时，往往顾此失彼，为了一些次要目标的实现，忽略了一些关键目标，为了一时短期目标的完成，忽略了长期目标的发展。因此，要对组织绩效目标做出科学合理的控制，就需要建立一套科学合理的绩效考核体系，对组织绩效做出全面系统的科学评价和监控。

五、管理控制的类型

控制的类型多种多样，从不同的角度可以对控制做出不同的分类。按照控制点的位置，控制可以分为事前控制、事中（现场）控制和事后控制；按照控制的主体，控制可以分为直接控制和间接控制；按照控制的来源，控制可以分为正式组织控制、群体控制和自我控制；按照控制时所采用的方式，控制可以分为集中控制、分散控制和分层控制；按照控制的客观形式，控制可以分为复合控制、动态控制等。在此，我们只介绍几种典型的分类。

（一）事前控制、事中控制和事后控制

根据控制在管理过程中发生时间的不同，可以将控制分为事前控制、事中控制和事后控制。

1．事前控制

事前控制也称为预先控制、前馈控制，是工作开始之前就做出应对准备，是工作开始前就进行的控制。这种控制在问题出现之前就可以预先告知管理人员,使他们从一开始就可以采取各种预先防范措施,预防或尽可能地减少偏差和失误的出现,从而把偏差和失误可能带来的损失降到最低程度。事前控制的目的是在工作开始之前就对问题的隐患提前做好准备,未雨绸缪,做到防患于未然。例如,管理者得到过去和现在的销售情况,进行预测分析以后,知道销售额将下降到更低的水平,背离期望的水平,管理者就制订新的技术改革和产品引进计划、新的广告宣传计划、新的推销策略,以改善销售的预期结果。事前控制的实例有很多,如企业为了生产出高质量的产品而对进厂原材料进行检验,对员工进行上岗前培训、制定财务预算、管理部门制定规章制度及相关实施细则,为保证计划和战略的实施而在人才招聘之前拟定对应聘者的具体要求等,这些都属于事前控制。

事前控制的效果取决于对情况的观察、规律的掌握、信息的获得、趋势的分析和可能发生的问题的预计。事前控制的优点是:由于在工作开始之前进行,避免了事后控制对已铸成差错无能为力的弊端,避免了失误带来的巨大损失,节省了修正错误的成本。同时,由于是在工作开始之前针对某项计划行动所依赖的条件进行控制,不针对具体人员,不易造成对立性的冲突,不易造成对立情绪,易被职工接受并付诸实施,而且,这一控制手段执行起来较为容易,容易赢得员工的支持和配合。

事前控制的缺点是:需要及时准确地掌握相应的信息,要求管理人员充分了解事前控制的关键因素,提前预知计划执行中可能出现的问题。一般来说,要做到事先就熟知容易出现的问题、想到可能出现的偏差,在某些情况下并非易事。因此,要充分发挥事前控制"防患于未然"的作用,确实是有一定难度的。

2. 事中控制

事中控制也称为现场控制、即时控制、过程控制,是在工作过程中进行的同步控制。事中控制主要有监督和指导两项职能。监督是按照预定的标准检查正在进行的工作,以保证目标的实现;指导是管理者针对工作中出现的问题,根据自己的经验指导下属改进工作,或与下属共同商议矫正偏差的措施,以便使工作人员能正确地完成规定的任务。事中控制常常是基层管理人员现场管理采用的一种方法,主管人员通过深入现场,亲自监督和检查,可以约束并指导下属人员的活动。例如,施工现场的指挥、总裁亲临现场视察指导,都属于事中控制;再如,驾驶员在行驶中根据路况随时调整方向和速度也是人对物实施的事中控制。

事中控制的优点是:兼有监督和指导两项职能,可以确保工作能够按照预期计划进展,确保工作过程中出现的错误能够得到及时改正,可以提高员工的工作能力及自我控制能力。

事中控制的缺点是:容易受到管理者自身时间、精力、业务水平的制约。如果管理者无法保证充足的时间投入,无法对现场出现的问题及时发现并及时提出正确的解决办法,那么,事中控制就不会得到很好的贯彻执行。此外,事中控制的应用范围也相对有限,由于受到控制执行人员的数量、时间、精力的限制,事中控制大规模推行的成本过高,并且由于事中控制需要现场对出现的问题直接予以指明并马上做出改正,这容易造成员工心理上的对立,激起员工的对立和不满情绪。从这个意义上来说,事中控制很难成为日常性的控制办法,它只能是其他控制方法的一种补充。

3. 事后控制

事后控制,也称为反馈控制,是一种在工作结束之后进行的控制。这种控制方法是把注意力集中在工作结果的最终取得上,通过对前一阶段取得的工作成果进行测量、比较、分析和评价,找出工作中的不足,发现存在的问题,以此作为下一次工作改进的依据,为下一次工作的提高提供经验和教训。比如,企业发现不合格产品后追究当事人的责任,并且制定防范再次出现质量事故的新规章,发现产品销路不畅而相应做出减产、转产或加强促销的决定,以及学校对违纪学生进行处罚等,这些都属于事后控制。

事后控制的优点是:在某些特定情况下,往往难以做到事前控制与事中控制,此时,事后控制常常是唯一能够采取的控制手段,这是因为很多事件只有在发生后才可能看清结果,才可能认识到事情发生的规律和教训。因此,事后控制尽管有某些不尽如人意的地方,但却往往是最为常见、最为实用的控制手段。此外,事物的发展往往是循环往复的,呈现出一定的规律性,因此,事后控制能为以后的工作提供信息和借鉴,为以后处理类似事件提供经验和教训,以改进工作,更好地完成组织目标。亡羊补牢,为时未晚,如果能够汲取前面事例的教训,就可以更好地做好后面的工作,这正体现了"前事不忘,后事之师"、"吃一堑,长一智"的道理。

事后控制的缺点是:事后控制的一个致命的缺点是滞后性。在事后控制中,从结果的衡量、比较、分析到纠偏措施的制定和实施,都需要时间,而这容易贻误时机,增加控制的难度,导致惨重的损失。因此,对事后控制来说,往往是"事后诸葛亮",不管怎样,事后控制对已经形成的损失往往是于事无补了。此外,事后控制是通过对已经发生的事情做出反馈性行动和采取应对性措施来调整组织行为的,这往往会造成事后控制总是比现实情况慢半拍,这种被动反应的"滞后"式的做法,很容易造成对现实环境变化的不适应,给组织带来新的损失。

(二)分散控制、集中控制和分层控制

根据控制结构的不同,可以将控制分为分散控制、集中控制和分层控制。

1. 分散控制

分散控制是通过在组织内部建立若干分散的控制机构,再通过这些分散的控制机构相互协作,共同完成组织总目标的一种控制方法。这种控制通常是由各个局部的控制机构分散做出的。各个局部的分散控制机构根据实际情况,按照自身局部最优的原则对各部门进行控制。这种控制常常适用于结构复杂、分工较细的组织。

分散控制的优点是:可以通过各个分散控制机构直接对目标实施做出反应,具有反应速度快、应变能力强、控制效率高的特点。

分散控制的缺点是:容易导致各个分散控制机构各自为政,造成各个分散控制机构自身目标与整体目标的不一致,危及整体目标的控制。

2. 集中控制

集中控制指的是通过组织内部的一个集中控制机构对整个组织进行控制的一种方法。在这种控制中,各种信息都统一传送到集中控制机构,由集中控制机构进行统一加工处理。在此基础上,集中控制机构会根据整个组织的状态和控制目标,直接发出控制指令，控制和操纵所有部门的活动，统一协调各个部门的行动措施，以求得某些重大而关键目标的实现。比如，有的企业设立的生产指挥部、中央调度室等就是采取集中控制。

集中控制的优点是：控制方式比较简单，控制标准也较容易做到协调统一，便于整体协调和整体目标的最优控制。

集中控制的缺点是：由于控制措施是由集中控制机构统一做出的，容易导致控制反应僵化，缺乏灵活性和快速反应，容易造成控制措施的延误。尤其是一旦控制中心发生故障，会造成系统的瘫痪，风险很大。因此采取集中控制时一定要考虑组织的实际情况。

3. 分层控制

分层控制是把集中控制和分散控制结合起来的一种控制方式。在这一控制方式下，各个分散的控制机构可以结合自身情况，独自实行控制措施，从而保证了对控制需求的灵活、快速反应；同时，在各个分散控制机构的基础上，还建立了统一的集中控制机构对某些重大或关键事项进行控制的协调和统一，这样就可以对某些重大或关键的控制措施进行统一规划、统一协调，保证了整体控制措施的实施效果。

(三) 正式组织控制、群体控制和自我控制

根据整个组织控制活动的实施主体的不同，可以将控制分为正式组织控制、群体控制和自我控制三种类型。

1. 正式组织控制

正式组织控制是由组织中特定的机构或人员进行的一种控制。组织可以通过设计特定的组织机构对组织的各项活动进行控制，并提出具体更正措施和建议意见。正式组织控制可以按照预期目标，确保组织获利，确保组织健康地生存与发展。

2. 群体控制

群体控制是基于非正式组织中群体成员的价值观念和行为准则来进行的一种控制，它往往是由非正式组织自发形成和维持的，是基于非正式组织的群体成员的态度来进行控制的。非正式组织的行为规范，虽然没有明文规定，但它的每一个成员都十分清楚那些能够起到控制作用的内容和规范，并能够自觉遵守这些规范，从而得到群体组织的奖励，获得群体成员的认可。群体控制可能有利于组织目标的实现，也可能给组织带来危害，所以要对其加以正确引导，不要对群体控制放任自流，这样会对组织目标的实现带来不利影响。

3. 自我控制

自我控制指的是组织成员个人有意识地按某一行为规范进行的一种控制。这种控制具有自动自发的性质，成本低、效果好，并且能够对控制做到主动、积极、快速地反应。这一方面需要上级给下级充分的信任和授权，另一方面需要把个人活动与工作奖惩联系起来。自我控制的能力取决于个人本身的素质和组织文化对自我控制的引导。

(四) 间接控制和直接控制

根据组织控制使用手段的不同，可以将控制分为间接控制和直接控制。

1. 间接控制

间接控制指的是通过建立控制系统，对被控制对象进行控制的一种方法。这种控制是通过建立的控制系统来发挥组织的控制职能的，其控制的主体根据控制的计划和标

准,检查实际的工作结果,发现工作中的偏差,分析偏差产生的原因,并采取适当的纠正措施。实践中,对那些由于主管人员缺乏知识、经验和判断力所造成的管理上的失误和工作上的偏差,运用间接控制可以及时发现问题,予以纠正。从这个意义上讲,间接控制为帮助主管人员总结教训、增加经验、知识,提高判断力,提高管理水平,提供了一套可靠的控制系统。

2. 直接控制

直接控制是相对于间接控制而言的,也称为预防性控制。直接控制指的是通过行政命令和手段对被控制对象直接进行的一种控制。它通过培养更好的管理人员,让管理人员熟练应用管理的概念、技术和原理来直接控制和改善他们的管理工作,从而防止出现因管理不善而造成的不良结果。

直接控制着眼于赋予管理人员控制的能力和意识,让他们在管理过程中直接发挥出自己的才能,对自己的管理行为做出科学而正确的设计和安排,这样无形中就避免了可能出现的偏差和失误,做到"未雨绸缪",起到了良好的预防性控制效果。

六、管理控制的基本原则

1. 反映计划要求原则

控制的最终目标是实现计划,控制是实现计划的保证。这是因为,控制系统和控制工作的操作程序虽然相同,但由于任何一项计划和工作都有自己的特点,针对不同计划和不同工作的控制也必然具有特殊性,在确定控制标准、搜集信息、确定控制关键点、选择控制对象及采取纠正措施方面都要符合计划工作的特点,控制才能真正有效。所以,在设计控制系统时,每个管理者都必须围绕计划进行,要根据计划的特点确定控制标准、衡量方法和纠偏措施。比如,人力资源控制系统和产品质量控制系统虽然处于同一组织系统,但二者的控制要求是截然不同的。所以在设计控制系统时,每个管理者都必须围绕计划进行。

2. 组织适宜性原则

有效的控制系统必须适应特定的组织结构和主管人员的特点。众所周知,计划需要人来执行,控制也需要人来执行,组织结构决定了组织成员的职责和分工,因此,控制标准的设计必须符合组织结构的要求。只有组织结构的设计明确完善,控制系统符合组织的职责分工,控制的效用才能充分发挥。例如,如果产品成本不按照制造部门的组织结构进行核算,如果每个车间主任不知道该部门生产产品的成本目标,那么他们就不可能知道实际成本是否合理,也就不可能对成本负责,更谈不上什么成本控制了。同时,控制系统还需要适合主管人员的个性和特点。也就是说,在设计控制系统时,要考虑到管理人员的知识水平和业务能力,提供给主管人员的信息和技术手段要让主管人员能够理解和有效运用,这样,控制系统才能更加有效。

3. 控制关键点原则

在控制过程中,管理人员只有抓住关键的控制点,才能真正把握住控制的关键,收到"牵一发而动全身"的良好功效。俗话说,"牵牛要牵牛鼻子""打蛇要打蛇七寸",只有抓住了问题的关键环节,问题才可以得到更好地解决。因为控制不可能面面俱到、事无巨细,所以,在控制过程中,管理者必须选择关键点,以确保整个工作按照计划要求执行。比如啤酒酿造企业中,啤酒质量是控制的一个重点对象。尽管影响啤酒质量的因素很多,但只要抓住了水的质量、酿造温度和酿造时间,就能保证啤酒的质量。因此,企业就要对这些关键控制点制定出明确的控制标准。事实上,控制了关键点,就控制了全局。

4. 控制趋势原则

俗话说:"要做事,但更要做势。"对控制全局的主管人员来说,至关重要的是控制现状所预示的趋势,而不是现状本身。所谓趋势,是多种复杂的因素综合作用的结果,是在一段较长时间内逐渐形成的,并会长期影响管理工作的成效。就控制而言,重要的是及早发现偏差及失误的苗头,防范不良的发展趋势,防患于未然,把不良的表现扼杀在萌芽状态。例如,我国有一个生产机床的企业,连续两年的销售收入增长率在4%左右,而这几年国内同类企业的销售收入增长率为8%。相比之下,该企业的销售收入增长率不但不乐观,相反,预示着企业在国内的竞争力正处于下降的不利态势,如果不采取及时有效的控制措施,后果将更为严重。企业经理意识到问题的严重性,一方面狠抓产品销售,另一方面大力开发新产品,并加强对老产品的技术改造和更新换代,经过一年多的努力,企业的销售额得到了较大增长,企业摆脱了不利的局面,步入了良性发展的轨道。企业的这种做法就是及时地控制了趋势,将问题扼杀在摇篮之中。

5. 例外原则

管理人员的精力是有限的,无法时时、事事都做到充分关注,因此,为实行有效的控制,对那些异常情况予以充分关注,反而会使自己的管理更具针对性,使自己的努力具有更强的目的性,有助于提高工作效率,收到更好的效果。

值得注意的是,仅仅注意例外情况是不够的,并非所有的例外情况都是至关重要的,有时微不足道的偏差可能预示着更严峻的后果。在同一组织中,对于不同类别的工作,一定额度的偏差所反映的事态严重程度并不一样。例如,有时管理费用高于预算的5%可能无关紧要,而产品合格率下降1%却可能出现产品严重滞销的问题。所以,在实际控制中,例外原则必须与控制关键点原则结合起来,注意关键问题上的例外情况。控制关键点原则强调选择控制点,而例外原则强调观察控制点以外的异常偏差,应注意不要混淆这两个原则。

6. 直接控制原则

相对于间接控制的滞后性而言,直接控制更胜一筹。主管人员及其下属的素质越高,就越能进行科学的管理,就越有能力采取措施来预防偏差的发生,控制的效果就会越好。所以,控制系统应当重视直接控制,注重提高主管人员和下属的素质,使他们能熟练地应用管理的原理、技术和方法来改善他们的管理工作,防止因管理不善而造成不良后果。例如,我国目前对各级领导干部进行的"抓四风"教育、反腐败教育,从控制的角度来看,就属于直接控制。

◆ 管理控制的过程

管理控制的具体过程,一般由以下三个步骤组成:一是确定控制目标,建立控制标准;二是衡量实际工作,获取偏差信息;三是分析偏差原因,采取纠正措施。这三个步骤相辅相成，构成了管理控制的完整过程。

一、确定控制目标，建立控制标准

控制目标、控制标准是控制工作得以开展的前提，是检查和衡量实际工作的依据和尺度。如果没有控制目标、没有控制标准，就无法衡量实际工作，控制工作也就失去了目标和依据。

(一) 控制标准的实质和要求

标准是一种作为规范而建立起来的测量标尺或尺度。控制标准是控制目标的表现形式，是测定实际工作绩效的基础。对照控制标准，管理人员可以对工作绩效好坏做出判断。因此，标准的设立必须具有权威性，然而，怎样的控制标准才是有效的呢？通常来说，行之有效的控制标准需要满足以下基本特性的要求：

(1) 简明性。标准的量值、单位、可允许的偏差范围要有明确说明，对标准的表述要通俗易懂。

(2) 适用性。建立的标准要有利于组织目标的实现，要对每一项工作的衡量都明确规定，有具体的时间幅度和具体的衡量内容与要求，以便能准确地反映组织活动的状态。

(3) 一致性。建立的标准应尽可能体现协调一致、公平合理的原则。

(4) 可操作性。标准要便于对实际工作绩效的衡量、比较、考核和评价；要使控制便于对各部门的工作进行衡量，当出现偏差时，能找到相应的责任单位。

(5) 可行性。也就是说，标准既不能过高，也不能过低，要使绝大多数员工经过努力后可以达到。如果标准过高，人们将因无法实现而放弃努力；标准过低，人们的潜力又得不到充分发挥。因此，具有可行性的控制标准，应该保持挑战和可达性的平衡。

(6) 相对稳定性。所建立的标准既要在一段时间内保持不变，又要有一定的弹性，能对环境的变化有一定的适应性，对特殊情况能够例外处理。

(7) 前瞻性。建立的标准既要符合现时的需要，又要与未来的发展相结合。

(二) 制定控制标准的过程和方法

控制标准的制定是一个科学决策过程。这一过程的展开，首先要选择好控制点，然后再确定具体的控制标准。

1. 确立控制对象

进行控制，遇到的第一个问题是"控制什么"，这是确定控制标准前首先需要妥善解决的问题。由于控制标准的具体内容取决于控制对象，在制定标准的时候应当首先选择控制对象，即明确组织的哪些事物、哪些环节需要加以控制，这是在制定标准的具体内容时需要认真分析的。其中，组织活动的成果应该优先作为管理控制工作必须考虑的重点对象。基于此，管理者需要明确分析组织活动想要实现什么样的目标，提出包含组织各个层次、各个部门应取得的工作成果的完整目标体系。按照该目标体系的要求，管理者就可以对有关成果指标的完成情况进行考核和控制。

然而，对活动成果的考核评价仅是一种事后控制。为了保障组织实现预期的活动成果，从理想的角度看，管理者必须对所有影响组织实现目标成果的因素都进行控制。但这种全面控制往往既不现实，也不经济。从组织有限资源的合理使用和管理人员的工作精力与能力等现状出发,管理控制中更通常的做法是:选择那些对实现组织目标成果有重大影响的因素进行重点控制。这样,为了确保管理控制取得预期的成效,管理者在选择控制对象时就必须对影响组织目标成果实现的各种要素进行科学的分析研究,然后从中选择出重点的要素作为控制对象。一般来说,影响组织目标实现的主要因素有:

(1) 组织外部环境和条件的变化。组织的外部环境和条件是管理人员进行计划安排和工作的依据,而组织外部环境和条件又总是处在动态变化中,所以,对组织外部环境和条件必须予以足够的关注,必须予以管理和控制。如果管理者预测的外部环境和条件没有出现,或者组织的外部环境和条件发生了某种难以预料且不可抗拒的变化,组织原来的计划活动将无法继续进行,组织目标的实现就会遇到挑战。因此,必须密切关注组织外部环境和条件的变化,对组织外部环境和条件进行监控和管理,从中找到可以利用的机会,回避可能出现的风险。从这个角度上说,把组织外部环境和条件作为控制的对象就成为组织实施控制职能的必然选择。

(2) 资源的投入。组织目标的实现归根到底要取决于组织各项资源的足额投入。而组织资源可以归结为人、财、物、信息和机会等,组织目标的实现与否,一定程度上取决于组织对上述资源的占有和利用情况。组织的资源状况,不仅会在数量上影响组织活动的正常进行,而且在质量上影响组织活动的效率和效果,直接关系到组织最终成果的实现。因此,必须对组织能够拥有和利用的资源进行控制,使之在数量和质量上能够符合组织目标的要求。只有牢牢地控制住组织资源的投入和利用,才能确保组织目标的顺利实现,没有足够的资源投入保障,组织目标就会失去实现的基础和动力。

(3) 组织成员的活动。组织中的人是最重要的资源,组织成员的数量和素质是决定组织活动成果的重要因素,是组织目标能否实现的关键。组织面临的竞争,归根到底是组织中人才的竞争,只有紧紧抓住组织中起决定作用的人的因素,组织才能在竞争中站稳脚跟,赢得竞争的优势地位,取得竞争的胜利。因此,组织应当关注组织成员的活动,把组织成员的活动作为控制对象,通过适当的人力资源管理政策和措施,调动组织成员的工作积极性,发挥组织成员的创造力,引导组织成员的活动,实现组织的根本目标。

2. 选择关键控制点

控制对象确定后,还必须确定控制的关键点,这样才能够确定出合适的控制标准。这是因为,做到对组织所有活动、所有成员的控制是不现实的,即使勉强做到也会由于控制的成本过高而得不偿失,因此,必须在影响组织活动成果的若干因素或若干环节中选择几个关键因素或关键环节作为重点控制对象,作为控制的关键点。控制住了关键点,也就控制了全局,占据了主动,为组织整体目标的实现打下了良好的基础。

所谓关键点,一般是计划实施过程中起决定作用的因素,或者是容易产生偏差的因素,或者是对全局有根本影响、决定组织活动成败的因素。控制住了关键点,就能够把握工作过程中起决定作用的核心因素,就能够避免工作偏差的产生,就能够对关系全局的根本因素加以把握和掌控。而选择了关键的控制点,全局目标的实现也就成了可能。对关键控制点的选择,一般应统筹考虑如下三方面因素:一是影响组织整个工作运行过程的重要事项。这是管理人员应该予以充分关注的核心问题。二是在重大损失出现之前产生的事项。这些事项,能够提醒管理人员予以充分关注,警惕可能出现的损失。三是反映组织主要绩效水平的事项。这些事项标志着组织主要绩效目标的完成状况。抓住了这些关键控制点,就避免了组织整个工作运行的障碍,避免了组织可能出现的损失,保证了组织主要绩效目标的最终实现,整个组织根本目标的实现也就得到了充分保证。

3. 制定控制标准

管理者实施控制的第一个步骤应该是以计划为基础制定出控制工作所需的标准。控制标准可分为定量标准和定性标准两大类。定量标准便于度量和比较,是控制标准的主要表现形式。定量标准主要分为实物标准(如产品数量、合格品数量)、货币标准(如单位产品成本、销售收入、利润、业务人员每月的业务费用等)、时间标准(如工时定额、交货期等)、综合标准(如市场占有率等)。

除了定量标准外,还有一些难以量化的定性标准,如员工的士气、管理人员的能力等。尽管定性标准具有非定量性质,但实际工作中为了便于掌握这些方面的工作绩效,有时也尽可能地采用一些可度量的方法。例如,产品等级、合格率、顾客满意度等指标就是对产品质量的一种间接衡量。奉行"质量优良、服务周到、清洁卫生、价格合理"宗旨的麦当劳公司,为了确保其经营宗旨得到执行,制定了可度量的几条工作标准,如95%以上的顾客进入餐馆后,三分钟内服务员必须迎上前去接待顾客;事先准备好的汉堡包必须在五分钟内热好提供给顾客;服务员必须在就餐人离开后五分钟内把餐桌打扫干净。这是对定性标准予以量化处理的实例。

了解了控制的标准,还需要了解一下标准的制定方法。常用的制定标准方法有统计法、工程标准法、经验估计法三种。

(1) 统计法。是指利用统计方法来确定预期结果的方法。它是以组织在各个历史时期活动的数据、记录为基础,或者依据同类组织的统计数据,为未来活动设立的标准。最常用的方法有统计平均值法、极大或极小值法和指数法等。这种由统计方法获得的标准称为统计标准,也称为历史性标准。

(2) 工程标准法。是指在对工作情况进行客观的定量分析的基础上制定标准的方法,也称为工作标准法。这种方法是由泰罗首创的,它以较为精确的技术参数和实测数据为基础,主要用来测量生产过程中生产者个人或群体的产出数额。它通过对作业进行专门的测量,经分析计算制定控制标准。通过时间研究和动作研究,企业的管理者为职工制定出标准生产定额,这种方法有利于基层管理人员恰当地安排工作、合理地评估职工的绩效、准确地预测企业生产经营活动所需的人工和成本等。这种方法的优点是标准的制定具有客观的依据和合理性,准确性高,但也存在着成本高、耗时长的缺点。

(3) 经验估计法。经验估计法是指根据专家的经验和判断来确定控制标准的方法。有些工作缺乏充分的历史数据资料,无法应用统计分析方法,或者有些工作因为重复性差,不值得为其制定标准专门组织工程测量,于是由有经验的管理人员、工程技术人员等根据过去经验来估计,在这类情况下常用的方法就是经验估计法。这种方法的优点是可以打破统计法的局限性,在资料和数据缺乏的情况下仍然能够制定出控制的标准,使控制有章可循。但它只能是一种粗略的估计,缺乏精确性、客观性和科学性。这种方法可以作为统计法和工程标准法的补充,尤其适合组织从事的活动是新生事物时控制标准的制定。

二、衡量实际工作,获取偏差信息

偏差信息是实际工作情况或结果与控制标准要求之间的偏离程度的信息。了解和掌握偏差信息,是控制工作的重要环节。如果无法得到这方面的信息,就无法知道是否应该采取纠正措施,无法知道应采取多大力度的纠正措施,控制工作也就无法正常开展。因此,采取纠正措施前,首先需要了解工作出现的偏差情况,了解偏差的相关信息,这样才能针对出现的偏差,采取相应的应对措施。从这个意义上来说,偏差信息的收集和整理就成了控制的前提和基础。

(一)衡量实际工作绩效

制定了衡量的标准后,控制过程的第二步就是对照衡量的标准,衡量实际工作。衡量实际工作的目的是取得控制对象的有关信息。在进行实际工作衡量前,应该对衡量什么、谁来衡量、如何衡量、多长时间衡量一次等问题做出明确的回答。

1. 衡量什么

衡量什么是衡量工作中最为重要的方面。管理者应该针对决定实际工作成效好坏的重要特征项进行衡量。在实际工作中,衡量的对象可以参照控制的对象加以确定,因此,在确定衡量什么时,也需要对那些影响全局、关系全局的指标予以足够重视,以期发现问题,找出差距。

2. 谁来衡量

衡量的主体不一样,控制效果和控制方式就会有所不同。例如,目标管理之所以被称为是一种"自我控制"方法,就是因为工作的执行者同时成为了工作成果的衡量者和控制者。而由上级主管或职能人员进行的衡量和控制则是一种强加的、非自主的控制。衡量的主体不同,对控制效果和控制方式都会产生影响。

3. 如何衡量

管理者可通过以下几种方法来获得实际工作绩效方面的资料和信息:一是来自观察。通过个人的亲自观察,管理者可以亲眼看到工作现场的实际情况,也可以通过与工作人员现场交谈来了解工作进展及存在的问题,进而获得真实而全面的信息。采取这种方法来获得相关信息,尽管会更加深刻、更有说服力,但由于时间和精力的限制,管理者不可能对所有工作活动都进行亲自观察。二是利用报表和报告。这是经由书面资料了解工作情况的常用方法。这种方法可以节省管理者的时间,但所获信息是否全面、准确,则取决于这些报表和报告的质量。三是抽样调查。从整批调查对象中抽取部分样本进行调查,并把结果看成是整批调查对象的近似代表,此方法可节省调查的成本及时间。四是召开会议。让各部门主管汇报各自的工作近况及遇到的问题,这种方法既有助于管理者了解各部门工作的情况,又有助于加强部门间的沟通和协作。在衡量实际工作绩效的过程中必须多种方法结合起来,综合使用。

4. 多长时间衡量一次

作为控制的一个要素,衡量的频度也要适度。适度衡量不仅体现在衡量对象的数量选择上,而且还体现在对同一对象的衡量次数上。对影响某种结果的要素或活动进行衡量是必要的,但过于频繁的衡量,则是不适宜的,因为衡量次数过多不仅会增加控制的费用,而且可能引起组织有关成员的不满,影响他们的工作积极性。而衡量次数过少也是不可取的,因为这样不利于问题的发现和纠正。一般来说,衡量的频度取决于被控制活动的性质,此外,被控制对象可能发生重大变化的时间间隔也是确定适宜衡量频度需要考虑的重要因素。例如,对产品质量的控制常常以件或小时、日等较小的单位来进行,而对新产品开发活动的成绩则可能需要以月或更长的时间单位来衡量。

(二) 建立有效的信息反馈系统

由于衡量绩效的工作不都是由管理人员直接进行的,有时需要借助专职的检测人员,这样就有必要建立有效的信息反馈系统,使反映实际工作情况的信息既能迅速被收集上来,又能适时地传递给恰当的主管人员,并且能够将纠偏指令迅速传达给有关人员以便他们对问题做出处置。建立信息反馈系统,不仅有利于保证预定计划的实施,而且能防止组织成员把衡量视为上级对下级进行检查和惩罚的手段,从而避免产生对立情绪。

信息要能有效地服务于管理控制工作,需要符合以下三项基本要求:

1. 信息的及时性

首先,对信息的收集要及时。信息具有很强的时效性,对那些转瞬即逝的重要信息,如果没有及时记录和收集,过后便很难获取。这就要求从事信息传递工作的人员要有敏感性和责任感,及时对信息进行加工处理和检索,并迅速传递给管理层,以便管理者的衡量工作能及时有效地进行。其次,信息的加工、检索和传递工作也要及时。如果信息不能及时提供给各级主管人员及相关人员,信息的使用价值就会丧失,更有甚者还会给组织带来有形或无形的巨大损失。

2. 信息的准确性

管理人员必须依靠准确、可靠的信息才能对工作中的问题做出正确的决策。信息的可靠性源于准确性,包括准确地收集信息、完整地传递信息等各个环节。在经济领域,完全可靠的信息是很难收集的,但高质量的决策又要求相对可靠的信息。为提高信息的可靠性,需要认真分析、研究事物的本质规律,同时要尽量多地收集相关信息。

3. 信息的适用性

收集信息是为了利用信息。组织中的不同部门乃至同一部门在不同的时期对信息种类、范围、内容、详细程度、准确性、使用频率的要求都可能不同。如果对这些管理部门不加区分地提供信息,不仅会造成信息的大量浪费,而且增加信息处理工作的难度,影响管理的效率。事实上,信息不足和信息过多同样有害。因此,管理信息的适用性还要求信息必须经过有效的加工处理,要求工作人员对工作衡量中所获得的信息进行整理分析,并保证在管理者需要的时候能提供尽量精炼而又满足控制要求的信息。

(三) 通过衡量绩效,检验标准的客观性和有效性

衡量工作绩效是以预定的标准为依据来进行的,这往往会遇到一个问题:偏差到底是执行中的问题造成的,还是标准本身的问题造成的呢?如果是前者,当然需要纠正;如果是后者,则需要制定新的衡量标准。因此,利用预定标准检查各部门人员工作的过程同时也是对标准的客观性和有效性进行检验的过程。

在为控制对象确定衡量标准时,人们可能只考虑了一些次要的非本质因素,或只重

视了一些表面的因素,因此,利用既定标准去检查人们的工作,并不能够达到有效控制的目的。衡量过程中的检验就是要剔除那些不能为有效控制提供信息及容易产生误导作用的标准,以便根据控制对象的本质特征制定出科学合理的标准。

三、分析偏差原因,采取纠正措施

任何控制行动都是针对问题及其产生的原因而采取相应的解决对策。控制措施、对策、办法的提出必须建立在对偏差原因进行正确分析的基础上。只有找到导致偏差发生的真正原因,才能针对引发偏差的原因采取有效的纠正措施,最终根除偏差产生的本质原因,从根本上纠正偏差,杜绝偏差的再次发生。

(一)找出偏差产生的主要原因

依据衡量的标准,利用科学方法,对工作绩效进行衡量之后,就可以将衡量的结果与标准进行比较。通过比较实际工作绩效与标准之间的偏差,分析偏差产生的原因,从而制定相应的措施,对偏差做出反应。不是所有的偏差都会影响组织活动的最终成果,有些偏差可能反映了计划制订和执行中的严重问题,而有些偏差则可能是由一些偶然的、暂时的、局部的因素引起的,因而不一定会对组织活动的最终成果产生影响。因此,在采取纠偏措施以前,必须首先对反映偏差的信息进行评估和分析。

评估和分析偏差信息时,首先要判别偏差的性质和严重程度,判断其是否会对组织活动的效率和效果产生影响;其次要探讨导致偏差产生的主要原因。

一般来说,偏差的性质有两种:一是那些对组织有利的偏差,二是那些对组织有害的偏差。有害的偏差是指那些能够或可能会对组织最终成果的实现产生不利影响的偏差,如工期延误将会使公司无法按时交货,公司将面临被对方起诉的风险。有利的偏差是指那些符合组织发展趋势、将会有助于组织最终目标实现的偏差,如由于市场销售一片火爆,公司最终的销售完成情况大大超出原先的销售目标,突破原先预定的年度销售计划。

探讨导致偏差产生的主要原因首先要保证能够正确地分析出偏差产生的真正原因。现实中,同一偏差可能会由各种不同的原因造成。这就需要认真了解偏差的信息并对影响因素进行深入、透彻的分析,从而能够通过表面现象找出造成偏差的真正原因,为制定纠偏措施提供根本保证。

偏差产生的原因主要有以下三个方面:

1. 外部环境的重大变化

由于外部环境的变化,组织原定目标和计划无法实现,对于这类情况管理者一般无法控制,只能调整组织的目标和计划,并在认真分析的基础上采取一些补救措施,以消除不良影响。如由于政府紧缩银根,提高贷款利率,使资金成本提高,财务费用增加,影响了组织的利润。

2. 计划执行不力

这是指计划执行过程中的原因导致的偏差。计划执行不力主要是由工作责任心不强、工作能力不足、缺乏相应的监控等原因造成的。

3. 计划本身不合理

在计划制订过程中,由于决策者的想法与实际不符,或盲目乐观,把目标定得太高,或盲目悲观,制订出过于保守的计划。这时,需要对计划做出调整,以适应现实情况,确保组织根本目标得到真正实现。

(二) 确定纠正措施的实施对象

确定纠正措施的实施对象时,也应该针对导致偏差的主要原因来展开。具体来说,当外部环境发生重大变化时,由于组织一般难以影响和改变外部环境的变化,就应该努力调整组织的策略和方针,趋利避害,应对挑战,尽力消除外部变化带来的不利影响;当计划执行不力时,组织应该加强内部管理工作,针对自身执行情况做出努力,确保圆满完成预期计划目标;当组织由于计划本身不合理,致使组织目标变得忘尘莫及时,组织应该对原先制订的计划及时做出调整,制订新的计划,以适应组织需要。综上所述,组织确定纠正措施的实施对象时,要根据造成偏差的三个主要原因,分别对待,从而确保组织能够适应计划的实际情况,实现组织的根本目标。

(三) 采取适当的纠正措施

在采取纠正措施以前,有必要先对偏差的性质和程度进行分析和评估,确定可以接受的偏差范围。应对偏差时,要根据偏差的性质和程度,采取适当的措施,或维持现状,或纠正偏差,或修改标准,以确保组织目标的实现。

如果偏差的性质是有利的或偏差在可允许的范围内,管理者一般不必采取任何行动,可以先维持现状,根据事态发展再制定相应措施;如果偏差是有害的或偏差超过了可允许的范围,管理者就应该采取行动,实施适当的纠正措施。

具体来说,针对导致偏差发生的三个主要原因及依此确定的主要实施对象,在实际控制中所要采取的处理措施也主要有三种:

第一,若组织的外部环境出现了重大变化,致使计划失去客观的依据,那么相应的控制措施就应该是调节组织的策略方针,以适应外部环境的变化,趋利避害,利用外部环境变化提供的机会,防范外部环境变化带来的风险。这时,可以通过启动备用计划或制订新的计划来协调组织行动,适应环境。

第二,对计划执行不力造成的问题,控制的办法主要是"纠偏",即通过加强管理和监督,确保工作与目标的接近或吻合,此时,应该加强计划执行人员的责任心,提高计划执行人员的工作能力,对计划执行人员的工作进行适当监控,以确保计划执行落到实处,使组织目标得以实现。

第三,若计划目标不切合实际,则控制工作主要是按实际情况修改计划目标。对于过高的目标,要适当调低,以确保目标切合实际,并最终得以实现;对于过于保守的目标,则应该适当调高,以确保组织能够发挥出应有的潜力,确保组织资源不会遭到无谓的浪费。

在控制措施的选择与实施过程中,管理者还需要注意如下几个问题:

1. 确保纠正方案的双重优化

在选择纠正措施的方案时,不仅要根据纠正措施的实施对象进行选择,而且即使是针对同一对象,还应该根据具体情况,反复权衡,从众多可行方案中选出合适的方案。判断矫正方案的合适性需要考虑两方面要求:一是纠正方案的经济性。如果纠正方案实施的成本大于听任偏差发展可能带来的损失,那么,此时的优化选择应该是放弃纠正行动,听任偏差发展。在充分考虑了纠正方案成本和偏差损失的优化选择后,要考虑的另一个方面是,通过对各种可行纠正方案的分析比较,找出其中的最优方案,实现追加投入最少、成本最小、解决偏差效果最好的目的。

2．注意消除组织成员对纠正措施的疑惑

应该看到,管理控制措施的实施都会在不同程度上引起组织结构、人员关系和活动方式的调整,进而触及某些组织成员的利益。不同的组织成员会因此对纠正措施持有不同甚至对立的态度。特别是当纠正措施对原计划安排的活动有重大调整的时候,一些事先就反对原计划的人不仅会幸灾乐祸,还可能借此对原先决策的失误夸大其词,或者将事态发展引起的变化与原先决策的错误混为一谈,还有一些人则会对纠正方案持怀疑、观望的态度。原计划的制订者和支持者会害怕计划的改变意味着自己的失败,从而也公开或暗地里反对纠正措施的实施。因此,控制人员要充分考虑到组织成员对纠偏措施的不同态度,注意消除执行者的疑虑,争取更多人的理解、赞同和支持,尽量避免在纠正措施实施过程中可能出现的障碍。

3．充分考虑原计划实施的影响

对客观环境认识能力的提高,或者客观环境本身发生重要变化而引起的纠偏需要,可能会导致对原计划与决策的局部甚至全局的否定,从而要求对组织活动的方向和内容做出重大调整。这时就要关注实施原计划已经消耗的资源,以及这种消耗对客观环境造成的种种影响。

◆ 管理控制的方法

管理控制的方法很多,根据控制的对象、内容和条件的不同,可选择不同的控制方法。常见的有预算控制、审计控制、市场控制、团体控制等。下面我们将对使用最广泛的预算控制做一详细介绍,并对其他常见方法给出简要的介绍。

一、预算控制

(一)预算控制的含义

组织管理中最基本、最广泛运用的控制方法就是预算控制方法。所谓预算,就是用数字,特别是财务数字的形式来陈述的组织的短期活动计划,它是一种以货币和数量表示的计划,是对完成组织目标和计划所需资金的来源和用途做出的书面说明。它以货币作为计量单位,把计划活动数字化,通过预算为各部门或各项活动规定了在资金、劳动、材料、能源等方面的支出的额度。预算控制就是将实际和计划进行比较后确认预算的完成情况,找出差距并进行弥补,从而实现对组织资源合理利用的一种控制方法。

(二)预算的特点

1．计划性

预算首先是一种计划方法或者说计划形式,是一种特殊的计划。预算的主要构成内容是各种数字计划。

2．预测性

预算是对未来的计划,不论是在历史数据基础上进行必要调整后得到的数据,还是根据主观经验推测得到的数据,都无一例外地暗含了对未来的估计。因此,预算本身包含着对未来的预计,预计可能会出现的数据结果,或者预计经过努力后可以达到的数据结果和结构特征,而正是在经过对未来各种环境和条件做出一定的预测之后,预算才得以最终确立。

(三)预算的控制作用

1. 便于管理者了解和控制组织的财务状况

预算通常规划和说明了资金的来源及分配计划,掌握了预算状态,就能有效地控制组织的资金财务状态。又由于预算是用货币来表示的,这为衡量和比较各项活动的完成情况提供了一个清晰的标准,从而使管理者可通过预算的执行情况把握组织的整体情况。

2. 有助于管理者合理配置资源和控制组织中各项活动的开展

组织中各项活动的开展,几乎没有不与资金打交道的,资金作为一种重要的杠杆,调节着各项活动的轻重缓急及其规模大小。预算范围内的资金收支活动,由于得到人力物力的支持而得以进行,没有列入预算的活动,由于没有资金来源,也就难以开展活动。预算外的收支,会使管理者及时了解情况而被纳入控制。因此,管理者可通过预算,合理配置资源,保证重点项目的完成,并控制各项活动的开展。

3. 有助于对管理者和各部门的工作进行评价

由于预算为各项活动确定了投入产出标准,如果能正确运用,就可以根据预算的执行情况,来评价各部门的工作成果。同时,预算还可以控制各级管理人员的职权,明确他们各自应承担的责任,做到责、权、利的落实,达到有效控制的目的。

4. 有助于提高企业的经济效益

通过预算,可以使管理者在财务上做到精打细算,杜绝铺张浪费的不良现象,有效地控制和降低成本,提高效益。

(四)预算的优点和缺点

1. 预算的优点

预算的优点主要表现在:预算提供衡量绩效的标准,并且方便企业在不同部门之间、不同层次之间以及不同时期之间做出比较。预算有助于公司协调资源和项目。预算为企业资源和期望提供指引。预算使公司能够评估管理人员的绩效。预算有助于不同部门间的协调和信息沟通,因为它用共同的衡量单位表示不同的活动。预算还有助于公司保持绩效水平,并且为战略计划提供合理补充。

2. 预算的缺点

预算的缺点主要表现在:预算应当起框架作用,但管理人员有时不能认识到变化的形势可能需要调整预算。编制预算的过程很浪费时间。

二、审计控制

审计是指对反映组织的资金运动过程及其结果的会计记录及财务报表进行审核、鉴定,以判断其真实性和可靠性,从而为控制和决策提供依据。审计是一种常用的控制方法,审计控制分为三种主要类型:外部审计、内部审计和管理审计。

（一）外部审计

外部审计是由非本组织成员的外部专门审计机构和审计人员,如国家审计部门、公共审计师事务所对本组织的财务程序和财务经济往来进行有目的的综合检查审核,从而对企业财务报表及其反映的财务状况做出独立的评估。为了检查财务报表及其反映的资产与负债的账面情况与企业真实情况是否相符,外部审计人员需要抽查企业的基本财务记录,以验证其真实性和准确性,并分析这些记录是否符合公认的会计准则和记账程序。

严格地说,由于外部审计不是企业内部的一种管理活动,外部审计并不是一种管理职能意义上的审计。但出于战略角度的考虑,企业可以利用公开信息对竞争对手或其他公司进行外部审计,从而了解这些公司的实际状况,做出更加理性的决策,如调查这些公司,寻找并购的可能性;对主要供应商的信誉进行评估;发现竞争对手的长处和短处,以保持或加强企业的竞争优势。

（二）内部审计

内部审计是对公司本身的计划、组织、领导和控制过程进行的阶段性评估。公司可以对很多因素做出评价:财务的稳定性、生产效率、销售效果、人力资源开发、盈利增长、公共关系、社会责任或其他与组织效果有关的指标。审计涉及公司的过去、现在和未来。内部审计可以由财务部门的指定人员作为一项独立任务来完成。在规模较大的组织里,也可以由一个专职的内部审计小组来进行。

通过对现有控制系统有效性的检查,内部审计人员可以提供相关改进建议,以促使公司政策符合实际,工作程序更加合理,作业方法被正确掌握,从而实现组织的自我修正。

（三）管理审计

管理审计是对组织的各项职能以及战略目标进行的全面审计。管理审计既可以由内部的有关部门进行,也可以聘请外部的专家来进行,它通过利用公开记录的信息,从反映企业管理绩效及其影响因素的若干方面将企业与同行业其他企业或其他行业的著名企业进行比较,以判断企业经营与管理的健康程度。

管理审计的范围包括:审计结构、计划方法、预算和资源分配、管理决策、科研与开发、市场、内部控制、管理信息系统等。其目的是明确组织的优势和劣势,从而全面改善组织的管理工作。通过管理审计,可以对整个组织的管理绩效做出评价,为指导企业在未来改进管理系统的结构、工作程序和结果提供有价值的参考。

三、市场控制

市场控制是借助经济力量,通过价格机制来规范员工行为的一种控制方法。当组织利用竞争性价格来评定公司和部门的效率的时候,市场控制的方法就已经开始起作用了。

（一）市场控制与内部市场

最早提出内部市场理论设想的是美国麻省理工学院的福瑞斯特教授,他在1965年发表了一篇题为《一种新的企业设计》的文章,首次阐述了内部市场的理论构想。美国阿克(Ackoh)教授在《创造公司的未来》一书中从管理科学的角度阐述了将"内部市场"付诸实施的主要原则：一是将一个组织建成由大量的"内部企业"构成的机构，"内部企业"成了组织的基本"砖块"。这些"内部企业"就好像通常的企业，具有对自己企业运作的自主控制权。由于这些"内部企业"都要以其经济绩效进行核算和考核，它们又被称为"利润中心"。二是组织的高层管理者集中管理组织的结构，不再是通过直接的命令来管理组织，而是把市场机制引入组织内部中。企业管理层如同联邦政府一样，通过制定金融政策、财务政策、政治方针、激励方案等管理整个组织。三是在内部市场中，要重视鼓励集体的合作精神。内部市场不能是一个放任自流的市场，而应该是一个"企业家社团"，通过鼓励和促进各"内部企业"间的合资或联合，形成资源共享，创造一种集体合作的文化。

当前，在企业内部，尤其是在跨国公司内部，内部市场已经广泛存在。内部市场的形式也已经多样化了。以实物流为基础，可以划分为内部成品市场、内部中间产品市场、内部技术情报市场等。此外，还有内部资本市场和内部劳务市场。1987年，美国的出口贸易中有40%是内部贸易，进口贸易中则有38.9%是内部贸易。当今世界贸易总额的40%以上是公司内部的交易。企业市场控制的产生是外部市场的不完全和组织管理成本这两方面压力的产物，企业内部市场化既可以节约交易费用，又可以避免较高的组织费用。

引进市场机制可以使企业具有活力、精干高效，使下属部门的独立性增强，从而可以借用市场机制自行控制和衡量各个部门甚至各个员工的行为。内部市场控制使得价格成为产品和服务价值的指示器，价格机制对于控制生产率的绩效可以发挥作用。具体表现为以下几点：

（1）内部市场控制可以通过内部市场将市场竞争引入企业内部，提高企业的市场应变能力和运作效率。

（2）内部市场控制能够调动下属部门和员工的积极性。利润中心能够拥有更大的经营决策权和利润分配权，充分发挥各部门的创造力。

（3）内部市场控制还有助于组织结构的变革，有利于消除科层组织结构臃肿的现象，建立网络化组织。

（4）市场经济本质上是分工经济，内部市场控制也有助于提高企业的专业化水平。

（二）内部市场控制的层次

内部市场控制的作用可以通过公司层、部门层和个人层来实现。

在公司层，市场控制通常用于规范独立的事业部，每个事业部都是典型的相互竞争的利润中心。高层经理人员使用盈亏指标来进行绩效评估。

部门层面的市场控制表现为公司内贸易。转移定价就是组织用市场机制调整内部交易的一种方法，所谓转移价格，就是组织内部不同事业部之间进行贸易时所确定的内部价格。转移定价法的主要原理是：当外部存在高度竞争市场时，转移价格应该等于外部市场价格。转移价格的市场控制增加了企业成本控制的压力，事业部可以通过外包来寻找外部供应商，如培训和开发既可以由内部的人力资源部门来做，也可以由外部的咨询公司来做。转移定价也成为跨国公司在全球范围配置资源、避免高税收、对付东道国政府、获取高额利润的一项重要手段。

个人层面的市场控制也可以对个人自身发挥作用。在个人层面的市场控制常常表现为激励制度和工资制度。劳动力的市场价格通常是员工潜在价值的最好度量,以市场为基础的控制能刺激员工加强自身的技能,使得有较高经济价值的人更快地被晋升到较高的职位。市场控制符合当今人力资源管理的趋势,即不是简单提高员工福利,而是更加注重提高员工的可就业能力。对待 CEO 的股票期权本质上就是市场控制的方法,当今的 CEO 们一半以上的工资要依靠长期的突出业绩来实现。

四、团体控制

团体控制是组织学习性控制的一种表现,它使用企业文化手段,如企业共享的价值观、承诺、传统、信念来控制行为。成功的团体控制需要组织具有共享的价值观和员工之间的相互信任。

(一) 团体控制是未来控制的发展趋势

团体控制的出现是有其深刻的社会背景和时代背景的,随着社会的发展和进步,组织面临的管理环境出现了下面一些明显的变化:

1. 组织的成员和工作的性质正在发生变化

在知识经济时代,企业中智力劳动所占比重越来越大,对于成员的智力要求越来越高。工人已不只是传统的体力劳动者,知识工人的出现改变了工人阶层的结构。在知识型企业中,企业已经变成了"专家"的联盟。管理者往往并不了解员工的工作内容,当真正的专家位于组织的最底层时,以层级控制为基石的官僚控制就变得不现实了。

2. 控制的环境在发生变化

企业的市场环境和技术环境都不再长期相对稳定,消费趋向个性化和多样化,技术也从例行技术趋向非例行技术,组织的产品生产和服务生产都适用于柔性的作业系统。组织成员的工作趋于智力工作和非标准化、非程序化的工作,在这种情况下,官僚控制的直接监督显然是不可能的。

3. 雇佣关系在发生变化

过去,员工最关心的是工资、安全、工作时间等类似的问题。现在,更多的员工希望能够参与组织决策、为组织提供解决问题的方案、被赋予具有挑战性的工作,来充分发挥自己的才能。

管理控制系统的改变,要求管理控制要从层级控制转变为学习型控制。管理者必须对员工进行授权赋能,给予员工决策的权力,相信他们的行为是从公司的利益出发的。同时,管理者应该与员工在彼此尊重的基础上建立平等互助的工作关系和共同的价值观念、行为准则,应该通过组织的文化来约束、控制每个人的行为,实现组织的共同目标。

(二) 管理文化的团体控制

团体控制的本质是将个体融入团体之中,将个人自我内在价值观与组织价值观和目标相统一,通过团体的共同行为范式来实现组织成员的自我约束和自我控制。这种约束力量主要来自个人价值观、目标和标准。因此,组织文化是团体控制的基础。

管理文化的团体控制难度较大。实践表明,文化强弱与组织绩效的关系很复杂。企业文化有强弱之分。强文化就是每个人都充分理解并相信公司的价值观念、目标和准则。强文化对于员工行为有着较强的影响,使公司员工循规蹈矩、同心协力。但是,强文化会助长骄躁之气、官僚主义,使员工失去创造的活力。错误方向的强文化会使企业以同一步伐走向衰败。与强文化相对照,弱文化中,不同的人有不同的价值观,目标不明确,行为不统一。严重的弱文化就是企业失去了控制,内部出现混乱和矛盾。

科特(J. P. Kotter)在《企业文化与经营业绩》中提出,有效的团体控制的基础应当是灵活适应型文化。这种文化追求的是适应市场变化,并在这一过程中领先于其他的企业文化。所谓的领先表现在核心价值观念上就是管理者更加关注顾客、股东、员工等企业构成要素,重视对企业发展有益的改革和改革过程;在共同行为上密切注意企业要素的变化,特别是顾客的变化,更好地为顾客、股东和公司员工服务。灵活适应型文化并不是一味强调文化控制的强弱,而是追求团体控制下的文化创造力。灵活适应型文化中有一个共同的价值观念,即文化总是处于不断的变革之中,长期地保持和继承企业文化以适应市场。在这种强文化控制中,管理者能够塑造核心价值观念,发挥自己在企业文化方面的领导才能,促进企业长期经营业绩的增长。

团体控制适用于组织较小、外部环境不稳定、技术不明确且属于非例行的情况。团体控制最适合矩阵式、网络化的横向组织结构。在团体控制中,信任、共享的价值观和行为准则成为重要的资源。但是,团体控制往往需要很长的时间。由于价值观念的刚性,团体控制的有效性也常常难以实现。团体控制本质上是学习型的,随着知识经济社会的发展,团体控制在组织控制中的比重会逐渐加大。

能力训练

◆ 能力测评

测评1　你的情绪如何?

下列各题,请选择一个最能表达你自己想法或做法的答案。

1. 下列哪一点最适合描述你?

(a) 我的情绪中有许多波折起伏,但通常经过一段时间后,我都能恢复正常情绪,除非有什么重大原因使我长时间心情低落。

(b) 有时我觉得一切都毫无意思。我准备辞职。如果你问我原因,绝大部分情况下我不知道如何回答。然后坏情绪又消失了,没有多少可解释的。

(c) 我最恨那些不明不白就生气的人。我觉得他们的目的是引起别人的注意。

(d) 我几乎总是情绪很好,愿意使别人愉快起来,别人也希望我这样。

2. 下列哪一点最适合描述你?

(a) 我向某人道歉,因为在过去,我的情绪很差,因此在做评价时很不公正。

(b) 当人人情绪都很差时,我的情绪也差,或者我努力去改变坏情绪,指出事情并不像看起来那么糟。

(c) 回想过去两个月中我情绪方面的起伏,我认为我的低沉是自我暗示造成的。
(d) 我要努力弄清楚我的坏情绪来自何处。

3. 不管你的情绪如何,你将它归因于下列哪一点?
(a) 我内分泌系统的某种毛病,感冒了,或某种身体不适。
(b) 他人的行为。
(c) 我自己。

4. 你对坏消息的反应如何?
(a) 我比较快地克服了它的影响。
(b) 我一段时间里变得低沉。
(c) 我回忆一些开心的时刻来使自己愉快。
(d) 我对同事发火。

得分和评价:

1. (a) = 3   (b) = 1   (c) = 2   (d) = 4
2. (a) = 2   (b) = 4   (c) = 3   (d) = 1
3. (a) = 1   (b) = 2   (c) = 3
4. (a) = 3   (b) = 2   (c) = 4   (d) = 1

根据上述答案所给的分数计算出你的得分。

如果你的得分在 13—15 分之间,表明你控制了自己的情绪或采取积极行动来预防消极效果。

如果你的得分在 9—12 分之间,表明你的情绪起伏正常。

如果你的得分在 4—8 分之间,表明你应该学会掌握你的情绪,避免用坏情绪作为一种借口来逃避责任。

测评 2 你的志向和抱负如何?

为了有效激励别人,管理者必须使自己也受到很好的激励。下列测试将帮助你发现你的雄心抱负。

1. 下表分若干类,用一红色的"×"符号,标出每类中你目前已达到的水平,并将标号连接起来。然后用一蓝色的"○"符号,标出你希望在未来 5 年中达到的水平,并如前一样将标号连接起来。两条标号连线将会显示出激励方面的差别。

	专业承认	成功	财产	金钱	冒险	爱情	健康	知识	安全	家庭生活
5										
4										
3										
2										
1										
0										

2. 这里是一些由不同的人所发表的声明。哪一则声明最能为你接受？
(a) 我的目标是尽可能多地去享受人生的乐趣。我不想过分努力工作。
(b) 我想挣够自己过舒适生活的钱，并受人尊重。
(c) 我一直在努力进取。我寻求发展和进步。
(d) 我觉得乐趣寓于奋斗之中——即使你永远无法实现自己的目标。

3. 在考虑未来和事业时，通常你实现理想的方法是什么？
(a) 我制订详细的计划，列出每一阶段应做的事。
(b) 我喜欢让事情顺其自然，我相信人靠运气。
(c) 我寻求一位人物去仿效，我可以借鉴他的成功之路。
(d) 我对目前的状况很满意，为什么还要奋斗呢？

4. 假设在刚出生时，你被给予 50 个机会，并可以按自己的意愿去支配它们，但是在一生的整个其他时间里，你将再也得不到任何机会了。你将会如何分配这 50 个机会？
(a) 我将用所有的机会去多挣钱和获得成功。
(b) 我用一半机会去挣钱，另一半机会则用于健康的目的。
(c) 我将机会平均分配，用于下列目标：金钱、专业承认、财富、健康、爱情和冒险。
(d) 需要的时候我才使用机会，否则若机会用尽就太糟了。

得分和评价：

1. 如果你的目标与你目前的水平相差 5 分，给你自己打 5 分；同样，如果激励差别是 4，则给你自己打 4 分。其他依此类推。

现在请做两件事：计算每一类所得的分数，如在"成功""金钱"等类中的分数，将各分相加得出总分。

如果 10 类中每一类的分数都是 5，则你激励差别的总分就是 50。换言之，在所有 10 类中，距实现目标你都相差甚远。

如果你的总分是 25，在 10 类中，你可能已实现一半目标，或者是在某些类中目标实现的程度大些，而在另外几类中实现得小些。

2. (a) = 1　　(b) = 2　　(c) = 3　　(d) = 4
3. (a) = 4　　(b) = 2　　(c) = 3　　(d) = 1
4. (a) = 4　　(b) = 3　　(c) = 2　　(d) = 1

根据上述答案所给的分数计算出你的得分。最高分数是 62 分。

若得分在 40—62 分之间，表明你属于最高管理者之列，你有巨大的激励差别和许多抱负。

若得分在 25—39 分之间，表明在某些方面你已经实现了目标。因此你的激励差别（因实现了某些目标而）缩小了，或者说你对下列内容更感兴趣了：既求发展又让日子过得舒服些，让事情顺其自然。你对努力奋斗的兴趣减少了。

若得分在 12—24 分之间，表明你距离实现自己的目标尚有很长的路要走，或者说你并不是特别雄心勃勃。在过舒服日子和成功、有钱与获得承认这两者间，你似乎对前者更感兴趣。当然，在很大程度上这要取决于你的年龄。年岁大的人将会缩小现状与理想的目标之间所存在的差距。现在产生的问题是，哪一组人更愉快，或者更确切地说，哪一组人中将能产生更出色的管理者？情况很可能是，那些安于现状和不去过分努力的人，确实要比其他类型的人更愉快。

◆ 思考练习

1. 什么是控制？控制包括哪些主要内容？
2. 简述控制的基本类型。
3. 控制应遵循什么原则？
4. 试述控制的基本过程。
5. 预算控制的优缺点各是什么？
6. 结合理解，说明你对市场控制的理解。
7. 为什么说团体控制是未来的一种控制趋势？

◆ 案例分析

海尔公司的市场链与"SST"模式

海尔集团创立于1984年，30年来持续稳定发展，企业从一个亏损147万元的集体小厂迅速成长为在海内外享有较高美誉的大型国际化企业集团。产品从1984年的单一冰箱发展到拥有白色家电、黑色家电、米色家电在内的86大门类13 000多个规格的产品群，并出口到世界160多个国家和地区。2004年1月31日，世界五大品牌价值评估机构之一的世界品牌实验室编制的《世界最具影响力的100个品牌》报告揭晓，海尔是唯一入选的中国品牌，排在第95位。

在海尔，有一个广为流传的市场链的管理模式。集团首席执行官张瑞敏在瑞士洛桑国际管理学院作报告时曾对市场链管理模式做了精辟的说明，海尔市场链已被该学院做成案例并入选欧盟案例库。

张瑞敏把业务流程再造称为创造市场链，目的是将每个员工的利益与市场挂钩，上下工序、岗位相互之间通过"索酬、索赔与跳闸"形成市场链，即市场关系、服务关系，每道工序、每个人的收入均来自自己的市场。比方说海外推进，本部出口量非常大，它对事业部来讲就是真正的市场，订单就是命令单，一份订单需要做什么样的工作，这些工作要花多长时间完成。在海尔内部，过去每个员工只向上级负责，现在不仅对上级负责，更要对市场、对客户(含内部客户)负责。而市场链最关键的是打破过去的职能管理，变为流程管理，形成围绕订单开展一切企业活动的业务流程。说到底，海尔市场链把外部市场压力转化成了内部市场压力，解决了企业规模由小到大之后如何保持创新能力的问题。也就是说，在新经济条件下，为每个员工提供个性化创新的空间，以此来满足客户个性化的需要(即自我经营，自我管理，自己是自己的老板)。

总之，每个人都有一个市场，每个人都是一个市场；你有代表市场索赔的权利，也有对市场负责的义务。

这套机制在海尔内部被称为"SST"模式。"S""S""T"分别是索酬、索赔、跳闸三个词的汉语拼音的首字母。具体地说：

索酬，就是通过建立市场链为服务对象提供服务，从市场中取得报酬。

索赔，体现了市场链管理流程中部门与部门、上一道工序与下一道工序间互为咬合的关系，如果不能"履约"，就要被索赔。

跳闸，就是发挥闸口的作用，如果既不索酬，也不索赔，第三方就会自动"跳闸"，"闸"出问题来。

张瑞敏在《新经济之我见》一文中指出：在新经济时代，人是保证创新的决定性因素。人人都应成为创新的主体，我们设计的市场链的思路正是体现了下面这一精神："外部市场竞争效应内部化"——市场链。

在海尔员工的心目中，企业内外部有两个市场，内部市场就是怎样满足员工的需求，提高他们的积极性，外部市场就是怎样满足用户的需求。

在海尔内部，"下道工序就是用户"，每个人都有自己的市场，都有一个需要对自己的市场负责的主体。下道工序就是用户，他就代表用户，或者他就是市场。每位员工最主要的不是对他的上级负责，更重要的是对他的市场负责。在这种机制下，海尔内部涌现出很多"经营自我"的岗位老板，他们像经营自己的店铺一样经营自己的岗位，在节能降耗、改进质量等方面做出卓越贡献。

通过这一模式，在海尔公司，实现了市场链的三个转化：一是把外部市场目标转化为企业内部目标；二是把企业内部目标转化为每个人的工作目标；三是把市场链完成的效果转化为个人的收入。

讨论问题：

1. 海尔公司是如何通过市场链与"SST"模式来实现公司内部的管理控制的？你是如何理解这种控制模式的？
2. 你认为海尔的这种控制模式对其他企业有什么借鉴机制？

延伸阅读

◆ 企业管理控制的关键环节

一、人员控制

管理者是通过他人的工作实现自己的目标的。为了实现组织的目标，管理者需要而且也必须依靠下属员工。因此管理者使员工按照他所期望的方式去工作是非常重要的。为了做到这一点，最直接的方法就是管理者直接巡视和评估员工的表现。

在日常工作中，管理者的工作是观察员工的工作并纠正出现的问题。比如，一位监工发现一位员工在操作机器不当时，就应该指明正确的操作方法并告诉员工在以后的工作中按正确的方式操作。

管理者对员工的工作进行系统化的评估是一种非常正确的方法。这样，每一位员工的近期绩效都可以得到鉴定。如果绩效良好，员工就应该得到奖励，如增加工资，从而使之工作得更好；如果绩效达不到标准，管理者就应该想办法解决，根据偏差的程度进行不同的处理。

下面列举了一些行为控制手段。在实践中,管理者几乎用到了下列所有方法来增大员工按期望的方式工作的可能性。

(1) 甄选。识别和雇佣那些价值观、态度和个性符合管理者期望的人。

(2) 目标。一旦员工接受了具体的目标,这些目标就会指导和限制他们的行为。

(3) 职务设计。职务设计的方式在很大程度上决定着人们可从事的任务、工作的节奏、人们之间的相互作用以及类似的活动。

(4) 定向。员工定向规定了何种行为是可接受的或不可接受的。

(5) 直接监督。监督人员亲临现场可以限制员工的行为,迅速发现偏离标准的行为。

(6) 培训。正式培训计划向员工传授期望的工作方式。

(7) 传授。老员工非正式和正式的传授活动向新员工传递了"该知道和不该知道"的规则。

(8) 正规化。正式的规则、政策、职务说明书和其他规章制度规定了可接受的行为和禁止的行为。

(9) 绩效评估。员工会以使各项评价指标看上去不错的方式行事。

(10) 组织报酬。报酬是一种强化和鼓励期望行为和消除不期望行为的手段。

(11) 组织文化。通过故事、仪式和高层管理者的表率作用,文化传递了什么是构成人们的行为的信息。

二、财务控制

企业的首要目标是获取一定的利润。在追求这个目标时,管理者都要借助费用进行控制。比如,管理者可能仔细查阅每季度的收支报告,以发现多余的支出;也可能进行几个常用财务指标的计算,以保证有足够的资金支付出现的各种费用,保证债务负担不至于太重,并且所有的资产都得以有效利用。这就是用财务控制降低成本,并使资源得到充分利用。

预算是一种控制工具,财务预算为管理者提供了一个比较与衡量支出的定量标准,据此能够指出标准与实际花费之间的偏差。

单独考虑反映经营成果的某个数据,往往不能说明任何问题。如企业本年度盈利100万元,某部门本期生产了5 000个单位产品,或本期人工支出费用为85万元,这些数据本身没有任何意义。只有根据它们之间的内在关系,相互对照分析,才能说明某个问题。比率分析就是将企业资产负债表和收益表上的相关项目进行对比,形成一个比率,从中分析和评价企业的经营成果及财务状况。利用财务报表提供的数据可以列出许多比率。常用的有两种类型,即财务比率和经营比率。

1. 财务比率

财务比率可以帮助了解企业的偿债能力和盈利能力等财务状况。

(1) 流动比率。流动比率是企业的流动资产与流动负债之比,反映了企业偿还需要付现的流动债务的能力。一般来说,企业资产的流动性越大,偿债能力就越强;反之,偿债能力越弱,这会影响企业的信誉和短期偿债能力。因此,企业资产应具有足够的流动性。资产若以现金形式表现,流动性最强。但要防止为追求过高的流动性而导致财务资源的闲置,以避免使企业失去本应得到的收益。

(2) 速动比率。速动比率是流动资产和存货之差与流动负债之比。和流动比率一样,该比率也是衡量企业资产流动性的一个指标。当企业有大量存货且这些存货周转率低时,速动比率比流动比率更能精确地反映客观情况。

(3) 负债比率。负债比率是企业总负债与总资产之比,反映了企业所有者提供的资金与外部债权人提供的资金的比率关系。只要企业全部资金的利润率高于借入资金的利息,且外部资金不会从根本上威胁企业所有权的行使,企业就可以充分地向债权人借入资金以获取额外利润。一般来说,在经济迅速发展时期,债务比率可以很高。20 世纪 60 年代到 70 年代初,日本许多企业的外借资金占全部营运资金的 80% 左右。但是,过高的负债比率对企业的经营不利。

(4) 盈利比率。盈利比率是企业利润与销售额或全部资金等相关因素的比例关系,反映了企业在一定时期从事某种经营活动的盈利程度及其变化情况。常用的比率有销售利润率和资金利润率。

销售利润率是销售净利润与销售总额之间的比例关系。它反映企业从一定时期的产品销售中是否获得了足够的利润。将企业不同产品、不同经营单位在不同时期的销售利润率进行比较分析,能为经营控制提供更多的信息。

资金利润率是指企业在某个经营时期的净利润与该期占用的全部资金之比。它是衡量企业资金利用效果的一个重要指标,反映企业是否从全部投资中实现了足够的净利润。同销售利润率一样,资金利润率也要同其他经营单位和其他年度的情况进行比较。

一般要为企业的资金利润率规定一个最低的标准。同样一笔资金,投入到企业营运后的净利润收入至少不应低于其他形式投资(比如购买短期或长期债券)的收入。

2. 经营比率

经营比率是与资源利用有关的几种比例关系。它们反映了企业经营效率的高低和各种资源是否得到充分利用。常用的经营比率有三种。

(1) 库存周转率,是销售总额与库存平均价值的比例关系。它反映了与销售收入相比,库存数量是否合理,表明了投入库存的流动资金的使用情况。

(2) 固定资产周转率,是销售总额与固定资产之比。它反映了单位固定资产能够提供的销售收入,表明了企业资产的利用程度。

(3) 销售收入与销售费用的比率。这个比率表明单位销售费用能够实现的销售收入,在一定程度上反映了企业营销活动的效率。由于销售费用包括人员推销、广告宣传、销售管理费用等组成部分,还可以进行更加具体的分析,比如测度单位广告费用或单位推销费用能增加的销售收入等。

反映经营状况的这些比率通常也需要进行横向的(不同企业之间)或纵向的(不同时期之间)比较,才更有意义。

三、作业控制

一个组织的成功,在很大程度上取决于生产产品或提供服务的效率和效果上。作业控制方法就是用来评价一个组织的转换过程的效率和效果的。

典型的作业控制包括:监督生产活动以保证按计划进行;评价购买能力,以尽可能低的价格来获得所需质量和数量的原材料;监督组织的产品或服务的质量,以保证满足预定的标准;保证所有的设备得到良好的维护。

四、信息控制

管理者需要信息来完成他们的工作。不精确的、不完整的、过多的或延迟的信息会严重阻碍他们的行动。因此应该开发出一种管理信息系统,使它能在正确的时间以正确的数量为正确的人提供正确的数据。

管理信息的方法在最近几年发生了很大的变化。比如,在 15 年前,一个大组织的管理者依靠一个集中的数据处理部门提供信息。如果他需要将每周的总销售额分解成按地区汇总的销售额,就不得不向数据处理经理提出要求。一个幸运的经理可能会在一周内拿到上周的销售数字。而今天,管理者通常用他们办公桌上的计算机在几秒钟内就可得到这些数据。

五、组织绩效控制

许多研究部门为衡量一个组织的整体绩效或效果做着不懈的努力。管理者关心组织的绩效,但他们并不是唯一的衡量其组织的人。顾客和委托人在他们选择生意对象时也会对此做出判断。证券分析家、潜在的投资者、潜在的贷款者和供应商(尤其是以信用方式交易的供应商)也会做出判断。为了维持或改进一个组织的整体效果,管理者应该关心控制。但是衡量一个组织的效果并没有单一的衡量指标。生产率、效率、利润、员工士气、产量、适应性、稳定性以及员工的旷工率等毫无疑问都是衡量整体绩效的重要指标。但是,其中任何一个指标都不能单独衡量组织的整体绩效。一个组织的绩效要通过下列三种基本方式之一进行评价。

1. 组织目标法

就是以组织最终完成目标的程度而不是以实现目标的手段来衡量其效果。也就是说只考虑终点时冲线的结果。衡量时,是采用宣称的目标还是实际的目标?是采用短期的目标还是长期的目标?由于组织具有多重目标,那么这些目标如何按重要性进行排序?这些都是管理者不得不面对的问题。如果管理者敢于面对组织目标的内在复杂性,就可以获得评价组织的合理信息。

2. 系统方法

一个组织可以描述成这样一个实体,即获得输入、从事转换过程、产生输出的实体。从系统的角度看,可以通过下述这些方面的能力评价组织:获得输入的能力、处理输入的能力、产生输出的能力和维持稳定与平衡的能力。输出产品或服务是目的,而获得输入和处理过程是手段。一个组织要想长期生存下去,必须保证有健康的状态和良好的适应能力。组织效果评价的系统方法主要集中考虑那些对生存有影响的因素,即目标和手段。

系统方法所考虑的相关标准包括市场份额、收入的稳定性、员工旷工率、资金周转率、用于研究和开发方面的费用增长情况、组织内部各部门的矛盾冲突情况、雇员的满意程度以及内部交流的通畅程度等。值得注意的是,系统方法强调那些影响组织长期生存和兴旺发展的因素的重要性,而这些因素对短期行为可能并不特别重要。比如,用于研究和开发的费用是一种对未来的投资,管理层可以削减这部分费用,这样立即就会增加利润或减少损失,但这种行为将会影响到组织以后的生存能力。

系统方法的主要优点在于可以防止管理层用未来的成功换取眼前的利益;另一个优点是当组织的目标非常模糊或难以度量时,系统方法仍然是可行的。比如,公共部门的管理者采用"获得预算的增长能力"作为衡量效果的标准。也就是说,他们用一种输入标准来替代输出标准。

3. 战略伙伴法

战略伙伴法是假定一个有效的组织能够满足顾客群体的各种要求,并获得他们的支持,从而使组织得以持续地生存下去。

战略伙伴法可以应用于企业。比如,如果一个公司有很强的资金实力,就不必关心银行家所采用的效果标准。然而,假如公司有 2 亿元的银行贷款将于下一个季度到期,管理者就会因为不可能按期归还而不得不请求银行对这笔债务进行重新安排。毫无疑问,在这种情况下,银行用来衡量公司的效果指标就值得重视。如果不这样做将会威胁到公司的生存。因此一个有效的组织必须能够成功地识别出关键伙伴——顾客、政府部门、金融机构、证券分析家、工会等,并满足他们的要求。值得注意的是使用战略伙伴法的前提条件。这里的假定是,一个组织面对的是一个来自有关利益集团的具有经常性和竞争性的要求。由于这些利益集团的重要性不同,组织的效果取决于它识别出关键性或战略性伙伴的能力,以及满足他们对组织所提要求的能力。更进一步,这种方法假定管理者所追求的一组目标是对某些利益集团要求的一种反映,是从那些控制了组织生存所需资源的利益集团中选择出来的。

虽然战略伙伴法非常有意义,但管理者付诸行动却非易事。在实践中,将战略伙伴从广泛的环境中分离出来,本身就是一件非常困难的事。由于环境总是在不断地变化,昨天对一个组织来说还是很关键的利益集团,今天可能就已经不是了。采用战略伙伴法,管理者可以大大减少忽略或严重伤害那些利益集团的可能性。这些利益集团对组织的运转有着重要的影响。如果管理层知道谁的支持对组织的健康发展是必需的,他们就可以更改目标重要程度的顺序,以反映他们与战略伙伴权利关系的变化。

◆ 三九集团的财务危机

从 1992 年开始,三九企业集团在短短几年时间里,通过收购兼并企业,形成医药、汽车、食品、酒业、饭店、农业、房地产等几大产业并举的格局。但是,2004 年 4 月 14 日,三九医药(000999)发出公告:因工商银行要求提前偿还 3.74 亿元的贷款,目前公司大股东三九药业及三九集团(三九药业是三九集团的全资公司)所持有的公司部分股权已被司法机关冻结。至此，整个三九集团的财务危机全面爆发。

截至危机爆发之前，三九企业集团约有400多家公司，实行五级公司管理体系，其三级以下的财务管理已严重失控；三九系深圳本地债权银行贷款已从98亿元升至107亿元，而遍布全国的三九系子公司和控股公司的贷款和贷款担保在60亿元—70亿元，两者合计，整个三九系贷款和贷款担保余额约为180亿元。

三九集团总裁赵新先曾在债务风波发生后对外表示："你们（银行）都给我钱，使我头脑发热，我盲目上项目。"

第九章

管理的社会责任与道德

情境任务设计
- 情境案例
- 任务描述

必备知识技能
- 什么是社会责任
- 以价值观为基础的管理
- 管理者对谁负责
- 管理利益相关者策略
- 管理道德观
- 影响管理道德的因素
- 如何改善道德行为

能力训练
- 能力测评
- 思考练习
- 案例分析

延伸阅读
- 我的第三个儿子
- 中国首善陈光标

情境任务设计

◆ 情境案例

品牌资产为何瞬间蒸发？到底"鹿"死谁手？

2008年6月28日,位于兰州市的解放军第一医院收治了首例患"肾结石"病症的婴幼儿,据家长们反映,孩子从出生起就一直食用河北石家庄三鹿集团所产的三鹿婴幼儿奶粉。7月中旬,甘肃省卫生厅接到医院婴儿泌尿结石病例报告后,随即展开了调查,并报告卫生部。随后短短两个多月,该医院收治的患婴人数就迅速扩大到14名。9月11日,除甘肃省外,陕西、宁夏、湖南、湖北、山东、安徽、江西、江苏等地都有类似病例发生。

2008年9月11日,卫生部提醒公众,立即停止食用三鹿牌婴幼儿配方奶粉,已食用该奶粉的婴幼儿如出现小便困难等异常症状,要及时就诊。12日,三鹿公司公开发布产品召回公告,三鹿危机全面爆发。三个月后,三鹿宣布破产。

2008年12月25日,河北省石家庄市政府举行新闻发布会,通报三鹿集团破产案处理情况。截至2008年10月31日,财务审计和资产评估结果显示,三鹿集团资产总额为15.61亿元,总负债17.62亿元,净资产负2.01亿元。12月19日,三鹿集团借款9.02亿元付给全国奶协,用于支付患病婴幼儿的治疗和赔偿费用。目前,三鹿净资产为负11.03亿元,已严重资不抵债。

从1956年只有32头奶牛和170只奶羊的幸福乳业合作社,发展成为一家大型奶业集团,三鹿用了整整50年时间。然而,从一个年销售收入上亿元的企业集团走向破产,三鹿却只用了不到一年时间。

三鹿是一家曾经辉煌的企业。中国品牌资产评价中心做过评定,三鹿品牌价值达149.07亿元。一个品牌价值将近150亿的企业,怎么到了财务审计和资产评估时就突然蒸发了呢?别说价值150亿,即便是价值15亿,三鹿也用不着破产了。可事实的确是三鹿品牌资产瞬间没有了,三鹿集团死了。表面看,是掺了三聚氰胺的婴幼儿配方奶粉导致了三鹿的破产,背后的原因是什么呢?

问题思考:
你认为品牌资产的基础到底是什么?三鹿到底死于谁手?

◆ 任务描述

1. 有人说承担社会责任是大企业的事,小企业由于处在发展阶段,可以不承担社会责任。你是否同意这种观点?

2. 请你根据企业的发展阶段和规模(小型企业、中型企业、大型企业),设计企业应承担的社会责任内容和方式。

必备知识技能

◆ 什么是社会责任

关于企业的社会责任,有许多说法,但最有代表性的观点有两种:

按照古典的,或纯经济学的观点,管理唯一的责任就是使利润最大化。古典观的代表人物是诺贝尔经济学奖获得者米尔顿·弗里德曼(Milton Friedman)。他认为,如果管理者将组织资源用于"社会产品",他们就是在削弱市场机制的基础,必须有人为此付出代价。如果社会责任行为降低了利润和股息,那么股东遭受损失;如果必须降低工资和福利来支付社会行为,那么雇员遭受损失;如果用提高价格来补偿社会责任,那么消费者遭受损失;如果市场不接受更高的价格,销售额降低,那么企业就不能生存。

按照社会经济学的观点,企业社会责任是指在提高本身利润的同时,保护和增加整个社会的福利。美国管理学者哈罗德·孔茨(Harold Koontz)和海因茨·韦里克(Heinz Weihrich)认为:"公司的社会责任就是认真地考虑公司的一举一动对社会的影响。"社会经济观的支持者认为,管理者应该关心长期的资本收益率最大化。为了实现这一点,他们必须承担社会义务,以及由此产生的成本。他们必须以不污染、不歧视、不从事欺骗性的广告宣传等方式来保护社会福利,融入所在社区及资助慈善组织,从而在社会上塑造良好的形象。

到底应该赞成古典观点还是社会观点?他们似乎都有充分的理由(见表9-1)。

表9-1 赞成和反对社会责任的争论

赞成的理由	反对的理由
公众期望 公众的意见是支持企业同时追逐经济的和社会的目标	**违反利润最大化原则** 企业只有在追求其经济利益时,才是在承担社会责任
长期利润 具有社会责任感的公司趋向于取得更稳固的长期利润	**淡化使命** 追求社会目标淡化了企业的基本使命,即经济的生产率
道德义务 企业应当承担社会责任,因为负责任的行为才是正确的事情	**成本** 许多社会责任活动都不能够补偿其成本,必须有人为此买单
公众形象 公司通过追求社会目标可以树立良好的公众形象	**权力过大** 企业已经拥有了大量的权力,追逐社会目标将会使它们的权力更大

(续表)

赞成的理由	反对的理由
更好的氛围 企业的参与有助于解决社会难题,在企业中创造更好的生活质量,增加企业凝聚力 **减少政府管制** 企业社会责任感的加强会导致较少的政府管制 **股东利益** 从长期来看,具有社会责任感将提高企业的股票价格 **资源占有** 企业拥有支持公共项目和慈善事业的资源	**缺乏技能** 企业领导者的眼光和能力是经济导向的,缺乏处理社会问题的必要技能,商人可能不能胜任处理社会问题的角色 **缺乏明确的责任** 政治代表追求社会目标,企业代表追求经济目标,企业到公众之间没有社会责任的直接联系

案例:要捐就捐一个亿,要喝就喝王老吉

2008年5月18号晚,央视"爱的奉献——2008抗震救灾募捐晚会"现场,广州王老吉药业股份有限公司向地震灾区捐款1亿元人民币,创下国内单笔最高捐款额。这一善举,感染了民众,也刺激了消费者对王老吉的热情。广州花都区从事副食品批发的张先生是个网民,他说,网友对王老吉的高涨热情让他看到了新的商业机会。"以前年轻消费者以消费可乐居多,而王老吉则以家庭消费或餐饮消费为多。但在巨大的民族情感驱动下,年轻人的反应最为强烈。年轻消费者有可能成为王老吉今后新增的消费群。"

同时,网上一个名为"'封杀'王老吉"的帖子得到网友热捧,帖子号召大家"买光超市的王老吉,上一罐买一罐"。这种网民自发的行为,更是促进了王老吉的热卖。另外一个帖子在网上也迅速流行,"对这种几乎将一年利润都捐给灾区的民族企业,我们有何理由不支持?它捐出一亿,我们就要让它赚十亿!要捐就捐一个亿,要喝就喝王老吉!"

与此形成鲜明对比的是,万科集团的"吝啬"举动遭到了网名的炮轰。地震发生之后,万科集团总部捐款200万元,员工捐款20万元左右。这和万科年销售额达460亿以及网民的"心理期待"差距不小。面对"吝啬"的指责,董事长王石又抛出"二百万已尽到企业责任,捐赠活动不应成为负担"的辩解。于是,谴责之火越烧越旺,据说在个别地区已影响到万科房子的销售。万科"亡羊补牢",于5月21日宣布,出资1亿元参与地震灾区灾后安置、修复和重建工作。然而,可怜的王石,任是公开道歉,任是冲到救灾第一线,任是追加1个亿,就是无法从网民那里买到王老吉那样的"好"来。

◆ 以价值观为基础的管理

以价值观为基础的管理(values-based management)是管理者建立、推行和实践组织共享价值观的一种管理方式。一个组织的价值观反映了组织赞同什么以及信奉什么。共享的组织价值观构成了组织文化并影响着组织的运营方式和员工的行为方式。

价值观作为被组织成员所共同认可的信念,它会获得大家真挚的忠诚和一致的支持,在组织内部产生强大的凝聚力和激励作用,不断激活成员们的积极性、主动性和创造性。在价值观的引导下,组织成员在行为方式上达成共识,把组织凝聚成为一个协调融洽、互相信任、高效有序的有机整体,为实现组织目标而共同努力。

小托马斯·沃森(Thomas Watson Jr.)回顾在 IBM 的经历,在其著作《一个企业和它的信条》中写道:"分析任何一家存在了许多年的企业,我相信你都会发现它的适应性不是归功于组织形式或管理技巧,而是归功于我们称之为'信条'的力量以及它们所产生的对员工的巨大凝聚力。……最后我认为,为了面对世界变化所带来的挑战,企业要做好准备,调整除了信条以外的任何东西,但对于这些信条则要始终如一地坚持。一个公司的基本生活观、精神活力和驱动力与它的成功有着更密切的关系。"

案例:知名企业的企业价值观

迪士尼——健康而富有创造力。

吉百利——竞争力、质量,明确的目标,朴实,开放,责任感。

美林——客户为本,尊重个人,团队精神,负责的公民感,正直诚实。

惠普——尊重个人。

默克制药——企业的社会责任感,企业各方面绝不含糊的质量要求,科技为本的革新,诚实正直,盈利——从为人类造福的工作中盈利。

索尼——提高日本的国民文化和地位,成为行业先锋而非跟随着,向不可能挑战,新生和鼓励个人能力和创造力。

宜家——创新,人性化,朴实,追求大多数客户利益和意志力。

路透社——准确,独立,可靠和开放,及时,创新和以客户为本。

Merck 公司——诚实与正直,共同的社会责任,基于科学的创新,而不是模仿,公司各项工作要有绝对优势,重视利润但是利润应来自有益于人类的工作。

摩托罗拉——高尚的操守和对人不变的尊重;全面的顾客满意。

柯达——尊重个人、正直不阿、相互信任、信誉至上、精益求精、力求上进、论绩嘉奖。

杜邦公司——安全、健康和环保、商业道德、尊重他人和人人平等。

宝洁——领导才能、主人翁精神、诚实正直、积极求胜、信任。

戴尔——戴尔通过重视事实与数据,建立对自我负责的信念来凝聚所有戴尔人。

丰田——上下一致,至诚服务;开发创造,产业报国;追求质朴,超越时代;温情友爱,亲如一家。

联合利华——以最高企业行为标准对待员工、消费者、社会和我们所生活的世界。

1. 共享价值观的作用

组织成员共享的价值观至少可以发挥四种主要作用(见图 9-1)。

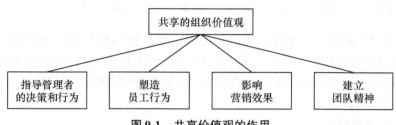

图 9-1　共享价值观的作用

（1）指导管理者的决策和行为。共享价值观的第一个作用是，为管理决策和行动充当指路牌。例如，Tom's of Maine 公司是一家纯天然护肤品的生产商，该公司的《信念宣言》（Statement of Beliefs）指导着管理者计划、组织、领导和控制组织的活动。公司八大信念之一写道："我们相信不同的人给团队带来不同的才能和观点，而一个强大的团队赖以建立的基础正是各种各样的才能。"这一陈述向管理者表达了多样化的价值——观点的多样化、能力的多样化——并为管理员工团队提供了指导。

（2）塑造员工行为。共享价值观的另一个作用体现为对员工行为的塑造。例如海尔的价值观是创新，这种创新的价值观塑造着员工的创新行为，人人争相创新。海尔的科研人员平均每个工作日开发1.3个新产品，每个工作日申请2.5项专利，是中国企业中获专利数量最多的。海尔的小改小革造就了员工中的不少"名人"，也给企业创造了巨大效益。

（3）影响营销效果。共享的公司价值观同样影响着市场营销的成效。例如，雅芳公司承诺向女性提供有关乳腺癌的教育。该公司就什么是女性最为关心的健康问题进行了调查，答案是乳腺癌。这导致了公司对于这一教育计划的支持。公司在全球超过50万的销售人员通过在其销售点发放小册子来向女性介绍这种疾病的知识。乳腺癌防治运动的负责人说："雅芳销售代表在诸如乳腺癌防治运动这样的重要活动中与顾客展开互动活动，无疑会改善顾客关系并促进销售。"雅芳找到了一种途径，这种途径将其业务与重要的社会问题相联系，并同时改善了其营销成效。

案例：纪念树与卖汽车

日本横滨本田汽车公司汽车大王——青木勤社长别出心裁地想出了一个为推销汽车而绿化街道的"本田妙案"。方案一经推出，即收到意想不到的效果，使本田汽车独领风骚。

"本田妙案"是怎样产生的呢？青木勤社长在每天外出和上下班的途中发现，汽车在飞跑过程中排出大量废气，直接污染了城市环境，不但乌烟瘴气，而且造成路旁绿树的枯萎。青木勤社长看到自己的产品给环境带来的不利影响，心情非常沉重。他决心解决这个问题，恢复自然的本来面目。于是，青木勤社长亲自制定了"今后每卖一辆车，要在街道两侧种一棵纪念树"的经营方针。随后，本田公司又将卖车所得利润的一部分转为植树费用，以减轻越来越多的汽车尾气排放对环境的污染。"本田妙案"实施后，汽车一辆辆开出车门，街上一棵棵树木栽上，城市一块块绿地铺开。消费者心目中自然产生了一种强烈的需求欲望：同样是买车，为什么不买绿化街道的本田的汽车呢？既可以买到需要的产品，还可以美化生活环境。这可真是有心栽花花不开，无心插柳柳成荫。这种别出心裁的方案使本田汽车与"绿"俱增,起到了非常好的促销作用。

(4)建立团队精神。共享价值观是在组织中建立团队精神的一种途径。当员工接受了所陈述的公司价值观时,他们会对自己的工作更加投入,并且感到有义务为自己的行为负责。因为共享价值观影响着工作的方法,员工会更热情地按照团队方式协作,从而支持他们坚信的价值观。

2. 建立共享价值观

管理者有责任塑造组织的价值观,然而,建立公司的共享价值观不是件容易的事,需要遵守以下原则:

(1)大家共同参与提炼企业价值观。
(2)价值观要正确反映企业长远目标。
(3)尽量能和企业价值观相协调。
(4)尽量和社会主导价值观相适应。
(5)企业价值观和员工价值观协调。
(6)保持价值观的陈述简洁易懂。
(7)坚持不断地灌输并身体力行。

◆ 管理者对谁负责

理解社会责任的关键问题是思考管理者应该对谁负责。古典主义者可能会说,只有股东或所有者才是他们应该关心的人;革新主义者可能会认为,管理者应对任何受组织决策和行为影响的群体即利益相关者(Stakeholder)负责。图9-2描绘了企业社会责任扩展的一个四阶段模型。作为一个管理者,在追求社会目标方面,你所做的一切取决于利益相关者。

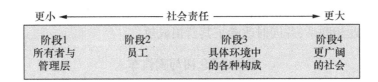

图9-2　管理者对谁负责

处于阶段1的管理者,将努力通过成本最小化和利润最大化来提高股东的利益。虽然必须遵守所有的法律法规,但是阶段1的管理者并未感到有义务满足其他的社会需要。这与弗里德曼的社会责任古典观是一致的。

在阶段2,管理者将承认他们对员工的责任,并集中注意力于人力资源管理,因为他们希望招聘、保留和激励优秀的员工。阶段2的管理者将改善工作条件、扩大员工权利、增加工作保障等。

在阶段3,管理者将社会责任扩展到具体环境中的其他利益相关者,如顾客、供应商、竞争者等。阶段3的管理者的社会责任目标包括公平的价格、高质量的产品和服务、安全的产品、良好的供应商关系以及类似的举措。他们的哲学是,只有通过满足具体环境中其他各种构成的需要,才能实现他们对股东的责任。

最后,在阶段4,管理者感到他们对社会整体都负有责任。他们经营的事业被视为公众财产,他们对提高公众利益负有责任。承担这样的责任意味着管理者积极促进社会公正、保护环境、支持社会活动和文化活动。即使这样的活动对利润产生消极的影响,他们的态度也不改变。

每前进一个阶段,都意味着管理者自主裁量程度的提高。沿着图9-2的连续谱向右端移动时,管理者们必须做出更多的判断。这里没有简单的非此即彼的对错界线,来帮助管理者进行社会责任决策。显然,管理者有遵守他们所在国家和地区的法律和创造利润的基本责任,不能实现这两个目标将威胁组织的生存。但是,除此之外,管理者要识别他们认为对其负有责任的人们。通过关注利益相关者及其对组织的期望,管理者能够减少自己忽视关键问题的可能性,也能够做出更负责任的选择。

◆ 管理利益相关者策略

1. 对抗策略

如果管理者认为利益相关者的目标是威胁公司的业绩,可以采取对抗策略(Confrontation Strategy)来应对。方法包括起诉、调动公共关系和通过游说反对立法。在一些国家,很多年来,烟草公司一直采取对抗策略应对指责它们的人。管理者应该慎重使用对抗策略,长期对抗可能会给公司树立负面形象。

2. 损失控制策略

当公司认为自己可能已经铸成错误,希望提升公众形象、改善与利益相关者的关系时,经常会使用损失控制策略(Damage Control Strategy)。如1984年,当毒气泄漏造成印度博帕尔地区2 000多人死亡和20万人严重受伤后,联合碳化物公司和印度政府一起制订了处理方案,将4.7亿美元赔偿金分发给受害者和他们的家属。

3. 顺从策略

当管理者受到利益相关者施加的压力之后,决定使自己的商业决策更具有社会责任感,公司就会采取顺从策略(Accommodation Strategy)。在长期被环保主义团体攻击之后,麦当劳采取了顺从策略,把塑料泡沫包装袋改成了对环境破坏较小的纸袋。

4. 主动策略

当一家公司决定超出利益相关者的期望时,将选择主动策略(Proactive Strategy)。积极主动的公司会和利益相关者形成伙伴关系,并且密切合作。这种伙伴关系加强了管理者对利益相关者环境的预见和控制能力,减少了危机的发生。

图9-3显示了企业应用不同策略对社会责任的承诺。对抗策略和损失控制策略对社会责任的承诺较低,而顺从策略和主动策略对社会责任的承诺比较高。

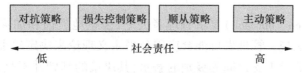

图9-3 承担社会责任的策略

◆ 管理道德观

道德(Ethics)是指规定行为是非的规则和原则。管理道德是为员工和管理者的行为和决策所制定的标准或原则。管理者制定的许多决策要求他们考虑谁会受到其结果和过程的影响。管理道德很难有统一的标准，它与价值观存在密切关系。为了更好地理解管理道德所涉及的复杂问题，我们将考察四种不同的道德观（见图9-4）。

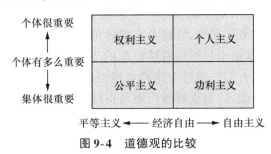

图 9-4　道德观的比较

1. 功利主义

功利主义(Utilitarianism)是指完全按照结果或后果制定道德决策。功利主义强调决策应该以绝大多数人的利益为基础。按照功利主义的观点，一个管理者或许认为，解雇20%的工人是合理的，因为这将增加工厂的利润，提高留下的80%的工人的工作保障，并使股东获得最佳收益。功利主义鼓励效率和生产力，并符合利润最大化目标。但是，功利主义可能会造成少数利益相关者的权利被忽视。

2. 个人主义

在个人主义(Individualism)的基础上进行道德决策的人认为，应该在不伤害他人的前提下，努力提高个人的利益。18世纪，亚当·斯密(Adam Smith)第一次阐述了资本主义的原理，把个人主义作为商业决策的基础正是从这一原理中衍生出来的。亚当·斯密在《国富论》中写到，市场应该是自由的，应该是所有交易的基础。说谎和其他不道德的行为都应该受到惩罚，因为与有道德的公司做生意符合人们的自身利益，与说谎者和骗子做生意则相反。

3. 权利主义

权利主义(Rights Approach)是关注尊重和保护个人自由和特权的观点，包括隐私权、思想自由、言论自由、生命与安全以及法律规定的各种权利。例如，当雇员告发他们的雇主违法时，应当保护雇员言论自由的权利。权利主义的积极一面是它保护个人的基本权利，但它在组织中也有消极的一面：它能够造成一种关注保护个人权利胜过把工作做好的工作气氛，而阻碍生产力和效率的提高。

4. 公平主义

公平主义(Justice Approach)要求管理者公平、公正地贯彻和加强规则，并在此过程中遵守所有的法律法规。管理者可能会应用公平主义理论来决定给那些在技能、绩效或职责处于相似水平的员工支付同等级别的薪水，其决策的基础并不是性别、个性、种族或个人爱好等似是而非的差异。公平主义比其他道德观更加灵活，因为它承认公平的定义会随着决策人而变化。如有人认为给所有工人增加相同的工资是公平的,而且有利于团结。而多数管理者认为,根据个人的业绩发奖金是公平的,因为他们认为讲理的基础应该是工人对利润所做的贡献。

比较上述道德决策的四种方法,按照它们的经济自由度和对个体的重视程度给它们分类。个人主义表现为高度关注个体和高度的经济自由。公平主义表现为高度重视集体和财富的平均分配。类似地,权利主义表现为高度关注个体和财富的平均分配,而功利主义表现为高度关注集体和高度的经济自由。

◆ **影响管理道德的因素**

一个管理者的行为是否合乎道德,是管理者道德发展阶段与个人特征、组织结构设计、组织文化和道德问题强度等变量的调节之间复杂的相互作用的结果(见图9-5)。缺乏强烈道德感的人,如果受到道德规则、政策、职务说明或强文化准则的约束,做错事的可能性就会小很多。相反,非常有道德的人,也可以被一个组织的结构和允许或鼓励非道德行为的文化所腐蚀。

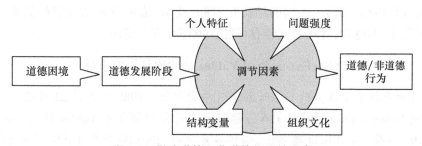

图9-5 影响道德和非道德行为的因素

1. 道德发展阶段

研究表明,道德发展存在三个水平,每一个水平包含两个阶段。在每一个相继的阶段上,个人道德判断变得越来越不依赖外界的影响。这三个水平和六个阶段如表9-2所示。

表9-2 道德发展阶段

水平	阶段描述
前习俗	(1) 严格遵守规则以避免物质惩罚 (2) 仅当符合其直接利益时遵守规则
习俗	(3) 做你周围的人所期望的事情 (4) 通过履行你所赞同的义务来维护传统秩序
原则	(5) 尊重他人的权利,支持不相关的价值观和权利,不管是否符合大多数人的意见 (6) 遵循自己选择的道德原则,即使违背了法律(如进步人士会为真理而坐牢)

第一个水平称为前习俗(Preconventional)水平。在这个水平上,一个人的是非选择建立在物质惩罚、报酬或互相帮助等个人后果的基础上。当道德演进到习俗(Conventional)水平时,道德价值存在于维护传统的秩序以及不辜负他人的期望之中。在原则(Principled)水平上,个人做出明确的努力,摆脱他们所属的群体或一般社会的权威,确定自己

的道德原则。

2. 个人特征

进入组织的每一个人都有一套相对稳定的价值观(Values)。价值观是个人早年从父母、老师、朋友或其他人那里发展起来的,是关于何为正确、何为错误的基本信条。同一组织中的管理者常常有着明显不同的个人价值观。虽然价值观和道德发展阶段可能看起来相似,但它们是不一样的。价值观的范围广,覆盖的问题领域宽;而道德发展阶段是专门衡量道德观在外界影响下的独立性的一个尺度。

3. 结构变量

组织的结构设计有助于形成管理者的道德行为。有些结构提供了强有力的指导,而另一些结构却只是给管理者制造困惑。结构设计如果能够使模糊性和不确定性最小,并不断提醒管理者什么是道德的,就更有可能促进道德行为。正式的规章制度可以减少模糊性。职务说明和明文规定这类道德准则的正式指导可以促进行为的一致性。研究不断表明,上级的行为对个人在道德或不道德行为的抉择上具有最强有力的影响。绩效评估系统也会影响道德行为,如果仅以成果评价管理者,他们就可能迫于压力而"不择手段"地追求成果指标。此外,不同的结构在时间、竞争、成本及施加给雇员的类似压力上也是不同的。压力越大,管理者就越有可能在道德标准上妥协。

案例:Exxon 公司 Valdez 油轮原油泄漏事件

北美石油业历史上最大的石油泄漏事件举世震惊。1989 年 3 月 22 日晚,Exxon 公司最大的油轮 Exxon Valdez 号载着 126 万桶石油离开阿拉斯加州 Valdez 码头。在航行中,Exxon Valdez 号搁浅在 Blight 暗礁上,船体多处受损,260 000 桶约 1 100 万加仑原油从裂缝泄漏,最终该船泄漏的石油覆盖了阿拉斯加州 750 英里的海岸,严重影响了渔民的生计,几乎毁灭了当地印第安人的食物来源,还导致了大量秃鹰、海豹及各种鱼类的死亡,而且其后续的恶性影响甚至一直延续到现在。这也几乎摧毁了 Exxon 公司的声誉,联邦政府为此对其罚款 24 亿美元,在民事审判中要求其赔偿 28 亿美元。

客观地分析这场悲剧,船长的错误行为、瞭望员的错误位置、不适当地改变航线、长时间工作的疲劳船员、未取得资格的无经验的三副、缺乏现场装备、缺乏现场人员以及解散了石油回收消防队等原因共同酿成了该事故。究其根源,管理道德的缺失是罪魁祸首。Exxon 管理层一直以利益为主导,过分关注财务业绩,忽略了技术、员工士气、环境保护以及公司声誉,不仅使其自身遭受巨额罚金,使其臭名昭著,更给全世界造成了巨大灾难。

回顾 Exxon 公司石油泄漏事件,那些失误与问题是完全可以避免和解决的,Exxon 公司应当转变其管理理念,将管理道德贯穿组织价值观、公司目标、绩效标准、领导行为等方面,平衡经济效益、法律要求与道德责任这三个方面的内容,注重管理道德实践,如此,种种失误及其酿成的悲剧就可以避免。

4. 组织文化

组织文化的内容和力量也会影响道德行为。最有可能形成高道德标准的组织文化,是一种高风险承受力、高度控制,并对冲突高度宽容的文化。处在这种文化中的管理者,将被鼓励进取和创新,将意识到不道德的行为会被揭露,并对他们认为不现实的或不理想的期望自由地提出公开挑战。强文化比弱文化对管理者的影响更大。如果文化的力量很强并且支持高道德标准,它会对管理者在道德和非道德行为之间的决策产生非常强烈和积极的影响。

5. 问题强度

一个从未想过闯入老师的办公室偷看一份会计学考试试卷的学生,也不会去向上学期参加了同一位老师的同一会计学课程考试的朋友打听上学期的考题是什么。类似地,一个管理者如果认为拿一些办公用品回家不算什么的话,他很可能会被卷入贪污公款的事件中去。这些例子描述了影响一个管理者道德行为的最后一个因素:道德问题本身的强度。如图9-6所示,与决定问题强度有关的六个特征是:危害的严重性、对不道德的舆论、危害的可能性、后果的直接性、与受害者的接近程度以及影响的集中性。这些因素决定了道德问题对个人的重要程度。根据这些原则,受到伤害的人越多,认为该行为不可取的舆论越强,该行为将要造成危害的可能性越大,人们越是能够直接地感受到行为后果,观察者感觉与受害者越接近,该行为对受害者的影响越集中,问题强度就越大。当一个道德问题很重要时——也就是说,问题的强度比较大——我们就更有理由期望管理者采取道德的行为。

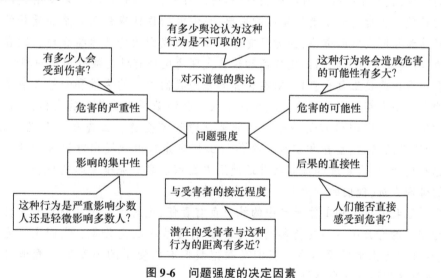

图9-6 问题强度的决定因素

◆ 如何改善道德行为

管理者想减少其组织中的不道德行为,可以有以下做法:

1. 挑选优秀的员工

每个人由于生活的环境、所接受的教育等的不同而形成了不同的价值观念和道德准则,这些不同的观念和准则会带入到工作中去,因此会有与企业的价值观念相适应或相冲突的地方。企业在招聘人才时,可以挑选那些认同本企业价值观的员工,把那些不认同本企业的求职者淘汰掉。从某种程度上讲,"有德有才是正品,有德无才是次品,无德无才是废品,有才无德是毒品"。现在很多企业在录用人才的时候,道德标准占了很大的比重,因为一个有道德不良记录的人是很难改变其态度的,"江山易改,本性难移"就是这个道理。

2. 制定道德准则

对员工来说,可能会对道德是非问题产生迷惑。道德准则(Code of Ethics)是表明一个组织期望员工遵守的基本价值观和道德规则的正式文件。道德准则是减少迷惑的一种流行做法。例如,《财富》500强企业中,有将近95%的公司都有自己的行为准则。从全球范围来看,道德准则日益流行起来。对22个国家的企业组织进行的一项调查发现,78%的企业已经正式颁布了自己的道德准则。

斯蒂芬·罗宾斯(Stephen Robbins)认为:"一方面,道德准则要具体,以向员工表明他们以什么样的精神状态工作;另一方面,道德准则要尽量宽松,允许员工有判断的自由。"大多数道德准则包括三个方面的内容:(1)做一个可靠的组织公民;(2)不做任何损害组织的不合法或不恰当的事情;(3)为顾客着想。

案例:强生公司《我们的信条》

我们相信,我们第一是要对医生、护士和病人负责,对母亲们和一切使用我们的产品及服务的其他人负责。为了满足他们的需要,我们做的每件事都必须是高质量的。我们必须不懈地为降低成本而奋斗,因为只有这样才能使我们的价格保持合理。顾客的订货必须迅速、准确地交付。我们的供应商和销售代理商应当有机会赚取相当的利润。

我们对自己的员工负有责任,对在世界各地为我们工作的男性和女性负有责任。他们当中的每一个人都应当被看成是独立的个人。我们必须尊重他们的人格,认识到他们的长处和价值。他们理当有某种程度的职业保障和安全感。工资和福利必须公允、充分,工作场所必须清洁、整齐和安全。全体员工都应能自由地提出建议和批评。凡是合格的人选在就业、个人发展和提高及升迁使用方面都应享有完全平等的机会。我们必须有称职的管理人员,他们的行为必须公正和有道德。

我们对于我们生活和工作于其中的社会负有责任,也对世界大家庭负有责任。我们必须成为守法的好公民——支持善行和承担我们应尽的赋税义务。我们应当为改进国民健康、教育和文化水准而尽力。我们必须把我们有权使用的公私财产管理得井井有条,并且注意保护环境和自然资源。

最后,我们还对我们的股东负有责任。我们的经营业务必须有合理的、可观的利润。我们必须试验新的思想。必须进行科学研究,开展革新活动,从错误中汲取教训并更好地前进。必须不断更新设备,改造和新建厂房设施,向市场提供更新的产品。必须留有一定储备供可能出现的困难时期使用。当我们按照上述各项原则经营本公司时,股东们应能取得相当可观的投资收益。

3. 高层管理者发挥作用

要使组织的管理道德准则得到员工的认同与有效的执行,组织的领导者要发挥作用。首先,高层领导者要以身作则。在言行方面,他们要起到模范作用,员工的眼睛都在看着他们,因此,作为组织的领导者,要身体力行。如果高层领导者把公司资源据为己有、虚报支出项目或优待好友,会导致上行下效,即俗话说的"上梁不正下梁歪"。其次,高层领导者可以通过奖惩机制来影响员工的道德行为。管理者对为公司做出了贡献的员工给予奖励,这种行为本身向所有员工表明它是道德的。管理者在发现错误行为时,不仅要严惩当事人,而且要把事实公布于众,让组织中的所有人都认清后果。这就传递了这样的信息:"做错事要付出代价。"

4. 工作目标和绩效评估

员工应该有明确的和现实的目标。如果对员工的要求是不现实的,即使是明确的目标也能引起道德问题。在不现实的目标压力下,即使讲道德的员工也会"不择手段"。如果目标是清楚的、现实的,就会减少员工的迷惑并使之受到激励而不是惩罚。

通常绩效评估中的一个关键问题是个人能否实现其工作目标。但我们应当谨记,当绩效评估只关注经济目标时,结果就会使手段合理化。如果一个组织希望员工保持较高的道德标准,它就必须在其绩效评估过程中包括这方面的内容。例如,管理者的年度评价中不仅应当包括目标的实现程度,还应逐点评估他的决策在多大程度上符合公司道德准则。

5. 加强道德培训

现在,越来越多的组织意识到对员工进行适当的道德培训是非常重要的,于是他们积极采取各种方式,如开设训练班、组织专题讨论会等,来提高员工的道德素质。道德培训使企业道德得以转化为员工的内在品质,是企业管理实践发生作用的重要环节。道德研究人员估计,超过40%的美国公司提供了某种类型的道德培训。在日本企业界,员工的道德训练始终是与企业命运紧密结合在一起的。许多企业悬挂着"道德进入企业,心灵进入工作场所""在企业中要有伦理,职业上要有心"的口号,他们以"明朗、爱和、喜劳"为中心内容普遍开展道德训练,启迪和净化员工的心灵。企业道德训练的内容包括企业价值观、责任观和良心观的教育等。

案例:西特公司的道德培训方式

道德培训应该避免说教,让我们看一下美国西特公司是如何做的。

作为公司的综合性道德培训项目的一部分,西特公司管理者参加了理解公司道德标准的一场比赛。当参赛者正确回答了卡片上的多选题后,他们将结果传给比赛委员会。随着比赛的进行,参赛者的道德水平从新员工提升到监督者,最后达到中层管理者的水平。

举例来说,有这样的问题:当你成功地为一位日本客户完成了一笔复杂的交易后,他送给你一个花瓶来表达他的感激之情。这个花瓶价值昂贵,而接受这一价值的礼物明显是违反西特公司政策的。但若不收下,又将会侮辱你的客户。你将:(1)把花瓶还给客户,并礼节性地向他解释接受客户的礼物有违西特公司的政策;(2)接受礼物,因为你不能冒侮辱一位重要客户的风险;(3)代表西特公司接受礼物,在总务处登记后作为陈列品,将花瓶摆放在办公室显眼的地方;(4)接受礼物,并将其视为对服务优异的员工的奖赏。顺便提一句,西特公司倾向答案(3)。另一个问题是:如果一家竞争银行的经理打电话建议共谋操纵利率,你怎么办?如果参赛者选择了"请他来进一步讨论",那么参赛者就会"因此被开除"并退出比赛!

6. 实施全方位监督

一种重要的制止不道德行为的因素是害怕被抓住的心理。企业作为社会的成员,其行为也必须处于社会的监督之下。对企业的监督应是一个全方位的监督,可以从法律监督、环境监督和自我监督三个方面来考虑。首先,以法律监督为手段促进道德建设,可以提高道德的权威性。道德固然以扬善为基本特征,但惩恶也是不可缺少的一个方面。其次,环境监督是检验企业是否履行道德义务的一种必不可少的手段。通过媒体监督、人际监督和第三方组织监督,可以时时督促企业弃恶从善,加速道德风气的改善。最后,道德行为最终要靠具体的行为个体来完成,如果个体的道德行为是在监督和强迫之下完成的,就算不上真正的道德行为,毕竟,"道德的基础是人类精神的自律"。

案例:上海"染色馒头"生产企业5人被刑拘

新华网上海4月13日电(记者 俞丽虹)2010年4月13日,上海市质量技术监督局吊销了生产"染色"馒头的上海盛禄食品有限公司分公司的食品生产许可证。公司法人代表等5名犯罪嫌疑人被公安部门依法刑事拘留。

据了解,执法人员4月11、12日现场抽取了上海盛禄食品有限公司分公司生产的高庄馒头等成品和原料共19个批次。经检测,其中4个批次成品中检出"柠檬黄";两个批次成品中的甜蜜素含量超标。13日,上海市质量技术监督局依法吊销了上海盛禄食品有限公司分公司的食品生产许可证。

连日来,上海公安部门对涉嫌犯有生产、销售伪劣产品罪的上海盛禄食品有限公司分公司法人代表叶维禄、销售经理徐剑明等5人依法刑事传唤。经审查,这5名犯罪嫌疑人分别交代了企业自2011年1月以来,违法生产、销售掺有违禁添加剂"柠檬黄"的"染色"馒头83 716袋,共计334 864只,价值20余万元。目前,公安部门已依法对5名犯罪嫌疑人予以刑事拘留,案件正在进一步审理中。

上海市政府联合调查组表示将进一步查明事实真相,做好问题产品的下架召回工作,严肃惩处涉案单位和个人,同时举一反三,建立行之有效的食品安全工作机制。

7. 正式的保护机制

我们最后建议组织提供正式的机制,以保护那些处于道德困境的员工能按照自己的判断行事而不必担心受到惩罚。组织可以设立道德咨询员,当员工面对道德困境时,能够向咨询员寻求指导。道德咨询员的角色就是一块共鸣板,一个让员工开口唠叨自己的道德问题及其起因并发表意见的渠道。当各种选择明确后,咨询员可以扮演促成"正确"选择的倡议者的角色。还有些组织任命了道德官员,由他们设计、指导和修改组织所需的道德计划。此外,组织可以设立一个专门的申诉程序,使员工能够放心地利用它提出道德问题,或对践踏道德准则者鸣笛示警。

能力训练

◆ 能力测评

测评1 你的道德信念是什么

如实回答以下问题,在1—5中最能代表你对商业看法的选项上画圈。

	强烈反对				非常同意
1. 财务收益是企业最重要的东西。	1	2	3	4	5
2. 道德标准有时必须向商业现实妥协。	1	2	3	4	5
3. 在财务上越成功的商人,行为上越缺乏道德。	1	2	3	4	5
4. 道德价值观和商业无关。	1	2	3	4	5
5. 商业世界有自己的规则。	1	2	3	4	5
6. 商人只关心获取利润。	1	2	3	4	5
7. 商业就像一个游戏——目的就是获胜。	1	2	3	4	5
8. 在企业中,人们会为了自己的利益做任何事。	1	2	3	4	5
9. 竞争迫使企业管理者采取一些不光彩的手段。	1	2	3	4	5
10. 利润动机迫使管理者在道德上做出让步。	1	2	3	4	5

计分方式:

汇总所有得分。你的分数越高,说明你越不信任道德的商业行为。思考你选择各个选项的原因,准备在班级里讨论。

测评2 你的行为合乎道德吗?

下列各题,请选择一个最能表达自己想法或做法的答案。

1. 你听说,某航空公司的一位经理让员工们乘坐头等舱,虽然他们只付普通舱的钱。这位经理提出将你也列入员工的名单,因此你也可以获得同等优惠。你如何回答?
   (a) 这叫买卖公平。我曾介绍给这家航空公司许多生意。
   (b) 迟早这事会让人知道的,我不想被牵连进去。
   (c) 我很感激经理的好意但婉言谢绝。
   (d) 一桩好事。我尽量去享用这种优惠。为什么不?

2. 一位同事告诉你说,公司允许一种次品出售。公司声称顾客永远不会知道。对下列几种同事的反应你同意哪一种?
   (a) 我要把事情嚷出去,向有关部门告发公司。这种做法很危险,也不道德。
   (b) 我不愿拿我的工作去冒险。买主们迟早会发现。
   (c) 我将给上司写封匿名信,指出这种不道德的态度。
   (d) 我将告诉他们,产品的残疵很容易除去,而无须公司破费很多。

3. 一家维他命公司的经理告诉你,许多维他命都极有价值,但也有一些毫无价值。你将对他说什么呢?
   (a) 收集一下专家们的意见,将之呈给公司领导。

（b）给报纸写封匿名信，以解脱自己的负罪感。

（c）努力去说服该公司只卖"好"的维他命，将无用的产品抛弃，并将这些写进广告。

（d）如果顾客容易上当，那也没办法。为什么你要站出来没事找事？

4. 一位销售员提出，如果你推荐某项产品，私下里可以付你一笔佣金。该产品质量很好，因此推荐了也不会有害。你最可能做出什么反应？

（a）这是司空见惯的做生意形式。我为什么不努力去干？

（b）我喜欢将我知道的有关产品情况向人介绍。买主常常对产品的技术性能不了解。

（c）我拒绝任何贿赂来推销某项产品。

（d）根据竞争的情况，我向顾客提出给予合法的折扣。

5. 你的公司有财务困难，如果被人知道了，将会极大地影响公司的股票价值。大多数管理者将会怎么办？

（a）发表一项声明，说因为销售增加，正在谈判借一笔新贷款，来支付增加的生产费用。

（b）解释说这仅仅是簿记出了问题。

（c）宣布几样新产品即将问世，借此提高股票价格，再卖出一些股票来获得一笔利润。

（d）承认部分事实，但解释说这是生产计划方面的一个暂时失误。

得分和评价：

1. （a）＝2   （b）＝4   （c）＝3   （d）＝1
2. （a）＝4   （b）＝1   （c）＝2   （d）＝3
3. （a）＝4   （b）＝3   （c）＝2   （d）＝1
4. （a）＝1   （b）＝2   （c）＝4   （d）＝3
5. （a）＝3   （b）＝2   （c）＝1   （d）＝4

根据上述答案所给的分数计算出你的得分。最高分为20分，最低为5分。

如果你的得分在16—20分之间，表明你对我们和自己都说了实话，在业务往来中你或你的下属都是很讲道德的。

如果你的得分在11—15分之间，表明你认为在许多情况下，你的同事将会毫不犹豫地去干不道德的事。

如果你的得分在5—10分之间，表明你的同事和你道德感很差，需要对自己的行为做些思考了。

测评3 你对未来的态度如何？

未来是可怕的——就像一个黑黑的洞，只在外面开了一扇门。在未来，世界是否变得更好？生意情况怎样？什么样的新产品能存在于世？哪种工业将衰亡？对于管理者来说，有一点"未来学"知识肯定是必要的。

对下列各题，请选择一个最能表达你自己想法或做法的答案。

1. 你读了罗马俱乐部写的一份报告。报告预测，世界将变得人口过剩、环境污染、罪犯横行,一切都会自动化。我们今天所了解的人性将被残忍所取代。你怎样评价这种预测?
(a) 总的说来太夸张了。
(b) 相当可能。
(c) 讲得很对。
(d) 预测者喜欢耸人听闻——事情不会那么糟。

2. 你认为20年后世界将是什么样子?
(a) 我希望我还活在世上。奇迹将会发生。许多疾病将被消灭,将有更多的娱乐时间和生物工程项目。没有饥饿,没有战争,没有导弹,等等。
(b) 世界将被核战争毁灭。假如不是这样,就会人口过剩,自然界将被毁坏,特大城市将占据世界的很大一部分地区。
(c) 一切都将和现在差不多,但我们将学习使用先进科学来控制许多问题。全世界将扫除文盲。民族主义将名存实亡,所以不会发生核战争。

3. 当今世界像是
(a) 螺旋下降　　　(b) 曲折前进　　　(c) 直线上升　　　(d) 曲线下降

4. 未来世界将会是
(a) 螺旋下降　　　(b) 曲折前进　　　(c) 直线上升　　　(d) 曲线下降

5. 你认为下列哪种预测将在未来实现?
(a) 人们将吞服压缩蔬菜丸、肉丸、茶或咖啡片。
(b) 个性将得到更多的体现。大众市场商品减少,能满足不同心理和社会需要的市场商品将增加。
(c) 一般人将能够为娱乐或探索而经常做星际旅行。
(d) 一些城市将因污染严重、交通阻塞而垮掉,最终不得不被遗弃。

6. 生活方式、道德和政治都将发生变化。你认为下面哪一种预测最可能实现?
(a) 人们将每周工作4天,甚至3天。可以有更多的娱乐时间。
(b) 婚姻将成为个人的事,无须受任何法律或宗教条款的束缚。
(c) 在大公司内部,将减少管理等级。
(d) 对员工的选择将更重视其心理倾向,而并非能力。

7. 从现在起的10年后,世界市场和世界经济将是什么样子?
(a) 新的思想理论将会带来新的市场和更多的娱乐时间。
(b) 通货膨胀增加,高利率。
(c) 机器人和自动化的应用,带来了更高的失业率。
(d) 更多的限制、政府控制及贸易壁垒。

8. 作为下属人员或管理者,人们将发生哪些变化?
(a) 公司将分裂为许多自足的小单位。只有综合服务行业,例如、会计、法律服务及广告业将会集中。
(b) 工会将变得更加有力量,实际上将要求参加管理。
(c) 人们将做更少的工作,生产能力将进一步下降。

(d) 美国将在革新和生产能力方面重新领先,但将和其他国家分享这一领先地位。

9. 在政治和军事方面,谁将领先?

(a) 两个超级大国中的一个将通过敲诈,使对手满意,或军事胜利来统治世界。

(b) 共产主义和资本主义哲学将结合成一体。它们将不再发生冲突,双方都只进行修正和妥协。

(c) 世界和平将会实现。我们将能自由地在世界上往来,无须担心政治力量和军事威力。

得分和评价:

1. (a) = 4　　(b) = 3　　(c) = 1　　(d) = 2
2. (a) = 3　　(b) = 1　　(c) = 2
3. (a) = 2　　(b) = 3　　(c) = 4　　(d) = 1
4. (a) = 2　　(b) = 3　　(c) = 4　　(d) = 1
5. (a) = 2　　(b) = 3　　(c) = 4　　(d) = 1
6. (a) = 4　　(b) = 2　　(c) = 1　　(d) = 3
7. (a) = 4　　(b) = 2　　(c) = 1　　(d) = 3
8. (a) = 4　　(b) = 2　　(c) = 1　　(d) = 3
9. (a) = 1　　(b) = 2　　(c) = 3

根据上述答案所给的分数计算出你的得分。最高分为34分,最低分为9分。

得分在27—34分之间,表明你对未来抱积极的态度。你相信世界不会在其接合处裂为碎片。这种态度对管理者至关重要,因为他必须筹划未来。

得分在21—26分之间,表明你是个未来主义者,尽管对于今后10—20年中的某些领域,你还没有明确的看法,并且抱有某些疑虑。

得分在14—20分之间,表明你怀疑世界未来的趋向。

得分在9—13分之间,表明你是个悲观主义者。

测评4　道德决策

你如何做出下列5个道德决策?

假设你是一家拥有1000人的公司的中层管理者,对下面5个情境你会做出什么反应?

1. 一位关系密切的助手请你在即将签约的合同上帮他说好话,并付给你一笔可观的钱作为对你所花费的时间和辛苦的回报。你会接受这笔钱吗?

2. 你有机会从公司中窃取10万美金,而且有绝对的把握不会被发现,你会怎么做?

3. 你公司对于吃饭时间在外视察,企业的补偿政策是:用现金支付你的花费,每天不超过50美元;公司不需要你提供发票,你说多少,公司就补给你多少;当你视察工作时,一般只吃一些快餐食品,一天花费基本不多于15美元;你的同事提出的补偿要求大多数是每天40—45美元,不管他们实际花费了多少。而你对吃饭补偿的要求是多少?

4. 你享有使用部门办公用品的权利,即使你拿走了一些供个人使用也没有人知道。你的孩子下周要回学校,你是否会从办公室里拿一些钢笔、铅笔、书写卡片之类的东西给你的孩子?

5. 你发现你的一个最要好的朋友在工作中盗窃了公司的一大笔钱,你将怎么办?
(1) 什么都不说。
(2) 不与这个人交谈就直接报告管理人员。
(3) 在采取行动之前先与这个人对质。
(4) 与这个人接触以达到说服他归还这笔钱的目的。

本测评不设得分及评分标准,请你就问题与同学讨论交流。

◆ 思考练习

1. 共享价值观有哪些作用?
2. 如何改善管理的不道德行为?
3. 请你勾画一下,一个有社会责任和管理道德的企业应该是什么样的?

◆ 案例分析

南京冠生园事件

一、良心的"霉变"

通过央视 2001 年 9 月 3 日的节目,观众"有幸"看到了以下画面:卖不出去的月饼拉回厂里,刮皮去馅、搅拌、炒制入库冷藏,来年重新出库解冻搅拌,再送上月饼生产线……

年年出炉新月饼,周而复始陈馅料。在月饼生产企业(特别是中小企业)中,这是个公开的秘密。据从事质监工作的人后来说,对厂家的此等下作之事早就见怪不怪,央视的报道还能让他感受震惊,无非是因为此回的坑人者竟是南京冠生园。

冠生园是一家百年老号,素以童叟无欺、货真价实作为经商的理念。其原本所生产的各类食品、糕点不但享誉中华,在整个东南亚都很有口碑。

南京广东路的一条小巷里,冠生园厂区已经是人去楼空。小巷居民也是一声叹息:"效益好的时候,提货的车一辆接一辆。如今,说败也就这么败了……"

曝光之后,不只是月饼,其他产品如元宵、糕点等也销不动了。南京冠生园向法院提出破产申请的理由是"经营不善,管理混乱,资不抵债"。

使用陈年馅做月饼的隐情被揭露后,冠生园受到巨大的市场冲击。工商部门进厂调查,卫生防疫部门再三检测,"南冠"月饼在全国范围内被撤柜。南京分布最广的连锁商业零售企业——苏果超市的营销人士介绍说,虽然撤柜后商家又接到通知说"南冠"的月饼陈馅在菌群卫生指标方面均为合格,可以恢复面市,但当时顾客一听说是"南冠"的产品,避之惟恐不及。

二、"南京冠生园"事件对月饼市场的影响

"南京冠生园"事件影响了六成多消费者 2001 年购买月饼的意愿;有 14% 的消费者表示今年不会买月饼。这是中国社会调查事务所进行的一次问卷调查所显示的信息。并有学者提出,要警惕短视的商业行为对中国传统节日文化的负面影响。

"应景调查"表明,31% 的消费者表示,听说"南京冠生园"事件后十分气愤。他们认

为相关月饼厂家实在是太可恶了,应当受到法律的严惩;40%的消费者认为政府应当规范月饼市场;25%的消费者表示,这种事时下太多了,对他们来说无所谓,大不了以后不买月饼就是了。

现在月饼在中国人心目中的地位已经发生了变化。调查表明,近5%的消费者不再认为"月饼是中秋节不可分割的一部分"。表示"今年不会买月饼"的人群中,有一半的人想找一些新的方式去过节。传统文化一旦遭到破坏,恢复起来就很难。

讨论问题:
1. 如何看待管理道德在企业发展中的作用?
2. 如何理解企业不道德行为可能造成的危害?

延伸阅读

◆ 我的第三个儿子

——李嘉诚于2006年9月5日在新加坡接受"马康福布斯终身成就奖"的致词

Dear Steve、各位嘉宾、各位朋友:

我是李嘉诚,今天能够参与此盛会,接受《福布斯》杂志及福布斯家族授予此终身成就奖,实在是非常荣幸,感谢你们今天与我一同分享这欢乐时刻。

对我来说,"终身"一词给人的感觉是巨大而沉重的,令人不得不反思自己走过的道路。

我成长在战乱中,回想过往,与贫穷及命运进行角力的滋味是何等深刻,一切实在是毫不容易的历程。从12岁开始,一瞬间已工作66载;我的一生充满了挑战,蒙上天的眷顾和凭仗努力,我得到很多,亦体会很多。在这全球竞争日益激烈的商业环境中,时刻被要求要有智慧、要有远见、要求创新,确实令人身心劳累;然而尽管如此,我还是能很高兴地说,我始终是个快乐的人,这快乐并非来自成就和受赞赏的超然感觉;对我来说最大的幸运是能顿识内心的富贵才是真的富贵,它促使我作为一个人、一个企业家,尽一切所能将上天交付给我的经验、智慧和财富服务社会。

我常常想知道,如能把人类历史中兴衰递变的一切得失,细列在资产负债表上,最真实和公平的观点会是什么? 今日,经济全球化进程带来的种种机会会引向何方? 对贫富差距加剧的担忧,价值观的冲突带来的无奈,谁能安然无虑、处之泰然? 人类能否凭仗自己的力量克服及超越自然环境的困局和疾病的痛楚? 在充满分歧的世界中,个人的善意、力量和主观愿望是否足够建造一个公平公正的社会及为每一个人的明天带来同样的希望?

作为企业家,我们都知道寻找正确的资本投资的重要性,而社会资本像其他资产一样是可以量化的,社会资本包括的同理心、同济心、信任与分享信念、小区参与、义务工作、社会网络及公民精神等,这些全属可量化和有效益的价值,是宏观与微观经济层面之间最重要的联系。同济心是人性最坦率及强而有力的内心表达,能建造、能强化、能增长及治疗和消除痛楚,我们都应乐于参与投资。

为此,我于1980年成立了基金会,他是我的第三个儿子,他早已拥有我不少的资产,我全心全意地爱护他,我相信基金会的同仁及我的家人,定会把我的理念,通过知识教育改变命运或是以正确及高效率的方法,帮助正在深渊痛苦无助的人,把这心愿延续下去。

在华人传统观念中,传宗接代是一种责任,我呼吁亚洲有能力的人士,尽管我们的政府对支持和鼓励捐献文化并未成熟,只要在我们心中,能视帮助建立社会的责任有如延续同样重要,选择捐助资产如同分配给儿女一样,那我们今天一念之悟,将会为明天带来很多新的希望。

各位朋友,有能力选择和做出贡献是一种福分,而这正是企业家最珍贵的力量。我们有幸活在一个充满机会及令人兴奋的时代,我们拥有更多创意、更多科技、更多时间,甚至更长的寿命。各位都是个别专业领域的顶尖人物,有智慧和信心,你们富有开拓精神、付出努力,过着有意义的生活。同济心不是富裕人士专有的,亦并非单单属于某一阶层、国家或宗教的;通过决心及自由发挥,它可创出自己的新世界,一个能体现集体力量、具感染性的大同社会,因为这工作是永恒的,而其影响力也是无穷无尽的。让我们大家一起同心协力,不要再犹豫,拿出我们企业家豪迈的精神和勇气,让我们选择积极帮助有需要的人重塑命运,共同为社会进步赋予新的意义。

再次深深感谢各位。

◆ 中国首善陈光标

陈光标出生在江苏苏北一个贫穷的村落里,童年对贫穷的记忆深深唤起了他"靠自己改变命运,一定要脱贫致富"的强烈想法。俗话说,穷人的孩子早当家。陈光标在10岁的时候已经开始了对创业致富的探索。

那时,正在上小学的陈光标,就利用中午放学时间,用两只小木桶从二三十米深的井中取水,再用小扁担挑到离家1公里的集镇上叫卖,"一分钱随便喝",家乡许多人至今还记得当年陈光标挑着水桶沿街叫卖的情形。当时,靠卖水,一个学期就挣了两元八角多钱,除了交纳自己的学费外,他还把剩余的一元八角钱无私地资助邻居的孩子读书。这也让陈光标清醒地意识到,只依靠父辈那样单纯的种地模式,想改变贫穷的状况是不可能的,要想致富,不仅要有勤劳的双手,更要有聪明的头脑,和先人一步的眼光。13岁那年的暑假,陈光标每天骑着自行车跑十几里卖冰棒。后来,他又瞅准机会,做起了贩粮的买卖,从开始的骑自行车贩粮到用拖拉机贩粮,从一天赚五六元钱到一天能挣到300多元钱,陈光标在致富路上尝到了一些甜头。1985年,暑假结束的时候,17岁的陈光标挣了两万元钱,成了全乡第一个"少年万元户"。

在从商磨炼的同时,陈光标并没有荒废学业,做生意都是利用课余或是节假日的时间。通过勤奋刻苦的自学,1985年,他考入南京中医药学院,经过5年的专业学习,他获得了医学学士学位。

那时,邓小平同志南方谈话刚刚发表,"让一部分人先富起来"的论述,让年轻的陈光标听得热血沸腾,跃跃欲试。普通上班族的工作完全不能调动起他年轻的激情和活力,一次偶然的机会让陈光标看到了致富的商机,也由此掘得了人生中的第一桶金。

一天,陈光标正巧在一家药店附近闲逛,见一群人兴致勃勃地围着一个袖珍式的仪器反复询问,他下意识地上前去探个究竟。原来,这是一个新近上市的耳穴疾病探测仪,把两个电极夹在耳朵上就能测出身体哪个部位有病。看到这里,陈光标的脑中突然闪过一个念头,他灵机一动想:"这个疾病探测仪好是好,就是没有直观性,如果能让患者直观地看到探测结果,那一定会更受欢迎的。"

于是,他大胆果断地用身上仅有的 3 000 元钱,聘请了一些业内专家提供技术指导,按照自己的想法给耳穴疾病探测仪做了简单的改进,再安装上显示器外壳,输入生理图像,患者只要手握仪器的两个电极,就能在显示器上直观地看到自己身体哪个部位有疾病了。接着,他又租用别人的厂房,将研制出的这个"新玩意"让工厂生产出成品,后来这个先进仪器就被他命名为"跨世纪家庭 CT",一上市就广受好评。该产品还获得了国家专利,就是这样一个原本简单的疾病探测仪,经过陈光标的一番创新改造,立即身价倍增。从此,陈光标开启了创业致富的人生旅程。

陈光标是从发明、创新中创业开步的,接着他还发明了折叠式电动车,并获得了国家专利,陈光标的好学、钻研、敏锐、执着让他的事业渐入佳境。

陈光标事业成功后,一直致力于慈善公益事业,据不完全统计,陈光标创业十余载,累计向社会捐赠款物逾 12 亿元,受助人群突破 50 万人。并先后荣获"中华慈善奖特别贡献奖""2008 CCTV 年度经济人物大奖""最具号召力中国慈善家"等荣誉称号。

陈光标说,善事是要一辈子做下去的,要尽其所能承担起社会责任。为此,他发出倡议,提议年利润百万以上的富人拿出利润的 20% 定向帮扶贫困地区和贫困人群,即百万富翁帮 100 户、千万富翁帮 1 000 户、亿万富翁帮 10 000 户,用民间的财富力量帮助国家解决贫困县和贫困人口的脱贫问题,给财富抹上人性的光芒。

主要参考文献

1. 斯蒂芬·P.罗宾斯等:《管理学》(第九版),北京:中国人民大学出版社2010年版。
2. 周三多:《管理学:原理与方法》(第五版),上海:复旦大学出版社2010年版。
3. 王利平:《管理学原理》(第三版),北京:中国人民大学出版社2009年版。
4. 王建民:《管理学原理》,北京:北京大学出版社2006年版。
5. 林志扬:《管理学原理》(第四版),厦门:厦门大学出版社2009年版。
6. 朱苾予:《人员素质与能力测评》(第二版),北京:电子工业出版社2010年版。
7. 孙元欣:《管理学:原理·方法·案例》(第二版),北京:科学出版社2011年版。
8. 路易斯·戈麦斯等:《管理学》,北京:人民邮电出版社2009年版。
9. 倪杰:《管理学原理》,北京:清华大学出版社2006年版。
10. 杨文士、焦叔斌等:《管理学原理》,北京:中国人民大学出版社2004年版。
11. 吴照云:《管理学》(第三版),北京:经济管理出版社2000年版。
12. 黄津孚:《现代企业管理原理》(第四版),北京:首都经济贸易大学出版社2002年版。
13. 彼得·德鲁克:《有效的管理者》,北京:工人出版社1989年版。
14. 吴培良:《企业领导方法与艺术》,北京:中国经济出版社1997年版。
15. 黄速建:《现代企业管理》,北京:经济管理出版社2001年版。
16. 杨明刚:《现代实用管理学》(第二版),上海:华东理工大学出版社2005年版。